VICOMTE DE CAIX DE SAINT-AYMOUR

NOTES ET DOCUMENTS
POUR SERVIR A L'HISTOIRE

D'UNE FAMILLE PICARDE AU MOYEN-AGE (XI-XVIᵉ SIÈCLES)

LA

MAISON DE CAIX

RAMEAU MÂLE

DES

BOVES-COUCY

PARIS
HONORÉ CHAMPION, Libraire
9, quai Voltaire.

1895

VICOMTE DE CAIX DE SAINT-AYMOUR

NOTES ET DOCUMENTS
POUR SERVIR A L'HISTOIRE
D'UNE FAMILLE PICARDE AU MOYEN-AGE (XI-XVIᵉ SIÈCLES)

LA
MAISON DE CAIX
RAMEAU MÂLE
DES
BOVES-COUCY

PARIS
Honoré CHAMPION, Libraire
9, quai Voltaire.

1895

> « Quel contentement me serait-ce d'ouïr quelqu'un me récitant les mœurs, le visage, la contenance, les plus communes paroles et les fortunes de mes ancêtres ! Combien j'y serais attentif !... »
>
> MONTAIGNE.

Le livre familial que nous publions ici n'est ni une histoire, ni une généalogie. La première prétention ne serait pas justifiée par la modestie de la maison dont il contient les annales et qui, bien qu'issue de grands barons féodaux, a vécu sans illustration dans son obscurité provinciale.

La seconde épithète lui serait aussi mal appliquée, car, pour la lui mériter, il eût fallu à son auteur la complaisance qui a toujours été la qualité maîtresse des faiseurs de généalogie, quelqu'officiels et quelque patentés qu'ils aient pu être. On connaît, en effet, la recette employée par les plus fameux, les d'Hozier en tête, pour établir la lignée des familles au Moyen-Age ; elle est simple et à la portée de tout le monde : prendre les personnages du même nom, les souder les uns aux autres grâce à une filiation fantaisiste, au besoin boucher les trous laissés par les documents en inventant des personnages au moyen d'un ingénieux dédoublement de prénom, tel est le procédé en usage. Il arrivait parfois, comme on pourra en voir des exemples cités dans ce volume lui-même, que le fils était indiqué comme le frère aîné de son père, ou qu'on faisait naître un enfant, de parents morts un demi-siècle avant sa naissance ; mais tout cela passait sous la signature du héraut d'armes, et le pavillon couvrait la marchandise. On ne prévoyait pas encore notre époque d'investigation patiente et de recherche acharnée.

L'érudition moderne, en effet, plus sévère et plus précise, ne se contente plus de pareils à peu près, et le présent livre n'a d'autre prétention que d'être une œuvre d'érudition et de bonne foi.

Il raconte, autant que les documents le permettent, et en accompagnant chaque affirmation de sa preuve, les vicissitudes d'une vieille maison picarde au Moyen-Age. Il explique ses origines, suit les divers membres dont la trace s'est conservée, dans les phases de leur existence, établit leur filiation quand cela est possible, étudie la décadence de la maison à partir du XVIe siècle, et indique sommairement les causes de cette décadence et son relèvement à partir du XVIIIe siècle.

« La vie, a dit un historien de la noblesse [1], la vie est une révolution continuelle où les uns montent de la pauvreté aux richesses, et les autres descendent des richesses à la pauvreté, n'y ayant rien qui soyt stable au monde ; d'où il faut inférer que la noblesse abattue se peut relever, et celle qui est élevée par la bonne fortune peut aussy tomber dans la décadence. »

Cette citation résume assez bien la destinée des Caix de Picardie. Si on peut les suivre dans le cours des temps, malgré le rôle modeste qu'ils ont joué, c'est qu'ils restèrent, pendant huit siècles et plus, attachés à leur pays originaire, et que l'aire géographique dans laquelle se mouvèrent les plus nomades d'entre eux, ne dépassa guère Amiens au Nord, Laon à l'Est, Compiègne au Sud et Beauvais à l'Ouest. On les reconnaît donc à travers l'enchevêtrement des noms propres qu'ils portèrent et des fiefs qu'ils eurent en leur possession, sur le vieux plateau Santerrois et dans les contrées voisines.

[1] LA ROQUE : *Traité de la Noblesse*, p. 351.

Issus, comme l'écrit quelque part Siméon Luce [1] en parlant de Philippe de Maisières, une des illustrations du pays, issus « de cette forte race de Santerre qui passait au Moyen-Age pour la plus énergique de tout le royaume..... », ils résistèrent aux mille causes de destruction qui frappèrent aux XVe et XVIe siècles tant de vieilles familles chevaleresques.

Malheureusement, leur énergie s'usa sans grand profit pour leur maison et ils surent rarement faire valoir les services qu'ils rendaient aux puissants du jour.

Le grand nombre d'enfants, dans chaque branche et à chaque génération, fut aussi une cause de déchéance [2].

L'exemple d'une famille qui disparaît momentanément dans la médiocrité et l'oubli, pour reprendre

---

[1] *La France pendant la Guerre de Cent Ans.* Paris, Hachette, 1893, 2 vol. in-12, II, p. 76.

[2] « Au Moyen-Age », dit un savant auteur que j'aurai bien souvent l'occasion d'appeler à mon aide, et que je suis heureux de pouvoir citer au seuil de ce livre (Vicomte DE POLI : *Essai d'introduction à l'histoire généalogique,* p. 214), « au Moyen-Age, avec des dix et quinze enfants, qui la plupart en avaient ensuite autant, le nom se multipliait rapidement, à l'infini, et bientôt c'était une fourmilière d'homonymes, les uns favorisés, les autres maltraités de la fortune; tandis que ceux-ci montaient dans la noblesse, ceux-là tombaient dans la roture; la poussière des âges aidant, la trace même d'une commune extraction se perdait d'autant plus vite que l'écart social était plus considérable. On a dit que les malheureux n'ont pas d'amis : avec le temps, ils n'ont même plus de parents; c'est le train de l'humanité. »

ensuite son rang dans la noblesse et reconstituer ses titres, a été fréquent à toutes les époques.

Sans sortir de la maison de Boves et de Coucy, ses historiens, Lallouette et D. Toussaint du Plessis ont bien ignoré l'existence du rameau des Coucy-Poillecourt, issu de la branche de Coucy-Vervins, et il fallut à ses membres faire, en 1769, la preuve de leur filiation jusqu'à Raoul de Coucy, IVe du nom, seigneur de Vervins et de Poillecourt (quatorze générations!) lequel, d'après ces auteurs, n'avait pas laissé d'enfants, et reconstituer d'un coup sept degrés de leur race, pour se faire reconnaître incontestablement de l'estoc de Dreux de Boves et d'Enguerran I de Coucy.

Ce serait, d'ailleurs, se tromper étrangement que de voir uniquement dans ces reconstitutions familiales, de simples manifestations d'amour-propre, légitime sans doute, mais sans aucune portée, même pour ceux dont il rétablit les titres. A notre époque plus qu'à toute autre, il convient de faire revivre le passé.

Que seront, en effet, les familles de demain? Autant vaudrait demander ce que sera notre état social dans un prochain avenir. Rien que de triste, sans doute, si l'on en juge par les idées qui règnent aujourd'hui. La blague — mère du cabotinage — envahit tout, corrompt tout. La famille n'y échappe pas plus que la politique et la littérature. Parmi les jeunes gens qui ont derrière eux un passé familial honorable ou glorieux, beaucoup, rongés par l'oisiveté, ridiculisés par le snobisme dont ils sont les esclaves, se désintéressent de plus en plus de toutes choses utiles, perdent toute notion traditionnelle, et l'épithète d' « ancêtres », appliquée à leurs pères ou à leurs aînés, devient dans leur bouche un terme méprisant et grotesque. Nous croyons donc que c'est faire œuvre louable que renouer la chaîne des traditions, montrer aux vivants d'aujourd'hui par quels liens ils tiennent aux morts d'autrefois, et c'est ce que nous avons tenté de faire, dans notre très modeste sphère, en ce présent ouvrage. Si les documents qu'il contient peuvent intéresser quelques rares érudits, ce sera par surcroît; mais ce que nous avons voulu, avant tout, c'est reconstituer les archives d'une famille et, en les faisant imprimer, pouvoir les mettre à la portée de tous ceux qui en font partie.

« Quand on croit devoir beaucoup au Nom et au Sang qui nous a fait naître, a écrit un vieil auteur [1], on prend rarement des sentiments qui y fassent déshonneur. »

En terminant, il me reste à remplir un devoir de

---

[1] Comte DE BOULAINVILLIERS : *Histoire de sa maison.*

justice et de gratitude envers ceux qui m'ont aidé dans la préparation ou l'exécution de ce volume.

Je dois des remerciements tout particuliers à mon père, le comte de Caix de Saint-Aymour, qui a bien voulu, comme chef de nom et d'armes de notre maison, faire les frais de cette édition; à mon oncle, le baron Oswald de Caix de Saint-Aymour, lequel avait, il y a plus d'un demi-siècle, commencé sur notre famille des recherches qui ont servi de base aux miennes, et qui auraient certainement été plus complètes, si la mort n'était venue les interrompre; à M. le vicomte Oscar de Poli, qui non seulement m'a fourni beaucoup de pièces que je ne connaissais pas, mais qui s'est encore donné la peine de relire mon ouvrage en premières épreuves et de me donner les conseils précieux d'un savant d'une compétence et d'une sagacité hors de pair, que je louerais davantage s'il ne nous tenait d'aussi près; à mon cousin-germain, le comte Gabriel de Caix de Saint-Aymour, dont la pointe exercée a doublé le nombre des jolis dessins exécutés primitivement pour cet ouvrage par M. Georges Roussel; enfin à tous les Conservateurs de Bibliothèques ou d'Archives, érudits, fonctionnaires ou autres personnes qui ont toujours répondu avec bienveillance et empressement à mes demandes de renseignements. L'envoi de ce volume leur prouvera ma reconnaissance et l'emploi utile que j'ai pu faire de leurs indications.

Ce livre n'est pas destiné, en effet, à être mis dans le commerce, mais doit être seulement distribué aux personnes qu'il peut intéresser. Il est inutile d'ajouter avec quelle gratitude l'auteur accueillerait toutes les observations ou indications que voudraient bien lui adresser ceux qui lui feraient l'honneur de le lire.

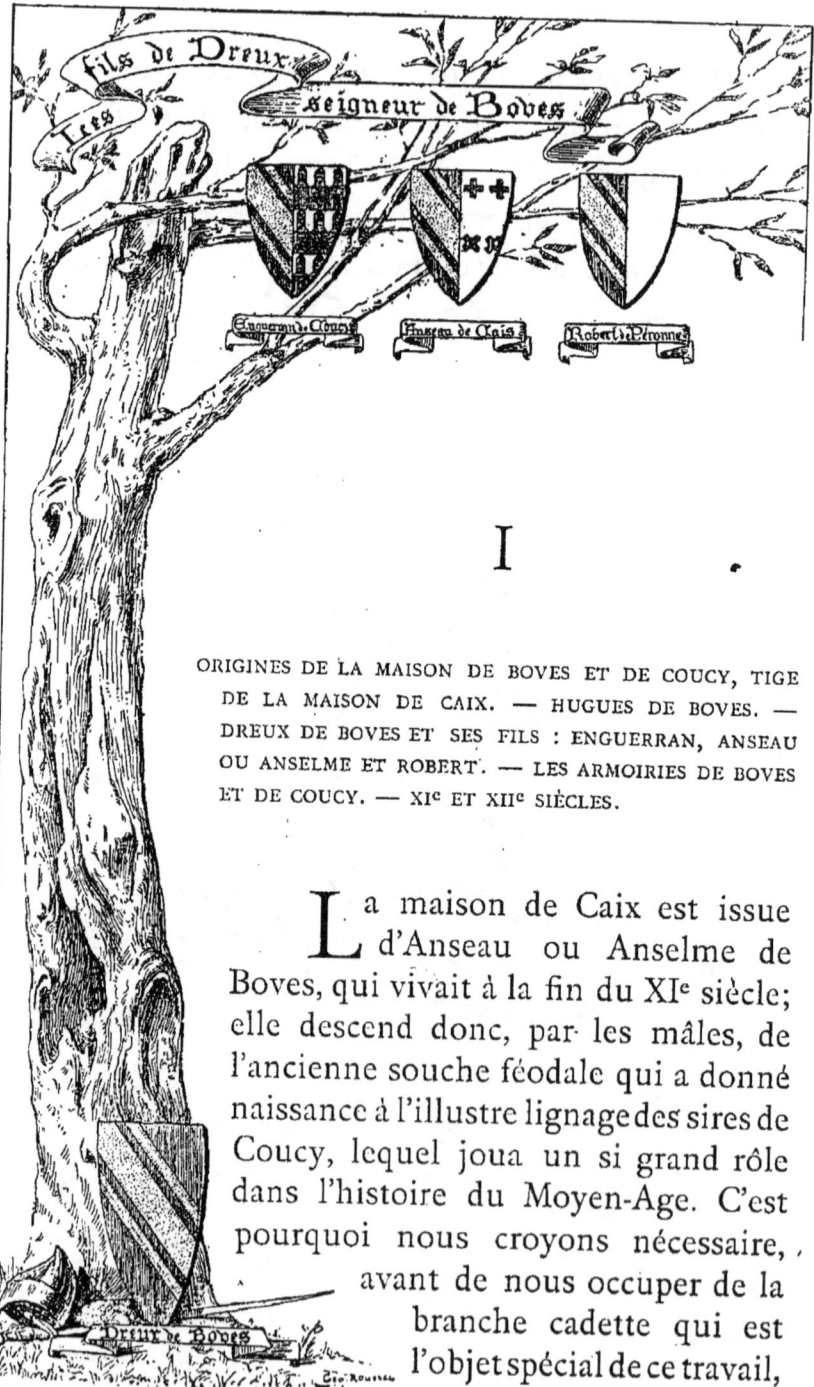

I

ORIGINES DE LA MAISON DE BOVES ET DE COUCY, TIGE DE LA MAISON DE CAIX. — HUGUES DE BOVES. — DREUX DE BOVES ET SES FILS : ENGUERRAN, ANSEAU OU ANSELME ET ROBERT. — LES ARMOIRIES DE BOVES ET DE COUCY. — XIe ET XIIe SIÈCLES.

La maison de Caix est issue d'Anseau ou Anselme de Boves, qui vivait à la fin du XIe siècle; elle descend donc, par les mâles, de l'ancienne souche féodale qui a donné naissance à l'illustre lignage des sires de Coucy, lequel joua un si grand rôle dans l'histoire du Moyen-Age. C'est pourquoi nous croyons nécessaire, avant de nous occuper de la branche cadette qui est l'objet spécial de ce travail, de fournir quelques éclaircissements sur les origines de la maison de Boves ou de Coucy [1].

L'historien Colliette [2] prétend que cette seigneurie de Boves avait été aliénée par Dreux, comte d'Amiens, en faveur de sa fille Adèle, mariée avant l'an 1059 à un Albéric, Ier du nom, seigneur de Coucy à cette époque, lequel aurait eu de ce mariage un Albéric II, également seigneur de Coucy, et celui qu'il nomme Dreux de Parpes, devenu seigneur de Boves, comme héritier des biens maternels. C'est là une pure fantaisie reproduite, d'ailleurs, par la grande majorité des anciens historiens qui se sont occupés de Coucy. Le docte et scrupuleux Du Cange ne cite nulle part cette prétendue Adèle parmi les enfants de Dreux, comte d'Amiens. « D'ailleurs — fait avec raison remarquer M. A. Janvier [3] — le seul rapprochement des dates vient combattre la thèse avancée par Colliette, puisqu'Albéric de Coucy vivait à la fin du règne de Henri Ier, qui mourut en 1060, et que La Morlière cite, dès 1034 [4], des actes auxquels prend

---

[1] La maison de Caix est, avec la famille de Coucy-Poillecourt, issue d'un fils cadet de Raoul III, seigneur de Vervins au XVe siècle, le seul rameau mâle subsistant aujourd'hui de la maison de Boves-Coucy.

[2] COLLIETTE : *Mémoires pour servir à l'histoire du Vermandois*, 3 vol. in-4. Cambray et Paris, 1771-72, Tome II, Livre IX, p. 8.

[3] A. JANVIER : *Boves et ses Seigneurs,* 1 vol. in-8. Amiens, 1877, p. 18.

[4] LA MORLIÈRE : *Recueil de plus. ill. Maisons de Picardie*, Paris, 1642, in-fol., p. 251 et suiv. — C'est par erreur que La Morlière cite cet acte à la date de 1034 et André Du Chesne (*Histoire généalogique des Maisons de Guines, d'Ardres, de Gand et de Coucy*, Paris, 1631, in-fol.) à celle de 1044. D. Toussaint Du Plessis (*Hist. de Coucy*, Paris, 1728, note XI, p. 30) établit péremptoirement que 1042 est la date exacte.

part ce Dreux de Boves que l'annaliste du Vermandois regarde comme le petit-fils de Dreux d'Amiens. » Mais il y a plus : nous possédons une charte donnée l'an 1117 par Clérembauld, évêque de Senlis, relative à une contestation entre Enguerran Ier de Boves et les moines de Saint-Arnoul de Crépy [1], et cette charte nous fait connaître positivement que l'aïeul d'Enguerran se nommait Hugues. Voici comment Du Cange résume et explique cette charte; nous ne pouvons mieux faire que d'emprunter son commentaire au savant et consciencieux historien.

« Ce titre — écrit-il [2] — nous apprend qu'en l'an 1117 il s'éleva un différend entre les moines du monastère de Saint-Arnoul de Crespy et un chevalier nommé Enguerran. Ce dernier soutenait qu'un certain bourg du château de Crespy qui étoit possédé depuis longtemps par les moines, lui devoit appartenir, comme ayant été possédé tant par son aïeul que par Dreux, son père. Enguerran ajoutoit que sa mère avoit été douée de ce bourg; qu'après la mort de son mari, elle l'avoit possédé encore plusieurs jours et plusieurs nuits; — à quoi les moines répondoient, que si ce bourg avoit été effectivement possédé par son père et son aïeul, ce n'avoit été que

---

[1] Cette charte est donnée dans la *Gallia Christiana*, Tome X, *Instrum. Ecclesiae Silvanectensis*, p. 423, 424. Elle est copiée et commentée dans les manuscrits de D. GRENIER (*Collect. de Picardie*, Tome 267, fol. 145). Néanmoins nous la reproduisons à nos Pièces justificatives (Preuves I), avec les commentaires de D. Grenier, à cause de son importance pour la filiation de la maison de Boves, et par conséquent pour celle de la maison de Caix, qui en est issue.

[2] DU CANGE : *Histoire de l'état et de la ville et comté d'Amiens* (publiée par M. Hardouin). Amiens, 1840, in-8º, p. 241 et suiv.

par violence et par force. — Wautier, comte d'Amiens et de Crespy, disoient-ils, et Adèle sa femme (à laquelle la charte donne le titre de « très noble ») en avoient fait don autrefois au monastère de Saint-Arnoul. Cette donation avoit été confirmée du consentement du roi Robert, par Arnoul, archevêque de Reims, Robert, archevêque de Rouen, Lothérie, archevêque de Sens, et autres prélats, et ensuite par les papes Jean et Pascal II. Enfin, ils ajoutoient à ces raisons que Hugues, aïeul d'Enguerran, qui avoit envahi par force ce bourg, ayant reconnu son injustice, l'avoit remis en leur possession, qu'il ne s'étoit réservé qu'une demeure, tant pour lui que pour son fils, à la charge d'un cens de trois sols qu'il s'obligeoit de payer tous les ans à l'église de Saint-Arnoul, étant d'ailleurs stipulé qu'après la mort de son héritier, le total retourneroit à cette église; qu'enfin par suite de ce traité, l'église de Saint-Arnoul avoit possédé le bourg pendant l'espace de plus de vingt-cinq ans, dont dix ans au moins à la vue et en présence d'Enguerran, majeur et ayant la qualité de chevalier l'espace de plus de dix ans. Quoiqu'il eut intenté procès à ce sujet, Enguerran n'ayant osé contester plus avant, ni se trouver au jugement de l'église, la possession du bourg fut confirmée au monastère de Saint-Arnoul par jugement rendu par l'évêque de Senlis, etc... [1]. Ce titre nous apprend :

---

[1] Les historiens de Crépy ont voulu voir dans Hugues un *Burgare* de cette ville ; mais cela est très confus et très incohérent ou repose sur des affirmations dénuées de preuves positives. — Cfr. GROSS : *Hist. de la ville de Crépy,* Senlis, 1881, in-8.

1° Qu'Enguerran eut Hugues pour aïeul, ce qui étoit ignoré jusqu'à présent; 2° que ce fut Hugues qui s'empara du bourg de Crespy, d'où l'on peut conjecturer qu'il falloit qu'il eût quelqu'alliance avec les comtes de Valois, ou qu'il fut de la famille de ces comtes ou des comtes d'Amiens, puisqu'il prétendoit que le bourg de Crespy lui appartenoit. Or, le château étoit des appartenances des comtes d'Amiens. Quant à ce que le titre dit que la mère d'Enguerran fut douée de ce bourg, cela se doit entendre du douaire qui lui fut assigné sur ce bourg par Dreux son mari. Mais la difficulté reste toujours de savoir de qui Hugues descendoit originairement [1]. »

On voit par tout ce qui précède que les deux Albéric doivent être supprimés dans la généalogie de la maison de Coucy, malgré l'autorité de Colliette et des autres historiens qui ont partagé son opinion.

Il y eut bien, comme nous l'avons vu plus haut, un Albéric, seigneur de Coucy au XIe siècle; mais il était seulement le contemporain et non le père ou le frère de Dreux, seigneur de Boves. Le domaine de Coucy était alors un fief de l'Église de Reims, à

---

[1] Dans les commentaires dont il accompagne la copie qu'il donne de cette charte, D. Grenier se demande — d'une façon d'ailleurs tout à fait dubitative et sans prendre parti — s'il est bien question ici de Dreux et d'Enguerran de Boves. Nous nous rangeons entièrement sur ce point à l'opinion de Du Cange et nous en donnons nos raisons dans la discussion dont nous faisons suivre cette pièce à nos Preuves, I.

laquelle il appartenait depuis la donation qu'en avait fait à saint Remi le roi Clovis. Vers le commencement du Xe siècle, les Archevêques y avaient fait construire un château et y avaient mis une garnison dont ils confiaient le commandement à des seigneurs du voisinage ou même à de simples chevaliers, à charge de défendre leurs intérêts, de protéger le pays avoisinant et de rendre à l'Eglise de Reims l'hommage féodal et le service militaire. Parfois aussi, au milieu de la confusion de cette époque troublée par des guerres incessantes, quelque seigneur s'emparait de la forteresse sur le détenteur légitime et la gardait plus ou moins longtemps, avec ou sans l'agrément des successeurs de saint Remi. C'est ainsi que cette charge d'*avoué* ou de *vicomte* de Coucy avait été successivement dans les mains d'Herbert, comte de Vermandois, de Bernard, comte de Senlis, et de Thibaud, comte de Tours et de Chartres ; c'est même la possession -- tout à fait précaire — de Coucy par ces différents princes, qui a induit certains auteurs à chercher l'origine de la maison de Coucy dans celles de Blois et de Chartres ; nous ne nous arrêterons même pas à discuter cette fantaisie qui est rendue absolument insoutenable par les faits dont nous donnons la preuve. Thibaud de Chartres, en 965, abusa des circonstances pour faire céder à son fils Eudes, par l'archevêque Odalric, la jouissance perpétuelle de Coucy, sous la seule condition d'un cens annuel de soixante sous d'or. Mais, s'il faut en croire Du Chesne, Du Plessis et d'autres historiens, les archevêques de Reims ne tardèrent pas à reprendre une suzeraineté plus effective sur le domaine de Coucy et en gratifièrent successivement plusieurs seigneurs à titre plus ou moins précaire. Le dernier de ces seigneurs fut précisément Albéric, qui détenait déjà le fief de Coucy au plus tard dès l'année 1059, et qui fut le fondateur de l'abbaye de Nogent.

Quoi qu'il en soit de toutes ces obscurités, il n'y avait donc pas encore, au XIe siècle, de maison de Coucy, mais seulement des vicomtes sans titre héréditaire ; et ce n'est que lors de l'occupation de ce domaine par Enguerran, fils de Dreux de Boves, occupation dont nous parlerons plus loin, que fut constituée la dynastie des sires de Coucy, issue de la maison de Boves.

Hugues, qui vivait aux environs de l'an 1000, sous le règne de Hugues-Capet, est donc le premier auteur historiquement connu de cette maison ; mais de qui descendait-il lui-même? C'est là une question que les documents qui ont survécu au temps, ne nous permettent pas d'élucider complètement. L'opinion générale [1] — et l'on a vu plus haut que c'est celle qu'exprime Du Cange à propos de la charte de Clérembauld, évêque de Senlis — est que la maison de Boves tenait par une alliance à celle des comtes d'Amiens et de Crépy, ce qui n'est d'ailleurs, qu'une conjecture tout à fait plausible, mais dépourvue de

---

[1] ANDRÉ DU CHESNE (*Hist. des Maisons de Guines, d'Ardres et de Coucy*) ne cherche même pas à élucider la question des origines de Dreux de Boves.

certitude [1]. Le fils de Hugues, Dreux, né dans le premier quart du XIe siècle ou même dans les dernières années du Xe, et seigneur de Boves, comme son père, se serait appelé d'abord, — s'il faut en croire les historiens de Coucy, et notamment Colliette, André Du Chesne et Dom Toussaint du Plessis [2], — Dreux de Parpes, du nom d'un village dont il était seigneur, et que l'on veut retrouver aujourd'hui dans un hameau du canton de Ribémont (ancienne Thiérache, département

---

[1] Voici la Généalogie que donne Du Cange lui-même, dans son *Histoire manuscrite*. (*Manuscr. de la Bibl. Nat. Fonds Français*, 9478).

Gautier, comte du Vexin ou d'Amiens, épouse Adèle.

Dreux, comte du Vexin ou d'Amiens, ép. Godione.		Raoul, comte de Crépy, ép. N. de Breteuil.	
Raoul, comte de Crépy et d'Amiens, mort en 1074, ép. 1° Eléonore, 2° Anne de Russie, reine de France.	Thibault, sgr. de Nanteuil. Enguerran, sgr. de Boves, puis de Coucy, comte d'Amiens.	N., mariée à Dreux, sgr. de Boves. Robert de Péronne.	Alix, ép. Thibaut, comte de Chartres. Anseau de Caix.

On voit qu'il n'est pas question ici de notre Hugues. C'est probablement parce que Du Cange n'a eu connaissance que plus tard du document publié par les bénédictins dans leur *Gallia Christiana*.

[2] COLLIETTE : op. cit. Tom. II, p. 8; DU CHESNE : op. cit. p. 189; DU PLESSIS, op. cit. p. 19. — L'auteur de *Mémoires sur la Maison de Coucy* (Mss. franç. 18616), dit textuellement, f° 15 recto : « peut estre la terre de Parpes en Thiérache. » Voir aussi MOREAU : *Notice sur les Sires de Coucy*, in-8. Chauny, 1871, p. 108.

de l'Aisne). C'est là une interprétation tout à fait fantaisiste du nom latin « Papiriacum », qui seul se trouve dans les pièces originales, et nous préférons beaucoup nous ranger sur ce point à l'opinion du judicieux D. Grenier [1], qui traduit « Drogo de Papiriaco » par Dreux de Pavery, localité qui existait autrefois entre Boves et Gentelles [2]. En effet, les seigneurs de Boves n'avaient encore, à ce moment, aucun intérêt dans la Thiérache ou le Vermandois, et c'était dans l'Amiénois et le Valois que se trouvaient leurs biens et le siège de leur influence.

Le nom de Dreux, seigneur de Boves, paraît pour la première fois dans l'histoire, parmi ceux des témoins d'un accord fait en 1042 [3] en présence du roi Henri Ier, entre l'abbaye de Corbie et Wautier, seigneur d'Encre. Il assista également la même année, à Épernay, à la donation que Thibaud, comte de Champagne, et Etienne, comte de Meaux, qualifiés

---

[1] Cité par A. JANVIER : *Boves et ses Seigneurs* (Amiens, 1877, in-8°), p. 18.

[2] Il y a encore sur le territoire de la commune de Boves, un grand lieu dit appelé *Pavry* (section D du cadastre) qui s'étend dans la vallée, depuis un pont sur l'Aixe, situé tout près du village de Fouencamps, jusque près de celui de Thésy. Il n'y reste plus aucune trace apparente d'habitations, mais on y a souvent rencontré des vases, des monnaies, des outils, etc., qui semblent indiquer qu'il y avait là un village à une époque très ancienne. Dans le « Dénombrement de Jumel », du 10 mars 1404, publié par M. CAUVEL DE BEAUVILLÉ *(Recueil de doc. inéd. sur la Picardie,* tome III, p. 215) on voit cité le Moulin de Pavery, près de Boves.

[3] Mss. de D. GRENIER et LA MORLIÈRE, op. cit. V. plus haut, p. 2, note 4.

« Comtes de France », firent à Foulques, évêque d'Amiens, et au chapitre de la Cathédrale, du village de Croissy-en-Amiénois [1]. Dreux de Boves fut aussi présent, en 1069, à la donation que Raoul de Crépy, comte d'Amiens et de Valois — successeur d'un autre Dreux, également comte d'Amiens, dont nous avons parlé plus haut — fit, à la demande de l'évêque Guy, du droit de justice que lui et les seigneurs de Conty possédaient sur toutes les terres de l'évêché d'Amiens [2], et enfin au don de ce que ce seigneur et ses chevaliers ou vassaux avaient dans la terre de Conty [3]. Dans le premier de ces actes, Dreux et son fils Robert (de Péronne), le seul de ses enfants qui signe avec lui, sont nommés les premiers parmi les chevaliers de la suite du comte d'Amiens, ce qui semble indiquer, d'après les usages suivis à cette époque dans le libellé des actes publics — qu'ils avaient une certaine suprématie sur les autres chevaliers du comté d'Amiens, « probablement, dit textuellement Du Cange, parce qu'ils étaient de la famille de Raoul » [4], et ce qui expliquerait peut-être jusqu'à un certain point les droits que fit valoir plus tard sur le comté d'Amiens le fils aîné de Dreux, Enguerran I. Dans un autre

[1] Cette pièce est publiée dans Du Chesne (op. cit.). Preuves, p. 315. Dreux y signe au-dessus d'un Névelon de Boves, probablement son parent.

[2] Du Chesne, op. cit. Preuves, p. 316. « Drogo Bovensis, Robertus ejus filius, Oilardus miles ipsius. »

[3] Ms. de D. Grenier, Collect. de Picardie.

[4] *Histoire de l'état de la ville d'Amiens et de ses comtes*, publiée par M. Hardouin (Amiens, 1840, in-8), p. 238, 239.

endroit du même ouvrage, Du Cange est plus explicite encore, à propos d'une seconde charte, sans date, mais qui dut être passée de 1091 à 1108 [1] : « D'ailleurs, dit le savant historien, les termes de la patente de Guy et Yves, comtes d'Amiens, dont nous avons parlé (p. 233 de l'imprimé), portant qu'elle a été expédiée par le conseil et le consentement des grands seigneurs qui étaient leurs héritiers : *Concilio procerum hæredumque nostrorum*, ne se peuvent entendre à mon avis que des enfants de Dreux (de Boves). » Il existait donc très certainement [2] des liens de vassalité immédiate et de proche parenté entre Dreux de Boves et les comtes d'Amiens qui lui avaient concédé de nombreux fiefs et privilèges [3], et il avait aussi une alliance intime avec les châtelains d'Amiens, gouverneurs de la forteresse de Castillon.

En 1069, Dreux de Boves, accablé, dit la charte que nous citons, de vieillesse et d'infirmités — « ipse enim accidente vitae suae termino ultimâ infirmitate praegravatus » [4], — remit au chapitre

---

[1] Cette pièce est en effet indiquée comme écrite sous le règne de Philippe I et de Gervin (et non Garin, qui est mis par une erreur évidente), évêque d'Amiens. Or, Philippe I régna de 1060 à 1108 et l'épiscopat de Gervin s'étend de 1091 à 1115.

[2] C'est aussi l'avis de M. Hardouin, le savant éditeur de l'ouvrage cité de Du Cange : Introduction, p. 36, 37.

[3] C'est ainsi que Dreux jouit jusqu'à sa mort de la vicomté de Corbie, qui lui avait été donnée par Gautier, comte d'Amiens.

[4] Dreux devait être, en effet, fort âgé à cette époque, puisque ses deux fils aînés, ainsi que nous le verrons plus loin, étaient nés très certainement vers l'année 1020. Il signe cet acte avec ses trois fils dans l'ordre suivant : Enguerran, Robert et Anseau. (V. nos Preuves, **II**).

d'Amiens l'avouerie et le comté qu'il possédait au village de Cottenchy, et dans tout son territoire [1]. Quelques années après, Dreux de Boves, malgré sa vieillesse, prit avec ardeur la défense de Richilde, comtesse de Hainaut, veuve de Beaudouin de Flandres, des domaines de laquelle il avait l'administration, conjointement avec Anselme de Mailly, autre seigneur picard. Cette princesse ayant été attaquée par son beau-frère Robert, qui voulait la dépouiller, Dreux arma ses vassaux et marcha contre l'envahisseur; mais l'armée de Robert fut victorieuse à Cassel, en l'année 1070, et Dreux de Boves périt dans le combat [2].

De sa femme, dont on ignore le nom, Dreux de Boves laissait trois fils :

L'aîné, Enguerran [3], appartient à l'histoire générale. Il fut comte d'Amiens — peut-être par usurpation sur les seigneurs légitimes, peut-être aussi du chef de sa mère qui, d'après certains auteurs [4], appartenait à la famille des anciens

---

[1] Du Chesne : *Hist. généal. de Guines... et de Coucy*. Preuves, p. 317.

[2] Voy. *Mém. pour l'histoire de Coucy*. Bibl. Nat. F. Franç., 18616, f. 15 et 89.

[3] Ce nom que devait illustrer une nombreuse descendance, fut sans doute donné au fils aîné de Dreux de Boves, par le bienheureux Enguerran, abbé de Saint-Riquier, fameux dans toute la Picardie, et qui, mort en 1045, tint probablement sur les fonts du baptême l'enfant de Boves.

[4] Voir notamment D. Toussaint Du Plessis, note XII, et Du Cange (op. cit., p. 245), qui dit positivement : « ... Par droit de succession légitime... » Et son éditeur ajoute sagement en note : « C'est là du moins la conjecture plausible, mais quelque peu systématique, de notre auteur. »

comtes de cette ville. C'est avec Enguerran que commence la série des sires de Coucy de la maison de Boves. Il devint maître de cette célèbre forteresse vers l'année 1080, d'une manière restée assez obscure. Albéric, dont nous avons parlé plus haut, en était alors le détenteur, sous l'autorité de l'Église de Reims. Les uns prétendent [1] qu'Enguerran épousa en secondes noces une fille dudit Albéric et qu'il succéda ainsi à son beau-père dans la possession du château de Coucy, où il parvint à se rendre indépendant et à se créer un fief héréditaire — de viager qu'il était jusque-là — à la faveur de ses luttes avec son suzerain l'archevêque de Reims et du développement de la féodalité au XIIe siècle. Les autres [2] assurent, d'après une vieille vie de saint Arnoul [3], qu'il s'empara de Coucy par la violence sur Albéric, qu'il fit saisir dans son manoir, une belle nuit de l'an 1078 ou 1079, et qui disparut depuis sans qu'on ait jamais plus entendu parler de lui, laissant la place à l'usurpateur [4].

[1] MALBRANCQ: *De Morinis*, t. II, 489. Mss. de D. GRENIER.

[2] Parmi lesquels JOVET, chanoine de Laon, dans son *Histoire des anciens seigneurs de Coucy* (Laon, 1682, in-12); ANDRÉ DU CHESNE (op. cit., p. 188), et DU CANGE (op. cit., p. 251).

[3] *Ex vitâ Sancti Arnulphi Suessionensis episcopi, auctore Hariulphe abbate Aldenburgensi*, dans *Recueil des Historiens des Gaules et de la France*, t. XIV, p. 56).

[4] D'après D. TOUSSAINT DU PLESSIS *(Hist. de Coucy*, note v, p. 11) et d'autres auteurs, l'Albéric auquel arriva cette aventure, n'était pas le seigneur de Coucy, mais un autre Albéric, seigneur de Choisy-au-Bac, près Compiègne, localité qui, en latin, s'appelait aussi *Cauciacum*, ce qui a donné lieu à la confusion. (Voir la note sus-indiquée, où Du Plessis discute les diverses hypothèses de l'origine des Coucy.)

Nous ne prendrons pas parti dans cette querelle rétrospective, d'ailleurs étrangère à notre sujet; nous ferons seulement remarquer qu'un de nos documents [1], émanant d'Enguerran, contient la souscription d'un Guy, fils d'Albéric de Coucy [2]. Doit-on en conclure qu'Enguerran I était, en effet, par mariage ou autrement, le légitime possesseur de Coucy, ce qui confirmerait l'hypothèse de D. Toussaint Du Plessis [3]? Ou bien, adoptant la seconde hypothèse, faut-il penser que le fils du seigneur dépossédé, se trouvant trop faible pour réclamer la succession, soit à titre héréditaire, soit comme avoué ou vicomte de l'Eglise de Reims, aurait trouvé plus politique de se mettre à la solde du spoliateur? C'est une question que je laisse le soin d'élucider aux érudits qui entreprendront de nous donner enfin une histoire sérieuse et critique de la maison de Coucy [4]. Enguerran de Boves,

---

[1] V. à nos Preuves, **XI**.

[2] C'est par erreur que M. de Florival, dans son ouvrage, d'ailleurs si complet et si bien étudié (*Etude sur le XIIe siècle : Barthélemy de Vir, évêque de Laon*, Paris, libr. Didron, 1877, in-8, p. 300), dans une pièce qu'il intitule ainsi : « Charte de restitution de l'autel de Coucy-la-Ville à l'abbaye de Nogent, par Jean, clerc, fils d'Albéric, ancien seigneur de Coucy, » donne à Albéric de Coucy un autre fils, nommé Jean qui aurait été d'église, et qui aurait fait, en 1122, une restitution à Nogent-sous-Coucy. La lecture attentive de cette pièce prouve que ce Jean était fils, non d'Albéric, mais d'un certain Guy, qui détenait injustement, d'après l'évêque de Laon, l'autel de Coucy.

[3] Note v où cette question est longuement examinée.

[4] Du Plessis (op. cit. pièce justif., § 4) donne une charte de l'an 1086, dans laquelle il est fait mention de Guy et de R(enaud), tous deux fils de Tiezzon, châtelain de Coucy sous Albéric; ce Guy n'est pas le même, évidemment, que celui dont nous parlons ici. Guy, châtelain

premier sire de Coucy, seigneur de Marle, de La Fère, etc., mourut très certainement après 1118, puisqu'il signe un acte daté de cette année [1]. Il était alors presque centenaire [2].

Nous savons, en effet, par une charte de l'année 1095 [3], que le frère cadet d'Enguerran, Robert de Capy ou de Péronne (qui nous est connu en outre par divers titres de 1069, 1079 et 1108) [4], était à cette époque — 1095 — *depuis cinquante ans* seigneur pour partie de Péronne, par suite du mariage qu'il avait contracté, étant encore fort jeune, avec Adèle ou Adélaïs, fille de Robert I de Péronne, laquelle avait recueilli une partie de cette seigneurie ainsi que de celle de Capy, à la mort de son père,

---

et vicomte de Coucy, est encore cité dans une autre charte donnée par le même auteur (p. justif., § 11), et il y eut certainement deux châtelains de Coucy de ce nom de Guy, car ce ne peut être le même qui est cité en 1116 (FLORIVAL, op. cit., p. 280), et en 1158 (LEPAIGE : *Bibliotheca Præmonstratemis*, p. 432). C'est à l'un de ces deux Guy, que Enguerran I, voulant déshériter son fils Thomas de Marle, comme l'assure Guibert de Nogent (dans son *Traité de la mort de Gualdric, évêque de Laon,* reproduit par Du CHESNE, op. cit., Preuves, p. 321 et suiv.; et GUIBERT : *de vitâ suâ*, lib. III, cap. XI), donna en mariage la fille qu'il avait eue de sa seconde femme (Du CHESNE, op. cit. p. 196).

[1] C'est donc par erreur que D. Toussaint Du Plessis, note XXV, le fait mourir en 1116.

[2] Le seul historien de Coucy qui ait fait quelqu'attention à l'âge des trois fils de Dreux de Boves est l'auteur du *Ms. F. Français de la Bibl. Nat.*, n° 18616, qui dit au folio 21 (recto) en parlant de la mort d'Enguerran I : « Il ne pouvoit pas avoir moins de 80 ans... »

[3] DU PLESSIS, p. justif. § 7. — Nous reproduisons cette pièce dans nos Preuves, n° **III**.

[4] V. DU CHESNE : op. cit. Preuves, p. 319, 320, et DU CANGE : op. cit, p. 246.

conjointement avec son frère, Robert II de Péronne, en 1045. Robert de Boves devait donc être né vers l'année 1025; il prit part en 1104 à la guerre soutenue par son frère Enguerran contre Thomas de Marle, fils dudit Enguerran, et on croit qu'il mourut sans postérité mâle le 5 août, entre les années 1106 et 1109 [1].

Le dernier fils de Dreux de Boves, Anselme ou Anseau (Ansellus), que certains auteurs nomment le second, et d'autres le troisième, fut la tige de la maison de Caix. Nous nous occuperons de lui dans le chapitre suivant.

C'est peut-être le moment de faire remarquer ici que Dreux de Boves et ses fils portaient alors pour armoiries un écu de gueules, à la bande d'or accostée de deux cotices de même. Enguerran I lui-même, le fondateur de la maison de Coucy, n'en eut point d'autres et ne prit jamais l'écu « fascé de vair et de gueules de six pièces » qui devint, après lui, celui de sa famille, et dans lequel ses descendants se sont pour ainsi dire, héraldiquement incarnés.

C'est en effet Thomas de Marle, fils d'Enguerran I, qui adopta le premier ces nouvelles armoiries à la suite d'un glorieux épisode dont il fut le héros à la première croisade de 1096, épisode rapporté par tous les historiens.

Un jour, les Croisés ayant été surpris par les Turcs, n'eurent pas le temps de revêtir leurs armures; Thomas de Marle et quelques autres

---

[1] D. Toussaint Du Plessis, note XIX (*Nécrologe de l'abbaye du Mont-Saint-Quentin*).

seigneurs découpèrent alors en toute hâte leurs longs manteaux de parade qui étaient d'écarlate fourrés de pannes de vair et y percèrent des trous par lesquels ils passèrent la tête et les bras pour s'en faire des cottes d'armes ; puis, se précipitant dans cet accoutrement sur l'ennemi, ils le taillèrent en pièces. C'est en souvenir de ce fait d'armes que Thomas de Marle adopta pour armoiries un « fascé de vair et de gueules de six pièces » qu'il laissa à ses descendants [1]. Plusieurs autres familles, parmi lesquelles les Berlaymont, les Chastillon, les Longueval, les Torcy, les de Chin, etc., etc. [2], dont les auteurs se trouvaient au même combat et suivirent l'exemple de Thomas de Marle, doivent, paraît-il, de porter du vair dans leurs armoiries, à la même circonstance [3].

On voit que la famille de Caix devrait régulièrement porter « en abîme » l'écu « coticé » de Boves et non l'écu « fascé » de Coucy, puisque ce dernier

---

[1] Les anciens historiens fantaisistes de la Maison de Coucy, LALLOUETTE *(Traité des Nobles,* etc., *avec une histoire et description généal. de la... Maison de Coucy et de ses alliances,* Paris, 1677, in-4º), et JOVET *(Histoire des anciens seigneurs de Coucy,* Laon, 1682, in-12), ont raconté ce fait à leur manière. Le premier (p. 83) dit que ce furent trois frères, l'un seigneur de Coucy, l'autre de Marle et le troisième de Vervins, qui furent les héros de ce fait d'armes de 1080 ; le second (p. 7), l'attribue à Enguerran I lui-même, qui aurait été accompagné à la croisade par ses deux frères, et par son fils Thomas. Tout cela n'a aucune valeur historique.

[2] LALLOUETTE, op. cit. p. 84.

[3] C'est cette identité d'armoiries des Coucy et des Berlaymont qui a trompé RIETSTAP dans la première édition de son *Armorial général* (Gouda, 1867) où il donne à la maison de Caix des armoiries ridicules prises dans un recueil sans aucune valeur.

n'est devenu le signe distinctif de la maison de Coucy qu'à l'avènement de Thomas de Marle, lequel ne fut sire de Coucy qu'en 1117 et mourut en 1130, et que par conséquent, Anseau de Boves, oncle de Thomas, duquel, comme nous allons le voir, cette maison de Caix est issue, n'a jamais dû, pas plus que ses frères, porter d'autres armoiries que celles de son père Dreux de Boves, c'est-à-dire : de gueules à la bande d'or accostée de deux cotices de même. Néanmoins, l'usage a depuis longtemps prévalu dans cette famille de charger ses propres armoiries du « fascé » de Coucy, devenu populaire, et qui rappelle son origine commune avec cette illustre maison. Sous réserve de l'observation que nous venons de faire, on peut donc affirmer que jamais armoirie « à prétention » n'a été portée à plus juste titre et avec plus de droits.

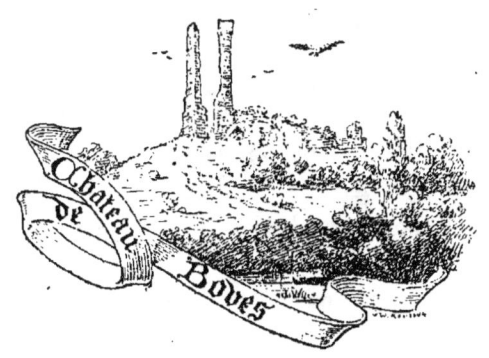

Ruines du château de Coucy

II

Anseau de Boves, frère d'Enguerran, premier sire de Coucy. — Il se marie et a un fils, appelé Robert de Caix. — Donation de la terre de Caix au monastère de Lihons-en-Santerre. — Anseau de Boves, devenu veuf, entre dans les ordres et devient archidiacre d'Amiens. — Protestations de son fils Robert, contre la donation de la terre de Caix. — Sa lutte contre les religieux de Lihons-en-Santerre. — Sa renonciation définitive en 1131. — Robert de Caix, premier pair du château de Coucy. — Il se fixe dans le Laonnois. — XIIᵉ siècle.

Dreux de Boves, tué à la bataille de Cassel en 1079, laissait, ainsi que nous l'avons dit dans le chapitre précédent, trois fils : Enguerran, qui fut la tige des sires de Coucy, dont il porta le premier le titre ; Robert, seigneur de Péronne et de Capy, et Anselme ou Anseau [1], duquel, comme nous allons

---

[1] Nous ne savons pourquoi Du Cange (*Hist. de l'état de la ville*, etc., p. 245) et après lui M. Janvier (*Boves et ses Seigneurs*, p. 21) traduisent Ansellus par Anselin. Ansellus se traduit bien par Anseau, Anselle ou Anselme, et c'est Ansellinus qui ferait Anselin. Nous continuerons donc, malgré l'autorité de Du Cange, à dire Anseau ou Anselme de Boves.

le voir maintenant, la maison de Caix tire son origine.

Cet Anseau est nommé, dans les chartes, tantôt le second, tantôt le troisième des enfants de Dreux de Boves; nous inclinons à penser qu'il était le frère puiné d'Enguerran, et l'aîné de Robert. Une charte du Cartulaire du prieuré de Lihons-en-Santerre (Carta de Cais Laudunensis) dont nous aurons à parler bientôt, nous semble, en effet, formelle sur ce point. Citant les trois frères, elle s'exprime ainsi : « Ingelrannus de Fara (de la Fère), et Anselmus clericus frater ejus, et Robertus *tertius* frater [1] ». Cette pièce est de 1131. Les trois frères étaient morts depuis longtemps à cette époque, Enguerran — comme nous l'avons dit précédemment — presque centenaire en 1116 ou 1117, Robert de Péronne, fort âgé aussi, entre 1106 et 1109, et Anselme à une date que nous ignorons, mais que nous croyons pouvoir être indiquée à une époque très voisine de celle du décès de son frère aîné. Si l'on admet notre hypothèse qui en fait le second des fils de Dreux de Boves, ce qui placerait sa naissance aux environs de l'année 1020, on voit qu'il parvint, comme ses frères, à un âge très avancé.

Il avait, en effet, près de soixante ans, lorsque son père étant mort, comme nous l'avons vu, en 1079, il confirma avec ses frères, à l'Eglise d'Amiens, la donation que Dreux lui avait faite précédemment de

---

[1] Dans le Manuscrit français de la Bibl. Nat. n° 18616, on lit : « Le 3 s'appeloit Anselme ou Anseau de Boves... »

toute la justice qu'il possédait au village de Cotenchy et lieux circonvoisins [1].

La mort de Dreux de Boves donna lieu entre ses enfants à un partage, par suite duquel Anseau ou Anselme eut la portion principale de la seigneurie de Caix-en-Santerre, qui dépendait déjà à cette époque de la baronnie de Boves.

La charte de Cotenchy est la seule pièce qui nous fasse connaître d'une manière indiscutable Anseau de Boves, en dehors des chartes de l'année 1131 qui terminèrent le différend de son fils, Robert de Caix, avec les moines de Lihons-en-Santerre.

Il nous paraît cependant très possible que le « Ansellus », archidiacre d'Amiens, dont on trouve notamment la signature dans une charte de donation faite en 1088, par l'Eglise d'Amiens, à l'Abbaye de Saint-Jean-d'Angeli, d'une église du territoire de Corbie, dédiée à Saint-Laurent [2], et dans la charte des comtes Guy et Yves, précédemment citée (p. 11), — il nous paraît, disons-nous, très possible que cet « Ansellus » soit le même que notre Anseau de Boves qui, dans cette hypothèse, eût déjà été archidiacre d'Amiens en 1088. Nous verrons, en effet, tout à l'heure, qu'il eut ce titre d'archidiacre d'Amiens.

---

[1] Pièces justificatives, n° **III**.

[2] L'original de cette charte (dont Moreau nous a conservé une copie dans sa Collection de Chartes et Diplômes de la Bibl. Nat. tome XXXV, fol. 87) était dans le Cartulaire de l'Abbaye de Saint-Jean-d'Angeli, en Saintonge, folio 140. Ansellus, *archilevita* de l'Eglise d'Amiens, y est nommé avec un Foulques, autre ecclésiastique désigné de la même manière ; or, d'après Du Cange (Glossar. mediae et infimae latinitatis, éd. Didot, 1840), *archilevita* ne peut se traduire que par *archidiaconus*.

Cette concordance de dates nous semble tout à fait vraisemblable; mais cette identification de nom aurait peine à s'accorder avec la preuve que prétend tirer Du Cange de cette charte, pour affirmer que les enfants de Dreux de Boves étaient les héritiers légitimes du comté d'Amiens. Il nous semble, en effet, improbable, sinon tout à fait impossible, que parmi les trois frères visés dans la phrase : *Concilio... heredum nostrorum,* le seul de ces héritiers qui se trouve parmi les signataires soit l'archidiacre Anselme; à moins que son caractère ecclésiastique, comportant renoncement aux droits qu'il tenait de sa famille sur le comté d'Amiens, n'ait eu précisément pour effet de le mettre seul à même de signer ladite charte. Quoi qu'il en soit, nous ne donnons cette indication que pour ne rien laisser de côté de ce qui peut intéresser notre personnage, et sans y attacher plus d'importance qu'il ne convient.

Pour être complet, nous devons également citer ici, à titre de pure curiosité, le roman rapporté dans Lallouette [1] et dans Jovet [2], roman d'après lequel Enguerran I de Coucy « accompagné de Robert et d'Anselme de Boves, ses deux frères, animés tous trois d'un saint zèle et d'un courage magnanime », auraient pris part à la première croisade, avec leur fils et leur neveu Thomas de Marle. D. Toussaint Du Plessis (note XLI) a fait justice de cette fable; nous ne pouvons que renvoyer le lecteur à sa réfutation.

---

[1] *Traité des Nobles,* Liv. 2, c. 2, fol. 83 et c. 7, fol. 101.
[2] *Hist. des Seigneurs de Coucy,* p. 7 et 8.

Nous avons hâte d'arriver aux documents les plus intéressants qui nous restent à examiner concernant Anselme de Boves et Robert de Caix, son fils, documents contenus au Cartulaire du Prieuré de Lihons-en-Santerre [1], et relatifs à la donation de la terre de Caix par Anselme à ce monastère, à la résistance apportée à cette donation par Robert de Caix, au rôle joué dans cette affaire par Rainier de Caix, signataire d'une des deux pièces, et enfin à la confirmation plus ou moins volontaire de cette libéralité par les représentants de la famille de Caix qu'elle ruinait. Ces deux chartes portent, au Cartulaire de Lihons, les titres de « Carta Laudunensis de Cais » et « Carta Ambianensis de Cais [2] ».

Vers l'année 1100, en effet, par un acte dont le texte ne nous a pas été conservé, mais dont la date nous est très approximativement connue par la « Carta de Cais Laudunensis [3] », Anseau de Boves, d'accord avec ses frères, comme cohéritiers de leur père, avait fait au monastère de Lihons, l'abandon de la terre et seigneurie de Caix, dont son fils Robert portait déjà très certainement le nom. Il ne faut pas oublier, en effet, que les trois fils de Dreux de Boves

---

[1] Manuscrit petit in-fol. de la Bibl. Nat. F. Lat. n° 5460, fol. 7.

[2] Voir plus loin nos Preuves, nos **IV** et **V**. Ces deux chartes ont déjà été publiées en entier par l'auteur de la *Notice sur la Seigneurie et l'Église de Caix* (Amiens, 1860, in-8) et en abrégé par l'éditeur de l'*Histoire de la ville et de l'état du Comté d'Amiens*, de Du Cange (Amiens, 1840, in-8, p. 244, 245).

[3] On y voit qu'en 1131 les moines de Lihons étaient en *tranquille* possession de la terre de Caix depuis *trente années* ou *même plus*.

étaient alors ou allaient devenir octogénaires et que, par conséquent, Robert, fils d'Anseau, devait être depuis longtemps un homme mûr. Il n'est donc pas malaisé de comprendre avec quels sentiments il vit s'accomplir un acte qui le dépouillait à jamais, lui et les siens, d'un avenir sur lequel il avait le droit de compter. Et l'on pourrait, d'un autre côté, rechercher vainement le motif qui porta ainsi Anseau de Boves à consommer la ruine de sa descendance, si l'on n'en trouvait l'explication dans les titres mêmes dont son nom est accompagné dans les deux chartes en question. Dans la « Carta Laudunensis », en effet, il est qualifié « Ansellus clericus », et dans la « Carta Ambianensis » son nom est suivi du titre d'archidiacre « archidiaconus ». Ces deux mots tout simples nous permettent de reconstituer facilement ce qui a dû se passer.

Marié à une femme dont on ignore le nom, Anseau de Boves en avait eu au moins un fils, appelé Robert, puis, étant devenu veuf, il était entré dans les ordres, et était devenu archidiacre d'Amiens, dont son frère Enguerran était comte ou consul. Ces événements sont très certainement postérieurs à la mort de son père, en 1079, puisque dans la charte de Cotenchy, qu'il signe cette année même avec ses frères, il est nommé simplement Ansellus, sans addition d'aucune qualification ecclésiastique.

Il n'est pas besoin de grands frais d'imagination pour comprendre qu'entré dans les ordres à un âge avancé, absorbé par ses nouveaux devoirs et s'exagérant sans doute ce qu'ils réclamaient de lui, Anseau, probablement circonvenu par les moines de

Lihons, ayant peut-être, d'ailleurs, de légitimes sujets de plaintes contre son fils, oublia facilement ce qu'il devait aux siens et se laissa entraîner à les dépouiller par avance en faisant l'abandon de ses biens aux religieux de Lihons-en-Santerre.

Les historiens de la maison de Coucy ont hésité sur le point de savoir si Anseau avait embrassé d'abord l'état ecclésiastique et s'était ensuite marié, ou s'il s'était d'abord marié et était ensuite entré dans les ordres. Suivant Du Cange (op. cit. p. 245), il « fut premièrement destiné à l'Église » et « s'engagea depuis dans les liens du mariage. » C'est également l'opinion adoptée par M. A. Janvier (op. cit. p. 21). D. Toussaint Du Plessis (note x) [1], après avoir constaté qu'Anselme est qualifié « clerc » et avoir observé, d'autre part, qu'il a été marié, ajoute textuellement : « sans qu'on puisse bien distinguer lequel des deux états il a embrassé le premier. » Ailleurs (p. 19), il semble cependant se prononcer formellement pour l'hypothèse d'après laquelle Anselme aurait embrassé d'abord l'état ecclésiastique [2].

Cela n'aurait eu absolument rien de choquant à cette époque. On en trouve, même beaucoup plus tard, de nombreux exemples [3]. La rigoureuse

---

[1] V. nos Preuves, n° **VI**.

[2] « Anseau embrassa d'abord l'état ecclésiastique, mais il fut aussi marié et eut un fils nommé Robert de Cais, du nom d'une Terre qui appartenait à sa famille, et que son père Anseau, conjointement avec Robert, son oncle, et Mathilde, sa tante, donnèrent au Monastère de Lihons-en-Santerre. » Op. cit. p. 19.

[3] Nous citerons seulement le fameux Pierre de Cugnières, qui, au commencement du XIV° siècle, fut archidiacre de N.-D. de Paris, et

discipline qui prévaut aujourd'hui sur ce point dans l'Église est de date relativement récente. Malgré cela, et comme nous l'avons déjà dit, notre conviction est faite, et nous croyons qu'Anseau de Caix n'entra dans les ordres qu'après avoir été marié. Cette conviction est basée, d'une part sur la charte de 1095, citée plus haut (p. 15), laquelle nous donne approximativement la date de naissance des trois fils de Dreux de Boves vers l'année 1020, et, d'autre part, sur la donation de la justice de Cotenchy, qui nous prouve qu'Anseau n'était pas encore dans les ordres à la mort de son père en 1079.

C'est donc après avoir été marié et avoir perdu sa femme qu'Anseau de Caix est devenu « clerc » et archidiacre d'Amiens.

Il nous semble absolument inutile de discuter une troisième hypothèse que nous avons entendu soutenir et d'après laquelle Anselme de Boves aurait pu être à la fois clerc et marié, archidiacre et père de famille. Cela n'aurait rien eu d'étonnant au XIIe siècle, époque à laquelle le célibat des membres du clergé était loin d'être dogmatique ; mais, bien que les preuves surabondent, nous ne nous donnerons pas le facile plaisir d'en citer ici quelques-unes à l'appui d'une thèse que nous rejetons complètement en ce qui concerne Anselme de Boves, dont le cas, comme nous venons de le voir, s'explique avec beaucoup plus de simplicité.

se maria ensuite (Abbé DELETTRE : *Hist. du Diocèse de Beauvais*, 1843, T. II, p. 420). V. aussi sur ce personnage : Vicomte DE CAIX DE SAINT-AYMOUR : *Causeries du Besacier*, Mél. pour..... *l'histoire du Département de l'Oise*. Pet. in-8. T. I, 1892.

Il faut aussi écarter complètement l'hypothèse d'une union illégitime dont Robert de Caix aurait été le fruit. A cette époque, la bâtardise, dans les familles nobles, était fréquente ; mais si elle entachait jusqu'à un certain point les enfants qui en provenaient et si elle leur donnait dans la famille une situation particulière, elle s'avouait du moins hautement et se constatait officiellement dans tous les actes authentiques [1]. Or, pour Robert de Caix, rien de semblable n'est indiqué ; « Robertus de Cais, filius Anselli archidiaconi » disent les chartes de 1131, rédigées toutes deux, ainsi que nous le prouverons, à un point de vue tout à fait défavorable à Robert, et qui n'eussent pas manqué de signaler une bâtardise qui aurait évidemment diminué, pour ne pas dire anéanti, la valeur de ses revendications. Donc, nous pouvons l'affirmer : Robert de Caix était le fruit d'une union légitime. C'est, d'ailleurs, l'avis unanime des historiens de la maison de Coucy ; le seul point qui les préoccupe, c'est de savoir si Anselme a embrassé l'état ecclésiastique avant d'être marié ou si, devenu veuf, il est entré dans les ordres. Nous venons de dire pourquoi, sans aucune hésitation, nous nous rangeons à cette dernière opinion, et nous ajoutons que l'avis contraire ne nous semble même plus soutenable et n'aurait certainement pas été admis comme vraisemblable par des historiens aussi

---

[1] « ... La noblesse était la récompense du mérite et de la vertu ; les bâtards ne rougissaient point de leur état, ils en prenaient eux-mêmes la qualité sans aucune répugnance ; ils s'en faisoient une espèce d'honneur... » D. CAFFIAUX : *Trésor généalog.* imprimé, *Discours préliminaire*, p. XIV.

judicieux que Du Cange ou Toussaint Du Plessis, si leur attention avait été attirée comme la nôtre, sur les pièces qui nous donnent la date approximative de la naissance d'Anseau de Boves. Il est impossible d'admettre, en effet, qu'un écrivain sérieux puisse croire qu'un ecclésiastique plus que sexagénaire ait la velléité de se faire relever de ses vœux pour prendre femme, ou profite de la facilité des mœurs du temps pour se marier, malgré son âge et son caractère. Le champ des hypothèses est vaste, lorsque les documents précis font défaut; mais la fantaisie, même dans ce cas, a pourtant ses limites. A plus forte raison faut-il se méfier des hypothèses, quand une argumentation repose, ainsi que le fait la nôtre, sur deux documents indiscutables, savoir les deux chartes de 1079 et de 1095.

Robert de Caix, ruiné d'avance par la donation au monastère de Lihons-en-Santerre de la terre dont il portait le nom, n'avait pas attendu sans doute la mort de son père pour commencer ses revendications. Mais, tant qu'Anselme avait vécu, ces revendications n'avaient pas paru à ces religieux assez dangereuses pour qu'ils s'en mîssent fort en peine, et ils avaient joui tranquillement (quiete) du domaine qui leur avait été donné en aumône (in eleemosinam), protégés par la présence du donateur auprès de l'évêque d'Amiens, leur diocésain, et persuadés avec raison que ses scrupules et son autorité paternelle les mettaient à l'abri de toute tentative sérieuse de la part de leur adversaire.

Il n'en fut pas de même quand la mort d'Anselme,

vers l'année 1116, eut mis son fils en possession des droits ou des prétentions qu'il pouvait avoir de réclamer à titre héréditaire (hereditario jure) contre ce qu'il regardait avec quelque raison comme une spoliation. Robert montra d'autant plus d'énergie que la longue vie de son père lui avait plus longtemps imposé le silence. Bien que les religieux de Lihons fussent depuis plus de trente ans en possession (tricennali tempore aut eo amplius), il réclama énergiquement (calumniari cepit) la restitution du bien paternel. Mais les moines de Lihons avaient pris d'avance leurs précautions, en vue d'une revendication qu'ils savaient depuis nombre d'années ne pouvoir éviter; et, par une charte que nous trouvons au Cartulaire noir de l'abbaye de Corbie, ils avaient consenti à l'évêque de Laon [1] une inféodation de tout ce qu'ils possédaient au territoire de Caix, à la charge d'un relief de soixante sous et des droits seigneuriaux ordinaires. Il est permis de supposer que leur procès pendant avec Robert de Caix — qui habitait alors Coucy, comme nous allons le voir dans un instant, et qui était par conséquent le diocésain de l'évêque de Laon — ne fut pas étranger à cette mesure. Il était de bonne politique, en effet, d'intéresser à leur cause un des juges futurs du litige en lui donnant part au domaine contesté. C'était, sinon parfaitement moral, au moins tout à fait habile. Quoi qu'il en soit, le prieur de Lihons ayant évoqué l'affaire devant

---

[1] Cet évêque de Laon était Barthélemy de Vir (Cfr. M. DE FLORIVAL : *Étude histor. sur le XIIe siècle. Barthélemy de Vir, évêque de Laon*. Paris, 1877, in-8º.)

l'évêque de Laon, Robert de Caix refusa d'accepter cette juridiction (causam prosequi et judicialem sententiam suscipere noluit), et on vient de voir qu'il avait quelque raison de se méfier du juge qu'on voulait lui imposer.

En dehors de l'intérêt qu'elle nous présente pour la solution même du différend qui nous occupe, cette charte nous fait voir que Robert de Caix avait dès lors abandonné, au moins provisoirement, l'Amiénois pour s'établir dans le Laonnois, auprès de son neveu à la mode de Bretagne, Enguerran II, sire de Coucy, et qu'il demeurait même probablement au château de Coucy, dont nous verrons tout à l'heure qu'il devint plus tard le premier Pair [1]. C'est là que Milon, prieur de Lihons, alla le relancer pour obtenir de lui le désistement désiré. Prières et menaces, tout fut vraisemblablement employé; mais on eut particulièrement recours à l'influence que devait avoir sur lui Milésende, dame de Coucy, veuve depuis peu de Thomas de Marle, cousin germain de Robert de Caix, et nous voyons, en effet, que c'est à la sollicitation de Milésende et dans une réunion de famille qui eut lieu en sa présence entre Barthélemy, évêque de Laon, Milon, prieur de Lihons, et Robert, que ce dernier renonça définitivement à ses droits [2].

[1] Cette installation de Robert à Coucy est certainement postérieure à l'année 1113. Nous avons, en effet, une charte de Barthélemy, évêque de Laon, en date de cette année (Coll. Moreau, T. 47, fol. 19), dans laquelle sont nommés « pene omnes Castri (de Coucy) equites ». Or, Robert de Caix n'y figure pas.

[2] C'est par suite d'une inadvertance que l'auteur de la *Notice sur l'ancienne seigneurie et l'église de Caix*, publiée à Amiens en 1860, confond cette Milésende de Crécy, femme de Thomas de Marle, avec

Le moment était des mieux choisis pour opérer une pression violente sur la dame de Coucy, et, par elle, sur son proche parent et ami Robert de Caix, qui ne pouvait abuser de l'hospitalité qu'il recevait au château de Coucy, au point d'opposer à l'acte qu'on lui demandait de faire, une résistance qui pouvait devenir préjudiciable à la dame de Coucy elle-même. La situation était, en effet, des plus critiques. Thomas de Marle venait d'être tué dans des circonstances dramatiques en défendant vainement son château contre l'armée du roi Louis-le-Gros, qui n'avait rendu la forteresse qu'en se faisant livrer par la veuve du vaincu la plus grande partie des trésors qui y étaient accumulés. Comme toujours en pareil cas, tous ceux que les violences de Thomas avaient atteint, profitaient des circonstances douloureuses que traversaient les siens pour les accabler de réclamations, de vexations et de menaces de toutes sortes.

Nous possédons, entr'autres, deux chartes de cette année 1131, concernant une réclamation adressée par le monastère de Saint-Vincent de Laon au pape Innocent II, alors en France, réclamation relative à des biens situés à Erlons, à Saint-Lambert et à Saint-Gobain, qui lui avaient été donnés par Enguerran I de Coucy et dont Thomas de Marle s'était emparé de nouveau à la mort de son père [1]. Parmi les témoins de ces chartes, du côté de la maison de

---

une autre Milésende, absolument chimérique d'ailleurs, et qui aurait été la femme de Dreux de Boves et la mère d'Enguerran, de Robert et d'Anseau de Boves.

[1] V. nos Preuves **VII** et **VIII**.

Boves, on lit précisément le nom de Robert de Caix (S. Roberti de Caiz).

D'un autre côté, le comte Raoul de Vermandois continuait la guerre contre le jeune Enguerran qui, à peine âgé de vingt ans, venait de succéder à son père et qui s'efforçait, avec le concours de sa mère, de réparer les injustices paternelles. On s'attendait — ce qui eut lieu, en effet, l'année suivante — à un retour offensif du roi de France, devenu l'allié du comte de Vermandois. La maison de Coucy paraissait sur le point de sombrer dans un désastre irrémédiable. Que pouvait peser, au milieu de ces poignantes angoisses, la revendication d'un parent pauvre sur une petite seigneurie de la plaine Santerroise? Et pouvait-on risquer de s'aliéner l'évêque Barthélemy, prélat actif, influent et entreprenant, en refusant de donner satisfaction à son client — devenu son associé par l'inféodation qu'il en avait reçue — le prieur de Lihons-en-Santerre?

C'est ce que comprit sans doute Robert de Caix. Il céda donc à la nécessité qui s'imposait à lui; mais il s'arrangea de manière à ce qu'il fût bien constaté que c'était par égard pour sa cousine Milésende de Crécy et pour son jeune neveu Enguerran II (ad colloquium cum Dominâ Milesende) qu'il cédait. Si la ruine était complète, au moins la dignité était sauve, et peut-être, au fond du cœur, la victime conservait-elle l'espoir de pouvoir faire de nouveau valoir ses droits dans des temps plus heureux.

Est-ce la crainte de cette reprise des réclamations ou seulement l'attitude générale de Robert — pleine de menaces contenues — qui donna des arrière-pensées au prieur Milon ? Toujours est-il qu'il ne se contenta pas de la charte solennellement promulguée par Barthélemy en sa faveur et des anathèmes qui la terminaient. Mais à peine de retour dans son monastère, il s'empressa de demander à son évêque diocésain, Guérin d'Amiens, la confirmation de ce qui venait de se passer à Laon. Les deux chartes sont datées à douze jours d'intervalle, du mois de décembre 1131, ce qui prouve combien les religieux de Lihons étaient pressés de s'entourer de toute espèce de précautions. Dans la « Carta Ambianensis », comme dans la « Carta Laudunensis », Robert de Caix agit avec l'agrément de Milésende de Coucy et de ses enfants (annuente domino Botuensi juniore Ingelranno, et fratre ejus Roberto, et matre eorum Milesende); le consentement du sire de Coucy était, du reste, nécessaire, comme baron de Boves dont mouvait la seigneurie de Caix. La pièce, passée dans la cathédrale même d'Amiens (in Ecclesiâ majore Ambianensi), est appuyée d'un luxe de témoins, tant du côté de Boves que de celui de Lihons, qui prouve quelle importance y attachaient ses rédacteurs. Parmi ces témoins, nous trouvons un Renier (Rainierus) de Caix sur lequel nous aurons à revenir tout à l'heure.

En revanche, il est assez remarquable que dans l'une et l'autre de ces deux chartes dans lesquelles il est l'acteur principal, puisque c'est lui qui, d'après le texte, reconnaît les faits accomplis, renonce à toute revendication, proclame qu'il laissera désormais les moines de Lihons tranquilles et demande la confirmation solennelle de toutes ces promesses aux deux évêques, — il est assez remarquable, disons-nous, et peu ordinaire, que la signature de Robert de Caix manque au milieu de la profusion de noms qui s'étalent au bas de ces deux actes (9 à la « Carta Laudunensis » et 24 à la « Carta Ambianensis »), sans parler des témoins innommés, mais présents : « Multi alii » (testes), dit la « Carta Ambianensis ». Et pourtant Robert était présent à l'élaboration de la « Carta Laudunensis ». Quant à la « Carta Ambianensis », il n'était pas loin du lieu où elle se signait; car s'il n'habitait pas l'Amiénois, il était à Coucy, et c'était une courte chevauchée que cette distance pour un chevalier du XIIe siècle. Il y a là encore, ce nous semble, une preuve de cette résistance passive, mais persévérante et énergique, opposée par Robert de Caix à ses spoliateurs.

Nous venons de dire que Robert était à Coucy; il n'avait plus, en effet, rien à faire dans l'Amiénois, qu'il paraît avoir complètement abandonné depuis l'échec définitif de ses dernières espérances. Toujours est-il qu'à partir de cette époque, nous ne trouvons plus son nom que dans des actes passés dans le Vermandois.

En 1132, il signe comme témoin une charte de Barthélemy, évêque de Laon[1], dans laquelle nous voyons qu'il participe à la confirmation de plusieurs donations faites à l'abbaye de Saint-Martin de Laon. Parmi ces donations se trouve celle d'un droit de

---

[1] V. nos Preuves, n° **IX**.

transit ¹ concédé par Enguerran II de Coucy audit monastère. Robert de Caix avait droit à une partie de cette redevance (qui in wionagio partem habet) dont il fait l'abandon. De plus, le jeune Enguerran déclare dans la charte ne faire cette concession que du consentement d'Ade, sa femme ², et de ses principaux barons ³ (assensu Ade uxoris sue et procerum suorum), parmi lesquels le *seul* cité nominativement (nominatim), est précisément Robert de Caix, qui confirme pour sa part, d'une manière formelle, la libéralité faite par son jeune neveu (Hoc quoque Robertus de Chais ⁴ de suâ parte gratanter annuit).

L'année suivante, 1133, nous trouvons encore la

---

¹ *Wionagium*. C'était une prestation due au seigneur « pro securo transitu, vel mercium exportatione per terram illius. » *Glossaire* de Du Cange.

² Il serait plus exact de dire sa fiancée, Ade ou Agnès, nièce du Comte de Vermandois, fille de Raoul de Beaugency et de Mahaut, cousine de Louis-le-Gros. Ces fiançailles avaient été une des conditions de la paix faite cette année-là même (1132) entre le Roi et le Comte de Vermandois, d'une part, et le Sire de Coucy, d'autre part, à la suite de l'inutile siège de La Fère, par les deux premiers; le mariage eut lieu seulement quelques années après. — Ajoutons encore qu'il ne faut pas confondre cette Ade de Beaugency avec Ade de Marle, femme d'Enguerran Iᵉʳ. Quelques auteurs l'appellent seulement Agnès, mais deux pièces publiées par D. Du Plessis (Preuves, § XXIII et XXVIII), prouvent surabondamment qu'elle s'appelait Ade.

³ D'après Du Cange (*Gloss.*), le mot « proceres » indique les principaux seigneurs ou chevaliers qui entourent un haut suzerain : « Magnates, Optimates, en francais : barons. »

⁴ Chais est ici pour Caix; il ne peut y avoir aucun doute à cet égard; mais pour ne pas interrompre notre récit, nous renvoyons le lecteur au chapitre spécial dans lequel nous donnons plus loin la nomenclature, l'explication et les preuves d'identification des différentes formes du nom de Caix, aux diverses époques.

signature de Robert au bas d'une charte du même évêque Barthélemy, relative à des donations faites à la même abbaye de Saint-Martin de Laon [1]; et, la même année encore, son nom se lit deux fois, parmi les chevaliers du Sire de Coucy (militibus Engelranni) dans une autre charte du même évêque [2], confirmant à l'abbaye de Saint-Nicolas-au-Bois la terre de Fargnier, octroyée par Enguerran, Robert et Milésende, leur mère, ainsi que d'autres biens donnés au même lieu, par divers seigneurs, avec l'autorisation du Sire de Coucy, leur seigneur dominant.

Robert de Caix avait donc définitivement attaché sa fortune à celle d'Enguerran II, sire de Coucy, qui le payait de retour et lui avait assuré auprès de lui une situation tout à fait en rapport avec l'étroite parenté qui les unissait; nous avons, en effet, une charte de l'année 1138 [3] dans laquelle Robert prend part, comme Premier Pair du château de Coucy, à une donation faite à l'abbaye de Nogent, à laquelle il abandonne, en ce qui le concerne, « cinq sous de bonne monnaie à prendre chaque année sur le travers de Coucy. » Ce titre de Premier Pair du château de Coucy prouve que Enguerran II avait continué à user des meilleurs procédés envers son oncle, dont il appréciait à juste titre la vieille affection et les bons services [4].

---

[1] V. nos Preuves, n° **X**.

[2] V. nos Preuves, n° **XI**.

[3] V. nos Preuves, n° **XII**.

[4] Il est assez curieux de voir le Sire de Coucy donner à ses barons le titre de Pairs avant même que ce titre ait été régularisé par le roi

Cette même année 1138, Robert de Caix se trouve encore témoin dans une charte d'Enguerran contenant différents dons octroyés par ledit Enguerran à l'abbaye de Prémontré [1].

Enfin, Robert « Detcais », que nous avons toute raison de croire le même que notre Robert de Caix, se rencontre, en 1143, parmi les témoins d'une donation faite, antérieurement à cette date (il s'agit ici d'un entérinement), par Bliard de La Ferté et Simon de Ribemont à l'abbaye de Saint-Vincent de Laon [2].

Puis, le silence se fait sur Robert de Caix. On ne trouve plus son nom dans aucune des chartes données par Enguerran II; du moins ne l'avons-nous pas rencontré dans celles qu'il nous a été permis d'examiner. Faut-il en conclure qu'il mourut vers cette époque? Ou faut-il supposer qu'il quitta alors Coucy pour vivre de son côté et peut-être pour se créer une famille? C'est ce que nous allons examiner dans le chapitre suivant; et pour cela, il

---

Louis VII qui, dit-on, ne les organisa qu'en 1179 pour assurer un appui à son jeune fils. — Quant au fait de voir le Sire de Coucy avoir ses pairs tout comme le roi, cela ne peut étonner que ceux qui ignorent ce qu'était alors un domaine féodal. A cette époque de notre histoire, chaque fief était un petit royaume, rattaché seulement à celui de France par un lien de vassalité, qui possédait ses gens de justice aussi bien que ses gens de guerre, son conseil de « barons », assistant le suzerain dont ils composaient la Cour, et généralement ces pairs ou barons étaient de *l'estoc,* c'est-à-dire de la parenté du seigneur. (Humbaldus Virsionensis dominus et barones ejus... Charte de 1025, dans le *Cartul. de Vierzon,* fol. 12).

[1] Voir nos Preuves, n° **XIII**.
[2] Voir nos Preuves, n° **XIV**.

nous faut revenir un instant aux deux chartes de confirmation données en 1131 par Robert aux religieux de Lihons-en-Santerre.

III

RAINIER OU RENIER DE CAIX. — LA MAIRIE DE CAIX. — ARNOUL DE CAIX ET MATHILDE D'EMBLECOURT. — PIERRE ET ROBERT DE CAIX A LIHONS (1164). — FIN DU XIIe SIÈCLE.

Nous avons examiné plus haut les conditions particulières dans lesquelles les deux chartes de confirmation de 1131 avaient été obtenues, et la pression exercée sur Robert de Caix par les évêques de Laon et d'Amiens, juges partiaux dans une question où un monastère se trouvait en cause contre un simple laïc. Enfin, nous avons fait remarquer parmi les signatures des témoins de la « Carta Ambianensis », celle d'un « Rainierus de Cais », en promettant d'y revenir ultérieurement. Le moment est venu de nous expliquer à ce sujet.

Nous ne reprendrons pas les arguments que nous avons précédemment invoqués pour prouver que

Robert de Caix avait cédé à une véritable violence morale et qu'on avait probablement fait agir sur lui, comme « ultima ratio », la menace toute puissante d'une excommunication, arme familièrement employée par le clergé de cette époque pour aplanir à son profit toutes les difficultés qu'il pouvait avoir au sujet de ses intérêts temporels. Nous avons fait ressortir ce fait singulier et absolument anormal, que la signature de Robert de Caix ne se trouvait, ni dans la « Carta Ambianensis », ni dans la « Carta Laudunensis », comme si les évêques d'Amiens et de Laon avaient renoncé à la demander, soit qu'ils aient eu quelque scrupule à exiger ce dernier et d'ailleurs inutile sacrifice, de la victime d'un jugement qui, quels que fussent les prétextes dont il était coloré, ne constituait pas moins une véritable spoliation, soit qu'ils se fussent heurtés sur ce point à la résistance inébranlable de celui dont ce jugement confirmait la ruine définitive. Mais, quel que fût le motif qui ait empêché Robert de Caix, présent d'ailleurs dans la contrée, de mettre lui-même son nom au bas de l'acte qui le dépouillait, il était d'autant plus important pour les moines de Lihons d'obtenir, au moins d'une façon indirecte, l'adhésion de la famille ou de l'héritier éventuel de Robert, et c'est pour cela, croyons-nous, que l'on trouve parmi les témoins de la « Carta Ambianensis » le nom de Rainier de Caix, qui était très probablement le fils ou le frère cadet de Robert.

On nous objectera, sans doute, tout d'abord, que rien ne prouve que ce Rainier de Caix, malgré le nom ou le surnom qu'il porte, appartienne à la famille de Robert ; qu'il pouvait n'être qu'un personnage quelconque, ayant pris pour se désigner le nom de la localité qu'il habitait ; peut-être même quelqu'officier des moines de Lihons, depuis plus de trente ans, nous le savons, en possession de la seigneurie de ce lieu de Caix. Nous nous contenterons de faire remarquer qu'il serait au moins bien singulier que ce nom de Caix ait pu être pris comme désignation patronymique, par un personnage quelconque, dans un acte où ce même nom était reconnu formellement comme appartenant au fils et neveu des anciens seigneurs de ce lieu, issus de la maison de Boves. Il ne serait pas moins étonnant que, parmi tous les noms cités dans la même charte, à côté de ceux des seigneurs de Jumelles, de Nigelles (Neelle), d'Encre, de Soihiercourt (Soyecourt), etc., le nom de Rainier de Caix fût le seul qui ne répondît pas à une possession ou tout au moins à une prétention territoriale. La thèse que nous supposons n'est, à notre avis, pas même discutable, et Rainier de Caix était indubitablement de l'estoc de Robert, fils d'Anseau de Boves.

On pourra nous dire encore que, si ce Rainier avait été le fils ou le frère de Robert de Caix, on eût été intéressé à lui faire jouer un rôle plus important dans cette charte, et à mettre son nom plus en vedette. Cela peut se soutenir. Mais nous pourrions répondre, de notre côté, que satisfait d'obtenir sa signature et son témoignage, on ne lui demanda pas de prendre une part plus directe à cet acte. Cette situation effacée put même faire l'objet d'une convention formelle entre les moines de Lihons et lui, et devenir la condition expresse de son intervention. On remarquera, de plus, qu'il est cité parmi les témoins de Boves, ceux par conséquent qui étaient censés représenter Robert de Caix et garantir ses promesses. Ce que ce dernier n'avait pas eu l'abnégation de faire — prêter matériellement la main à l'acte qui consommait sa ruine — son fils ou son frère pouvait y adhérer. Lié d'ailleurs par les engagements successifs et plus ou moins spontanés consentis antérieurement par Robert, ayant pris sans doute, quelle que fût sa qualité réelle, une part moins active et dans tous les cas moins longue à la lutte, Rainier devait plus facilement faire acte de soumission et apposer son nom au bas de la confirmation de la sentence qui dépouillait sa famille. Robert ayant reconnu la spoliation, quelle résistance pouvait opposer à l'acte qui la consacrait, son fils, jeune encore, sans doute, ou son frère, qui, en sa qualité de cadet, tel que nous le supposons, n'avait personnellement à faire aucune revendication après la renonciation de son aîné? Comment eût-il bravé la menace des foudres ecclésiastiques, quand son père ou son frère aîné, après une résistance longue et acharnée, avait été lui-même obligé de se soumettre? On ne lui réclama même pas une adhésion formelle et explicite, contre laquelle il aurait pu être tenté de se rebeller; on se contenta de lui demander de comparaître comme témoin — mais parmi les *témoins de Boves* — dans la charte de l'évêque d'Amiens constatant la soumission du chef de la famille, à ce qui était désormais pour tous deux une nécessité inéluctable. Il ne comparaît même parmi ces témoins qu'au dernier rang, comme si on avait voulu lui ménager cette satisfaction platonique de ne mettre son nom au bas de l'acte qui le spoliait indirectement, qu'après ceux d'Evrard le Sénéchal, de Robert Engelais et d'Ibert de Jumelles, ou bien comme si on avait tenu à lui faire comprendre que l'adhésion de ces personnages, plus importants sans doute ou plus âgés que lui, rendait son témoignage inutile, s'il le refusait, et sa résistance absolument dérisoire, s'il avait entrepris d'y persister.

Les moines de Lihons et les évêques, leurs patrons, avaient d'ailleurs de puissants moyens de persuasion à leur disposition, et sans parler de l'excommunication à laquelle il leur était loisible de recourir, et dont on retrouve partout la menace (Voir nos Preuves), ils firent sans doute miroiter aux yeux de Rainier, pour le décider, quelque compensation que, dans sa détresse, il fut contraint d'accepter faute de mieux. Nous sommes persuadés, quant à nous, que cette compensation se présenta sous forme de l'octroi de la Mairie héréditaire de Caix, qu'il fut heureux d'obtenir comme un pis-aller lui permettant de faire encore une figure honorable et dont nous croyons qu'il fut le premier titulaire [1].

[1] Dans une pièce datée de 1146, passée à Amiens et donnée par André Du Chesne (op. cit. *Preuves*, p. 340), on voit parmi les signataires un « Rainerius de Bova ». Ne serait-ce pas notre Rainier, qui, demeuré en Picardie, aurait repris le nom de Boves en restant auprès de son cousin Robert, seigneur de Boves, frère cadet d'Enguerran II de Coucy, tandis que Robert de Caix séjournait auprès de ce dernier ? Nous ne trouvons nulle part ailleurs ce Rainier dans la généalogie des seigneurs de Boves.

Robert de Caix nous paraît, en effet, ainsi que nous l'avons déjà dit, avoir renoncé complètement à cette époque à toute résidence dans l'Amiénois et s'être définitivement attaché à la fortune de son neveu à la mode de Bretagne, Enguerran II de Coucy, à côté de qui il habitait au château de Coucy dont, comme nous l'avons vu, il était devenu le Premier Pair. Rien ne nous autorise à penser qu'il ait accepté pour lui-même cette Mairie de Caix, laquelle constituait cependant un fief qui n'était pas à dédaigner. Au Moyen-Age, le Maire d'une grosse seigneurie était, en effet, non seulement un important tenancier féodal, mais encore l'intendant et l'officier de justice chargé de faire les ajournements [1], et cela donnait à celui qui en avait le titre une situation qui lui permettait de jouir de ressources pécuniaires considérables et de tenir son rang dans le monde nobiliaire. Nous pourrions, sans sortir de la Picardie, citer un bon nombre de familles de première condition, dont une « Mairie » héréditaire constituait le principal, sinon l'unique patrimoine [2].

De plus, au XIIe et jusque vers la fin du XIIIe siècle, le « Maire » est toujours de l'estoc du Seigneur du fief. M. le vicomte de Poli, à qui nous devons ce

---

[1] COMTE DE LUÇAY : *Le Comté de Clermont-en-Beauvaisis*, p. 45, note. — Voir aussi le *Glossaire* de DU CANGE, aux mots MAIOR et MAJORIA (MAIRIA), etc.; — LA CURNE DE SAINTE-PALAYE : *Glossaire*; aux mots MAIRERIE et MAIRIE, etc., etc.

[2] On trouve, à chaque instant, au Moyen-Age, des titulaires de fiefs de Mairie, qualifiés *chevaliers* : Jean de Dampierre, maire de cette seigneurie, chevalier en 1335. (*Soc. archéol. de Rambouillet*, T. II, 1874, in-8.), etc., etc.

renseignement, n'a pas rencontré d'exceptions. Le fonctionnement du système féodal, essentiellement familial, suffit à expliquer cette règle. Le Seigneur d'un fief s'entourait exclusivement de gens intéressés comme lui à la conservation du patrimoine féodal.

C'est ainsi, croyons-nous, que la Mairie de Caix devint l'apanage des descendants d'Anseau de Boves ou de Caix qui la possédèrent presque sans interruption, comme nous le verrons dans la suite de ce travail, jusqu'au commencement du XVIe siècle.

Nous sommes donc convaincus, quant à nous, que Rainier de Caix, signataire de la « Carta Ambianensis », était le fils ou le frère de Robert; et nous inclinerions plus volontiers vers la seconde hypothèse. Il nous paraîtrait, en effet, bien étonnant, si Robert de Caix eût été marié en 1131, que les rédacteurs des deux actes de renonciation n'aient pas constaté l'adhésion de sa femme dans des pièces où ils prennent de si minutieuses précautions [1]. Et l'on ne saurait dire que cette adhésion ne fut pas formulée dans les actes, parce que la femme de Robert refusa de la donner; il serait absurde de supposer ce refus de la femme, résistant à la pression du clergé quand son mari était obligé de s'y soumettre. Ce que nous avons dit plus haut du rôle que nous prêtons à Rainier dans la confection des deux chartes, nous

---

[1] C'était l'usage constant au Moyen-Age de faire toujours comparaître la femme à côté de son mari dans les actes publics. Nous pouvons précisément en citer un exemple tiré de nos Preuves elles-mêmes. Dans la charte de 1132 (Preuves **VIII**) on lit : « Guillelmus de Apia, annuente uxore suâ », tandis que Robert de Caix est nommé seul à la ligne précédente.

semble aussi s'appliquer beaucoup mieux au cas où il aurait été le frère cadet de Robert et non son fils, né d'une femme morte lors de la rédaction de ces chartes. Cette hypothèse qui fait accepter à Rainier les conséquences de son adhésion à la « Carta Ambianensis », en échange de la compensation de la Mairie de Caix, explique en même temps comment une branche de la maison de Caix est restée dans l'Amiénois et le Santerre et s'y est perpétuée dans ce fief de la Mairie de Caix, alors que le chef de la maison, fixé dans le Vermandois sans esprit de retour, y faisait — mais pour peu de temps — souche de son côté.

Nous voyons, en effet, que Robert se maria sur le tard, à Coucy ou aux environs, quand la perte définitive de la seigneurie de Caix l'eût fait renoncer pour toujours à l'Amiénois; et cette constatation répond à la question que nous posions à son sujet à la fin du chapitre précédent. Si l'on ne trouve plus trace de son nom dans les chartes d'Enguerran II. de Coucy à partir de l'année 1138, c'est que vers cette époque il quitta son neveu pour se créer un établissement indépendant. Il serait possible aussi qu'il fût déjà marié au moment où il signait cette charte de 1138 et que sa disparition des actes de Coucy ait eu pour cause sa mort survenue peu après.

Quoi qu'il en soit, de son mariage qui, quelle que soit l'hypothèse adoptée, eut lieu de 1132 à 1140, Robert de Caix eut un fils nommé Arnoul et une fille appelée Mathilde, qui nous sont connus par une charte donnée en 1188, en faveur de l'abbaye de Thenailles en Thiérache [1].

La charte dont il s'agit est contenue au Cartulaire de Thenailles, du XIIIe siècle, conservé à la Bibliothèque Nationale [2]; c'est une ratification de donations faites par Robert, seigneur d'Emblecourt ou plutôt Erblaincourt [3], à l'abbaye de Thenailles. Cet acte

---

[1] On trouve à la même époque deux frères, Etienne et Guillaume de « Chayx », dont le *Nobiliaire historique* de DE CAMPS nous a conservé les noms (*Bibl. Nat.* F. DE CAMPS, vol. 108) et qui furent présents en 1155 lorsque Eudes de Champagne ratifia les abornements de ses terres et de celles du chapitre de Besançon. Bien que la forme du nom de ces deux frères, d'après les principes que nous posons dans le chapitre suivant, puisse nous permettre de les ranger parmi les Caix de Picardie, nous ne nous croyons pas autorisés à le faire, par suite de la règle absolue que nous nous sommes tracée de n'admettre dans notre nomenclature que des personnages qui nous sont connus par des actes passés en Picardie ou en Vermandois ou ayant trait à des terres situées dans ces provinces. Nous pensons donc que Etienne et Guillaume de Chayx doivent appartenir à une famille dont on trouve, à diverses époques, le nom sous cette forme, en Champagne ou en Franche-Comté, et dont nous parlerons dans notre chapitre IV.

[2] V. nos Preuves, n^o **XV**. — Cette pièce est aussi reproduite par D. GRENIER, tome 267, fol. 393 verso, et par ANDRÉ DU CHESNE (*Hist. de Guines*, Preuves, p. 351). — Le nom d'Arnoul est orthographié dans cette charte : « de Chais », absolument de la même manière, d'ailleurs, que celui de Robert de Caix dans le cartulaire de Saint-Martin de Laon. L'acte est daté de Coucy et ratifié par Raoul I, sire de Coucy et de Marle. Il ne peut donc y avoir aucun doute sur l'identification de « Chais » en « Cais ». C'est l'avis de D. Waroquiaux, qui, dans ses « *Essais de l'hist. eccl. et civ. de Laon et du Laonnais* » (ap. D. GRENIER, t. 190, fol. 65) traduit « Arnoul de Chais » par « Arnoul de Cais ».

[3] Le nom d'Emblecourt n'existe pas. Il ne peut s'agir d'Amblaincour qui dès cette époque était dans la maison de Guise. Ce doit donc être Erblaincourt, aujourd'hui Bac-Arblaincourt (hameau de Bichancourt, canton de Coucy), qui appartenait aux châtelains de Coucy. Voir du reste à nos Preuves, **XV**.

est daté de Coucy avec le concours de Raoul I, sire de Coucy et de Marle. Arnoul de Caix appose son sceau à la charte comme premier témoin, en qualité d'oncle (avunculus) de Robert d'Emblecourt. Le terme latin d' « avunculus », opposé à celui de « patruus » qui signifie oncle paternel, indique qu'Arnoul était l'oncle maternel, le frère de la mère de Robert d'Emblecourt, et nous apprenons par la même pièce que cette sœur d'Arnoul de Caix s'appelait Mathilde et que la femme de Robert d'Emblecourt portait le nom d'Elisabeth; enfin, nous trouvons encore parmi les témoins deux neveux de Robert d'Emblecourt, Jacher et Guy.

Tout cet ensemble de faits et de personnages nous indique qu'Arnoul de Caix était déjà parvenu à un âge assez avancé en 1188, puisque son neveu, fils de sa sœur, était lui-même à cette époque un homme mûr, ayant des enfants et des neveux qui tous donnent leur consentement à la donation dont il s'agit. Il n'est donc pas téméraire de penser qu'il avait alors de 50 à 60 ans; ce qui place bien la date de sa naissance à l'époque du mariage supposé de son père, c'est-à-dire dans les années qui suivirent la renonciation de Robert de Caix en faveur des moines de Lihons. Mais Robert étant, on se le rappelle, né vers 1080, rien ne s'opposerait non plus à ce qu'il fut le père de Renier de Caix, né d'un premier mariage, si l'on préférait, contrairement à notre sentiment, cette dernière hypothèse.

Pour nous résumer, voici les deux petits tableaux généalogiques que nous permettent de dresser, suivant l'hypothèse adoptée, les documents connus jusqu'ici, relatifs à la maison de Boves et à celle de Caix qui en est issue, aux XIe et XIIe siècles :

Première hypothèse : Rainier est le fils de Robert :

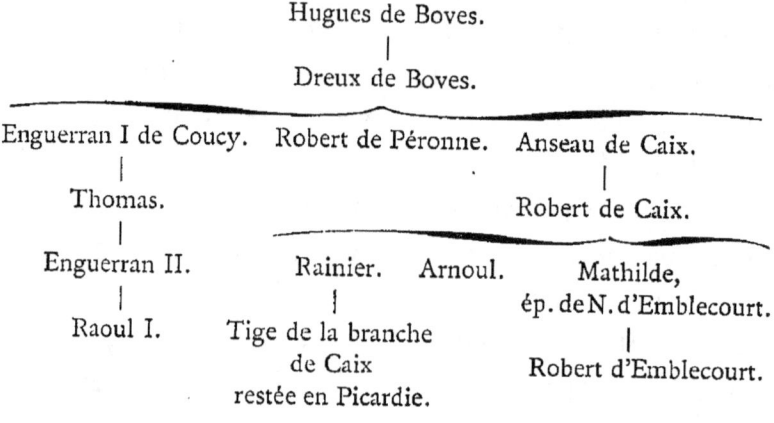

Deuxième hypothèse : Rainier est le frère de Robert :

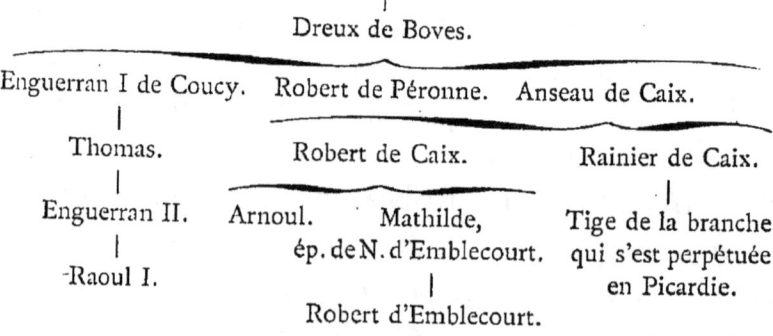

Arnoul de Caix ne paraît pas avoir été marié ; au moins le Cartulaire de Thenailles ne lui donne-t-il ni femme ni enfants, tandis que sa sœur, ses neveux et ses arrière-neveux y sont cités à côté de lui. Il nous paraît donc vraisemblable qu'il n'avait pas d'autre famille, du moins aussi proche. Cette supposition est justifiée, du reste, par la disparition complète du nom de Caix dans le Vermandois, tandis que nous le retrouvons dans l'Amiénois et le Santerre, représenté par de nombreux rejetons.

Parmi ces rejetons, les premiers dont nous rencontrions les noms dans les documents qui nous ont été conservés, sont un Pierre et un Robert de Caix, que nous trouvons cités parmi les témoins du prieuré de Lihons dans une charte de 1164 [1]. Cette charte a pour objet l'approbation donnée par Jean, abbé de Corbie, à une transaction intervenue entre son abbaye et celle de Lihons au sujet d'un moulin de Saint-Quentin. Les témoins des deux parties y sont indiqués sous cette forme :

« Hujus rei testes sunt : Dominus abbas Johannes Corbeye; Hugo prior; Richerus, subprior; Fulbertus prepositus; Gozuinus; Petrus du Bus; Jacob de Maceriis; Fulco; Gervasius; Nicholaus. De laïcis : Walterus de Helli; Hugo prepositus; Simon de Folliaco; Wualdinus de Moolcurte. De monachis lehunensibus : Adso prior; Odo prior Sancti Taurini; Gerarardus (sic); Johannes Macherellus; Petrus de Chais; Robertus de Chais; Petrus Dare; Petrus Neret; Walterus de Nigellâ. Ommeque Capitulum lehunense. »

Il semblerait résulter, à première vue, de la place occupée par les noms de Pierre et de Robert de Caix,

---

[1] V. nos Preuves, n° **XVI**.

qu'ils étaient moines de Lihons. Je crois, néanmoins, que cela n'est pas soutenable et que ces personnages étaient des laïcs. On remarquera, en effet, que si les témoins de Corbie sont rangés sous deux rubriques distinctes dont la seconde comprend les laïcs (de laïcis), il n'en résulte pas nécessairement que, parce que cette rubrique est omise pour les témoins de Lihons, ces témoins soient tous des religieux. En premier lieu, cela serait contraire aux habitudes et il est plus que probable qu'il y avait symétrie sur ce point entre la procédure employée par les deux monastères et que Lihons, comme Corbie, devait être représenté par un certain nombre de témoins non religieux. De plus, les noms même des témoins de Lihons, à partir de Pierre de Caix, ont une physionomie tout à fait séculière. Nous trouvons dans une charte de 1135 [1], un Petrus Darets — qui rappelle de bien près le Petrus Dare de notre pièce — cité parmi les chevaliers témoins de cette charte. Enfin, le Wautier de Néelle, qui est inscrit le dernier parmi les témoins de Lihons, est évidemment un seigneur de cette illustre maison dont on rencontre le nom dans un grand nombre d'actes de cette époque. L'expression « de monachis lehumensibus » ne signifie pas le moins du monde : Parmi les moines de Lihons; mais bien : Du côté des moines de Lihons; et encore une fois, suivant un usage constamment suivi, ce monastère devait être représenté, dans cet acte, aussi bien par des laïcs que par des religieux.

---

[1] *Bibl. Nat. Collect.* MOREAU; *Chartes et Diplômes,* Tome 56, fol. 179.

Nous avons d'ailleurs au Cartulaire de Lihons une autre pièce sans date (Carta de Roseriis), mais qui a dû être passée vers la même année 1164, époque à laquelle Rosières relevait déjà de Lihons, et qui nous paraît trancher la question dans le sens que nous indiquons. Cette charte [1] met fin à des différends survenus au sujet de terres situées en ce lieu de Rosières, terres données précédemment à Lihons, sous les auspices de Gervin, évêque d'Amiens, par Ermenfroid, vénérable clerc, « venerabilem clerum » et Eusevie, son épouse. Ermenfroid étant mort sans enfants, ses neveux « Adelmus et Radulfus » prétendirent à son héritage et s'emparèrent violemment de la terre en question. Ils en firent la restitution par la charte qui nous occupe. Dans cette charte, Pierre de Caix est encore cité parmi les témoins de Lihons, et ici il n'est guère permis de douter que ce personnage ne fît partie des séculiers appelés à corroborer par leur signature la transaction à laquelle ils avaient assisté. Dans la charte de Rosières, en effet, le groupe des témoins dont il fait partie, est ainsi désigné : « de militibus », parmi les chevaliers.

Pierre et Robert de Caix pouvaient donc être les fils de Renier de Caix. Il est, dans tous les cas, assez singulier de retrouver deux personnages de ce nom à Lihons trente ans après la spoliation de 1131. Cela ne peut que donner plus de vraisemblance à ce que nous disons plus haut des rapports probables de Renier de Caix avec cette abbaye.

---

[1] *Cartul. de Lihons*, Karta XIII, fol. 23 et 24. — V. nos Preuves, **XVII**.

Peut-être s'étonnera-t-on que nous ne soyons pas plus affirmatif et que nous avancions si prudemment dans l'étude de nos documents.

Si nous avions l'heureux privilège d'être un d'Hozier, un Saint-Allais ou un La Chenaye-des-Bois, il nous serait bien facile d'établir, à l'aide des pièces que nous avons rassemblées, une filiation *ne varietur* de la maison de Caix jusqu'à la fin du XIIe siècle. Mais ne possédant pas, à défaut du titre, les grâces d'état dont jouissaient les généalogistes des XVIIe et XVIIIe siècles, et n'étant pas d'humeur, comme eux, à suppléer aux informations positives, par beaucoup de complaisance et encore plus d'imagination, nous ne pouvons que donner les documents que nous possédons en les éclairant de notre mieux suivant la méthode scientifique moderne. Force nous est donc ici de nous contenter de la certitude qui résultera, pour tout homme de bonne foi, d'une série d'actes ininterrompus, d'une concordance de faits et de lieux, qui ne peuvent laisser aucun doute sur la réalité des liens qui unissent les Caix picards dont nous allons poursuivre la filiation, aux premiers de leur nom, cadets de la maison de Boves-Coucy.

Avec le XIIIe siècle, nous allons entrer, d'ailleurs, dans une période où les renseignements sont beaucoup plus nombreux, et plus nous avancerons dans notre étude, plus la certitude historique reposera sur des bases indiscutables.

Mais, avant de poursuivre plus avant l'analyse de nos documents, il nous faut fournir quelques indications sur l'origine du nom de Caix et sur quelques familles à qui l'on a appliqué, à tort ou à raison, ce nom au Moyen-Age ; signaler quelques causes de confusion et d'erreur contre lesquelles nous avons dû nous mettre en garde ; et établir quelques règles de critique dont nous trouverons fréquemment l'application au cours de cette étude.

Ce sera l'objet du chapitre suivant.

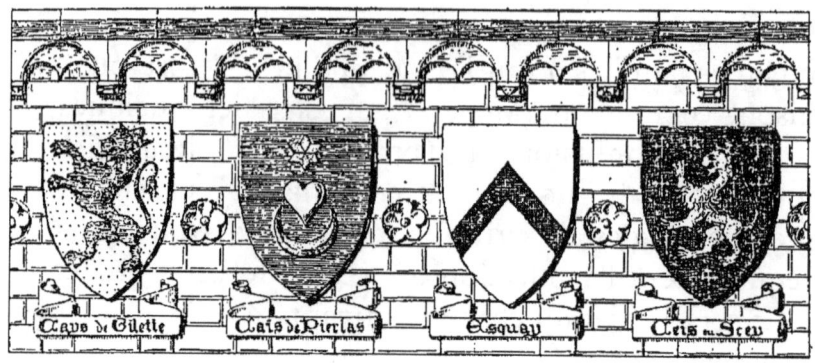

IV

ORIGINE DU NOM DE CAIX. — MANIÈRES DIVERSES D'ÉCRIRE CE NOM DANS LES ACTES ANCIENS. — DIFFÉRENTES LOCALITÉS QUI LE PORTENT. — CAIX EN SANTERRE. — CAIX EN QUERCY. — QUAIX EN DAUPHINÉ. — LES CAIS DE PROVENCE ET DES ALPES-MARITIMES. — LES ESQUAY DE NORMANDIE. — LES CEIS OU SCEY DE FRANCHE-COMTÉ. — LES KAY ANGLAIS. — CONFUSION DE TOUS CES NOMS PAR LES SCRIBES DU MOYEN-AGE. — RÈGLES DE CRITIQUE POUR DISTINGUER LES PERSONNAGES APPARTENANT A CES DIVERSES FAMILLES.

Ainsi que nous l'avons vu dans les chapitres précédents, le nom de Caix est venu au rameau de la maison de Coucy dont nous étudions l'histoire par la possession de la seigneurie de Caix en Santerre. L'origine du nom de cette maison se confond donc avec celle de ce lieu, et il nous paraît intéressant d'essayer d'en établir l'étymologie.

Mais, auparavant, il nous faut dire quelques mots des différentes formes sous lesquelles on trouve Caix écrit au Moyen-Age. L'orthographe de ce nom a toujours été, en effet, des plus fantaisistes.

C'était, du reste, la coutume à cette époque de transcrire les noms tels qu'on les entendait prononcer dans le dialecte de sa province. Chaque scribe les notait donc d'une façon différente, suivant qu'il était lui-même du nord ou du midi, de l'est ou de l'ouest. On comprend quelle cacophonie cela pouvait amener dans la nomenclature des noms de famille.

On a relevé quatorze manières différentes d'écrire le mot Du Guesclin [1]. Le nom de Caix a été beaucoup plus défiguré encore que celui du grand connétable breton.

Voici, en effet, quelques-unes des formes — et elles n'y sont pas toutes — sous lesquelles on le rencontre dans les documents originaux.

En latin, il se traduit dans les chartes Caius, Caysus, Cayssius, Chayssius, Kaium, Kayum, Kayssium, etc. En français et en provençal [2], on le trouve écrit Cais, Cay, Cays, Caiz, Cas, Caz, Kais, Kays, Kaies, Qué [3], Quay, Quais, Quaix, Quetz, Queetz, et enfin Chais, Chaiz, Chaix, etc., etc.

Cette dernière forme, avec le chuintement picard, se fait voir dès le XIIe siècle. Dans deux pièces de la même année, concernant la même affaire (Voir nos Preuves VII et VIII), on lit : « S. Roberti de Caiz »

---

[1] *Revue de France* du 1er août 1877, p. 506.

[2] Pour les formes diverses de ce nom, en ce qui concerne les Cais de Gillette et de Pierlas, voir ce que nous disons plus loin de ces familles, et consulter les ouvrages du Comte E. Cais de Pierlas, et notamment son étude sur *le Fief de Châteauneuf dans les Alpes-Maritimes*, Turin, 1892, in-8.

[3] C'est sous cette forme que se trouve inscrit le village de Caix dans trois cartes manuscrites du XVIIe siècle, au tome 107 de la Collection de D. GRENIER.

et « S. Roberti de Chaiz ». Le fils de ce Robert, Arnoul de Caix, est aussi appelé de Chais en 1188 (V. plus haut p. 47)[1].

Parfois les variantes se trouvent dans le même acte. C'est ainsi que dans une pièce de 1225, Gilles de Caix est appelé « de Kaies » dans le texte d'un acte auquel est appendu un sceau dont la légende porte : « Gillon de Cais ». Le même fait se vérifie pour les Cais de Provence et notamment pour les Cais de Gillette et de Pierlas dont je parlerai plus loin.

Sans insister plus longtemps sur ce point, on voit que l'orthographe du nom de Caix est un caractère dont il faut tenir peu de compte.

Ceci dit sur la forme et les variantes du nom qui nous occupe, voyons d'où il peut venir étymologiquement et quel sens il peut avoir. Cela nous sera, d'ailleurs, relativement facile, car si le nom de Caix ne se retrouve — sous des formes diverses — que dans trois localités de la France[2], les dérivés ou les

---

[1] Cette forme chuintée se retrouve dans le nom de plusieurs familles : Chaix-d'Est-Ange, Chaix de la Varène, etc. Pour comprendre ce changement de *Caix* en *Chaix,* il suffit d'entendre encore un paysan picard prononcer *chultivateur* pour *cultivateur,* etc. Tous les noms analogues ont, d'ailleurs, subi la même altération. Dans le volume même des Manuscrits de De Camps que nous citons ailleurs, on trouve, non-seulement *Chais* pour *Cais,* mais encore *Chappes* pour *Cappes, Champs* pour *Camps,* etc., etc.

[2] Je ne compte pas ici un manse du nom de Cais appartenant à une église de Saint-Alloan, dépendant de l'abbaye de Montmajour, manse qui existait en 1040 près de Tarascon, au comté d'Avignon (*Revue de Provence,* année 1890, p. 138). Ce manse a-t-il quelque chose de commun avec les Cais de Provence dont nous parlerons plus loin? Je l'ignore.

congénères de ce nom sont assez répandus et nous fourniront des points de comparaison.

Disons de suite que, pour nous, Caix n'est autre chose qu'un mot issu d'un radical au sens de *maison, habitation,* cousin germain du latin *casa* [1].

Kas ou Cas, en gallois, signifie encore : haute clôture, château, enceinte protectrice élevée sur les hauteurs.

Caix a des congénères dans le midi : Caizac, Caizergues, etc. [2]. Caze, Caize et, avec le chuintement, Chaize signifient dans tout le Languedoc et même beaucoup plus au nord : habitation, maisonnette, métairie. On peut citer au hasard des nomenclatures : Saincaise (Sana Casa) dans la Nièvre, la Chaise Dieu (Casa Dei) dans la Haute-Vienne, etc., etc. Le Père La Chaize, le fameux confesseur de Louis XIV, dont la famille appartient au Forez, tirait son nom, comme tous ses homonymes, d'un lieu au sens

---

[1] Dans le dialecte piémontais, *casa* qui est devenu *ca*, se prononce *què* dans certaines régions. — Ai-je besoin de dire ici que le nom de Caix n'a rien de commun avec celui du brave sénéchal du roi Artus qui, dans les Romans de la Table ronde, s'appelle *Key, Kex,* etc.? (V. notamment le Saint-Graal, publié par HUCHER, I, 428, 457, et *Nouveau recueil des fabliaux et contes du XIIᵉ au XVᵉ siècle,* publié par MÉON, passim). Malgré ses apparences de nom propre, ce *Kex* n'est autre chose que la déformation de *Queux* (coquus), primitivement « cuisinier », puis « maître d'hôtel, intendant, sénéchal ». Cela n'empêche pas un document publié dans le *Recueil des historiens de la France* (T. XVII, p. 210) de le traduire bravement en latin par « Caius, dapifer Arturi regis ». — De même le Saint-Quay (en Breton *Ke, Kenan*) des Côtes-du-Nord, n'a rien à faire avec notre Caix picard.

[2] Caissargue, près de Nîmes, paraît dériver de « Cassii arx », de même un « Cassacio » du Frioul viendrait d'un « Cassiacus » du même nom de famille romaine : « Cassius ».

primitif de *casa*. Il en est de même des noms de famille : Caze, La Caze, etc., etc. La même forme chuintée se montre encore dans Chazal, Chazalet, avec le sens de petite maison, métairie, masure. Du nom propre Caze, Caize, sont venus les diminutifs Caiset, Cazet, Caizet, etc. [1].

Outre notre bourg de Caix-en-Santerre, il y a en France deux autres villages du même nom s'écrivant avec de simples variantes orthographiques, et on trouve dans les documents du Moyen-Age la trace de plusieurs autres.

Parmi ces derniers, je citerai un lieu dit Cayacum, dans le Rouergue [2], qui ne me paraît pas devoir être confondu avec Caix (Lot); un autre appelé Kay-sous-le-Mont-Notre-Dame (Aisne), indiqué dans les Actes du Parlement de Paris, de l'année 1316 [3], et dont, malgré toutes mes recherches, il m'a été complètement impossible de retrouver la trace ; et enfin un village de l'ancien Noyonnais dont le nom s'écrit Quessy ou Kaici (lat. Caciacum, Caceium, Caziacum, Quessiacum), mentionné dans les Chartes dès le XIe siècle [4].

---

[1] Dans la Drôme, à Saint-Vallier, existe une famille du nom de Caize, à laquelle appartient M. Albert Caize, auteur de nombreux ouvrages sur l'histoire de son pays. — Dans le même département, à Saint-Donat, existait vers l'année 1100 une famille *Cais;* dans l'inventaire des biens du prieuré de ce lieu, on trouve un chanoine « Adon Chais (Adonis Caisi, Adonis Chaissi) » et un « Durant Chais ». (*Cartulaire de Grenoble*).

[2] *Cabinet historique*, 1874, p. 216.

[3] BOUTARIC : *Actes du Parlement*, n° 4802.

[4] V. MELLEVILLE : *Dictionn. de l'Aisne*. — Voici une mention que

Mais il y a, nous l'avons déjà dit plus haut, deux villages en France dont le nom est presque identique à celui de Caix-en-Santerre. C'est d'abord Caïx ou Cayx (que l'on prononce « Caille » dans le pays), hameau de la commune de Luzech (Lot), et Quaix, commune de six à sept cents habitants, située près de Grenoble (Isère), sur la Vence, au pied d'une montagne dite : Aiguille de Quaix. Ce dernier village possède un petit château flanqué de tourelles et le clocher de son église appartient au XIe siècle. Il est donc impossible de supposer qu'il a reçu son nom de quelque « juveigneur » des Caix de Picardie qui serait allé essaimer en Dauphiné, puisque c'est seulement au XIe siècle que ces Caix sont sortis de la maison de Boves [1].

---

j'ai rencontrée de ce lieu dans un manuscrit de la Bibliothèque de Laon : « ... L'année suivante (1245), Prémontré reçut en don, de Pierre Voirel *de Caici*, quatre setiers de terre à Bolmont, en présence de l'Official de Noyon. » — *Bibl. de Laon. Manuscrits : Tableau chronol., hist. et géogr. de toutes les dotations faites à l'Abbaye de Prémontré...*, par LOUIS DE VINAY ; in-4º, 1re partie, p. 283. (Rubrique du village de Voël, entre La Fère et Chauny.)

[1] On trouve une famille Cais habitant le Versoud, canton de Domène (Isère), vers l'année 1100, en la personne de « P. Caissiy, Chaissiy, Chais de Versatorio » (U. CHEVALIER : *Cartulaire du Prieuré de Domène*). Cette famille est probablement la même que nous signalons plus haut, p. 59, note 1. Dans ce même arrondissement de Grenoble, on trouve encore une commune de Quet (cant. de Corps), dont le nom pourrait appartenir à la même souche étymologique que Quaix (Cfr. les noms de famille : Quet, Dequet, Duquet, etc.). — Pour Quaix en Dauphiné, voir : *Fragments de terriers et parcellaires de Quaix* (XVIIIe siècle); fonds GARIEL (Bibl. de Grenoble); — *Rôle des nobles de Quaix;* fonds CHORIER et GUY ALLARD, T. XX (Bibl. de Grenoble). — V. encore : *Délibération des Charbonniers de Quaix*, Grenoble, 1764, in-12 de 24 p.

Pour Caïx en Quercy, nous serons beaucoup moins affirmatif. Nos études n'ont pas été poussées assez loin pour nous permettre de fournir une hypothèse vraisemblable quant à la fondation de cette seigneurie par un membre d'une famille du nom de Caix, — soit de l' « estoc » de ceux de Picardie, chez lesquels l'existence de cet essaimage est de lointaine tradition — soit de ceux de Provence, qui pourraient s'appuyer sur les facilités relatives d'une plus grande proximité.

Quelque Caix picard, venu avec ses cousins Enguerran III, sire de Coucy, et Thomas, sire de Vervins, son frère, à la croisade contre les Albigeois au commencement du XIIIe siècle, se fixa-t-il au retour dans le Quercy ? Ou quelque Cais provençal, abandonnant la vallée du Rhône, franchit-il les Cévennes pour aller baptiser de son nom un manoir sur les bords du Lot ? C'est ce que nous ignorons [1].

Nous inclinons à croire, dans tous les cas, que ce n'est pas ici, comme en Santerre, la localité qui a donné son nom à ses possesseurs, mais au contraire les fondateurs qui ont donné leur nom au château qu'ils bâtissaient. « ..... Surtout à partir du milieu

---

[1] M. le Comte Cais de Pierlas, dans une des très intéressantes lettres qu'il a bien voulu m'adresser sur les Cais provençaux, se demande si ce hameau du Quercy n'aurait pas pris son nom de Cais Sarrasins dont nous aurons à dire un mot plus loin. Cela est possible, puisque les Sarrasins ont certainement envahi cette province à une certaine époque. Mais pour accepter ou repousser cette hypothèse, il faudrait avoir une connaissance plus complète que celle que nous avons, des titres concernant Caïx en Quercy au Moyen-Age. C'est une étude qui reste à faire.

du XIIe siècle, dit M. le Vicomte de Poli [1], par un sentiment d'orgueil légitime et de fierté familiale, les juveigneurs imposèrent fréquemment à leur apanage le nom de leur race. » Quant à savoir quels furent, dans le cas présent, ces « juveigneurs », je laisse à des trouvailles ultérieures le soin de trancher la question. Jusque-là, le champ des hypothèses reste ouvert.

C'est ce doute qui nous a engagé à donner à la fin du présent chapitre une vue du vieux manoir de Caïx en Quercy. Ce manoir est situé à cent mètres du Lot, sur la rive droite, et il occupe une légère éminence placée au point de jonction que projettent vers le sud les deux Cévennes de Luzech et de Parnac. Il fut pillé et brûlé pendant la guerre de Cent Ans et plus tard, en 1584, par les Calvinistes. Néanmoins, plusieurs de ses parties remontent très certainement au XVIe siècle.

Nous sommes, d'ailleurs, assez mal renseignés sur ses possesseurs et nous avons trouvé assez rarement, dans nos documents, des noms appartenant à cette maison, et aucun antérieurement au XIVe siècle [2].

Un Guillaume « Caiz », damoiseau, figure en 1317 dans un mandement du bailli d'Auvergne [3].

Armand de Cays, écuyer, servait avec six hommes

---

[1] *Essai d'introduction à l'histoire généalogique*, Paris, 1887, p. 211.

[2] A moins qu'on ne veuille y rattacher un O. de Cay, sénéchal de Machecoul, cité comme témoin dans une Charte de 1214. (V. *Cartul. de l'Abbaye de Marmoutier*, cop. de la *Bibl. Nat.*, T. III, fol. 120; et LAINÉ: *Archiv. généal. et hist.* Paris, 1850, T. XI, p. 8.)

[3] BOUTARIC: *Actes du Parlement* (Criminel, III, fol. 142, v°), n° 5383.

d'armes à Toulouze, sous le duc d'Anjou, lieutenant général de Languedoc, en 1368. Dans une autre pièce de l'année suivante, il est appelé Armand de Cas. C'est aussi le nom que porte son sceau, sur lequel se voit un écusson que nous reproduisons plus loin, à la fin de ce chapitre [1].

Nous trouvons ce nom de Caix écrit de la même façon dans une vente faite par « noble homme Guillaume de Cas, de certaines rentes sur le moulin de Lemboulas » le 24 mars 1374 [2].

Cette orthographe « Cas » pour « Cais » a très certainement pour origine la prononciation patoise qui, aujourd'hui encore, fait entendre un « Caille » au lieu de notre manière de prononcer le « Caix » picard. Mais il n'est pas douteux que le nom de la seigneurie qui nous occupe en ce moment, et celui de la famille qui le possédait, a toujours été Cais ou Caix.

Nous retrouvons cette dernière forme dans une montre passée à Condom au mois de mai 1514, montre dans laquelle figurent un Louis et un Guillaume de Caix, dont les prénoms, complètement étrangers aux Caix picards contemporains, nous paraissent, sans aucun doute, appartenir aux Caix de Quercy [3].

[1] *Bibl. Nat. Pièces originales du Cabin. des Titres.* T. 608, dossier DE CAS, n° 14258; et T. 631, doss. 14822, pièce 2.

[2] *Bibl. Nat. Coll. de Périgord*, T. 176, fol. 110; *Inventaire des Titres de la Chartreuse de Cahors*. — C'est sans doute ce même Guillaume qui figure sous le nom de « Guillaume Ceis » dans une montre passée à Saint-Jean-d'Angely le 1er mai 1381. (CLAIRAMBAULT : *Titres scellés*, T. 108, n° 40.)

[3] L'original de cette montre, en parchemin, fait partie du cabinet du comte Gabriel de Caix de Saint-Aymour.

Dans cette première moitié du XVIe siècle, la descendance directe des Caix de Quercy s'éteignit comme celle de tant de rameaux de familles chevaleresques, épuisés par les luttes de la guerre de Cent Ans, rejetés au dernier plan par l'avènement de la noblesse de Cour que favorisait la royauté centralisée, débordés enfin par la marée montante des gens de robe.

Mais, dès avant l'extinction de cette famille, la seigneurie dont elle portait le nom avait changé de mains. Elle appartenait, en effet, depuis la fin du XVe siècle, à la maison de Coderc [1], dont une fille, Louise de Coderc, épousa vers 1560 Antoine de Courtois et lui apporta en dot la terre de Caix en Quercy. Comme seigneurs de cette terre, les Courtois prirent très souvent le nom de Caix dans leurs actes publics et privés. Je citerai notamment Hélène de Courtois qui, dans son testament, est appelée tout simplement Hélène de Caix. C'est cette Hélène qui apporta la seigneurie de Caix en Quercy à la maison Le Franc par son mariage, en 1640, avec Géraud Le Franc, conseiller du roi et président de la Cour présidial de la Sénéchaussée de Quercy, à Cahors. Plusieurs des membres de cette famille, dont les aînés devinrent marquis de Pompignan, se distinguèrent de leurs collatéraux, en prenant le nom de Caix. Nous citerons notamment M. Le Franc de Caix, premier président de la Cour des Aides de Montauban, qui

---

[1] C'est Mathurin de Coderc qui obtint, vers l'année 1490, du pape Innocent VIII, l'autorisation de faire célébrer, dans son château de Caix, non-seulement la messe mais tous les autres offices, d'y recevoir les sacrements et de s'y faire enterrer, lui et les siens.

fut le père du poëte Le Franc de Pompignan. On voit qu'il y a là une confusion possible, et contre laquelle il faut se mettre en garde dans les documents du XVIIe et du XVIIIe siècles [1].

Si la question d'une origine commune avec les Caix de Picardie peut être réservée en ce qui concerne les Caix de Quercy, il n'en est pas de même relativement aux Cais de Provence et des Alpes-Maritimes [2].

Des Cais existaient, en effet, à Nice dès le XIe siècle, à une époque, par conséquent, à laquelle les Caix de Picardie étaient encore confondus dans la maison de Boves, dont ils n'ont essaimé, comme nous l'avons vu dans les chapitres précédents,

---

[1] Cfr. les *Preuves de la Maison Le Franc de Pompignan* en 1768 ; la *Table du Mercure de France*, etc., etc. — Depuis la Révolution, la terre de Caix en Quercy est sortie de la maison Le Franc pour entrer dans la famille Lafon, à qui elle appartient encore aujourd'hui.

[2] Ils sont aujourd'hui divisés en deux familles devenues à peu près étrangères l'une à l'autre et portant des armes tout à fait différentes (Voir la gravure au frontispice de ce chapitre) : les Cays, comtes de Gillette, et les Cais, comtes de Pierlas (Gillette et Pierlas sont deux communes de l'arrondissement de Puget-Théniers, dans les Alpes-Maritimes). Ces deux branches sont fixées en Piémont depuis l'émigration (1792). Malgré la diversité des armoiries — accident qui peut s'expliquer de plus d'une façon — il me paraît bien difficile de ne pas admettre, *à priori* et à moins de preuves contraires, que ces deux familles, appartenant de temps immémorial à la même région, n'aient pas une origine commune. Nous n'avons pas, d'ailleurs, à trancher ici cette question qui est étrangère à notre sujet et dont nous n'avons pas fait une étude particulière. Nous en parlons seulement pour faire remarquer que, dans ce que nous allons dire ici des Cais de Provence et des Alpes-Maritimes, nous les prenons en bloc et sans nous préoccuper de leurs variations.

qu'avec Anseau et Robert de Caix, dans la première moitié du XIIe siècle. Il n'est donc pas possible, comme on l'a dit et imprimé [1], que les Cais de Nice viennent du Nord, et qu'ils soient un rameau des Caix picards fixé sur les bords de la Méditerranée à la suite de quelque chevalier croisé.

D'après le Comte E. Cais de Pierlas, qui s'est occupé avec beaucoup de science et de bonheur de l'histoire de sa famille, les Cais auxquels il se rattache pourraient être d'origine arabe ou sarrazine [2]. On trouve, en effet, ce nom de Cais, tel quel, comme nom de tribu ou de famille arabe.

Je dois ajouter que mon savant homonyme, l'auteur érudit de tant de publications remarquables [3], ne donne cette hypothèse que comme une curieuse coïncidence de noms et de faits sur lesquels il n'insiste pas, d'ailleurs. Posée avec cette discrétion de bon goût, la question est très acceptable, et la

---

[1] Cette affirmation se trouve notamment dans un *Nobiliaire* ou *Catalogue des Nobles de Provence* du Cabinet d'Hozier (3 vol. in-fol., T. I, p. 541, 542).

[2] Cfr. Cte CAIS DE PIERLAS : *Le Fief de Châteauneuf, dans les Alpes-Maritimes, du XIe au XVe siècle. Etude féodale et généalogique* (Turin, 1892, in-8), p. 8. — A titre de simple curiosité, je rappellerai ici que « cais » ou « cays » signifie dans l'ancienne langue provençale et languedocienne : joue, mâchoire, bouche, d'où par extension : visage. (RAYNOUARD : *Lexique*, II, p. 287. Cfr. *Revue des langues romanes*, avril 1874, p. 296, 297.)

[3] *Cartulaire de l'ancienne cathédrale de Nice*, publ. par le Cte E. CAIS DE PIERLAS. Turin, Imp. roy. de J.-B. Paraïsa et Cie, in-4°, 1888. — *Le XIe siècle dans les Alpes-Maritimes, études généalogiques.* Turin : Hermann Loescher, 1889, Extr. des *Mem. della Academia delle scienze di Torino*, série II, T. XXXIX, etc., etc.

critique la plus sévère ne peut y trouver rien à reprendre [1].

Quoi qu'il en soit, d'ailleurs, de sa véritable origine, le premier Cais connu en Provence est un Isoard Cais, vivant en 1030, contemporain et frère de Bernard Cais, des seigneurs de Dromon [2], qui, vers 1050, suivit les comtes de Castellane dans les Alpes-Maritimes et s'établit à Saint-Delmas de Valdebloure [3].

En 1157, un Pierre Cais est témoin d'un acte à Nice. Vers 1250 apparaissent dans cette même ville Jacques Cays, amiral, Raymond Cays, notaire et secrétaire du comte de Provence, et Geoffroy Cays, établi à Saint-Delmas. De Raymond descendent les Cays de Gillette, de Geoffroy, ceux de Pierlas. En 1271, Bertrand, Bérenger et Pons Cays, frères et fils du notaire Raymond, possèdent ensemble le petit fief de Peillon. En 1287, on trouve pour la première fois un Cais parmi les Consuls de Nice.

[1] A propos de rapprochements fortuits et bizarres, on me permettra de citer ici un héros de Virgile, le vigilant compagnon d'Enée, appelé Caicus (*Æneïde*, lib. IX, vers 35), qui pourrait, à tout prendre, être l'ancêtre de ceux du nom de Caix, aussi bien que le chef de la tribu de Lévi celui de la maison de Lévis, que César et la belle Lucia, celui de la maison de Chastellux (Castellum Luciæ) et tant d'autres dont la découverte a fait la joie des anciens généalogistes, notamment au XVIe siècle.

[2] CAIS DE PIERLAS : *Le XIe siècle dans les Alp.-Mar.*, p. 78, 79.

[3] Presque à la même époque, on trouve dans l'île de Sardaigne une famille dont le nom se latinisait en *Caius, Caiis*, ce qui a fait croire à quelques généalogistes que cette famille pouvait se rattacher aux *Cais* provençaux. En réalité, il s'agit d'une famille *Cao* (en dialecte sarde *Cau*), vieille maison qui subsiste encore et qui porte un oiseau *(Cao)* dans ses armes parlantes. (Commun. du Cte Cais de Pierlas.)

C'est un Pons de Cais de la branche de Peillon qui vint, vers le milieu du XIVe siècle, s'établir à Arles et y fonda une branche de sa maison qui ne s'éteignit qu'en 1829.

Une troisième branche, dérivée très probablement d'Isoard Cais, vint de Sisteron en Piémont vers le milieu du XVIIe siècle et, par mariage, eut la vicomté de Demonte, en la vallée de la Stura.

Au commencement du XVIe siècle, un Honoré de Cais, appartenant à un rameau de cette maison, fut ambassadeur en Portugal pour le roi de France. Il resta plus de trente ans à Lisbonne et joua un rôle important dans les négociations de cette époque. De nombreux documents le concernant sont conservés à la Bibliothèque Nationale [1].

A l'époque du siège de Nice, en 1543, le nom des Cais provençaux est souvent écrit *Caix* ou *Quaix* dans les actes de chancellerie.

Je ne m'étendrai pas davantage sur cette famille Cais ou Cays de Provence et des Alpes-Maritimes ; il y faudrait tout un volume, et d'autres, plus compétents que moi, écriront peut-être un jour son histoire. Je renverrai, pour plus de renseignements, aux généalogistes qui en ont parlé à diverses époques [2].

---

[1] Voir sur ce personnage : *Recueil des Instructions des Ambassadeurs de France en Portugal,* par le VICOMTE DE CAIX DE SAINT-AYMOUR, Paris, 1888, gr. in-8º; — *Les Actes de François Ier,* en cours de publication, dans la *Collect. des doc. inéd.;* — le *Quadro elemenlar.....* du VICOMTE DE SANTAREM, etc.

[2] V. le P. ANSELME, LA CHESNAYE DES BOIS, les Mss. du *Cabinet des Titres de la Bibl. Nat.,* etc., etc.

Si la maison dont nous venons de parler appartient très certainement à une autre origine que celle des Caix de Picardie, au moins l'homonymie du nom est-elle complète, car la terminaison du nom de la seconde par un *x* au lieu d'un *s* est d'une époque relativement récente.

Il n'en est pas de même de deux autres familles dont les noms se trouvent très souvent écrits dans les documents du Moyen-Age comme celui des Caix de Picardie, qui cependant tirent ces noms de localités toutes différentes, et qui, depuis que ces noms sont fixés d'une manière définitive, ne peuvent plus donner lieu à aucune espèce de confusion.

La première de ces familles est celle des Ceis, Cey (aujourd'hui Scey), vieille maison chevaleresque de la province de Franche-Comté, qui a pris son nom du village de Scey-en-Varais (Doubs) [1]. Ce nom, en passant par la plume des scribes, devenait le plus souvent Chais ou Chaix, et même, quand le scribe se trouvait être d'une autre province, Caix.

C'est dans le *Nobiliaire historique de De Camps* (Bibl. Nat. Mss. De Camps, vol. 108) que nous trouvons pour la première fois ce nom écrit Chais ou Chaix. Ce document mentionne en 1155 un Etienne et un Guillaume Chaix (V. plus haut p. 47). A première vue, et si l'on ne tenait pas compte de l'indication de province qui accompagne ces noms,

---

[1] On peut voir dans le *Dictionnaire* de LA CHESNAYE DES BOIS, un long article sur cette famille. Nous ne parlons ici que de pièces dont nous avons eu les originaux sous les yeux.

on pourrait les croire du même « estoc » que Robert et Arnoul de Caix, leurs contemporains picards, dont, comme nous l'avons remarqué plus haut, on trouve plusieurs fois le nom écrit : de Chais [1].

Un siècle et demi plus tard, le 17 décembre 1321, un Nicolas de Chaix est mentionné comme curé de Gray (Haute-Saône), dans un document des Archives du Pas-de-Calais (Série A, 400, Inventaire imprimé, p. 329, col. 1). Ce Nicolas pouvait appartenir à une autre famille que les Scey du Varais, laquelle tirait son nom du village de Scey-sur-Saône (Haute-Saône).

Le 6 août 1340, nous rencontrons un Regnaud ou Regnaudin de Chay, « écuier de la Comté de Bourgogne » servant avec deux autres écuyers *(Bib. Nat. Fonds V cents Colbert;* vol. 137, fol. 115, recto). Le même Regnaudin sert encore en 1352 à Mâcon sous le sire de Craon *(Cabinet des Titres :* DUFOURNY, T. 684, fol. 220). Les armoiries de ce Regnaud de Chay sont blasonnées à trois bandes dans les *Pièces originales* du *Cabinet des Titres* (T. 728, dossier 16587), et dans une quittance du tome 31 (p. 2339) des *Titres scellés de* CLAIRAMBAULT. Bien que ces armoiries soient toutes différentes de celles de la famille de Ceis ou de Scey que nous donnons en tête de ce chapitre [2], il ne nous paraît pas douteux

---

[1] Presque à la même époque, c'est-à-dire en 1149, Pierre, seigneur de Ceis, et Godart, prieur de Ceis, sont cités dans un acte de Humbert, archevêque de Besançon, tiré du *Cartulaire de Cluny* (Bibl. Nat. MOREAU, T. 64, fol. 75).

[2] Les armes des Scey étaient primitivement *vairées*. (LA CHESNAYE DES BOIS).

que ce Regnaud appartenait à la même maison ou à celle des seigneurs de Scey-sur-Saône [1].

A Baugé-en-Bresse, en 1452, Hugues « de Caisi » reçoit du duc de Savoie des patentes de notaire [2].

En 1459, des lettres de rémission sont accordées par Charles VII à Hélion de Cheiz, écuyer, sire de Cheiz, et à son frère Antoine de Cheiz, prieur de Peyciat-la-Nommée, de l'ordre de Saint-Augustin [3].

Mais il y a plus, et le nom de cette famille franc-comtoise a même été écrit Kais. C'est du moins ainsi que l'orthographie le savant Siméon Luce dans sa *Jeanne d'Arc à Domremy* (Preuves, CVIII, p. 155), d'après une lettre de rémission accordée en mai 1425, par Henry, roi de France et d'Angleterre [4], à Hugues ou Huguenin de Kais, dit le Fort « natif de la Comté de Bourgogne », capitaine du château d'Ambleny, près Soissons, pour un fait qu'il avait commis précédemment, lorsqu'il commandait le château de Pinon.

Ce qui prouve que l'orthographe Kais est ici défectueuse et que nous avons bien affaire à un Ceis de Bourgogne, c'est que, dans une quittance du même

---

[1] J'incline aussi à penser que les *Seit* ou *Sit* indiqués dans les *Sceaux d'Artois* (nos 638, 639, 640) sont des Scey de Franche-Comté, dont le nom a été défiguré par le scribe. L'écu du no 639 indiqué par DEMAY, avec un point d'interrogation, comme : d'hermines (?) au lion, me paraît être tout bonnement l'écu de Scey (V. le frontispice du présent chapitre). Il est très facile, sur un sceau empâté et fruste, de confondre des croix recroisetées avec des mouchetures d'hermines.

[2] *Arch. de Turin, Protocol. des sec. ducaux*, 90, fo 295. — (Communic. de M. le Comte CAIS DE PIERLAS).

[3] *Trésor des Chartes*, Reg. JJ, 188, fol. 66.

[4] *Trésor des Chartes*, Reg. JJ, 173, fol. 71 recto.

Huguenin, écuyer, donnée le 18 mai 1412[1], son nom se trouve écrit Ceix, et, de plus, cette quittance est scellée d'un sceau (qui a été oublié par M. Demay), lequel porte un écu « au lion passant sur fond semé de petites croix recroisetées ». Ce sont bien là les armoiries de la maison de Scey.

Est-ce cet Huguenin de Ceis qui a laissé des traces de son passage à Ambleny et lieux circonvoisins ? On trouve en effet, aux XVIIe et XVIIIe siècles, dans plusieurs villages de cette contrée, et notamment à Saconin et à Ressons-le-Long, une famille de Quay ou de Cay, ou encore de Quaye, dans une position sociale inférieure. A partir de l'année 1670, ils ont disparu à Ressons et à Saconin; mais à Ambleny même et à Saint-Baudry, village voisin, ils se sont perpétués plus longtemps et n'ont disparu que de nos jours.

Si ces Quay ne sont pas le résultat de quelque amourette d'occasion du capitaine d'Ambleny, dont le nom aurait été « picardisé » par quelque scribe, comme il l'a été dans la lettre de rémission citée plus haut, ils sont peut-être le restant de quelque rameau des Caix du Santerre échoué là dans une obscurité complète. A moins qu'on ne préfère y voir des descendants méconnus du Colart de Caix qui habitait à quelques lieues de là, au XIVe siècle, et dont nous parlerons dans un des chapitres suivants.

Quoi qu'il en soit, et pour en revenir aux Ceis ou Scey de Franche-Comté, on conçoit encore, jusqu'à

---

[1] *Titres scellés* de CLAIRAMBAULT, vol. 26, n° 137, p. 1925.

un certain point, cette confusion orthographique entre leur nom et celui des Caix de Picardie ; mais où cette confusion devient tout à fait inexplicable, si l'on ne connaissait les habitudes des scribes du Moyen-Age, c'est quand elle s'établit entre nos Caix picards et les Esquay de Normandie.

Il y a, en effet, au diocèse de Bayeux, deux villages appelés Esquay, qui tirent tous deux leur nom de la petite rivière d'Esques, affluent de l'Aure [1]. Dès le XIIe siècle, l'un de ces villages, Esquay, canton d'Evrecy, portait ce nom (Esquais en 1155, Escaïeum en 1191, Escai en 1201); l'autre, Esquay-sur-Seulles (cant. de Rye), s'écrivait aussi Escaïeum dès 1208. Il ne peut donc être question d'une confusion reposant sur une similitude de nom, même à cette époque reculée, et l'étymologie d'Escay et de Caix est toute différente. Cependant, le nom des seigneurs d'Esquay-sur-Seulles, fief noble relevant du Roi, est souvent écrit au Moyen-Age et même beaucoup plus tard, comme celui des Cais ou Caix de Picardie.

Nous en citerons quelques exemples au hasard de nos notes.

Dès la fin du XIIIe siècle, en 1272, un chevalier du bailliage de Caux est appelé dans un Rôle des nobles qui doivent le service pour la guerre de Foix « Guillelmus de Cayaco » [2], et dans une traduction française du même rôle, qui se trouve au Département

---

[1] C. HIPPEAU : *Dictionn. topogr. du Calvados*, Paris, Imp. Nat., 1883, in-4°.

[2] *Recueil des historiens des Gaules et de la France*, XXIII, p. 774.

des Manuscrits de notre Bibliothèque Nationale [1], ce nom est transcrit « Guillaume de Cays ». Etant donné cependant la région indiquée, c'est-à-dire le bailliage de Caux, et en l'absence de tout autre document sur ce personnage, il me paraît beaucoup plus naturel de penser que ce « Guillaume » était un Esquay du pays d'entre Bayeux et Caen, et nullement un Caix du Santerre et du Corbiois.

Aux XIVe, XVe et XVIe siècle, ce nom d'Esquay est le plus souvent écrit des Quay, des Kays ou des Cais, forme que l'on retrouve aussi, mais beaucoup plus rarement chez les de Caix picards [2].

Dans une montre du 19 août 1385 [3], on voit cité Girard des Quay. Le même écuyer est appelé Girard « des Kays », dans une autre montre du 1er mai 1392 [4], et Girard « des Cays », dans une quittance donnée au Mans le 2 août de la même année [5].

Un autre Girard d'Esquay, fils ou petit-fils du précédent, est encore inscrit sous le nom de Girard « des Quay » dans des montres de 1454 et de 1460 [6].

Ce qui met hors de doute qu'il y a là une erreur de scribe, c'est que les mêmes personnages ou des personnages contemporains, de la même famille, portent bien le nom d'Esquay.

---

[1] *Fonds français*, 5291, fol. 245 v°.

[2] On trouve même un « Hebertus de Cais » dans un Obituaire du XVe siècle de l'abbaye de N.-D. de Montebourg au diocèse de Coutances, et l'indication de cette localité ne nous permet pas d'attribuer cet Hébert à une autre famille qu'à celle des Esquay.

[3] *Titres scellés* de CLAIRAMBAULT, T. 91, n° 2, p. 7088 verso.

[4] *Cabin. des Titres*, vol. 684, p. 319.

[5] *Titres scellés* de CLAIRAMBAULT, T. 24, n° 45, p. 1727.

[6] *Cabin. des Titres*, vol. 1412, p. 45, verso, et p. 88.

Témoin le Girard, ci-dessus indiqué, qui est appelé Girard « Desquay » dans une montre passée à Saint-Lô le 15 juin 1371 de sept écuyers et deux archers sous le commandement de Messire Jehan du Boys, chevalier [1]. Nous pourrions y ajouter beaucoup d'autres mentions du même nom à la même époque [2].

Girard d'Esquay, IIe du nom, était frère d'un Henry d'Esquay, avec lequel il fit un partage en 1423 [3]. Le même Henry « Desquay » est cité, en 1429, comme « écuier noble de la vicomté de Bayeux [4] ». Le nom d'un contemporain, Jean Desquay ou d'Esquay, se trouve également en 1452, 1456, 1461, etc. [5].

Enfin, en 1525 « Jaques des Quectz » et « Bastien des Quectz » sont nommés parmi des hommes d'armes servant à Gisors, sous M. de Brézé, grand sénéchal de Normandie [6].

Comme on le voit, la manière dont les scribes écrivaient le nom des d'Esquay de Bayeux pouvait souvent amener des confusions. Mais il y a plus, et l'on trouve parfois ce nom écrit « de Cais » ou « de Caix ». Nous allons en donner quelques exemples typiques.

[1] *Titres scellés* de Clairambault, vol. 16, p. 1064, pièce 65.

[2] V. *Fonds Français*, 21496, p. 132, 135, 136, 80, 84, 114, 122; *Montres du Cabinet des Titres*, vol. 1412, p. 128; D. Villevieille, *Trésor Généal.*, verb. Esquay, etc.

[3] *Trésor des Chartes*, Reg. JJ, 160, fol. 35 recto.

[4] *F. Franç.*, 14546, fol. 32 verso. — Il était seigneur de la Mare et mourut en 1439, laissant des enfants mineurs. (D. Villevieille, loc. cit.).

[5] *Montres du Cabinet des Titres*, vol. 1412, p. 61 et 133; — *F. Franç.*, vol. 21495, pièces 44, 50, et 21496, pièce 106. — Il avait épousé Dame Isabeau de Villiers (D. Villevieille, loc. cit.).

[6] *Titres scellés* de Clairambault, T. 22, n° 39.

Dans une montre passée au Mont-Saint-Michel, le 23 juillet 1451 [1], est cité un Loys « de Cais » que l'on rencontre de nouveau, écrit de la même manière, dans une montre de Gaignières [2] passée au même lieu, deux ans après, le 24 janvier 1453. Or, le patronage de la cure d'Esquay-sur-Seulles appartenait à l'abbé du Mont-Saint-Michel [3]. Il y avait donc toute espèce de raison pour qu'un membre de la famille normande d'Esquay figurât parmi les défenseurs de la grande abbaye, bien que, — nous sommes obligés de le dire, — beaucoup de ceux de sa maison aient embrassé avec ardeur, pendant la guerre de Cent Ans, le parti des Anglais.

Autre exemple : Nous possédons l'original en parchemin, provenant du Cabinet d'Hozier, d'un contrat de mariage de l'année 1496 entre Jean de la Bellière, écuyer, et damoiselle Noelle du Homme. Dans ce contrat, Jean de la Bellière est indiqué comme fils de noble homme Jean de la Bellière et de « demoyselle Guillemette de Caix ». Or, tous les personnages cités dans cette pièce sont Normands ; les biens des deux futurs sont situés aux vicomtés d'Avranches, Mortain ou Coutances, et, sans nous étendre davantage sur ce point, il est absolument certain qu'il s'agit ici d'une fille appartenant aux Esquay de Bayeux et nullement aux Caix de Picardie. Et pourtant, comme nous venons de le dire, son nom est écrit : « de Caix ».

---

[1] *Montres* de Clairambault, T. 234, pièce 23.

[2] Cfr. *F. Franç.*, 21496, pièces 76, 107, 113, 118.

[3] Voir le *Dictionn. topog.* d'Hippeau, ut suprâ.

On voit avec quelle prudence il faut lire les noms de famille dans les anciens documents et combien il est nécessaire, avant de les classer à telle ou telle maison, de s'entourer de tous les renseignements dont le groupement peut seul rendre une attribution tout à fait certaine.

Il est nécessaire aussi de faire la plus grande attention et de procéder avec la critique la plus rigoureuse pour ne pas confondre le nom des seigneurs de Cayeux-en-Santerre avec ceux des Caix leurs voisins. On peut dire, d'une manière générale, que lorsqu'on trouve en latin le nom « de Cayo » ou « de Caio »[1], cela veut dire Cayeux et non Caix. Il en est de même de « Caiou »[2]. Mais, en dehors de ce cas spécial, il est permis d'affirmer la nécessité de recourir, quand la forme du nom prête au doute, aux circonstances « extérieures » de l'acte dans lequel se trouve ce nom, pour en faire l'attribution soit aux Cayeux, soit aux Caix.

Outre les quatre familles sur lesquelles nous venons de donner quelques indications sommaires, on trouve encore le nom de Caix, orthographié de manières très diverses, porté accidentellement par certaines personnes, soit qu'elles fussent originaires d'une des localités ainsi appelées, soit pour tout autre motif.

Comme nous rencontrons ces noms tout à fait isolés et sans aucun lien entre eux, nous les citerons

---

[1] « Nicolaus de Caio ». D. GRENIER, T. 231, p. 100.
[2] *Recueil des historiens de France*, T. XIII, p. 426.

seulement à leur date chronologique, en les expliquant autant que possible.

Nous rappellerons encore ici, pour n'y plus revenir, qu'il existait au Moyen-Age une famille Kay ou Kays, en Angleterre.

On trouve un Thomas Kay de Stow en 1379 [1]. Un Ricard Kays était sergent d'armes du roi d'Angleterre en 1403, en 1407 et en 1408 [2]. A ce titre, il fut chargé par son souverain de plusieurs missions importantes en France.

En 1416 et en 1422, Henry Kays était clerc et garde de la Chancellerie d'Angleterre [3].

Je trouve encore dans le même Recueil, en 1571, un Jacques Kaye, recteur de Gayton (Lincolnshire) [4], et en 1572, un Georges Kay, maître-ès-arts, recteur de Hagett, diocèse d' « Eloborum » [5].

C'est sans doute à ces « Kay » anglais que se rattachent un Robert Kay, notaire et secrétaire du roi d'Angleterre en Normandie, au milieu du XVe siècle [6], et des hommes d'armes anglais du nom de « Cay » qu'on trouve à la même époque dans des montres de soldats de cette nationalité [7].

---

[1] RYMER : *Fœdera, conventiones*, etc., in-folio, Londres, 1709, Tome VII, p. 212.

[2] *Id.* Tome VIII, pp. 337, 483 et 551 — Cfr. D. MORICE, T. II, col. 792.

[3] *Id.* Tom. IX, p. 386, et X, p. 262.

[4] *Id.* Tom. XV, p. 696.

[5] *Id.* Tom. XV, p. 714.

[6] *Cabin. des Titres : Pièces origin.* T. 1604.

[7] V. notamment une montre passée à Coutances, devant M. de Talbot, le 16 août 1436 *(Fonds Franç.* 25773, pièce 1127. Tome X des *Montres).*

Un grand nombre de chevaliers picards ayant suivi en 1066 Guillaume le Conquérant en Angleterre, il ne serait pas impossible qu'il se soit trouvé parmi eux quelque Caix qui ait donné naissance à ces Kay anglais. Nous n'indiquons, bien entendu, cette hypothèse qu'à titre de pure curiosité. Il est, en effet, beaucoup plus simple de supposer que ce nom de Kay naquit tout naturellement et spontanément en Angleterre comme il est venu ailleurs sous des formes diverses.

En terminant avec ces Kay de nationalité anglo-saxonne, rappelons, pour mémoire, qu'un des principaux chefs actuels du parti républicain aux Etats-Unis d'Amérique, sénateur de Pensylvanie, s'appelle M. Quay. Il n'y aurait rien d'improbable à ce qu'il sortit des Kay anglais dont nous venons de parler.

En dehors des causes d'erreurs que nous avons signalées, produites par des similitudes de noms, il y en a d'autres contre lesquelles il est plus difficile parfois de se garder, et qui ont pour origine de mauvaises transcriptions, des documents mal lus ou mal copiés par les scribes, ou même la mauvaise foi d'anciens généalogistes.

La plus grande attention est parfois nécessaire pour ne pas faire de regrettables confusions et même commettre de lourdes bévues.

Ainsi, la table des lettres de rémission conservée au Département des Manuscrits de la Bibliothèque Nationale, indique une de ces lettres [1] donnée en

---

[1] JJ, Reg. 226, pièce 763.

faveur d'un Nicholas de « Chaies ». En recourant à l'original, on voit qu'il s'agit d'un Nicolas des « Hayes ».

De même, dans un autre registre du Trésor des Chartes [1], la table et même le titre d'une pièce indiquent une « abolitio pro Claudio de Chez ». Or, en se reportant au texte, on voit que cette abolition, datée du mois d'août 1453, regarde un Claude de Chézan (ou Chézau), seigneur de la Mote-Saint-Andrieu, au service du seigneur de Montferrand, pendant la descente des Anglais au duché de Gênes [2].

Dans un volume de Montres de la Bibliothèque Nationale [3] et dans le tome 105 des Titres scellés de Clairambault, toute une série de pièces vise un Pierre de Tays ou de Taix, vivant à la fin du XIVe siècle, et dont il est très facile, avec un peu de bonne volonté ou d'imagination, de lire le nom « Cays » ou « Caix ». Le T et le C majuscules de cette époque se confondent, en effet, très aisément. Il n'y a pourtant aucun doute à avoir dans le cas présent. Il faut bien lire Taix, nom d'une ancienne famille de Touraine, éteinte dans la personne de Jean, seigneur de Taix, maître de l'artillerie de 1545 à 1553, colonel général de l'infanterie française, tué

---

[1] JJ, Reg. 191, fol. 17.

[2] A propos de pièces du *Trésor des Chartes* pouvant servir de prétexte à des erreurs, je citerai encore une lettre de rémission d'août 1405 (JJ, Reg. 160, pièce 68), en faveur de « Michel le Caye ». Cet individu n'a aucun rapport avec aucune des familles dont nous nous occupons ici. C'était un « poure homme mercier de Saint-Disier-en-Pertois. »

[3] *Fonds Français*. Tome 25765, nos 71, 159, 192, 208, 239, 297.

au siège de Hesdin en 1553. On retrouve encore ce nom porté par un Guillaume de Taix, doyen de l'église de Troyes (1532-1599), auteur d'un Recueil publié dans les « Mélanges historiques », etc., de 1390 à 1580 [1].

Citons encore deux exemples.

Dans un Cartulaire de l'église d'Arras [2], on voit un chevalier appelé Jean, dont le nom peut se lire, à première vue, « Johannes de Caiis »; mais, vérification faite avec le plus grand soin, c'est « Johannes de Cans » qu'il faut lire.

De même encore, il ne faut pas confondre, au XIIe siècle, un Robertus Canis (le Chien) [3], avec Robert de Caix (de Caiis), son contemporain.

Enfin, il me reste à parler des erreurs ou des omissions pouvant provenir de la mauvaise foi — allant parfois jusqu'à leur faire commettre des faux — de généalogistes anciens toujours disposés à être agréables à des familles momentanément puissantes et bonnes à ménager, aussi bien que de dénicheurs modernes de documents nobiliaires, toujours à l'affût de la possibilité de vendre aux intéressés quelque renseignement vrai ou supposé.

C'est dans cette dernière catégorie que nous devons classer un document tiré des manuscrits de Dom Grenier [4], qui, au moyen d'une rature et d'une

---

[1] Troyes, Noël Moreau, 1613, 1 vol. in-8.

[2] *Bibl. Nat. F. Latin*, 17737, fol. 79.

[3] *Collect.* MOREAU, Tome 47, fol. 231 et al.

[4] *Collection de Picardie*, Tome 33, p. 348.

surcharge assez grossièrement faites, d'ailleurs, a changé un nom quelconque d'officier au régiment de Périgord en celui d'Emery de Caix, que nous connaissons, du reste, par une montre parfaitement authentique.

C'est, au contraire, dans la catégorie des erreurs volontaires commises par des généalogistes flagorneurs, — hésitant à aller jusqu'au faux, mais ne craignant pas, en vue d'un pourboire, de donner un croc-en-jambe à la vérité, — qu'il faut placer le classement fait aux dossiers de la famille des Cars, de plusieurs documents concernant Hue de Caix et Jean de Caix, que nous publierons plus loin à leur date. La lecture de ces documents, en effet, n'est en aucune façon douteuse; elle est, au contraire, d'une clarté et d'une sécurité absolues, et l'honorable et consciencieux Demay, qui ne travaillait pas dans un but intéressé, mais pour la seule recherche de la vérité historique, n'a pas eu un moment d'hésitation dans l'attribution du sceau qui est suspendu à l'une de ces pièces interpolées.

On voit toutes les précautions qu'il faut prendre pour ne pas se tromper en matière d'histoire nobiliaire. On n'y marche le plus souvent qu'à tâtons, dans un chemin rempli de trous et semé de chausse-trappes. Il y faut, avant tout, une grande clairvoyance et la plus complète bonne foi. Si la première peut être parfois mise en défaut, la seconde est affaire de volonté et de loyauté, et j'espère qu'on ne pourra pas nous accuser d'en avoir manqué.

Faisant l'histoire d'une vieille famille picarde, notre

criterium est, d'ailleurs, d'une grande simplicité. La maison de Caix n'est guère sortie, en effet, de la région très restreinte qui s'étend de Beauvais à Laon, et d'Amiens à Senlis; c'est ce qui a fait son obscurité relative, mais c'est aussi ce qui donne plus de certitude aux documents qui concernent sa très modeste histoire. Ce sera donc là, avant tout, la pierre de touche de nos recherches.

A défaut même d'une filiation suivie, nous réclamerons énergiquement comme nôtres, tous les Caix que nous rencontrerons dans les limites sus-indiquées. Nous serons au contraire très circonspects relativement aux personnages dont nous recueillerons le nom ailleurs et qui ne se rattacheront pas d'une manière authentique à notre vieux tronc picard.

Ceci dit, nous reprenons l'étude de nos documents au point où nous l'avons laissée, c'est-à-dire au commencement du XIIIe siècle.

Château de Caix en Quercy

V

JEAN I DE CAIX, SEIGNEUR D'AUBERCOURT ET DE LA MAIRIE. — SA DESCENDANCE : JEAN II ET ROBERT II. — BRANCHES DE CAIX A ROYE ET EN LAONNOIS. — BARTHÉLEMY DE CAIX, TEMPLIER. — GILLES DE CAIX DE LAUNOY. — ÉTUDE DE SON SCEAU. — HERBERT DE CAIX ET ISABELLE DE CHÉRISY. — PREMIÈRE ALIÉNATION DE LA MAIRIE DE CAIX. — XIIIe SIÈCLE.

Nous avons vu, dans les trois premiers chapitres de cette étude, comment la maison de Caix était sortie, par « frérage », de celle de Boves, dont les aînés, devenus sires de Coucy, fondèrent cette dynastie de hauts Barons qui joua, jusqu'à la fin du XIVe siècle, un rôle si important dans l'histoire. Nous venons d'éliminer, dans le chapitre précédent, quelques causes d'erreurs, et d'établir quelques règles qui devront nous servir de guides dans la suite de cet ouvrage.

Nous n'avons plus désormais qu'à poursuivre, à travers les nombreuses vicissitudes de ses membres, la filiation de la famille des Caix de Picardie depuis le commencement du XIIIe siècle.

Bien qu'il appartienne à la fin du XIIe siècle, nous n'avons pas parlé, dans notre chapitre III, d'un Bernard de Caix qui nous est connu par une charte de 1169 et qui s'était fixé à Roye. Nous avons préféré grouper ici les quelques renseignements que nous possédons sur ce rameau de la maison de Caix, dont l'auteur doit se placer, dans la filiation, à côté du Pierre et du Robert de 1164. (V. plus haut, p. 50.)

La pièce qui nous fait connaître Bernard de Caix est une charte du Cartulaire de l'Abbaye de Saint-Corneille de Compiègne [1], donnée à Roye en 1169 par Philippe, comte de Flandre, de Vermandois et de Montdidier, et Elisabeth, sa femme.

Cette charte a pour but de mettre un terme aux empiétements d'un certain Eudes, maire de Mesvillers, aujourd'hui Piennes (canton de Montdidier), contre les droits de Saint-Corneille. Bernard de Caix signe cette charte comme témoin avec Pierre et Rogon de la Tournelle, Hugues de Bapaume, Wermund de Cessoy, Gautier d'Arras, etc., et il n'est pas douteux pour nous qu'il appartient à ce que nous appellerons la série des *témoins locaux,* que l'on rencontre dans presque tous les actes de cette époque. Il était donc habitant de la contrée où s'étaient passés les faits qui donnaient lieu à la rédaction de la charte, c'est-à-dire Roye ou ses environs, et nous pouvons, sans crainte de nous tromper, le considérer comme le père ou l'aïeul des deux suivants, que nous retrouvons en possession d'une terre seigneuriale au même lieu, dans la première moitié du XIIIe siècle.

---

[1] Voir nos Preuves, n° **XVIII**.

C'est par une charte du Cartulaire de Saint-Martin-aux-Jumeaux[1] que nous connaissons ces descendants de Bernard de Caix. Elle est du mois de novembre 1243 et mentionne un Huard de Caix qui était mort à cette époque. Elle nous apprend en outre que cet Huard avait laissé pour héritiers sa veuve appelée Burge et son frère Odard de Caix. A la date que nous venons de citer, la veuve et le frère d'Huard donnèrent à l'abbaye de Saint-Martin-aux-Jumeaux une rente d'un muids de froment, mesure de Maizières [2], sur la terre que ledit feu Huard et sa dite veuve avaient jadis acquise. Cette terre était située à Saint-Médard-en-Chaussée, aujourd'hui hameau de la commune de Roye, et elle était tenue en fief de Adam Loufart, fils et héritier de messire Hugues Loufart, chevalier.

Cette branche, ainsi établie à Roye, y dura encore au moins pendant un siècle.

Il n'est pas douteux, en effet, que c'est à elle qu'appartenait une dame Aveline de Caix qui, en 1324 et 1325, eut, à propos d'une succession, un procès civil dont quelques détails nous ont été conservés par les registres du Parlement arrivés jusqu'à nous. Cette Aveline fut-elle la dernière des Caix de Roye? On pourrait le croire, d'après certains termes de la procédure qui nous la montrent déjà d'un certain âge en 1324, et agissant seule devant la justice. Néanmoins, ce n'est là qu'une simple hypothèse.

---

[1] Au diocèse d'Amiens. — Voir nos Preuves, n° **XIX**.

[2] Maisières-en-Santerre (cant. de Moreuil).

Quoi qu'il en soit, d'ailleurs, voici le sujet du litige [1] :

Un personnage du nom de Jean de Maizières (de Maceriis) [2] était mort laissant un fief que réclamaient Aveline de Caix et Marie du Jardin. Toutes deux étaient parentes du défunt au même degré ; mais Aveline de Caix appartenait à la ligne masculine et Marie du Jardin à la ligne féminine. La première prétendait qu'étant la plus âgée des deux, elle devait, d'après la coutume du pays, hériter seule de l'intégralité de la succession de leur commun parent [3]. La cause avait été portée en première instance devant la Cour de Girard de Noyelette (de Noieletâ), chapelain perpétuel de l'église Notre-Dame d'Amiens, qui avait reconnu le bien fondé des prétentions d'Aveline en sa qualité d'aînée, et lui avait adjugé la saisine de la succession. Marie du Jardin en avait appelé de ce jugement aux Assises d'Amiens, qui, après avoir entendu les parties, avaient confirmé la décision du juge de première instance et déclaré Marie déboutée de son appel.

Mais celle-ci ne s'était pas avouée vaincue, et elle avait, en dernier ressort, porté l'affaire au Parlement.

---

[1] *Actes du Parlement de Paris*, publ. par BOUTARIC (Paris, Imp. Nat., 1863), nos 7574 et 7704, et *Archives Nationales* : X^{1a}5, fol. 397 v°. — Voir nos Preuves, nos **XX** et **XXI**.

[2] Remarquons ici que le froment donné en 1243 par Odard de Caix à l'abbaye de Saint-Martin-aux-Jumeaux devait être « à la mesure de Maizières ». Les Caix de Roye devaient donc, dès cette époque, être également possessionnés dans cette localité et apparentés à ses seigneurs.

[3] C'était l'article 189 de la Coutume de Péronne qui régissait ce cas. On peut voir sur l'interprétation de cet article un Factum manuscrit dans le Mss. *Fonds Français*, 8800, fol. 60.

La Cour suprême, ayant étudié la cause à nouveau, constata que les précédents juges n'avaient procédé à aucune enquête pour vérifier les allégations des parties relativement aux Coutumes locales invoquées par elles. Elle rendit donc un arrêt, au Parlement de la Saint-Martin d'hiver de l'année 1324 (le 28 avril), ordonnant de faire cette enquête sur les Coutumes locales, et décida, le 26 juillet, qu'elle serait confiée au doyen de Roye, qui s'adjoindrait « quelqu'homme probe » (aliquo probo viro), ce qui prouve qu'il s'agissait de biens situés dans ou près cette ville. Puis, ce doyen s'étant récusé par lettres, — probablement à cause de ses relations avec les parties, ou peut-être encore parce que son opinion était faite sur les sentences rendues en première instance et en appel, — un nouvel arrêt intervint le 7 mai 1325, et mandement fut donné à Raoul de la Neuville [1], chevalier, de procéder au lieu dudit doyen à l'enquête ordonnée, en s'adjoignant également quelqu' « homme d'honneur » non suspect à l'une ou à l'autre des parties.

Nous ignorons, d'ailleurs, quel fut le résultat définitif de ce procès, qui est la dernière trace que nous trouvions dans nos documents de la descendance de Bernard de Caix de Roye, et il nous faut maintenant remonter un peu vers le nord-ouest du Santerrois, pour y retrouver d'autres membres de la maison de

---

[1] Il y avait, au bailliage de Senlis, une famille de Neuville ou de la Neuville dont nous trouvons des représentants au XIVe siècle, près de Compiègne et de Saint-Quentin. (CLAIRAMBAULT : *Titres scellés*, reg. 83, p. 6345 et suivantes.)

Caix, restés plus près encore du foyer originaire de leur famille.

Le premier dont nous rencontrions le nom est un Jean de Caix qui nous est connu par deux pièces de Cartulaires [1].

L'un de ces actes est une charte du Cartulaire de Lihons-en-Santerre, datée du mois d'août 1233. Dans cette charte, Jean de Caix, chevalier, confirme, comme seigneur dominant, une vente faite au prieuré de Lihons, pour les besoins d'une chapelle à construire dans l'église de Saint-Médard, d'une dîme située au territoire d'Aubercourt, par Enguerran d'Aubercourt, chevalier, son vassal. Jean donne son approbation à cette vente, sous la réserve de VI deniers de cens à payer chaque année à la Noël, à lui ou à son héritier [2].

Cette charte nous montre que la maison de Caix occupait encore une excellente situation nobiliaire dans son pays d'origine, malgré la donation de la seigneurie principale de la terre dont elle portait le nom au même monastère de Lihons, puisque cent ans après que son chef eut été forcé d'abdiquer toute prétention sur cette terre et eut même complètement renoncé à toute résidence dans la région, un de ses

[1] Du Cange le nomme, d'après la charte de Lihons, dans son *Histoire de l'Etat, de la Ville, etc., du comté d'Amiens*, p. 245.

[2] *Cartul. du Prieuré de Lihons-en-Santerre*. Original. Bibl. Nat., Fonds Lat., 5460, pet. in-fol. parchemin, fol. 31 : « Carta Domini Johannis de Cais, militis ». — Voir nos Preuves, nº **XXII**. — Sur les Seigneurs d'Aubercourt, v. Al. Ledieu : *Deux villages du Santerre, Ignaucourt et Aubercourt*, dans la *Picardie* de 1880-81. Il indique un Jean d'Aubercourt vers 1290, puis il passe à Regnauld de Hangard, sgr d'Aubercourt, en 1401.

arrière-neveux nous apparaît avec le titre de chevalier, le seul dont se targuait alors la noblesse militaire, et comme seigneur principal d'un fief tenu par un autre chevalier, son vassal.

Il est bon de remarquer, en outre, que Aubercourt est situé dans la vallée de la Luce, petite rivière dont la source est à Caix, à quelques kilomètres de ce bourg où Jean de Caix résidait sans doute lui-même, dans son manoir de la Mairie de Caix, et nous aurons plus d'une fois à revenir sur cette singulière fixité des membres de la maison de Caix dans leur petite province, fixité qui contribua à les laisser dans l'obscurité, mais qui nous permet aujourd'hui de les retrouver et de les suivre plus facilement.

La seconde pièce qui nous fait connaître Jean de Caix, Ier du nom, est une charte du grand Cartulaire de Saint-Mathieu de Fouilloy [1] — du mois de mai 1244 — dans laquelle il nous apprend qu'il a vendu au chapitre de cette église 14 journaux de terre sis au territoire d'Aubecourt (in territorio de Aubecourt) entre Lihons et Rosières (inter le Hunum et Rousières) pour et au profit d'une chapelle fondée en ladite église, cette vente faite à la charge d'un cens de 6 deniers envers Messire Nevelon de Chaule, chevalier, moyennant la somme de 70 livres parisis [2].

---

[1] Extrait du *Grand Cartulaire du chapitre de Saint-Mathieu de Fouilloy*, près Corbie, écrit dans la seconde moitié du XIVe siècle (Archives de la Somme), fol. 65. Voir nos Preuves, n° **XXIII**.

[2] Cette charte fut confirmée au même mois de mai 1224 par Nevelon de Chaule, chevalier, comme seigneur dominant (*Cartul. de Fouilloy*, loc. cit. — Voir nos Preuves, n° **XXIV**) et par l'Official de l'église d'Amiens (id. ibid. — V. nos Preuves, n° **XXV**).

A cette vente assiste son épouse Agnès, qui lui donne son complet assentiment. Il semble résulter des termes de cette charte que les biens vendus provenaient des propres de ladite Agnès, que l'on croit avoir appartenu à la maison de Fouilloy. Mais Jean possédait aussi personnellement des terres au même lieu, puisqu'il déclare qu'il a abandonné à sa femme, en échange de celles qui font l'objet de la vente, seize journaux de terres sis audit terroir, en deux pièces, dont l'une est située « juxta terram advocati de Brach » et l'autre « ad puteum del Bouconnier ».

On remarquera encore que l'Aubecourt dont il est ici question est situé entre Lihons et Rosières, c'est-à-dire à l'ouest de Caix, et précisément dans une direction tout opposée au village actuel d'Aubercourt, dont nous avons parlé tout à l'heure [1].

Persuadé qu'il ne s'agissait pas, dans les deux chartes, d'une localité identique, mais que le « Aubecourt » entre Lihons et Rosières, était un village disparu et dont quelque trace devait subsister dans les lieux dits de la commune, je me mis en correspondance avec un obligeant habitant du pays [2], qui voulut bien faire les recherches nécessaires.

Or, il résulte de ces recherches qu'entre Lihons et Rosières, se trouve un ancien lieu dit où l'on

---

[1] Il y a également au *Cartulaire de Lihons* (fol. 36 recto) une charte d'Etienne, avoué de Brach, du mois de janvier 1224, concernant une dîme qu'il avait sur 24 boviers de terre situés au terroir d'Aubecourt, *entre Lihons et Rosières*.

[2] M. Leblond (M.-O.), alors directeur de l'Ecole de Rosières, aujourd'hui directeur de celle de la Neuville, à Amiens.

rencontre des substructions et des ruines, et que les habitants, attribuant ces ruines à une église de Templiers, — sans y oublier un trésor destiné « al rinchon du Roy » — appellent ce lieu dit « Ab d'Aucourt » (pour abbaye d'Aucourt)[1]. Il n'est pas douteux que c'est là qu'il faut chercher l'Aubecourt (Albini Curtis) de notre charte du Cartulaire de Fouilloy, que l'on a confondu jusqu'ici, à tort, avec l'Aubercourt (Alberti curtis) de la charte de Lihons[2].

Jean de Caix, Ier du nom, transmit à l'un de ses fils, dont nous parlerons plus loin, le fief de la Mairie de Caix, qui relevait de la baronnie de Boves.

Par suite de divers arrangements et mutations entre l'abbaye de Corbie, le prieuré de Lihons et la maison de Boves, la seigneurie principale du bourg de Caix était, en effet, arrivée au commencement du XIIIe siècle à cette maison de Boves, sous la suzeraineté de l'abbaye de Corbie et des sires de Coucy.

Nous avons, au *Cartulaire noir* de cette abbaye[3], une charte de Robert de Boves, frère d'Enguerran III,

---

[1] Cfr. « Ab d'Avesne » = l'abbaye d'Avesne, « Ab d'Hombleux » = l'abbaye d'Hombleux. Cette suppression des finales est très fréquente en picard : « heri » pour « héritage », « dern » pour « dernier », etc. Ici, à Aubecourt, c'est le nom vrai du lieu disparu qui a formé la légende de l'existence d'une abbaye.

[2] M. LEDIEU (op. cit., p. 62, note 1) ne commet pas cette confusion.

[3] Fol. 120 v°. Cfr. JANVIER : *Hist. de Boves*, p. 121, et *Anciennes Archives de l'Abbaye de Corbie; Inventaire de* LE MOINE; (*Biblioth. Nat.* Mss. *Fonds français*, 8794.) — La ratification de cette charte est du mois de mai suivant.

sire de Boves, qui reconnaît — le 13 mars 1202 — que les religieux de Corbie lui ont donné en fief tout ce qu'ils possédaient à Caix; que ce fief relèverait de ladite abbaye pour soixante sols parisis et autres services féodaux; que s'il bâtissait une maison sur ledit fief, il la tiendrait de l'abbaye, etc., etc. Enfin, il stipule qu'au cas où lui, Robert, deviendrait seigneur de Boves, le fief de Caix appartiendrait à son plus proche héritier, de façon à ce que les deux hommages ne soient jamais réunis dans la même main. La même année 1202, Enguerran III de Coucy exempte l'abbaye de Corbie et le prieuré de Lihons d'une somme d'argent qui lui revenait du marché de Caix, sur les redevances dues au prieuré de Lihons [1].

Le dernier seigneur de la maison de Boves fut Robert III, qui mourut sans enfants mâles avant 1254. Sa petite-fille fut mariée, en 1281, à Hugues de Rumigny, et après eux la seigneurie principale de Caix entra dans la maison de Lorraine.

Jean II de Caix, l'un des fils de Jean I, se maria vers 1250 avec une femme dont on ignore le nom. On voit, par un accord [2] qu'il fit le 11 des calendes de novembre 1275, qu'il avait alors deux fils, dont

---

[1] *Cartulaire de Lihons*, Carta LXI, fol. 31, recto. — La même année encore, « prêt à partir pour la croisade, Enguerran (II, seigneur) de Boves s'empressa de réparer les exactions qu'il avait commises au détriment du patrimoine des églises. Il restitua notamment au monastère de Lihons-en-Santerre deux chapons et demi et une obole qui appartenaient aux religieux de *Macellis* de Caix, à la condition qu'ils prieraient Dieu pour le succès de son voyage... » JANVIER, op. cit., p. 80. — D. GRENIER. — *Cartulaire de Lihons* (à Amiens), fol. 92.

[2] Cité dans la *Notice sur l'Eglise et la Seigneurie de Caix*, p. 14.

l'aîné, Robert II de Caix, venait d'épouser Béatrix, fille de Guillaume de Framicourt, laquelle lui avait apporté en dot « plusieurs quartiers de terre au journel et à la verghe de Cays séans el terroir de Cays en plusieurs lius et plusieurs pièches [1] ».

Il nous est aussi connu par une transaction qu'il passa, le mardi après la Saint-Barnabé, avec Hugues, abbé de Corbie [2], « comme ayant la seigneurie et lieu noble de la Mairie de Cais au pays de Sangters », au sujet de la Haute et Moyenne justice de ladite ville de Caix, par laquelle la Haute justice de cette terre demeura à l'abbé de Corbie, qui en avait la suzeraineté, et la Moyenne et Basse justice, à lui seigneur de la Mairie de Caix. Dans cet acte, il est qualifié « chevalier » comme son père. Cette transaction pour le règlement de la justice de Caix (Carta de justitia de Caix) prouve les égards qu'avaient la maison de Lorraine et les abbés de Corbie pour les membres de la maison de Caix, dépossédés de leur terre patrimoniale.

Du mariage de Robert II de Caix et de Béatrix de Framicourt vinrent plusieurs fils, dont nous parlerons bientôt, et une fille, mariée à N.... de Sesmaisons,

---

[1] La famille de Framicourt avait encore d'autres biens à Caix. Il est fait mention d'un autre Guillaume dans un arrangement souscrit par « Frère Remonds, humble dyens de l'église de Saint-Pierre de Lihons-en-Santerre... en l'an de grâce mil ccc vingt et nœf, le jœdy prochain après la Penthecouste... » (Cartul. de Lihous, fol. 55 v°). — De même, nous trouvons encore le nom du même personnage, avec la qualification d'écuyer, en 1343 et 1348, comme possessionné à Roquencourt et à Caix (Cartul. de Corbie dit Néhémias. Bibl. Nat. F. Lat. 17761, fol. 80, 117, etc.).

[2] Notice sur l'Eglise et la Seigneurie de Caix, p. 14.

qui, en août 1328, se dessaisit à titre de vente, avec Gilles de Ville, en la main de l'abbé de Corbie, d'un manoir situé à Ville-sous-Corbie, en présence de Jean Wauket et de Jean Boutefeu [1].

Parmi les fils de Robert II de Caix, il faut peut-être placer un Mathieu, qualifié Sire de Rogi [2], que l'on trouve mentionné plusieurs fois dans les Manuscrits de D. GRENIER. Dans le « Procès-Verbal de la Convocation des nobles et fieffés du baillage d'Amiens, en 1337 » [3], il est ainsi inscrit parmi les chevaliers de la Prévôté de Beauvoisis ; « Messires Mahieu des Kaines, sires de Rogi, lui tierch, monté et armé. » Il semblerait donc que ce personnage n'ait rien à faire avec la maison de Caix. Mais, dans un vieil armorial de la « Marche ou Province noble du Corbiois » copié de la main de D. Grenier dans le même volume de sa Collection (p. 119), le savant bénédictin a accompagné cette mention : « Celly (le seigneur) de Rogis, vairé, contrevairé d'or et de gueules », de l'annotation suivante, également de sa main : « Caix, ou Cayeux, peut-être. »

Comme D. Grenier, qui appartenait à une vieille famille du Corbiois et du Santerre, en connaissait

---

[1] Extrait du *Registre aux actes de foy et hommage du Comté de Corbie* (registre *Stix*), fol. 16, v°. (Archives de la Somme.)

[2] Canton d'Ailly-sur-Noye, arrondissement de Montdidier (Somme).

[3] D. GRENIER : *Collect. de Picardie*, T. 4, et T. 33, fol. 167. — Est-ce le même dont on trouve le nom, « Matheus des Caines, miles », dans un *Obituaire de Corbie* du XIVe siècle (*F. Lat.* 17770, fol. 131, recto, et extraits dans D. GRENIER, Tome 31), au mois de février ? Au même *Obituaire* (fol. 171, recto), on lit encore : « Domina Egidia de Rogy. »

l'histoire mieux que personne ; comme il pouvait, d'ailleurs, avoir en sa possession des documents aujourd'hui perdus, son indication doit avoir pour nous une grande valeur [1].

Dans ce même Rôle, nous trouvons deux autres chevaliers du même nom, Jean et Pierre, également de la Prévôté de Beauvoisis ; ce dernier est qualifié « traversier de Boves », ce qui signifie, ou bien qu'il jouissait d'un droit de travers sur cette seigneurie, ou bien qu'il était chargé du recouvrement de ce droit pour le compte du sire de Boves, — son parent, s'il appartenait bien à la maison de Caix.

Robert II de Caix mourut avant l'année 1325, ainsi que nous le voyons par un acte concernant Dreux de Caix, son fils, dont nous parlerons au chapitre suivant.

Il nous faut maintenant revenir un instant en arrière pour parler d'un contemporain de Jean de Caix, Ier du nom, que nous trouvons dans une charte de Godefroy, évêque d'Amiens, insérée au Cartulaire de Saint-Mathieu de Fouilloy, au mois de mars 1220. C'est une vente faite par un Renier de Caix à un chanoine de Saint-Mathieu d'une dîme

---

[1] Cette indication doit d'autant plus attirer l'attention que la famille des Quesnes, qui existait au même moment en Picardie, portait pour armes : une croix frettée au lambel de cinq pendants, et les Cayeu (cités au même armorial, p. 115) : mi-parti d'or et d'azur, à la croix ancrée de gueules. De plus, nous n'avons trouvé aucune trace à cette époque d'un Mahieu ou Mathieu dans la famille des Quesnes. Quant à un Mahieu de Cayeu, il y en a bien un cité dans le même Rôle, à la Prévôté de Vimeu. Mais sa présence même dans ce Rôle prouve qu'il ne peut y être question de lui ailleurs sous un autre nom et avec des armes différentes.

qu'il possédait à Caix[1]. Ce Renier était marié à une femme nommée Marie, et il en avait une fille appelée Odeline, qui avait elle-même épousé à cette date un certain Wibert ou Wuibert. Tous confirment cette donation qui est également approuvée par Yves de Trachy, dans la mouvance duquel se trouvait cette dîme[2].

On ne peut douter que ce Renier appartienne bien aux Caix du Santerre[3]. Il était très probablement le petit-fils du Renier de la charte de 1131 et le frère ou le cousin germain de Jean I, l'un et l'autre fils ou neveu du Pierre et du Robert des chartes de l'année 1164, citées plus haut. On remarquera que la similitude de ces deux noms, Renier, à deux générations de distance, milite encore en faveur de notre hypothèse. Tout en n'étant pas très rare, le nom de Renier est loin, cependant, de courir les chartes, à cette époque du Moyen-Age, comme ceux de Jean, de Pierre, etc.[4].

---

[1] Voir nos Preuves, n° **XXVI**.

[2] Le nom de cette famille de Trachy ou Tracy se retrouve ailleurs dans nos documents. Ses biens et propriétés paraissent avoir été, au Moyen-Age, très mélangés à ceux de la maison de Caix.

[3] Le nom de Caix est ici écrit « Kaiex », ce qui est bien une de ses formes au Moyen-Age, et on ne peut songer à y voir un Cayeu. Ce dernier nom est presque toujours transcrit en latin : « Cayo », comme nous l'indiquons plus haut dans notre chapitre spécial (p. 77). D'ailleurs, — et cette dernière raison est péremptoire — on ne trouve dans la généalogie des Cayeu aucun personnage du nom de Regnier.

[4] Toujours au milieu du XIIIe siècle, nous trouvons un Gautier « de Kayo », copiste et traducteur du roman de « *Saint-Graal* », publié par M. HUCHER (Le Mans, 1874, 3 vol. in-12); d'après la langue qu'il parle, ce Gautier était très certainement un Picard, et il appartenait probablement, sinon par sa famille, au moins par ses origines, au village de Caix ou mieux encore à celui de Cayeu-en-Santerre.

A la même époque, un rameau de la famille de Caix paraît avoir quitté le Santerre pour s'installer dans le Laonnois, attiré peut-être par quelque legs ou tout au moins par quelque souvenir provenant d'Arnoul de Caix, dont nous avons parlé à la fin du siècle précédent.

On voit, en effet, dans un manuscrit de la Bibliothèque municipale de Laon [1], qu'en 1268, Renaud de Caix (Kaix) et Ode, sa femme, vendirent à l'église de Prémontré une grange près Trosly et lui donnèrent le manoir qu'ils avaient en ce même lieu, « lequel s'étend jusqu'au Courtil de Mathieu... » Il s'agit évidemment dans ce document de Trosly-Loire, canton de Coucy-le-Château, et nous trouvons là un exemple de plus de l'attraction exercée de tout temps sur les membres de la maison de Caix par leurs puissants cousins, les sires de Coucy.

A la même époque encore, nous connaissons par une mention de D. Villevieille, « Monseigneur » Regnier de Caix, qui vendit, au mois de décembre 1263, un marché de terre qu'il avait au territoire de Folies [2], à un autre chevalier appelé Robert de Kaisnel. Cette mention est tirée d'un Cartulaire de l'évêché d'Amiens.

On sait que ce titre de « Monseigneur » ou « Messire », qui nous semble bien ambitieux aujourd'hui, était donné au Moyen-Age, à tous les

---

[1] *Tableau chronol., histor. et géogr. de toutes les dotations faites à l'abbaye de Prémontré...* par LOUIS DE VINAY... in-4°, 1re partie, p. 238.

[2] Folies-en-Santerre, cant. de Rosières. — Voir nos Preuves, n° **XXVII**.

chevaliers, et les Pièces justificatives que nous publions dans la seconde partie de ce volume en fournissent de nombreux exemples.

Il n'est pas douteux que le Barthélemy de Caix, Templier du diocèse d'Amiens, mort avant le fameux procès de 1305, et vivant par conséquent à la fin du XIIIe siècle, appartient à nos Caix de Picardie. Il est cité à l'occasion de réceptions ayant eu lieu environ trente ans avant le procès, et par conséquent entre 1275 et 1280. Son nom se trouve, d'ailleurs, deux fois dans les procès-verbaux de ce procès [1] :

1° Dans la déposition de frère Philippe de Laversines, du diocèse de Beauvais, qu'il reçut dans l'Ordre avec Raoul de Sorney, Jacques de Rougemont et Robert « de Rozis ». Il est indiqué comme séjournant alors à la maison du Temple de Sommereux, diocèse d'Amiens.

2° Dans la déposition de frère Henri de Compiègne, racontant sa réception à Bellincourt en Beauvaisis, devant Barthélemy « de Cay » qualifié de « serviens », sergent, et deux frères chevaliers, Raynaud de Codu et Raynaud d'Argenville.

On sait que les frères servants ou sergents, ordinairement écuyers, étaient qualifiés de Templiers comme les chevaliers. Mais ils portaient la robe noire, ainsi que les chapelains simples prêtres. Seuls, les chevaliers et les évêques Templiers (devenus chevaliers de Sainte-Eglise) portaient la chlamyde

---

[1] MICHELET : *Procès des Templiers*, T. II, p. 64 et 118. Paris, 1841, 2 vol. in-4° de la *Collect. des Doc. inédits*. — Voir nos Preuves, n° **XXVIII**.

blanche[1]. Mais quels que fûssent leurs titres ou leurs attributions, les Templiers appartenaient tous à la noblesse ; on peut citer à l'appui de cette affirmation cette phrase du « Discours préliminaire » (p. xxxiv) du *Trésor généalogique* de D. CAFFIAUX, un des rares ouvrages relatifs à la noblesse qui soient écrits avec désintéressement et dans un but exclusivement historique, et qui, par conséquent, fassent autorité en cette matière : « Dans l'ancien ordre des Templiers.,... on n'a jamais admis que des personnes de la plus haute naissance »[2].

Pour achever l'étude de nos documents du XIIIe siècle, il nous reste à parler de deux membres de la maison de Caix qui n'avaient pas quitté leur pays d'origine et qui étaient encore en possession de lambeaux de la terre patrimoniale.

C'est d'abord un Gille ou Gillon de Caix, dit de Launoy, qui nous est connu par plusieurs pièces du Cartulaire du Paraclet.

Cette abbaye avait été fondée dans les derniers mois de l'année 1211 ou dans les premiers de 1212, sous l'épiscopat d'Evrard, 44e évêque d'Amiens, par Enguerran III, sur le domaine et non loin de son

---

[1] LAVOCAT : *Procès... de l'Ordre du Temple* ; Paris, 1888, in-8, p. 16 et passim.

[2] Peut-être est-ce le même personnage que nous trouvons sous le nom de « Dominus Bartholomeus de *Chois* » dans une donation faite à Saint-Sulpice de Pierrefonds par Pierre Paumart, au XIIIe siècle. (*Bibl. Nat. Fonds Lat.* 5441², tome II du *Cartulaire de Marmoutier*, copie, page 83). Cette forme « Chois » équivalait bien à « Chais » au Moyen-Age, et Pierrefonds est bien situé dans la région où la maison de Caix pouvait être possessionnée.

château de Boves. Marguerite et Elisabeth ou Isabelle, filles d'Enguerran, furent, l'une la première abbesse, l'autre la première prieure du nouveau monastère.

Cette fondation devint, comme toujours en pareille circonstance, l'occasion de nombreuses transactions avec les seigneurs des environs.

Dès l'année 1248, au mois de décembre, Gilles de Caix, dit de Launoy ou d'Aulnoy, et Marie sa femme, vendirent à l'abbaye du Paraclet, pour la somme de 140 livres parisis, sept bouviers de terre assis au territoire de Caix. Cette vente est certifiée et consentie par Jean, sire de Trachy, chevalier, de qui relevait le fonds aliéné, et confirmée par Robert, sire de Boves, seigneur dominant [1].

La charte de Jean de Trachy, nous apprend encore que Gillon possédait d'autres héritages à Caix, puisque la terre vendue touche à cette partie réservée, et qu'il avait un parent de son nom, Herbert de Caix, lequel paraît mort à cette époque (1248), et dont les propriétés étaient voisines.

Quant à Gilles de Caix, nous avons encore une autre pièce émanée de lui directement [2], et datée du mois de février 1249, par laquelle il assigne sur

---

[1] *Cartul. du Paraclet* (Archives du Département de la Somme), fol. 70. — Il n'y a pas moins de six chartes concernant cette vente au *Cartulaire du Paraclet;* nous publions les principales (Preuves **XXIX, XXX, XXXI, XXXII**). — Nous trouvons également au *Cartulaire Noir* de Corbie (fol. 184), une charte d'Isabelle, abbesse du Paraclet, en février 1247, dans laquelle se lit cette mention : « Item habemus in territorio de Chays circiter sexdecim bovaria terre... »

[2] *Cart. du Paraclet*, fol. 71. — Voir nos Preuves, n° **XXXIII**.

d'autres objets le douaire que dame Ode, veuve de messire Pierre, chevalier, dit Hellecoc, son frère, avait sur environ sept bouviers de terre assis au territoire de Caix et qu'il avait vendus à l'abbaye du Paraclet. Il s'agit ici des sept bouviers de terre vendus au mois de décembre précédent et qui ont donné lieu aux actes dont nous avons parlé plus haut.

Ce Pierre de Caix, chevalier, dit Hellecoc, frère de Gilles, est très certainement le même qu'un « Petrus de Kahe » que nous trouvons dans la liste des fieffés dépendant du roi, au commencement du XIIIe siècle, à côté d'Enguerran de Boves [1] et au milieu d'autres chevaliers de la province de Picardie. Ce ne peut être le même que le Pierre de la charte de Rosières en 1164; il faudrait, dans ce cas, lui supposer une longévité tout à fait extraordinaire.

A la charte originale de Gillon de Caix, qui existe aux Archives de la Somme, est appendu son sceau que G. Demay décrit ainsi [2] :

« Caix (Gilles de), dit de l'Aunoy (1248) :

« Sceau rond, de 32 millim. — Arch. de la Somme; abbaye du Paraclet.

« Dans le champ, une fleur

☩ S' Gillon de Cais

(Séel Gillon de Cais) »

---

[1] Cette liste, publiée dans le *Recueil des historiens des Gaules et de la France*, T. XXIII, p. 693 (Voir à nos Preuves, **XXXIV**), fut dressée entre les années 1211 à 1220.

[2] *Inventaire des sceaux de la Picardie,* par G. DEMAY. Paris, Imp. Nat. 1877, in-4°, n° 201. — Nous donnons ici ce sceau gravé de la grandeur de l'original.

S'il faut voir réellement dans l'ornement qui décore le champ de ce sceau, une fleur, comme le veut Demay, ce serait alors une rose, et il serait difficile, la flore héraldique de ce temps étant très réduite, de ne pas la considérer comme une « fleur de la Passion » ou une « Rose de Béthléem ».

On sait que les « Roses de Béthléem » étaient les fleurs d'un buisson sauvage que la tradition indiquait comme ayant poussé tout près de l'étable où naquit le Christ, et sur lequel on prétendait que la Vierge

Marie avait étendu les langes du divin enfant, pour les faire sécher au soleil. Les croisés et les pèlerins, au retour de la Terre Sainte, racontaient des merveilles de ce buisson légendaire. Suivant les uns, il portait, été comme hiver, des roses toujours fleuries; suivant les autres, ses épines ne piquaient pas et faisaient des miracles.

Quant aux « Fleurs de la Passion », ou « Roses de Jéricho », c'étaient les descendantes d'une rose rouge, formée par une goutte de sang du Rédempteur, tombée sur le Calvaire. Emportées par le vent, les graines de cette rose s'étaient répandues dans les environs de Jéricho, d'où elles avaient pris leur nom, transformé en celui de « Fleurs de la Passion » dans nos vieilles Chroniques.

M. le Vicomte de Poli, dont tout le monde connaît et apprécie la sagacité et la haute compétence dans les questions d'héraldique, croit voir dans notre sceau des croissants rangés autour d'une double croix affectant la forme d'un monogramme du Christ [1]. Ces figures impliqueraient, dans ce cas, un souvenir direct des croisades, et Gillon de Caix serait présumé avoir pris part à quelqu'une de ces expéditions chevaleresques, soit en 1217, avec Jean de Brienne (V^e croisade), soit en 1228, avec l'empereur Frédéric II (VIe croisade).

Malheureusement, aucune mention précise ne vient corroborer cette supposition — ce qui ne veut pas dire qu'elle ne sera pas confirmée un jour par la découverte de quelque document.

Nous n'osons donc nous prononcer personnellement sur cette petite question d'héraldique féodale. Nous insisterons seulement sur ce fait curieux que, quelle que soit l'hypothèse adoptée, — fleur ou monogramme entouré de croissants, — le sceau de Gilles de Caix contient quelque souvenir de Terre Sainte ou de guerre aux infidèles, et que, si l'on y voit décidément des croix entrelacées, ce serait le

---

[1] Il est certain qu'il faut quelqu'imagination pour voir une fleur sur le sceau de Gilles de Caix. La « Passiflor » a toujours cinq pistils, et notre sceau n'en indiquerait, dans tous les cas, que quatre. Mais il faut tenir compte de la grossièreté du travail et de l'ignorance du graveur.

prototype et l'origine des croix et croissettes qui devinrent, vers la fin du XIVe siècle, les pièces essentielles de l'écu des Caix de Picardie.

A ce sujet nous tenons à dire dès maintenant qu'au Moyen-Age, et sauf de rares exceptions, les membres d'une même famille avaient des armoiries très différentes. L'écu n'était, à cette époque, qu'un moyen de distinguer le chevalier sous l'armure, et n'était pas encore devenu, comme il le devint plus tard, le symbole et pour ainsi parler, le drapeau de la famille tout entière.

Tous les membres d'un lignage noble ne portaient pas, d'ailleurs, d'armoiries. «... Il fallait anciennement, dit D. CAFFIAUX [1], être chevalier, ou avoir reçu cette marque distinctive du prince, en récompense des services rendus à l'Etat, pour porter des armes. Dans une maison noble, il n'y avait que l'aîné, déjà fait chevalier, qui fut en droit de porter des armoiries et un cachet pour sceller ses actes... On voit par là pourquoi l'on trouve souvent dans les titres qu'un tel seigneur a prié un de ses parents ou de ses voisins à sceller un acte qui le concernait. C'est que, n'étant point encore chevalier, il n'avait point de scel qui lui fut propre... » Il y a certainement quelqu'exagération dans ces affirmations de D. Caffiaux, au moins en ce qui regarde les derniers temps du Moyen-Age, mais ce qu'il est impossible de nier, c'est le caractère très souvent *personnel* de l'écu, même parmi les membres d'une famille se

---

[1] *Trésor généalogique,* imprimé, *Disc. prélim.* p. xx.

reconnaissant comme étant du même « estoc » et unis par les liens d'une étroite parenté.

« C'est un fait constaté par une foule de monuments irrécusables, dit encore Laîné [1], que, dans toutes les familles nobles dont les branches se sont divisées....., on remarque dans le blason de ces diverses branches, des différences souvent notables et quelquefois si complètes qu'on pourrait douter de leur commune origine, si les titres ne venaient dissiper l'incertitude que fait naître au premier abord cette diversité d'armoiries. Il paraît qu'anciennement ces différences établissaient entre les branches d'une même famille les distinctions auxquelles on a substitué plus tard les brisures. Quelquefois aussi elles procédaient, soit de substitutions d'héritages, soit d'obligations testamentaires entre frères d'armes, usage souvent pratiqué dans les temps de la chevalerie. Ces coutumes, qu'on ne doit jamais perdre de vue lorsqu'on écrit l'histoire des anciennes familles, expliquent comment des races homonymes et identiques de berceau et de propriétés, paraissent néanmoins avec des armoiries souvent toutes différentes. L'ouvrage du P. Anselme et de ses continuateurs en offre une foule d'exemples... »

Il ne faudra donc pas s'étonner si nous trouvons, au cours de cette étude, des écus très différents portés par des membres de la famille de Caix. Le grand nombre d'enfants amenés par chaque génération, la répétition des mêmes prénoms donnés au

---

[1] Laîné : *Archives historiques..... de la Noblesse*, Paris, 1834, in-8º, Tome IV, article du Hamel, p. 2, note 1.

père, aux fils et aux cousins germains, enfin la petitesse de l'aire géographique dans les limites de laquelle les membres de cette famille ont vécu du XIIe au XVIe siècle, tout cela leur faisait une nécessité de se distinguer entre eux par des armoiries très tranchées et très diverses, et l'observation était assez importante à faire pour qu'on veuille bien nous pardonner cette longue digression à propos du sceau de Gilles de Caix, auquel nous revenons présentement.

La présence de ce sceau, le plus ancien qui nous soit resté de la maison de Caix, prouve que Gilles de Caix était chevalier [1] en 1248, ainsi que feu son frère, Pierre de Caix, dit Hellecoc ou Hellekok.

La charte à laquelle est appendu ce sceau et celles que nous avons citées avant elle, nous permettent encore de remarquer la variation des noms à cette époque du Moyen-Age. Dans la charte de Jean de Trachy, Gilles est appelé « Gilles de Launoi », sans aucune mention de son patronymique : Caix, et dans la pièce émanée de lui, son nom est écrit « de Kaies », tandis que le sceau qui y est appendu porte « Gillon de Cais ». (V. le chapitre précédent.)

Nous retrouvons, bien postérieurement à l'année 1248, des traces de la terre vendue au Paraclet par Gillon de Caix.

Au mois d'octobre 1295, Garnier, abbé de Corbie, confirmant [2] un grand nombre d'acquisitions faites

---

[1] « ... Il n'y avoit que les chevaliers qui avoient sceau... » (*Bibl. Nat. Mss. de* Dupuy, ap. Fontanieu, T. 662.) Cette règle, beaucoup trop absolue aux XIVe et XVe siècles, se vérifie presque toujours au commencement du XIIIe.

[2] Voir nos Preuves, n° **XXXV**.

par l'abbaye du Paraclet dans les fiefs ou arrière-fiefs de l'abbaye, fait la mention suivante, « ..... à Gillon de Kays sept buviers et quarante verges de terre en la entour el terroir de Kays..... »

Plus de trente ans après encore, au mois de septembre 1327, le nom de Gilles de Caix de Launoy reparaît dans un dénombrement du fief que Guérard du Fay, écuyer, tenait du sire de Boves, du chef de sa femme, Jeanne d'Hervilly [1]; enfin, dans un autre dénombrement de la terre de Boves, en 1348 [2], on trouve les arrière-fiefs suivants : « l'ommage Willaume de Framicourt à Cais u terroir et appendences; l'ommage Gille de Launoy à Caix u terroir et appendences..... », etc. Malgré l'absence, dans ces documents, des mots habituels : « qui fut Gilles de Launoy », il ne nous est pas possible de supposer que Gilles de Caix vivait encore à cette époque — il eût été plus que centenaire! — mais cette mention nous prouve que son souvenir n'était pas encore perdu à Caix et que sa famille continuait à y être possessionnée de fiefs et à y jouir, malgré l'abandon de la seigneurie principale en 1131, d'une bonne situation territoriale [3].

Il semblerait, du reste, d'après un document dont nous allons maintenant nous occuper, que la maison

---

[1] Victor de Beauvillé : *Recueil de documents sur la Picardie*, Paris, 1881, in-4º. T. IV, p. 72. Il est question dans ce dénombrement de fonds qui tiennent « à le terre Gille de Launoy ». Voir nos Preuves, nº **XXXVI**.

[2] *Cartulaire Nehemias, Fonds Lat.*, 17761, fol. 80.

[3] Peut-être pourrait-on supposer qu'il y eut successivement deux Gilles de Caix, le père et le fils. En l'absence de toute indication formelle, nous ne pouvons que signaler cette hypothèse.

de Caix, vers le milieu du XIIIe siècle, était rentrée, d'une manière éphémère, en possession de la seigneurie principale de Caix.

L'historien de l'abbaye d'Arrouaise-en-Artois nous raconte, en effet, qu'en l'année 1263, Guillaume de Longueval avait acquis d'Herbert de Caix, la terre de Caix « avec tous ses droits, justice haute, moyenne et basse », etc. [1]. L'année suivante, le même Guillaume aurait échangé cette seigneurie de Caix — composée alors de quatre-vingt-douze journaux — contre d'autres biens appartenant à l'abbaye d'Arrouaise.

On pourrait croire qu'il s'agit là seulement de la Mairie de Caix, et cette hypothèse nous semblerait la plus vraisemblable; mais, d'un autre côté, ce fief secondaire n'a jamais joui de la haute justice qui a toujours appartenu au seigneur dominant. Et puis, comment expliquer que deux lignes plus loin, le même historien nous parle de l'acquisition faite par le même abbé Baudouin d'Arrouaise à un nommé Pierre de Frigicourt, du fief de la Mairie de Caix?

On voit combien tout cela est obscur, pour ne pas dire inextricable.

La confusion entre les deux fiefs étant presque impossible à admettre, étant donné les circonstances, sommes-nous ici en présence d'une erreur matérielle de l'historien d'Arrouaise, qui paraît cependant avoir écrit son livre sur les documents authentiques conservés dans les Archives de son monastère? Ce

---

[1] *Histoire de l'abbaye..... d'Arrouaise,* par GOSSE, chap. XV, p. 216. — Voir nos Preuves, no **XXXVII**.

qui pourrait faire croire à cette erreur matérielle, c'est que le prieur Gosse fait passer le fief dominant de Caix dans les mains des abbés d'Arrouaise, tandis que nous le voyons aller, régulièrement et sans interruption, de la maison de Boves à celle de Rumigny, puis de cette dernière à la maison de Lorraine, où il resta jusqu'au XVIIe siècle.

Observons encore que de l'Inventaire des Chartes de Corbie, fait en 1780 par l'archiviste LEMOINE (*F. Français,* 8794, p. 300), il semble résulter qu'il y avait à Caix, outre la Seigneurie principale et la Mairie, un fief appelé la Châtellenie, créé en 1201 et relevant de l'abbaye de Corbie ? Est-ce de lui qu'il est ici question ?

Pour la Mairie de Caix, est-elle restée dans la maison de Caix aux XIIIe et XIVe siècles, ou y est-elle seulement revenue au commencement du XVe, comme nous le verrons plus tard ? C'est une question plus discutable, mais à laquelle l'affirmation de l'historien d'Arrouaise, pris en flagrant délit d'erreur en ce qui concerne le fief dominant de Caix, ne peut nous apporter une lumière complète.

Quoi qu'il en soit, nous répétons une fois de plus que nous donnons nos documents tels que nous les rencontrons; nous essayons de les coordonner entre eux, mais nous ne nous chargeons pas de tout expliquer.

Ce qui pourrait donner quelque fondement à l'affirmation du prieur Gosse de la vente par un Herbert de Caix, sinon de la seigneurie de Caix, au moins de la Mairie de Caix, c'est que l'existence de cet Herbert nous est confirmée par une charte de l'official d'Amiens du mois de septembre 1265, tirée du Cartulaire VI du Chapitre de l'église d'Amiens [1].

Cette pièce nous apprend qu'Herbert, *dit* de Caix, écuyer, et damoiselle Isabelle, sa femme, fille de feu messire Jean de Chérisy, chevalier, vendirent au Chapitre d'Amiens, pour la somme de 60 livres parisis, sept journaux de terre au terroir d'Hangest, situés près d'une autre terre appartenant à Robert, fils d'un premier lit de la dite Isabelle [2].

On remarquera cette formule « Herbertus *dictus* de Kais, armiger », qui nous permettra de faire ici une observation générale s'appliquant à plusieurs de nos documents.

Il ne faut pas oublier que pour les scribes du Moyen-Age, surtout aux XIe, XIIe et XIIIe siècles, presque tous clercs-ecclésiastiques, il n'y avait qu'un nom véritable, celui que chacun recevait au baptême. Les autres noms, ceux que l'on a appelés depuis, les noms de famille, n'étaient, en réalité, aux yeux de ces scribes, que des surnoms qu'ils traitaient le plus souvent avec un superbe dédain. A ce nom s'appliquaient le « dictus » un Tel, « qui vulgo cognomi-

---

[1] Arch. de la Somme : *Cartul. VI du Chapitre d'Amiens*, fol. 96, v°. — Voir nos Preuves, n° **XXXVIII**. — Voir aussi une mention dans D. GRENIER : *Collection de Picardie*, Tome 50, fol. 13.

[2] Les Chérisy, bien qu'appartenant au Vermandois, comme nous le verrons dans un des chapitres suivants, avaient un pied dans le Corbiois. Nous trouvons un Jean de Chérisy, probablement le neveu d'Isabelle, et un Manessier de Vers, tous deux « hommes-liges de l'abbaye de Corbie », témoins de l'hommage rendu à l'abbé par Ferry, duc de Lorraine, de la seigneurie de Boves, le jour de la Chaire de Saint-Pierre de l'an 1325 (D. GRENIER : T. 33, paq. 5, art. 2 A. Preuves de l'histoire de Corbie, pièce x).

natur » un Tel, « vulgo dictus » ou « cognomine dictus », ou encore « cognominatus X... », et autres expressions qui se retrouvent à chaque instant dans les pièces rédigées par eux et qui témoignent du peu d'estime qu'ils faisaient de ces appellations purement mondaines, lesquelles n'étaient pas, comme les noms de baptême, consacrées par la religion. Ces noms n'en était pas moins, au point de vue social, les noms authentiques de ceux qui les portaient.

Pour en revenir à Herbert de Caix, son mariage avec Isabelle de Chérisy n'est pas la seule alliance que contractèrent les Caix de Picardie avec cette vieille et illustre maison. Nous verrons, en effet, un Nicolas ou Colart de Caix, fixé dans le Vermandois, prendre pour femme, à la fin du XIVe siècle, une Marguerite de Chérisy. Nous reparlerons plus longuement alors des Chérisy.

VI

JEAN DE CAIX. — LES CAIX D'ARTOIS. — LES CAIX D'AUBIGNY, ETC. — DREUX DE CAIX, SEIGNEUR DE WIENCOURT, ET MARIE DE HAN. — HUE, ANSEAU ET RAOUL, SES FRÈRES. — PIERRE DE CAIX, ÉPOUX D'EUSTACHE D'ONGNIOLLES, ET LEUR FILLE ISABEAU. — BAUDIN DE CAIX. — ENFANTS DE DREUX DE CAIX. — AUBERT DE CAIX, ÉPOUX D'EUSTACHE VIELLARD, ET SES ENFANTS. — GUILLAUME DE CAIX. — XIVe SIÈCLE.

C'est le XIVe siècle qui nous a fourni les documents les plus nombreux. Nous serons donc forcé de diviser ce que nous avons à en dire : nous étudierons d'abord ceux des membres de la maison de Caix qui sont restés dans le Santerre et la Picardie proprement dite; puis nous passerons à ceux d'entre eux qui ont essaimé, soit dans le Beauvoisis, soit dans le Vermandois.

Notre récit nous a déjà obligé de dépasser un peu les limites du XIIIe siècle en parlant des aînés de la maison; avant de continuer la filiation, nous devons dire quelques mots de plusieurs personnages du nom de Caix qui vivaient au commencement du XIVe siècle, mais que nous ne savons comment classer exactement dans nos listes, bien qu'il ne nous paraisse pas douteux qu'ils appartiennent à la maison de Caix de Picardie.

C'est d'abord un Jean de Caix, du bailliage de Péronne, qui eut, en l'année 1316, une querelle avec un nommé Jacques de Fréchencourt, à la suite de laquelle une trêve avait été conclue entre les parties. Mais cette trêve avait été violée, paraît-il, par Jean de Caix, lequel, aidé de quelques amis et complices, ayant attaqué par surprise son ennemi, l'avait blessé au point de faire désespérer de sa vie.

Non content de ces voies de fait, Jean de Caix aurait eu l'habileté de donner à Jacques de Fréchencourt l'apparence de tous les torts, si bien que le bailli royal de Péronne avait incarcéré plusieurs des amis dudit Jacques et avait séquestré leurs biens, comme s'ils eussent été les agresseurs [1]. Néanmoins, sur la plainte des victimes, le Parlement ordonna, le 10 février 1317, au bailli de Vermandois de se saisir de l'affaire, de relâcher les individus arrêtés et de leur rendre leurs biens, puis d'informer à nouveau, de rechercher les responsabilités et de punir les coupables, dès qu'il aurait pu faire la lumière sur les points délictueux. Aucune autre pièce ne nous apprend quelle fut l'issue de ce procès.

---

[1] *Registre Criminel,* fol. 79, r°. (*Archiv. Nat.* X^{sa} 1), voir nos Preuves, n° **XXXIX**.

Il n'est pas douteux que ce Jean de Caix appartienne aux Caix de Picardie.

Nous serons beaucoup moins affirmatif en ce qui concerne un autre Jean de Caix, ou plutôt du Cay, dont on retrouve le nom aux Archives du Pas-de-Calais [1], dans une quittance du 9 juin 1319, au sujet d'une rente vendue à la comtesse d'Artois, quittance que nous reproduisons néanmoins à nos pièces justificatives, ainsi que le sceau qui y est appendu. Ce personnage est probablement le même qu'un bourgeois d'Amiens du même nom (Jehan du Quay), que nous retrouvons le 8 avril 1323 vendant à la même comtesse Mahaut [2] soixante livrées de rente annuelle et viagère qu'il possède sur les biens de feu Robert d'Ardres « pour reson de les mutilacion de ses membres que ledit feu Robert ou temps qu'il vivoit, et ses complices li avoient fait ». Enfin, c'est sans doute le même encore qui nous est connu par une série d'actes des années 1316, 1317 et 1322, relatifs à un procès qu'il eut à soutenir avec une dame de Crésecques [3]. Si, dans une des pièces qui le concernent, ce Jean est ainsi désigné : « Jean dit du Quay », et dans tous les autres actes en français :

---

[1] *Archives du Pas-de-Calais*, série A, liasse 375, n° 55, voir nos Preuves, n° **XL**.

[2] *Archives du Pas-de-Calais*, série A, 68; voir *Inventaire sommaire* (imprimé), Arras 1878, gr. in-4°, p. 99, col. I, voir nos Preuves, n° **XLI**.

[3] *Actes du Parlement de Paris*, Greffe I, fol. 111; Olim, III, fol. 164; Criminel, III, fol. 104, 107, 108, et I, fol. 118, 120. — BOUTARIC, n°s 4530, 4614, 4984, 5136, 5146, 5270, 5478, 5531 et 6882.

« du Kay » ou « du Cay », il est appelé dans un mandement rédigé en latin « Johannes de Quaio ». Je pense néanmoins, malgré son origine amiénoise, qu'il n'appartenait pas à la famille des anciens seigneurs de Caix-en-Santerre, et qu'il ne tirait même pas son nom de ce bourg, mais plutôt du lieu de son domicile, situé sans doute sur un des *quais* de la Somme, à Amiens.

C'est encore dans les Archives du Pas-de-Calais que nous trouvons [1] de nombreuses mentions de bourgeois d'Arras, portant les noms de Pierre de Kais ou de Quais, de 1492 à 1528, de Louis de Kais, de 1526 à 1538, de Mahieu de Kay, en 1535 et 1536, et de Jacques de Kais, fils de Pierre dessus dit, en 1537.

Ces Caix d'Arras ne sont pas, du reste, les seuls que nous rencontrions dans la province d'Artois à cette époque.

Les Archives du Pas-de-Calais possèdent encore une vente d'un fief sis à Verquin, vente faite le 1er décembre 1321 par Sohier de Caix, dit Micaine, « homme du château de Lens »[2]. Nous reproduisons son sceau en tête de ce chapitre et à nos *Pièces Justificatives*. Ce sceau est rond, de 19 millimètres.

---

[1] *Archives du Pas-de-Calais*. Registres de la « Renterie » de l'abbaye de Saint-Waast d'Arras. Série H. Abbaye de Saint-Waast.

[2] *Archives départementales du Pas-de-Calais*, pièce non classée. Cfr. DEMAY : *Inventaire des Sceaux de l'Artois*, Paris, Impr. Nat. 1877, in-4°, n° 899. Voir nos Preuves, n° **XLII**. — Ce prénom de Sohier est assez fréquent au Moyen-Age ; on trouve au Trésor des Chartes de nombreuses pièces concernant des personnages appelés *Sohier* ou *dictus Sohier*.

Il porte un écu sur lequel on voit une plante fleurie, avec cette légende :

† S' Sohier de Kais, dit Micaine.

Nous n'insisterons pas davantage sur ces homonymes que nous constatons en dehors de l'aire géographique dans laquelle se meuvent ordinairement nos Caix picards. S'ils viennent de la même souche — ce que rend assez vraisemblable la proximité des deux provinces — ils constituent un rameau complètement détaché du tronc principal et nous ne les mentionnons d'ailleurs, ici, que comme des pierres d'attente auxquelles des recherches ultérieures permettront peut-être de rattacher d'autres matériaux.

Avant de reprendre l'étude de la filiation directe de nos Caix picards, il nous reste maintenant à parler de plusieurs personnages du même nom que nous trouvons inscrits au Cartulaire de Corbie, dit *Alexander* [1], comme propriétaires au Hamel, en l'année 1349.

C'est d'abord un Colart, un Adenos [2] et les quatre enfants d'un Jacques « de Caiex ».

A première vue, on pourrait douter — quoique ce soit une des formes connues — que Caiex voulût dire ici Caix, et penser qu'il s'agit de Caieux; mais l'hésitation n'est pas permise, attendu que le Adenos de Caiex, cité ici, se retrouve trois fois, sous la

---

[1] Cartulaire de Corbie, *Alexander*, à la *Bibl. Nat. Fonds Français*, 24144, fol. 355, recto. Voir nos Preuves, nº **XLIII**.

[2] Ce prénom se retrouve en 1420 à Maisières-en-Santerre : Adenot Blondel *(Bibl. Nat. Fonds Français*, 24156, fol. 7 et 14), etc.

forme Kays et Kais, dans un document contemporain, le Registre *Marcus* de la même abbaye [1], comme possessionné au terroir d'Aubigny. Ce document étant daté de 1331, il est impossible de ne pas reconnaître un seul et même personnage dans l'Adenos de Caiex de 1349 et dans l'Adenet de Kais de 1331.

Nous croyons, de plus, qu'il appartenait bien, ainsi que le Colard et le Jacques, ses proches parents, sans doute, auxquels son nom est accolé, à la vieille famille de Caix.

En effet, dans les registres terriers qui nous occupent, tous les noms des possesseurs sont mélangés, nobles ou vilains. On trouve des « Messires » et des « Maîtres » à côté de roturiers; des Mailly, des Hangest mêlés aux noms les plus modestes; et il faut remarquer que si « Maître » n'a le plus souvent qu'une signification de « cléricature », le mot « Messire », accolé à un nom propre, veut presque toujours dire que celui qui le portait était chevalier. D'autres fois, le même personnage est cité, tantôt avec un titre de chevalerie, tantôt sans titre.

Nous pouvons en donner quelques exemples tirés au hasard de nos notes, du Registre de Corbie dit *Matheus*, de 1331 [2] : au fol. 41, Messire Aubert de Longueval; aux fol. 42 et 69, Aubert de Longueval sans qualification; au fol. 44 verso, Robert de Croisilles, tenant le fief (avec manoir) de Floissies à

---

[1] Cartulaire de Corbie, *Marcus*, à la *Bibl. Nat. Fonds Français*, 24140, fol. 69 à 71 verso. Voir Preuves, n° **XLIV**.

[2] *Bibl. Nationale, Fonds Français*, 24139.

Etinehem, au milieu de roturiers; au fol. 97 recto, Messire Jehan le Vairier, entouré d'autres noms sans qualification. Nous pourrions tirer d'autres faits analogues du Registre de la même abbaye appelé *Joannes.*

On ne s'étonnera donc pas de trouver au Registre *Marcus,* fol. 203 verso, un Messire Jehan de Caix, tenant fief à Grandcamp, terroir de Guillaucourt, en 1331, à côté d'un autre Jehan de Caix [1], qui paie un cens pour une maison à Gentelle, et ses enfants, fils et fille, après lui. Ces deux Jehan sont-ils un seul et même personnage, comme le Messire Aubert de Longueval et l'Aubert de Longueval tout court, cités plus haut? Ou sont-ils simplement deux parents? Nous n'en savons rien. Mais nous serions très disposé à croire que ce « Messire Jehan de Caix » de 1331 est le même que le Jean de Caix du bailliage de Péronne qui eut, en 1316, avec Jacques de Fréchencourt, la querelle que nous avons rapportée plus haut.

Nous ferons encore remarquer que le Hamel, Aubigny et Gentelle, où nous rencontrons tous ces de Caix dans la première moitié du XIVe siècle, sont cités ailleurs dans les documents concernant cette famille.

Nous pensons aussi que nous ne nous écartons pas de la vérité en supposant que ce Jean de Caix, chevalier, était le frère de Dreux de Caix, dont nous allons maintenant nous occuper.

---

[1] La même année 1331, nous lisons encore dans un terrier de Corbie (*Fonds Français,* 24141, fol. 32 recto) la mention suivante : « Jehan du Cay, à Mont-Rainbier, 11 jour. 11 sextiers. »

Ce Dreux ou Dryves de Caix [1], fils de Robert, IIe du nom, nous est d'abord connu par une pièce du 9 juin de l'année 1325.

Cet acte est un hommage qu'il rend « comme hyretier » à Hue de Ver, abbé-comte de Corbie, d'un fief que son père venait de lui laisser à Vyencourt. Cet acte est passé en présence de Jacques et de Mannessiers de Ver, et de Jean Gorgeron, « hommes liges » de l'abbaye. Cette prestation d'hommage est inscrite la quatrième au rôle des fiefs de l'abbaye de Corbie, de cette année 1325 [2].

Dreux de Caix, alors écuyer, servit en Vermandois avec un de ses frères nommé Hue, en 1338, puis en Flandre avec cinq autres écuyers qu'il commandait et dont la Revue fut passée à Thun-l'Evêque au mois de juin et juillet 1340, et à Fresnoy, près de Mareuil et de Thun, en revenant de Bouvines, au mois de septembre suivant [3].

---

[1] Le nom de Dryves (Dryues) n'est qu'une forme désinentielle de Dreux (écrit Dryeu); on trouve parfois Dryvon (Dryuon, Druon). Ainsi, dans l'*Inventaire des Sceaux de Picardie*, DEMAY cite (n° 117) un chevalier picard, Dreux d'Auxi, du XIIIe siècle, dont le sceau porte : Drivon d'Auxi.

[2] D. GRENIER : *Collection de Picardie*, T. 33, p. 165. — Voir nos Preuves, n° **XLV**. — A propos de cette qualification « hommes liges », disons une fois pour toutes, qu'on pouvait être l' « homme », c'est-à-dire le vassal d'une église, d'une châtellenie ou d'un seigneur, tout en étant soi-même noble, chevalier et même seigneur plus puissant que son suzerain (« De hominibus autem ipsius abbacie Radulfus miles de Brinéricurt, etc. » — Cfr. FLORIVAL : *op. cit.* Charte de 1125, p. 306). Cette qualification « homme » ou « homme-lige », n'a donc aucune signification diminuant la personnalité ou la situation de celui qui la porte.

[3] Voir nos Preuves, n° **XLVI**.

Il avait épousé, vers 1315, damoiselle Mahaut de Han ou de Hem, fille de Gérard de Hem, chevalier, lequel avait une autre fille mariée à Jehan de Mollemont, écuyer, demeurant à Chérisy, et il n'est pas difficile de voir dans ce mariage la main d'Isabelle de Chérisy qui avait, comme nous l'avons vu plus haut, épousé Herbert de Caix.

Quoi qu'il en soit, d'ailleurs, de cette hypothèse, Jean de Mollemont fit hommage à l'abbé de Corbie, peu de jours après celui rendu par son beau-frère, c'est-à-dire le 16 juin 1325, comme « bail » de Jehan son fils, du fief « quy estoit venu a cheluy fil par le succession demoiselle Marie de Hem, sa mère trespassée : lequele fu fil Monsieur Gerart, jadis de Hem, chevalier, et li fu commandé; chest à scavoir audit père qu'il apportast ledit fief dedens XL jours souffisamment un escript desnommé en escript. Che fu fait en ledite cambre (de l'abbé) à Corbie, présens Jacques de Vers et Jean Wambert de Lille, liges hommes de l'Église de Corbie et plusieurs autres... [1] »

Dans le même Rôle déjà cité, aux numéros VI et VII, nous trouvons deux autres mentions relatives à la même affaire [2].

De son mariage, Dreux de Caix eut plusieurs enfants. Mais avant de dire ce que nous savons de ces enfants, il nous faut parler de ses frères.

Nous avons déjà cité Hue de Caix, qui servait avec

---

[1] D. GRENIER : *Collection de Picardie*, T. 33, Preuves de l'histoire de Corbie, Pièce X.

[2] Voir nos Preuves, n° **XLVII**.

Dreux, comme écuyer, en 1338. Il accompagna également Dreux en Flandre. Nous retrouvons, en effet, son nom dans une Montre passée à Thun-l'Evêque le 14 juin 1340, d'une compagnie de neuf écuyers qu'il commandait, et dans l'ordre des Maréchaux de France du paiement de cette Montre, ordre qui nous a également été conservé [1].

Un autre frère de Dreux de Caix s'appelait Anseau. Il est mentionné parmi les écuyers dans une Revue passée à Saint-Quentin le 13 août 1342. Il servait alors avec Fresnel de Soyecourt sous le commandement de Raoul, comte d'Eu, connétable de France, sur les frontières de Picardie et de Hainaut. Il fut tué, en 1356, à la désastreuse bataille de Poitiers [2].

Nous connaissons encore Raoul de Caix, maire d'Aubigny, probablement l'aîné de toute sa génération, puisqu'il était mort en 1329; nous nous occuperons de lui et de sa descendance dans un des chapitres qui suivent.

C'est également à la même génération qu'il faut placer un Pierre de Caix qui prit part, comme ceux dont nous venons de parler, et en qualité d'écuyer, à la campagne de Flandre de 1339. Il fut passé en revue avec trois écuyers de sa compagnie, le 20 octobre de cette année, à Saint-Quentin [3]. Plus tard, il épousa

---

[1] Nous publions ces deux pièces à nos Preuves, n° **XLVIII**. — Cette Montre de Hue de Caix est parmi les pièces dont nous parlons plus haut, p. 82, dont les originaux ont été classés indûment aux dossiers de la famille des Cars.

[2] Voir nos Preuves, n° **XLIX**.

[3] Voir nos Preuves, n° **L**. — On remarquera que dans cette Montre, le nom est écrit « Pierre de Chey ». Nous n'hésitons pas néanmoins à

Eustache d'Ongnolles ou d'Ognolles [1], veuve de Philippe de Soyecourt, chevalier, fils de Charles de Soyecourt, aussi chevalier, seigneur de Mouy-en-Beauvoisis, conseiller et chambellan du Roi, et d'Isabeau de Chastillon, dame de Chastillon, de Sains et de Mouy. Il eut de ce mariage une fille unique, Isabeau de Caix, mariée à Gosson de la Porte et mère d'un Jean de la Porte, vivant en 1381. Tous ces détails nous sont fournis par les pièces d'un procès qui eut lieu à cette époque [2], après la mort, arrivée en 1374, de Gilles de Soyecourt, pour la tutelle de ses enfants mineurs, tutelle que se disputaient Catherine de Saint-Pol, comtesse de Grandpré, leur aïeule, et Gosson de la Porte, leur oncle, comme mari de leur tante maternelle, Isabeau de Caix [3].

y reconnaître notre Pierre de Caix, vivant au même moment. On se rappelle ce que nous avons dit plus haut de l'orthographe de « Caix » dans notre chapitre IV. Ici, le doute est d'autant moins permis, que Pierre « de Chey » est dit du bailliage de Senlis, qui comprenait une grande partie des localités citées à l'occasion du mari d'Eustache d'Ognolles, et que, de plus, cette quittance est suivie d'une autre de la même époque, donnée par un Renaut « de Chey, escuier de la Comté de Bourgogne ». C'est donc le lieu d'origine qui doit nous servir de criterium, et non la manière dont le nom est écrit : Chey se traduit ici, d'un côté par Caix, et de l'autre par Scey.

[1] Ognolles, canton de Guiscard. M. LEROY-MOREL, dans sa Notice sur Ognolles (*Recherches généalogiques sur les familles nobles des villages des environs de Nesles, Noyon, Ham et Roye*; Amiens, 1867, in-8. Extr. de la *Picardie*), ne dit rien sur les seigneurs de ce lieu de 1236 à 1545.

[2] Voir à nos Preuves, nº **LI**.

[3] Ces querelles pour garder la tutelle d'un mineur — querelles que nous ne concevons plus guère à notre époque où le mandat de tuteur constitue une charge pleine de responsabilités sans aucun avantage correspondant — étaient fréquentes au Moyen-Age, et nous en

Nous trouvons encore en 1371, un Baudin de Caix, écuyer, cité comme propriétaire de fonds de terre situés à Caix et voisins de ceux appartenant à Jean de Maucourt, qui avait au même lieu un fief où il demeurait. C'est la première mention que nous rencontrons de ce fief et de la famille de Maucourt, dont nous aurons à reparler [1].

Nous revenons aux enfants de Dreux de Caix et de Mahaut de Han.

L'aîné, Jean de Caix, dit le Danois, joua un rôle assez important; il sera l'objet d'un chapitre spécial. Vincent fut un des *guardiateurs* commis spécialement par le roi Charles VI à la garde des droits, privilèges et propriétés des Augustins d'Amiens en 1396. « Hinc gardiatores quinque a ministrorum suorum (bonis) ad hoc specialiter deputatos committit. » Ainsi s'exprime la Charte de Commission conservée aujourd'hui aux Archives du département de la Somme.

Nous ignorons si ceux dont nous allons nous occuper maintenant furent les fils ou les neveux de Dreux de Caix.

L'un d'entre eux, Nicolas ou Colart, alla chercher

---

trouvons plusieurs exemples dans nos documents. C'est qu'alors le *bail* ou tuteur d'un mineur jouissait du revenu de ce mineur, sans autre obligation que celle de le nourrir, de l'élever, d'acquitter ses dettes et de maintenir son héritage en bon état.

[1] Preuves, n° LII. — Quelques années auparavant, en 1362, nous trouvons au Crotoy un « Jean des Kais, fils de feu sire Witasse des Kais ». (D. VILLEVIEILLE, *Trésor généalogique*, Arch. de Saint-Riquier). Nous citons ici ces « des Kais » seulement pour mémoire.

fortune en Vermandois, sous les auspices du sire de Coucy, son parent. Nous lui consacrerons le chapitre suivant. Ses frères restèrent en Picardie. L'un s'appelait Aubert, l'autre Guillaume. D'un autre nous ne savons que le surnom : le Borgne de Caix.

Aubert est cité, comme écuyer, avec Colart, chevalier, et Guillaume, aussi écuyer, dans une montre de 1388, d'une compagnie servant en Champagne, sous les ordres du sire de Raineval. Le même Aubert nous est encore connu, dès l'année précédente (1387), par un Dénombrement qu'il fit à Amiens le 1er septembre de cette année, au duc de Lorraine, sire de Boves, d'un fief situé « en la ville et terroir de Caix, consistant en manoir, terres et autres domaines, censives, fiefs, toute justice, mouvant de Boves..... »

Dans ce Dénombrement, Aubert de Caix porte déjà le titre d'écuyer dont nous le retrouvons qualifié dans la montre citée plus haut, ce qui prouve bien qu'il portait les armes. De plus, il est indiqué comme demeurant à Amiens. Son fief était tenu par son beau-frère Jean Caverel, qui habitait Corbie, ainsi qu'il est dit au Registre CUJAS des anciennes archives de cette abbaye [1].

Le fief dont Aubert fait ici l'hommage n'est pas,

---

[1] La pièce dont nous extrayons cet hommage a pour titre : « Boves. Si ensuivent les paieries et fiefs tenus de la terre de Boves, de ce qui est tenu et ressortissant de l'Eglise Saint-Pierre de Corbie, suivant les dénombrements d'iceulx, renouvellez en l'année 1406, laquelle terre de Boves, depuis le pont du val (d'aval) en allant vers Corbie, avec lesdites pairies et hommages, est tenue en pairie de ladite abbaye à 10 l. de relief et 60 s. de chambellage. » — Extrait du Tome IV du *Recueil de Documents inédits...* publié par M. DE BEAUVILLÉ, p. 429.

d'ailleurs, paraît-il, celui de la Mairie de Caix, mais un autre fief appelé plus tard le fief Monjan, du nom d'une famille qui le posséda longtemps à une époque postérieure. Comme nous n'avons pas pu vérifier sur les originaux cette affirmation de M. de Beauvillé, qui est souvent sujet à révision, nous sommes obligés de nous en contenter ici. La mouvance de Boves « par soixante sols parisis de relief, trente sols de chambellage » et surtout « les plaids de quinzaine en quinzaine » nous porteraient cependant à croire qu'il s'agit bien là du fief de la Mairie de Caix.

Quoi qu'il en soit, Aubert n'habitait pas, cela est certain, son manoir de Caix, et ce fief ne semble même pas, après lui, être resté à ses enfants, car nous voyons sa sœur, Jeanne de Caix, en donner deux fois le dénombrement à la maison de Lorraine [1].

La première fois, le 2 septembre 1406, ce dénombrement fut fourni à Ferry de Lorraine, comte de Vaudémont, par Jean Caverel, premier mari de Jeanne de Caix. La seconde fois, le 18 août 1424, à Antoine de Lorraine, par Jean de Remy, dit Maillart, deuxième mari de la même Jeanne de Caix.

Aubert de Caix laissa néanmoins des enfants, lorsqu'il mourut en 1397, de sa femme, Eustache Vieillard ou Viellard. Une mention du Trésor généalogique de D. VILLEVIEILLE, tirée des archives de Corbie, nous apprend, en effet, que le 28 juillet 1398, « Damoiselle Eustache Vieillard, veuve d'Aubert de

---

[1] Voir nos Preuves, **LIII**.

Cays, écuyer, grénetier à Montdidier [1] » d'accord avec Jean de Caumesnil, Tristan le Clerc et Regnault Vieillard, tuteurs de ses enfants mineurs, Aubelet, Perrenelle et Bellette, vendit à Jean de la Bare, sergent d'armes du Roi, un fief assis à Sailly-les-Avères. [2].

Nous retrouvons donc ici les noms des trois enfants d'Aubert de Caix, écuyer. C'était un fils nommé Aubert, comme son père (Aubelet est un diminutif [3]), et deux filles, Perrenelle et Bellette, ce dernier nom diminutif d'Isabel ou Isabeau.

Mais ce n'était pas là, comme nous l'avons vu déjà, la seule famille d'Aubert de Caix.

Une mention, tirée des archives de Corbie, au Trésor généalogique de D. VILLEVIEILLE, mention relative au Dénombrement du 1er septembre 1387, dont nous parlons plus haut, nous apprend, en effet, qu'Aubert avait à Caix même, outre sa sœur Jeanne, que nous venons de voir, deux frères, l'un nommé Guillaume, l'autre surnommé le Borgne de Caix, et un cousin, Simon de Caix, tous trois qualifiés écuyers. Les fiefs et manoirs possédés à

---

[1] Le grenier à sel était une juridiction qui jugeait les contestations relatives aux Gabelles, à la distribution du sel et aux droits du Roi sur cette denrée. L'appel des jugements du grenetier allait à la Cour des Aides.

[2] Aujourd'hui Sailly-le-Sec (canton de Bray, Somme), non loin de Corbie.

[3] C'était un usage constant de donner une forme « diminutive » au prénom du fils quand il portait le même que son père : Raoulet Bernard, fils de feu Raoul (*Fonds Français* 24156, fol. 12, 15, etc.). Voir plus loin ce que nous disons à propos de Bidaut et Bidallet de Caix.

Caix par ces deux frères et ce cousin « joignaient » ceux d'Aubert; c'est à ce titre qu'ils sont cités dans ledit dénombrement [1].

C'est, d'ailleurs, pour le Borgne de Caix, frère d'Aubert, et pour Simon, son cousin, les seules indications qui nous les font connaître. En ce qui concerne Guillaume de Caix, au contraire, nous sommes un peu mieux informés, grâce à un méfait qu'il commit en 1378, et à la lettre de rémission qui en fut la conséquence et la réparation [2].

Voici dans quelles circonstances :

Eudes de Grancey, chevalier, fils d'un autre Eudes de Grancey, également chevalier, avait, pour une raison que nous ignorons, sequestré sur les terres de l'Empire (probablement en Lorraine) Raoul de Rayneval, chevalier, fils d'un autre Raoul de Rayneval, chevalier, conseiller du Roi et seigneur de Rayneval.

Cet enlèvement n'avait pas été, paraît-il, du goût de la famille de la victime, et un jeune seigneur, fils du sire de Vé et cousin germain du sire de Rayneval, réunissant plusieurs amis et parents, parmi lesquels Guillaume de Caix, tendit à Eudes de Grancey une embuscade dans les bois près de Senlis, le captura à son tour après l'avoir dépouillé et le retint prisonnier pendant un certain temps, le promenant de jour et de nuit à travers le royaume pour dépister les recherches.

C'est à la suite de ces faits et sur la plainte des

[1] Voir nos Preuves, **LIV**.
[2] Voir nos Preuves, **LV**.

Grancey, que les dits de Vé et de Caix furent ajournés par trois fois à comparaître devant le Parlement; mais ils refusèrent naturellement, ce qui entraîna leur bannissement du royaume. Sommé enfin une dernière fois de se présenter aux grands jours du bailliage de Vermandois, Guillaume de Caix, sans attendre ce moment redoutable, demanda grâce, fit, comme d'usage, valoir ses services et ceux des siens, s'excusa sur l'amitié et les liens du sang qui l'unissaient aux Vé et par là même aux Rayneval; et, pendant qu'une partie des complices du méfait étaient exilés à Roye, il obtint de la mansuétude de Charles V les lettres de rémission sollicitées, qui furent signées au château de Saint-Germain-en-Laye, le 26 décembre 1378.

En dehors de l'intérêt qu'elle présente comme tableau des mœurs féodales à la fin du XIVe siècle, cette pièce est très curieuse pour l'histoire de la maison de Caix, en ce qu'elle nous montre les liens unissant ses différents membres entre eux et avec d'autres familles.

Ce n'est pas seulement, en effet, pour le plaisir de donner des coups ou d'en recevoir, que l'écuyer Guillaume de Caix était allé avec Raoul de Vé attendre sur le grand chemin de Senlis le jeune Eudes de Grancey.

Les de Caix étaient alliés d'une manière tout à fait intime aux de Vé, puisque, comme nous le verrons plus tard, Jeanne de Vé avait épousé Jean de Caix, dit le Danois, frère ou cousin germain de Guillaume. De plus, il est probable que, déjà à cette époque, Guillaume de Caix faisait partie de la

« compagnie » du sire de Rayneval, père de la victime, sous lequel nous le voyons servir quelques années plus tard en Champagne. Des raisons de parenté, et d'autres de solidarité féodale, le sollicitaient donc énergiquement à prêter, en cette affaire, son concours aux Vé et aux Rayneval, et le Roi comprit, en lui pardonnant son méfait, qu'il y avait eu là pour le jeune écuyer des motifs impérieux d'honneur et d'esprit de famille, excusant de la manière la plus complète l'action qu'il avait commise, quelque répréhensible que pût être cette action aux yeux des lois et de la sécurité publique [1].

Nous pensons néanmoins que ce précédent eut une influence fâcheuse sur la carrière militaire de Guillaume de Caix et qu'il lui dut de ne pas chausser

---

[1] La mention suivante de D. VILLEVIEILLE (*Bibliot. Nat., Trésor Généal.*, Tome 74, v° *Raineval*) nous fait voir, dans une même Montre, passée quelques années auparavant, les principaux personnages cités dans notre lettre de rémission : Raoul, sire de Rayneval, son fils, dont le nom a la forme diminutive Raoulequin, Jean, sire de Vé, et Raoul, son fils, le complice de Guillaume de Caix. Il est même à croire que ce dernier faisait partie des dix-sept écuyers dont les noms ne sont pas reproduits :

« Messire Raoul de Raineval, chevalier banneret, et Messire Waleran de Raineval, chevalier banneret, firent montre de Messire Raoulequin de Raineval, chevalier, Messire Drieu de Roye, chevalier, Messire Jean, seigneur de Vé, chevalier, Messire Morel de Campremy, chevalier, Messire Aubert d'Anssainvillier, chevalier, Messire Guillaume de Cauroy, chevalier, Messire Jean, seigneur d'Avine, et dix-sept écuyers de leur compagnie, au nombre desquels se trouvoient Raoul de Vé, Jean de Riencourt, Regnault de Cauroy, Gadiffer d'Avine et autres, et furent reçus à Selles-en-Berry le 22 août 1372. » (Chambre des Comptes de Bourgogne : Registres des Montres). — Par diverses pièces du même dossier *Raineval*, nous apprenons qu'ils étaient seigneurs de Fouilloy, près Corbie.

les éperons d'or de la chevalerie. Nous voyons, en effet, que douze ans après, c'est-à-dire en 1390, il n'était toujours qu'écuyer, lors du dénombrement fourni au Roi au mois de décembre de cette année, d'un fief qu'il tenait à Rouvroy (Preuves, LVI).

Pour ce qui est du fils d'Aubert de Caix, écuyer et grenetier de Montdidier, lequel était mort de 1388 à 1397, nous avons vu qu'il s'appelait Aubert, comme son père. Il possédait à Corbie, en 1399, une maison à la Chaussée au Blé (Preuves, LVII). Nous retrouverons plus loin sa descendance.

Il nous faut maintenant revenir un peu en arrière pour narrer les aventures d'un frère d'Aubert de Caix, qui, attiré dans le Vermandois par son illustre cousin, Enguerran VII, sire de Coucy, alla y fonder un rameau éphémère de sa maison.

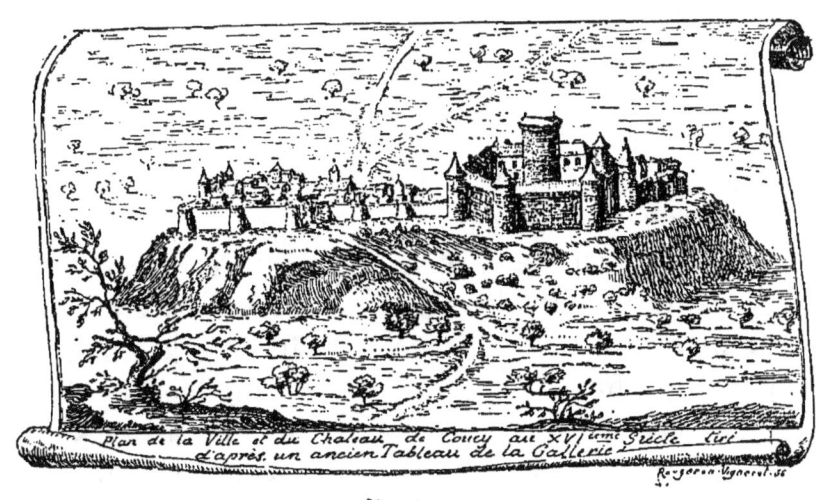
Plan de la Ville et du Château de Coucy au XVIème Siècle tiré d'après un ancien Tableau de la Gallerie

VII

SOLIDARITÉ QUI UNISSAIT LES MEMBRES DE LA NOBLESSE AU MOYEN-AGE. — COLART DE CAIX, CHEVALIER, SEIGNEUR DE FAVEROLLES, MAITRE D'HOTEL DE MATHIEU DE ROYE. — SON MARIAGE AVEC MARGUERITE DE CHÉRISY. — AVENTURE DE COLART DE CAIX AU CHATEAU DE MURET. — THOMASSIN, DIT DE CAIX, CLERC A BEAUVAIS. — PIERRE DE CAIX, CLERC DE CORBIE. — XIVe SIÈCLE.

On se ferait une fausse idée du Moyen-Age si, ne considérant que la brutalité trop réelle des mœurs de la noblesse pendant cette période, on en conjecturait que la solidarité n'existait pas parmi ses membres. Au contraire, cette solidarité se rencontrait partout et constituait une des assises du monde féodal. A défaut de sentiment, elle naissait du point d'honneur qui liait les parents aux parents, les amis aux amis, les vassaux aux suzerains ; et quand ce point d'honneur ne divisait pas les gentilshommes en les faisant de mortels ennemis, il les rapprochait au contraire, et portait les plus forts à soutenir les plus faibles, les plus riches à aider les plus pauvres.

Tout bien considéré, et en étudiant de première main les documents de cette époque, on arrive à se convaincre que cet esprit de solidarité, que notre temps d'égoïsme féroce pratique si peu, bien qu'il en parle sans cesse, avait peut-être plus de manifestations fécondes, au moins dans la caste nobiliaire, aux XIVe et XVe siècles qu'au XIXe. Comptant moins sur l'Etat et sur les pouvoirs publics, alors faibles et relâchés, on comptait plus sur soi-même et sur ses « pairs ». Seulement, cette solidarité était moins générale et moins prétentieuse que celle d'aujourd'hui. Elle se confinait, je le répète, dans une caste et s'exerçait sans bruit, sous forme de services mutuels et d'échange de bons offices.

Une des formes de cette solidarité était la coutume usitée par les gentilshommes pauvres, d'entrer dans la maison de seigneurs puissants dont ils devenaient les commensaux plus encore que les serviteurs, et qui, en échange de leur dévouement, leur donnaient aide et protection, et les faisaient souvent prendre place à leur foyer comme membres de leur famille, en les mariant avec quelqu'une de leurs parentes ou même de leurs bâtardes, légitimées pour la circonstance.

Les hauts barons du Moyen-Age, enfermés dans leurs manoirs, n'avaient pas, en effet, les mêmes ressources que notre jeunesse dorée d'aujourd'hui, pour jeter à tous les vents leur gourme d'adolescence. Les « ribaudes » de leur temps étaient gibier de pauvre hère ; aussi la facilité des mœurs tolérait-elle, même après mariage, des liaisons illégitimes.

Le monde n'a pas changé à cet égard ; la seule différence, c'est qu'à présent on se cache et que surtout on se préoccupe peu de savoir ce que deviennent les fruits des amours de passage, tandis qu'à l'époque dont nous parlons, plus le père était haut placé, moins il pouvait abandonner ses bâtards contre lesquels n'existaient pas, d'ailleurs, les préjugés sociaux d'aujourd'hui et qui avaient leur place à part, consacrée par les mœurs, mais nullement disqualifiée, dans la société noble du temps.

Aussi, quand un grand seigneur territorial voulait légitimer une enfant née de quelqu'escapade de jeunesse, était-il heureux de trouver parmi les pages ou varlets familiers de sa cour, quelque jeune gentilhomme qui, moyennant une dot convenable et tous les parchemins de réhabilitation nécessaires, consentait volontiers à prendre pour femme devant Dieu et devant les hommes la jeune fille ainsi reconnue, et à s'assurer un avenir brillant en devenant le gendre de son suzerain.

C'est une aventure de ce genre qui survint au château de Muret en Soissonnais[1], l'an de Notre-Seigneur mil trois cent soixante et trois.

Ce château appartenait alors à Mathieu, sire de Roye, du Plessier, de Buzancy, de Muret et de

---

[1] Aujourd'hui Muret-et-Crouttes, canton d'Ouchy-le-Château (Aisne). C'était autrefois le siège d'un comté relevant de Septmonts et d'Ouchy.

Kiersy ou Chérisy [1], lequel fut, depuis, Grand Arbalétrier de France, et qui tenait ces dernières seigneuries de sa femme Jeanne, fille aînée de Jean Ier de Kierisy, conseiller du Roi, aussi Grand Maître des Arbalétriers. Une seconde fille, nommée Agnès, morte sans postérité, était née de l'union de Jean avec Pétronille de Nesle.

Mais, à côté de ces deux enfants légitimes, Jean I de Chérisy, mort depuis peu, avait laissé une fille naturelle, appelée Marguerite, qu'il avait eue d'une femme de roture du village de Nampteuil-sous-Muret, nommée Perrette Karesme.

Or, il y avait au même moment, à la cour du sire de Muret, un jeune gentilhomme dans la situation de ceux dont nous parlions tout à l'heure, n'ayant que sa cape et son épée, et qui avait quitté son plat pays de Santerre pour venir chercher fortune en Soissonnais. Ce damoiseau, déjà cité dans notre chapitre précédent avec ses frères Aubert et Guillaume, s'appelait Nicolas (ou Colart) de Caix.

---

[1] Chérisy est aujourd'hui Quierzy-sur-Oise, canton de Coucy. Cette terre, qui faisait d'abord partie du domaine royal, avait été usurpée par Enguerran I de Coucy (vers 1080), qui la donna en fief à Gérard dit le Borgne, probablement fils puîné de Névelon Ier, seigneur de Pierrefonds. Gérard II, fils de Gérard le Borgne, eut trois fils : Gérard III, qui fut seigneur de Kiersy ; Evrard, qui eut Muret, du chef de sa mère, Agnès de Longpont, et Névelon, évêque de Soissons. L'arrière-petit-fils de Gérard III, Hervé II de Chérisy, fut le père de Jean, seigneur de Chérisy, la Jonquière et Buzancy, marié à Pétronille de Nesle, dont la fille Jeanne épousa Mathieu de Roye. C'est en elle que s'éteignit la branche aînée de cette vieille maison chevaleresque. — Buzancy, canton d'Ouchy-le-Château. (Voir sur les Chérisy : MELLEVILLE : *Dict. de l'Aisne*, passim, et surtout : *Notice histor. sur Quiersy*. Paris et Laon, s. d. in-8 de 52 p.)

Il est permis de penser que ce n'était pas le hasard seul qui avait amené Colart de Caix au château de Muret. Petit parent du sire de Coucy, — auprès duquel, comme nous le verrons plus loin, son cousin-germain Jean de Caix, dit Bidaut, avait un poste de confiance, — allié aussi aux Chérisy par le mariage d'Isabelle de Chérisy avec Herbert de Caix au siècle précédent, — on peut croire que ces diverses circonstances ne furent pas étrangères à son entrée au service du sire de Muret, héritier des Chérisy et grand ami des Coucy.

Mathieu de Roye était, en effet, en intimes relations avec la maison de Coucy. Il avait été, pour ainsi dire, le tuteur d'Enguerran VII et de ses frères, car leur mère, Catherine d'Autriche, lui avait donné, par lettres de 1329, deux cents livres à prendre annuellement sur la rente de deux mille qu'elle avait reçue en dot sur le Trésor du Roi, à la condition que lui, sire de Muret, aiderait de ses conseils et de son assistance matérielle Enguerran, son fils, sire de Coucy, d'Oisy et de Montmirail [1].

Nous pouvons donc, avec toute vraisemblance, voir la main d'Enguerran VII — à l'instigation de Bidaut de Caix — dans l'installation de son cousin Colart au château de Muret et dans les événements qui en furent, pour lui, la conséquence.

Quoi qu'il en soit, ce qui est certain, c'est que Mathieu de Roye, assez embarrassé de la belle-sœur de la main gauche qu'il avait trouvée dans la

---

[1] *Arch. Nat. Anc. comptes de la Chancellerie de France.* Reg. JJ. n° 58, p. 412.

succession de son beau-père, fut heureux de la donner pour femme à Colart de Caix, en échange d'un engagement formel d'obtenir du Roi pour elle des lettres de réhabilitation et de noblesse.

Le sire de Muret s'exécuta, d'ailleurs, loyalement, et nous possédons les lettres du mois d'octobre 1363, lettres données à Reims, et par lesquelles, à sa sollicitation, le roi Jean relève Marguerite de Chérisy de la tache de sa naissance illégitime [1], l'annoblit et déclare qu'elle et les enfants nés ou à naître de son mariage avec « Colin » de Caix seront nobles et reconnus comme tels, aptes à posséder des fiefs, des biens meubles et immeubles et à recevoir tous ordres de chevalerie; enfin qu'ils jouiront de tous les privilèges, franchises, libertés et immunités dont jouissent tous les autres nobles du royaume.

Devenu ainsi, non plus seulement par une consanguinité de rencontre, mais encore par une reconnaissance officiellement consacrée, le beau-frère du sire de Muret, Nicolas de Caix ne tarda pas à s'immiscer plus avant dans les bonnes grâces de Mathieu de Roye. Il était chevalier en 1366, comme nous le verrons plus loin, et il obtint bientôt la situation fort enviée de maître d'hôtel dudit seigneur de Roye, ce qui en faisait son majordome, son familier, ce que nous appellerions aujourd'hui son intendant général [2]. C'est dans l'exercice de ces

---

[1] Voir nos Preuves, **LVIII**.

[2] Ces fonctions de maître d'hôtel d'un puissant seigneur jouissaient au Moyen-Age d'une grande considération, et il n'était pas rare qu'elles fussent remplies, comme dans le cas présent, par des chevaliers. Nous pouvons en citer un autre exemple, tiré de documents qui ont servi à

importantes fonctions que lui arriva, la veille de la Chandeleur de l'an 1379, la singulière aventure qui motiva la lettre de rémission à laquelle nous allons en emprunter le récit [1]. Bien que ce récit donne des détails assez..... croustillants, nous pensons ne pas devoir le laisser confiné à notre partie documentaire, à cause des renseignements intéressants qu'il nous donne sur la vie intérieure d'un grand manoir féodal dans la seconde moitié du XIVe siècle.

Ce soir là donc, les « gens familiers » de Mathieu de Roye étaient réunis après souper « en la salle de Muret » où Colart de Caix « s'entremettoit de ses besongnes », lorsqu'un nommé Godefroy de Dampvally « autrement dit Coffin, né du païs de Braibant, si comme on disoit, varlet des chevaux de nostre dit chevalier, vint en la cuisine dudit hostel, et là se despoilla pour soy toster (chauffer) et rostir, et avint que en soy tostant, il fit une vilenie appelée pet, pour laquelle vilenie ainsi faite le valleton soillart (marmiton) de ladite cuisine sonna une paelle (fit résonner une pelle) comme acoustumé avoit esté et estoit à faire ou dit hostel en tel cas..... » A cet appel, Colart de Caix, ainsi que c'était apparemment le devoir de sa charge, vint à la cuisine où, en présence du coupable qui se revêtissait, de Mahieu

---

cette étude : Le 21 janvier 1369, Jean de Rosières, maître d'hôtel du duc de Lorraine, rendait hommage par procuration pour les terres de Boves et de Caix à l'abbé de Corbie. (*Invent. des Chartes de l'Abb. de Corbie*, par LE MOINE; *Bibl. Nat., Fonds Français*, 8794; et *Archives de la Somme*, Reg. Stix de Corbie, fol. 64, v°.)

[1] Voir nos Preuves, **LIX**.

de Liques[1] et de Gilette de Beauté, serviteur et chambrière du château, le marmiton lui dénonça le forfait..... crépitant qui venait d'être commis. Aux reproches mérités que lui adressait le majordome, Coffin riposta par des impertinences et des menaces; on en arriva assez vite à tirer les couteaux et, provoqué par Coffin, Colart « échauffé d'ire et de mal talent », eut le malheur de frapper deux fois de sa dague l'insolent valet, « dont par infortune et meschief » il mourut peu après.

Le meurtrier fit alors ce qu'on faisait toujours en pareille circonstance. Il « s'absenta du païs » et se cacha. Mais cela ne devait pas être longtemps à la convenance du sire de Muret. Car, en dehors de l'amitié qu'il pouvait avoir pour son beau-frère, le « gouvernement de son hostel », privé de la direction de son intendant, « demeuroit vague ». Aussi s'entremit-il bientôt auprès du Roi pour obtenir des lettres de rémission en faveur de Colart de Caix « qui tous jours a esté et est homme de bonne vie, renommée et conversation, sens repruche (sans reproche) d'aucun vilain cas autre que du fait dessus dit », et le Roi, prenant en considération « que ledit fait est advenu d'ire et eschauffeture, sans aucune précédente excogitée mauvaisetée », pardonna à l'infortuné Maître d'Hôtel par des lettres signées au Louvre, au mois de février 1379.

C'est peut-être pour indemniser Colart de Caix

---

[1] Ce Mahieu de Liques ou de Licques paraît comme écuyer, quelques années après, dans une Montre de Jean de Roye, fils de Mathieu, passée à Boulogne le 1ᵉʳ juillet 1382 (Voir *Coll.* de Dom GRENIER, T. 144, p. 15.)

des déboires que lui avait causés cette aventure quelque peu ridicule, et pour le récompenser d'avoir défendu avec tant de zèle la dignité et la propreté de sa maison, que Mathieu de Roye donna à son beau-frère le fief de Faverolles à Nampteuil-sous-Muret, dont nous le voyons nanti deux ans après, en 1381 [1].

Hâtons-nous d'ajouter que ce petit drame de police domestique ne fut pas le seul acte de la carrière militaire de Colart de Caix.

Nous avons déjà dit incidemment qu'il était chevalier, dès 1366, quelques années après son mariage avec Marguerite de Chérisy. Nous le trouvons en cette qualité dans une Montre passée à Soissons, le 21 juillet de cette année [2], d'une compagnie de gens d'armes, sous le commandement de Robert de Piennes, connétable de France.

Nous perdons ensuite longtemps de vue ses services militaires, et ce n'est que vingt-deux ans après que nous le retrouvons servant dans l'armée de Champagne, sous le sire de Raineval, ainsi qu'en témoigne une autre Montre passée à Montereau-faut-Yonne le 19 août 1388, dans laquelle il est qualifié [3] « Messire Colart de Kais, chevalier », en compagnie, entr'autres chevaliers et écuyers, d'Aubert et de Guillaume de Caix, dont nous avons parlé dans le chapitre précédent.

[1] Voir nos Preuves, **LX**.
[2] Voir nos Preuves, **LXI**.
[3] Voir nos Preuves, **LXII**.

Nous ne rencontrons plus ensuite le nom de Colart de Caix qu'en 1396, dans une donation qu'il fait avec sa femme Marguerite [1], à l'abbaye de Saint-Crépin de Soissons, de biens situés à Vénizel. Ces biens avaient été acquis par décret, après le décès de Jeanne de Chérisy, dame de Roye et de Muret, femme de Mathieu de Roye, et leur avaient été délivrés par les exécuteurs testamentaires de Jeanne : Guy de Roye, archevêque de Reims, Jean II de Roye, seigneur d'Aunoy et de Muret [2], et Regnauld de Roye, seigneur de Quincy et de Brunetel [3].

Ce titre de 1396 est le dernier qui nous parle de Nicolas de Caix. Nous ignorons s'il laissa des enfants de sa femme Marguerite de Chérisy [4].

Avant de terminer ce qui regarde les autres membres de la famille de Caix au XIVe siècle, il nous faut dire un mot ici de deux personnages du même nom que nous connaissons seulement par deux lettres de rémission et dont nous ignorons le

---

[1] Voir nos Preuves, **LXIII**.

[2] Il mourut la même année, à la croisade de Nicopolis.

[3] On remarquera que dans cet acte, Colart est seulement qualifié écuyer, de même que dans une mention de la *Collection de Picardie*, tome 56, p. 3 (« Colart de Kais, escuier en 1396 »), d'après des *Annales ecclésiastiques* manuscrites, mention probablement tirée des Archives de Saint-Crépin. Il y a très certainement là une erreur matérielle. Nous avons vu, en effet, plus haut, dans une Montre originale que nous publions in extenso, que Colart était chevalier bachelier dès 1366, c'est-à-dire trente ans auparavant.

[4] Voir néanmoins ce que nous disons plus haut (p. 72) à propos de Caix du Soissonnais qui pourraient provenir de lui par bâtardise ou autrement.

degré de parenté avec les Caix santerrois. Nous croyons néanmoins qu'ils appartiennent à la même maison, à cause du voisinage des localités où se passent les actes qui les concernent.

Cependant, il serait possible qu'au moins le premier dont nous allons parler, fût étranger à cette famille et eût pris, en allant s'établir dans le diocèse de Beauvais, le nom de son pays d'origine. Il s'appelle, en effet, dans la pièce du Trésor des Chartes que nous résumons ici, Thomassin « dit de Cays », et bien que, comme nous l'avons expliqué plus haut (p. 111), le « dictus » soit le plus souvent l'indication du nom profane, de ce que nous appelons aujourd'hui le nom de famille, quand les autres circonstances de l'acte viennent corroborer cette opinion, il n'en est plus nécessairement de même lorsque, comme dans le cas présent, celui qui est « dit » un Tel, a quitté son pays originaire, et qu'il est complètement « en l'air » au regard des homonymes auxquels il paraît se rattacher.

Sous le bénéfice de ces réserves, nous allons analyser la pièce concernant Thomassin, dit de Caix, dont — à cause de son extrême longueur et malgré l'intérêt tout particulier qu'elle présente pour l'histoire des juridictions du Beauvaisis au XIVe siècle, — nous ne donnerons à nos Preuves [1] que les passages qui s'appliquent directement à notre personnage, en y joignant une courte analyse du surplus.

Jean, dit de La Marche, et Thomassin, dit

---

[1] Voir nos Preuves, **LXIV**.

« de Cays », clercs du diocèse de Beauvais, étaient depuis longtemps retenus dans les prisons de l'évêque Milon de Dormans en l'année 1380, sous l'accusation d'avoir commis un homicide dans ledit diocèse, sur la personne de Jean de Fresnoy et de Godefroy Le Vasseur, *aliàs* d'Omécourt. Pour procéder à leur jugement, l'Official de Beauvais signifia son intention à un grand nombre de juridictions du Beauvaisis, du Noyonnais, de Picardie et de Vermandois, ainsi qu'aux parents des victimes, et les assigna à venir porter plainte, s'il y avait lieu, à son tribunal.

Tous firent défaut, sauf Florence, veuve de Jean de Fayel et sœur de Geoffroy Le Vasseur, et Jean du Marais (de Marisco), écuyer, cousin de Jean de Fresnoy, qui répondirent à l'assignation, mais néanmoins ne se présentèrent pas au jour dit et furent, par suite, déclarés contumaces.

L'enquête faite prouva seulement que les accusés haïssaient les victimes pour certaines injures qu'ils en avaient reçues, et le Procureur d'office de la Cour de Beauvais affirma, le samedi après les Brandons de l'an 1379 (v. st.), que le bruit public, à Sacy-le-Grand et lieux circonvoisins, leur attribuait le crime ; il concluait donc à ce qu'ils fûssent, eux et leurs prétendus complices, condamnés à la prison perpétuelle. La douceur relative de ce châtiment pour un assassinat aussi abominable prouve, par lui-même, le peu de base de l'accusation.

Les prévenus s'étant, d'ailleurs, justifiés dans les formes légales, ils furent acquittés par l'Official le mardi avant la Nativité de Saint-Jean-Baptiste de l'année 1380, et le Roi confirma cet acquittement par lettres données à Paris au mois de février 1381 (n. st.).

Si l'on considère que parmi les témoins assignés et qui ne répondirent pas, se trouvaient les enfants de Geoffroy Le Vasseur, la femme et la mère de Jean de Fresnoy, leurs frères et leurs sœurs à tous deux, et un grand nombre de leurs plus proches parents, on ne peut s'empêcher de croire que le jugement fut bien rendu et que les prévenus étaient bien innocents du crime dont on les accusait.

Une autre lettre d'absolution [1] nous fait connaître quelques années plus tard, un Pierre de Caix, clerc de Corbie, qui fut accusé un peu avant 1394, avec les nommés Jean La Cave, Bauduin Mahieu, Mathieu Jumel et Nicaise du Puy, tous clercs, d'un homicide accompagné ou suivi de vol sur Bauduin de la Rubarbe, sa femme Marie de Norrent et Guillaume Tassoul.

La cause avait été portée devant l'Official de l'abbaye de Corbie, duquel dépendaient les accusés, et cet Official, après une minutieuse enquête et une longue prison préventive, les avait renvoyés absous par sentence de l'année 1394. Mais l'un des accusés, Mathieu Jumel, ne se croyant pas, sans doute, suffisamment garanti par cette sentence, demanda et obtint une lettre confirmative d'absolution qui lui fut accordée par le Roi, à Paris, au mois de septembre 1403. C'est tout ce que nous savons de ce procès qui paraît avoir encore eu moins de fondement que le précédent.

---

[1] Voir nos Preuves, **LXV**.

VIII

JEAN DE CAIX, DIT LE DANOIS, CHEVALIER, SEIGNEUR DE WIENCOURT-EN-SANTERRE, ET SA FEMME, JEANNE DE VÉ. — SES ARMOIRIES. — ORIGINE DES CROISSETTES DE L'ÉCU DE CAIX. — MARIE DE CAIX, MARIÉE A GILLES DU HAMEL-BELLENGLISE. — JEAN DE CAIX, CHEVALIER, SEIGNEUR DE DANCOURT ET DE WADIVOYE. — SES FILS JEAN ET ROBERT. — ADRIENNE DE CAIX, ÉPOUSE DE WALLET ESTRIBOT, ET LEUR FILLE MAHAUT DE LA CHAUSSÉE. — XIVᵉ SIÈCLE.

Parmi les fils de Dreux de Caix et de Marie de Han, nous avons cité plus haut (p. 124) l'aîné, appelé Jean, dont nous devons maintenant nous occuper plus longuement. C'est lui qui posséda après son père le fief de Wiencourt, qui constituait, avec celui de Fontaines, la principale seigneurie de Wiencourt, et dont nous avons vu Dreux faire hommage à l'abbé de Corbie en 1325.

Jean de Caix naquit vers l'époque de cet hommage; il est, en effet, indiqué à la Convocation des nobles et fieffés du Bailliage d'Amiens, en 1337, comme ayant fait comparaître (p. 96) pour lui un homme monté et armé, ce qui prouve qu'il était alors trop jeune pour comparaître et servir en personne. Mais on le trouve cité à la suite de son oncle Pierre, le Traversier de Boves, en 1346, après la perte de la bataille de Crécy, dans le Rôle des Gentilshommes qui répondirent à l'appel du roi Philippe de Valois. Il était donc, dès lors, en état de porter les armes.

En l'année 1357, il est mentionné de nouveau parmi les écuyers qui furent passés en revue le 15 janvier, à Poitiers, peu de temps après la désastreuse bataille de ce nom [1]. Il servait alors sous le commandement de Jean, sire de Hangest, chevalier, « lieutenant du Roy ès pais de Poitou et Xainctonge par deçà Charente ». Il est indiqué dans le même document comme portant pour armoiries : un écu burelé, brisé d'une bande chargée d'un écu à une aigle. Nous croyons que l'aigle est une mauvaise interprétation, provenant de l'état fruste du sceau, car dans tous les documents ultérieurs, cette aigle est remplacée par une *croix*.

Jean de Caix échappa à la mort et à la captivité et fut parmi ceux qui purent se retirer sains et saufs du champ de bataille.

Peu de temps après, le 20 mars 1357, il donne quittance [2], à Paris, à Jehan Chauvel, trésorier des guerres du Roi, de ce qui lui reste dû pour ses gages et ceux de deux écuyers qui avaient servi sous lui

---

[1] Voir nos Preuves, **LXVI**. — Cette bataille eut lieu le 19 septembre; dix mille Français, la fleur de notre chevalerie, y furent tués, et au moins autant faits prisonniers.

[2] Voir nos Preuves, **LXVII**.

dans la campagne de Poitou et Saintonge. C'est à cette pièce qu'est appendu le sceau que nous publions plus loin [1], et dont on peut lire la description à nos Preuves.

Puis, nous le retrouvons mentionné parmi les écuyers qui, sous le commandement de Jean, sire de Fransures [2], firent partie d'une montre passée à Dreux le 27 octobre 1357. Cette compagnie était sous les ordres supérieurs de « Monsieur Robert de Clermont, mareschal de marine ordené pour aller esdites parties..... du Perche. »

Cette campagne terminée, et au milieu des désordres qui furent la conséquence du désastre de Poitiers et de la captivité du Roi, Jean de Caix se retira en Picardie. C'est alors que lui arriva l'aventure que relate une lettre de rémission du mois d'avril 1361.

On lit dans cette lettre [3] qu'au temps où « les gens du plat pays se mirent en insurrection contre les nobles du royaume », c'est-à-dire lors de la Jacquerie de 1358, un nommé Symon de Beaupuiz [4] avait détruit et fait démolir et raser la maison de Jean de Hémévillers [5], frère de Jean de Caix, alors âgé

---

[1] Cette pièce est une de celles que nous signalons plus haut, p. 82, et qui, bien que parfaitement lisible, et accompagnée d'un sceau sur lequel le nom de Kais est en toute évidence, a été indiquée par quelque généalogiste flagorneur comme appartenant à la famille des Cars.

[2] Voir nos Preuves, **LXVIII**.

[3] Voir nos Preuves, **LXIX**.

[4] Beaupuis, aujourd'hui hameau de Grandviller-au-Bois, canton de Saint-Just-en-Chaussée (Oise).

[5] Aujourd'hui Hemevillers, canton d'Estrées-Saint-Denis (Oise).

d'environ neuf ans. Jean, étant allé — accompagné de deux amis, Colard de Campremy et Jean Le Mercier — demander réparation de cet outrage audit Symon, une querelle s'en était suivie et Jean de Caix avait frappé Symon de Beaupuiz de deux coups d'épée, l'un à la cuisse (tibia), l'autre au bras, dont ledit Symon était mort vingt jours après, bien que maître Pierre de Montigny, chirurgien juré, qui avait soigné le blessé, déclarât qu'il était mort, moins des coups qu'il avait reçus, que de sa colère et de son arrogance (per suam superbiam elationem). Le roi, prenant en considération les services des suppliants qui l'ont longtemps et fidèlement servi dans ses guerres sous les ordres de Raoul, sire de Rayneval [1], leur fait grâce, à condition que Colard de Campremy et Jean Le Mercier feront un mois de prison au château royal de Montdidier. Quant à Jean de Caix, qui était déjà chevalier, il est pardonné sans conditions, le roi ayant eu égard, sans doute, à la colère légitime qui avait armé son bras contre le spoliateur de son jeune frère, excuse qui ne pouvait s'étendre à ses complices.

C'est dans cette lettre de rémission que nous rencontrons, accolé pour la première fois au nom de Jean de Caix, le surnom de Danois.

On sait qu'il était de mode au Moyen-Age, parmi les gentilshommes, de prendre un surnom — qui parfois devenait héréditaire — rappelant, tantôt une

---

[1] Nouvelle preuve des relations intimes qui existaient entre les Caix, les Rayneval, les Vé, etc. (Voir notre texte, pp. 129 et 152).

particularité physique même peu flatteuse (le Borgne de Caix[1], le Hideux de Nointel), tantôt une indication du caractère moral (le Hutin[2] d'Aumont), tantôt le souvenir d'une campagne ou d'un voyage (le Flamand de Riencourt, l'Allemand de Sissy) ou toute autre circonstance de la vie de celui auquel il était appliqué[3]. D'autres fois aussi, le chevalier adoptait une sorte de patron militaire, tiré la plupart du temps des romans de chevalerie (Fierabras, le Galoys, etc.). C'est à cette dernière catégorie que nous paraît appartenir le surnom de Danois, porté par Jean de Caix, sans doute en souvenir du fameux Ogier le Danois, un des héros de la Geste de Doon de Mayence. Ce patron chevaleresque a donné, à cette époque, son nom à plus d'un gentilhomme de Picardie ou des provinces voisines. Nous pouvons citer comme exemple un Adam de Gribeauval (ou Griboval), écuyer d'Artois, que nous connaissons par plusieurs pièces mentionnées dans le *Trésor généalogique* de D. VILLEVIEILLE (Tome 45), de 1417 à 1441, et qui est surnommé « le Danois ».

Il est même à remarquer que le généalogiste nous cite un peu plus tard (en 1477) des transactions entre les Gribeauval et Adrien de Riencourt, seigneur d'Orival et de Tilloloy, marié à Marguerite de

---

[1] Le Borgne était souvent aussi un sobriquet glorieux, quand l'œil avait été perdu à la guerre.

[2] Nous prenons ici le Hutin dans le sens de : batailleur. Mais ce surnom n'était parfois qu'un diminutif de Huet, lui-même diminutif de Hue, forme abréviative de Hugues.

[3] Nous aurons occasion de revenir sur cette question dans le chapitre suivant, à propos de Jean de Caix, dit Bidaut.

Bergicourt, et ses fils Raoul et Thomas, dit Flamand de Riencourt, père et oncle d'Hugues de Riencourt, qui devint le mari d'Hélène de Caix, arrière-petite-nièce de Jean de Caix le Danois.

Le procès criminel dont nous venons de parler interrompit momentanément les services militaires de Jean de Caix, mais il rentra bientôt complètement en grâce, et nous le voyons, en 1364, assister à Reims au sacre du roi Charles V. Le 12 mai de cette année, il est passé en revue à Amiens par Chrestien du Cange, receveur ordinaire des aides, avec sa compagnie, composée de deux autres chevaliers et de six écuyers « desservis ou à desservir pour aller au sacre du Roy [1]. »

Le même jour 12 mai [2], il donne quittance d'une somme de 126 livres tournois pour ses gages et ceux des chevaliers et écuyers dessus dits de sa compagnie, gages qui leur étaient dus pour avoir été pendant vingt et un jours à Sacy, sous le « gouvernement de Monseigneur de Créquy, cappitaine de IIII^{xx} hommes d'armes ». J'ignore ce que pût être ce mouvement de troupes. Il est probable que c'est aux déplacements occasionnés par la cérémonie du sacre que se rapporte celui de l' « ost » du sire de Créquy. Il y a, d'ailleurs, plusieurs Sacy ou Saci entre Amiens et Reims.

Quoi qu'il en soit, Jean de Caix n'était plus, à Amiens, sous le commandement du sire de Créquy, mais sous celui de Regnault, sire d'Aubigny, ainsi

---

[1] Voir nos Preuves, **LXX**.

[2] Voir nos Preuves, **LXXI**. — Cette pièce est une de celles classées par erreur au dossier des Cars. (V. plus haut, p. 82).

que nous le voyons par le « Rolle des monstres faites en la ville d'Amiens, des gens d'armes estans sous le gouvernement de Regnault, sire d'Aubigny, chevalier, capitaine de quatre-vingts hommes d'armes ordonnés au sacre du Roy le XII may MCCCLXIV [1]. »

On remarquera dans cette montre que parmi les deux chevaliers qui accompagnent Jean le Danois de Caix, il y a un autre Jean de Caix, et parmi les six écuyers un Jean de Hémévillers.

Ce dernier n'est autre que le frère de Jean de Caix le Danois, qu'il avait si bien défendu quelques années auparavant contre Simon de Beaupuis, comme nous l'avons vu plus haut. On se rappelle que d'après la lettre de rémission de 1361, Jean de Hémévillers avait environ dix ans à cette époque. Il n'était donc âgé que de quatorze ans quand il alla, comme écuyer dans la compagnie de son frère, au sacre de Charles V. Nous pensons que Jean de Hémévillers était le frère utérin de Jean le Danois. Leur mère, devenue veuve, s'était remariée à N... de Hémévillers, comme c'était l'usage au Moyen-Age, où il était bien rare qu'une femme qui avait perdu son mari ne convolât pas rapidement en secondes noces.

Quant au chevalier Jean de Caix, dont nous allons parler bientôt, c'était le fils du Danois de Caix, qui mourut probablement peu après l'année 1369, au cours de laquelle il rendit hommage, le 21 janvier, au duc de Lorraine, seigneur de Boves et de Caix,

---

[1] Voir nos Preuves, **LXXII**. — Nous pouvons rappeler ici que Raoul de Caix, oncle de Jean le Danois, était, avant 1328, maire d'Aubigny.

pour le fief de la Mairie ¹. Le même Danois était aussi possessionné à Boves, près de la Tuilerie de ce lieu, ainsi que nous l'apprend une mention du *Trésor généalogique* de D. VILLEVIELLE ², du 11 avril 1361, tirée des Archives de l'abbaye du Paraclet.

Jean de Caix, dit le Danois, s'était marié deux fois. Nous ignorons le nom de sa première femme, dont il avait eu plusieurs enfants. Quant à la seconde, elle s'appelait, comme nous l'apprend un acte du Registre Franciscus de l'abbaye de Corbie³, « Madame » Jeanne de Vé, d'une ancienne famille chevaleresque alliée aux plus nobles maisons du pays.

Jeanne de Vé était fille de Jean de Vé, et de N... de Rayneval, comme nous le constatons par la lettre de rémission pour Guillaume de Caix (voir plus haut, p. 129). Son oncle, Raoul, seigneur de Rayneval, était conseiller du roi, et nous avons vu que Jean le Danois avait servi sous ses ordres. Cette alliance était toute naturelle entre familles aussi intimement liées que celles des Caix, des Vé et des Rayneval⁴. Jeanne avait aussi un frère, Raoul de Vé, écuyer.

Le père de Jeanne, Jean, sire de Vé, chevalier, servit avec la plus grande distinction de 1380 à 1389,

---

¹ *Invent. de Corbie,* par LEMOINE; arm. 2, liasse 50. Registre HUGO — Cité dans la *Notice de l'Ancienne Seigneurie et Eglise de Caix*, p. 16.

² Voir nos Preuves, **LXXIII**.

³ Voir nos Preuves, **LXXIV**.

⁴ Voir ce que nous disons plus haut, et notamment la note à la page 130.

contre les Anglais et les Flamands. Nous n'indiquerons pas les nombreuses pièces dans lesquelles il est cité, ce qui nous entraînerait trop loin. Nous dirons seulement que le 5 septembre 1380 (Titres scellés de CLAIRAMBAULT, T. 110, p. 155), il était à Galardon, « en la compaingnie de Monseigneur de Coucy », et de même encore le 23 juillet (id. ibid., p. 156), et le 4 décembre (id. ibid., p. 157) de l'année suivante [1]. En 1382, il était lieutenant des maréchaux de France (id. ibid., p. 158), et en 1386 (id., Tome 110, pièce 8629), commis à recevoir les montres en Flandre. Enfin, il défendit le château de l'Écluse en 1387 (id. ibid., p. 160), et en 1388 (id. ibid., p. 161, 164) [2].

Après la mort de Jean de Caix le Danois, son premier mari, Jeanne de Vé, qui possédait en propre la seigneurie de Namp-au-Val, se remaria avec Jean de Tilloy, écuyer, seigneur de Fescamp [3]. Elle demeurait avec lui au manoir de ce lieu, en 1408, ainsi que

---

[1] Les armes de Vé étaient une quintefeuille accompagnée de neuf merlettes en orle. C'est celles que l'on trouve sur les sceaux de Jean de Vé, et que nous donnons à la fin du présent chapitre.

[2] Ce n'est pas la première fois, d'ailleurs, que nous rencontrons le nom de Vé, Vez ou Ver dans nos documents. On se souvient que l'hommage de Dreux de Caix fut fait à l'abbaye de Corbie en présence de Jean et de Manessier de Ver ou de Vez. Ce Manessier de Vé avait un autre frère appelé Simon et fut le père d'une Marie qui épousa Guy de Morecourt. Ils vendirent tous ensemble à l'abbaye de Saint-Médard de Soissons des biens sis à Ciry et à Sermoise en 1296.

[3] Fescamps, aujourd'hui canton et arrondissement de Montdidier. La seigneurie principale appartenait à l'abbaye de Corbie, mais différents seigneurs (pour partie) y étaient établis. (V. MARTIN-VAL : *Histoire de Boulogne-la-Grasse*, Compiègne, 1891, in-8º, p. 264).

nous le savons par une vente qu'elle fit à Hue d'Aust, bourgeois d'Amiens, le 21 mars de cette année, du fief de Wiencourt-en-Santerre, d'accord avec sa belle-fille « noble dame Marie de Cais », et son « fillastre » l'époux de ladite Marie, « noble homme Monseigneur Gilles de Hamel, chevalier, seigneur de Bellenglise en la Prévosté de Saint-Quentin, y demeurant.[1] »

On remarquera que ce fief de Wiencourt-en-Santerre est le même dont Dreux de Caix, père de Jean le Danois, avait fait l'hommage, en 1325, à l'abbé comte de Corbie. En l'absence du registre lui-même qui est perdu, nous devons supposer que Jeanne de Vé, « veuve de Monseigneur le Danois de Cais, chevalier », avait sur ce fief quelque douaire qui justifie son intervention dans ladite vente.

Nous trouvons les armoiries de Jean de Caix le Danois décrites plusieurs fois dans nos documents.

Dans un « Recueil d'extraits de Tiltres scellez pour servir à l'armorial de l'ancienne noblesse, aux généalogies et à l'histoire » (Coll. CLAIRAMBAULT, T. II, fol. 90), elles sont ainsi blasonnées en 1364 : Burelé de dix pièces, brisé d'une cotice, et un franc quartier à une croix ou quartefeuille[2].

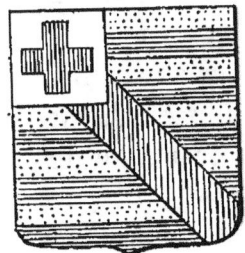

Lors d'une montre de 1356 (CLAIRAMBAULT, T. 90,

---

[1] Voir nos Preuves, **LXXIV**.
[2] Voir aussi Bibl. Nat., *Pièces originales*, T. 571. Dossier CAIS.

fol. 114), elles sont blasonnées : burelé, brisé d'une

bande chargée d'un écu à une aigle. Nous avons dit plus haut que, d'après nous, cette aigle est mise par erreur pour une croix, par suite de l'état de mauvaise conservation du sceau qui a servi à leur description.

A un autre sceau, appendu à une quittance du 20 mars 1357 dont nous parlons haut (p. 147) et

que nous reproduisons, on voit un écu burelé à la bande chargée d'un écusson portant, d'après M. Demay [1] qui ne l'indique d'ailleurs qu'avec un point d'interrogation, un arbre, mais qui doit être très certainement une croix.

Enfin, dans un vieil « Armorial des nobles de Picardie et particulièrement du Corbiois » transcrit
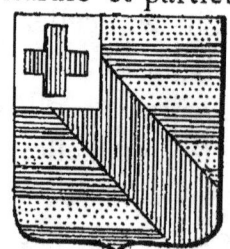
par D. Grenier dans la Collection de Picardie (T. 23, 19e paquet, 1re liasse, n° 77), les armes de Jean de Caix le Danois sont ainsi libellées : « burelé d'or et d'azur de huit pièces [2], à une bande de gueules, au canton d'argent chargé d'une croix de gueules [3]. »

---

[1] Inventaire des sceaux de Picardie (Paris, 1875), n° 1978.

[2] Régulièrement le *burelé* comporte exclusivement *dix* pièces ; au-dessous de *dix*, on doit dire *fascé*, en indiquant le nombre.

[3] On remarquera que, dans la description de cet écu, la croix n'est

Puis, au numéro 78, qui suit, nous lisons : « Caix, d'argent à deux sautoirs de gueules et deux croix de même en chef. »

C'est, comme on le voit, avec Jean le Danois qu'apparaît pour la première fois la croix de gueules, qui devint définitivement, au siècle suivant, la pièce principale de l'écu de ses descendants. Jusqu'alors, il règne une grande variété dans l'écu des Caix picards, et nous verrons même tout à l'heure le fils du Danois, nommé aussi Jean, porter des armes très différentes de celles de son père.

Il ne faut pas s'en étonner : cela est ordinaire dans

pas dite « alaisée », comme elle est figurée dans la gravure. Sans attacher autrement d'importance à cette divergence, nous pensons que c'est le dessin qui a raison ici contre le texte. Si Clairambault a pu hésiter dans sa description du sceau entre une croix et une quartefeuille, et si Demay a pu proposer d'y voir un arbre (?), c'est évidemment que cet objet, quel qu'il soit, occupait bien le milieu du franc-quartier, et était bien, par conséquent, « alaisé ».

beaucoup de familles au Moyen-Age. D. Caffiaux [1] remarque « que la diversité des armes ne prouve point la diversité des familles, puisque des personnes d'une même maison peuvent porter des armes différentes. Il ne faut qu'ouvrir les fastes anciennes pour s'en convaincre... » Et ailleurs, il ajoute comme corollaire que si le port des mêmes armes fait une présomption que ceux qui les possèdent sont d'une même famille, et qu'ils sortent d'une même souche, cela n'est point une preuve absolue. Il ne faut donc pas attacher d'importance à la diversité des écus portés par les différents membres d'une même maison, et cela n'est pas un argument décisif pour ou contre l'établissement d'une filiation.

Nous revenons à celle de Jean de Caix, dit le Danois. Nous avons dit qu'il avait eu plusieurs enfants de sa première femme.

Nous citerons d'abord Marie de Caix — que nous avons déjà eu l'occasion de nommer plus haut (p. 154) — laquelle épousa, en 1406 [2], Gilles de Hamel ou du Hamel, seigneur de Bellenglise. Ils faisaient leur résidence principale au vieux manoir de Marfontaine, près d'Elincourt-Sainte-Marguerite, dont ils étaient seigneurs. Les du Hamel sont,

---

[1] *Trésor généalogique* (imprimé). Discours préliminaires, p. xxi.

[2] Et non en 1465, comme l'imprime par erreur M. A. Peyrecave, dans sa *Notice historique et archéologique sur Elincourt-Sainte-Marguerite* (Compiègne, 1888, in-8º), p. 95. C'est sans doute une simple faute d'impression. La date de 1406 nous est fournie par le *Trésor généalogique*, manuscrit de D. Caffiaux (T. II, p. 951. *Cabinet des Titres*, nº 1212), qui tire cette indication des Papiers dom. aux titres d'Amerval, nº 104.

d'ailleurs, une vieille maison chevaleresque qui possédait des terres à Caix[1].

Gilles du Hamel était le fils puîné de Robert du Hamel et le petit-fils de Simon du Hamel et d'Isabeau le Bouteillier, tous seigneurs de Bellenglise, de Fresnes, de Jumencourt, de Barisis, etc. Le frère aîné de Gilles, Jean III du Hamel, fut tué à Azincourt en 1415, sans laisser d'enfants.

Marie de Caix avait eu, entr'autres biens, de la succession de son père, le fief de Wiencourt, dont nous avons parlé plus haut. C'est ce que nous apprennent des extraits des Cartulaires de Corbie donnés par LEMOINE dans son Inventaire[2]. Nous y lisons, en effet, que le 24 juillet 1394, Gilles du Hamel et sa femme firent relief pour ce fief à l'abbaye de Corbie. Ces extraits nous confirment, en outre, ce que nous savions déjà par la mention de D. Villevieille citée plus haut (p. 154), c'est-à-dire qu'en 1408, les du Hamel vendirent, d'accord avec leur belle-mère Jeanne de Vé, veuve du Danois de Caix, ledit fief de Wiencourt-en-Santerre à Hue d'Aust ou Aoust, dont les descendants le cédèrent à leur tour à l'abbaye suzeraine le 5 janvier 1459.

L'aîné des enfants de Gilles du Hamel et de Marie

---

[1] Voir sur les du Hamel : LAÎNÉ : *Archiv. généal. et histor. de la Noblesse de France* (Paris, 1834), T. IV; — *Mémoire sur la terre du Hamel-lez-Corbie*, par le Comte DU HAMEL, dans *Mémoire de la Soc. des Antiq. de Picardie,* T. II (1839), p. 265 ; — MELLEVILLE : *Dictionn. de l'Aisne,* 2e édit. (Laon, 1865), T. I, p. 95, et l'ouvrage de M. PEYRECAVE, cité dans la note précédente. — Les du Hamel portaient pour armes : de gueules au chef d'or, chargé de trois molettes de sable (Voir la gravure en tête de notre chapitre X).

[2] Voir nos Preuves, **LXXV**.

de Caix, Louis du Hamel, épousa en 1444 Jeanne d'Amerval, fille de Jean, seigneur de Villers-Carbonnel.

Il nous est permis de retrouver dans le mariage de Gilles du Hamel et de Marie de Caix la main de Jean de Caix, dit Bidaut, seigneur de Nanssel et de Travecy, cousin-germain de Jean de Caix, dit le Danois, et dont nous parlerons dans le chapitre suivant. Travecy était, en effet, très voisin de Bellenglise, où résidaient les du Hamel, et il est probable que ce voisinage ne fut pas étranger à l'union de Gilles du Hamel et de Marie de Caix, dont les familles étaient, d'ailleurs, depuis longtemps, sur d'autres points de la Picardie, et notamment en Santerre et en Corbiois, en contact de possessions et de bonnes relations [1].

Le frère de Marie de Caix, dame du Hamel, Jean de Caix, seigneur de Dancourt [2], est cité, comme nous l'avons vu plus haut (p. 151), dès l'année 1364, à côté de son père, parmi les chevaliers qui assistèrent au sacre de Charles V. C'est lui aussi, sans doute,

---

[1] Dans une pièce imprimée de l'année 1759, à propos de l'érection d'un marquisat en faveur d'Antoine-Constant du Hamel-Bellenglise, on lit ce qui suit : « ... que l'Exposant est d'ailleurs allié aux familles de Lallain, Boubers, Hornes, Melun, Desclaibes, Villers-aux-Tertres, Hertain, Lens, Boffles, Saint-Blimont, Bruyelles, d'Assigny, Duchatel-la-Hovarderie, d'Aoust, Habarcq, la Hamaïde, Namur, Hembize, Créquy, de Glines, Croy, du Becq, Nicolay, Molé, Gouffier, *Caix*, Gourlay, Dion, Bonnières, de Guisnes, Roisin et autres non moins illustres... »

[2] Dancourt, près de Roye. Nous ignorons comment il possédait cette seigneurie. Peut-être lui venait-elle par héritage du rameau des Caix, que nous avons vu plus haut fixés dans le voisinage de cette ville au siècle précédent.

que l'on trouve en 1368 au nombre des écuyers de l'abbaye de Corbie (*Histoire de* BONNEFONDS, T. II, p. 827. Codex computorum de hujus abbatis familiâ). Il y a probablement dans cette désignation d'écuyer — tandis que nous le voyons chevalier quatre ans auparavant — quelqu'erreur de transcription dont les ouvrages imprimés de cette époque sont trop souvent coutumiers.

Dans tous les cas, c'est bien notre Jean que nous retrouvons comme chevalier bachelier dans une montre de Tristan de Roye, de la compagnie de « Monseigneur le Galoys d'Aunoy », revue à Saint-Romain le 16 décembre 1369 [1]. Il est assez intéressant pour nous de constater en passant que ce Tristan de Roye était le fils de Mathieu de Roye et de Jeanne de Chérisy et le neveu par conséquent de Nicolas ou Colart de Caix, dont nous avons conté les aventures dans le chapitre précédent.

Une lettre de rémission [2], donnée par Charles V à Compiègne le 11 juin 1374, nous apprend que Jean de Caix, outre Marie du Hamel, avait une autre sœur appelée Drienne ou Adrienne, qui se maria deux fois contre la volonté de sa famille et, notamment, épousa en secondes noces Wallet Estribot ou Estribat, écuyer [3]. Adrienne avait une fille du premier lit,

---

[1] Voir nos Preuves, **LXXVI**.

[2] Voir nos Preuves, **LXXVII**.

[3] Dans le cartulaire « Alexander » (Lat. n° 24144), au folio 276 verso, on trouve un Enguerran *Estribat* au XIIIe siècle. Le même Enguerran, appelé cette fois *Escribos*, est cité dans un cartulaire de l'abbaye du Paraclet comme ayant fait un échange à Waubercourt en mars 1262. (D. VILLEVIEILLE : *Trésor général*. V° WAUBECOURT).

appelée Mahaut de la Chaussée [1] probablement du nom de quelque fief — et dont la tutelle lui fut retirée et confiée à son oncle Jean de Caix, seigneur de Dancourt.

Cela ne convenait pas à Wallet Estribot et à sa femme, qui enlevèrent par surprise la jeune fille à la garde de son oncle. Celui-ci, outré de colère, rassembla quelques amis et se rendit chez le curé de Dammery-les-Roye, où on lui avait dit que les ravisseurs s'étaient retirés, et y trouva un homme qu'il crut être Estribot et qui, à leur vue, s'enfuit et se réfugia dans l'église. Jean de Caix l'y poursuivit et le frappa assez grièvement sur la tête du pommeau de son épée. Puis, ayant reconnu que ce n'était pas celui qu'il cherchait, il alla, avec ses amis, envahir l' « hôtel » de Pierre de la Cour, en la dite « ville » de Dammery, et y ayant trouvé Wallet Estribot et sa femme, ils battirent le mari et le « navrèrent jusques à grant effusion de sanc, sans méhaing (blessure) et aussi ladite femme ot (eut) plusieurs buffes (coups) pour la prise de ladite nièce dudit suppliant..... »

L'affaire était grave pour Jean de Caix, bien que le bon droit fût entièrement de son côté. D'une part, il avait violé une église, et lui et ses complices furent poursuivis de ce chef en la Cour de l'Eglise d'Amiens, qui les excommunia; d'autre part, le bailli de Vermandois, ou plutôt son lieutenant à Roye, se saisit du délit, mit dans les mains du roi tous les biens des coupables et entama contre eux une procédure criminelle. Ces faits se passaient à la fin de l'année

---

[1] Peut-être à Saint-Médard-en-Chaussée, près Roye.

1371 ou au commencement de 1372, et ce n'est, comme nous l'avons vu, qu'au mois de juin 1374, que le roi, à la requête de Jean de Caix et de ses amis et complices, considérant qu'ils l'avaient bien et loyalement servi en ses guerres, « où ils ont fraié et despendu grandement du leur; et aussi que des faits dessus dits ils ont fait sattisfaction à partie, et de tout temps aient esté gens de bonne vie et renommée sans estre diffamez d'aucun autre villain blasme..... », leur fit grâce et pardon, et leur accorda les lettres de rémission qui nous ont conservé tous ces détails.

Jean de Caix avait naturellement disparu pendant tout le cours de ce fâcheux procès, et cependant c'est à la date de 1373, et avant qu'il ait obtenu les lettres de rémission dont nous venons de parler, que nous le trouvons mentionné dans le « Dénombrement des nobles du Comté de Clermont [1] » comme possesseur de la moitié du fief de Wadivoye, qu'il tenait de Pierre de Nointel, dit Hideux. Ce fief de Wadivoye, qui n'existe plus, a peut-être laissé son nom à un lieu dit de Nointel, près Liancourt, appelé aujourd'hui *Vas-y-voir* (prononcé en patois *Vasivoie*), entre le château de Nointel et la Montagne du Bois des Côtes. D'après la tradition locale, il existait autrefois en ce lieu un hameau maintenant détruit [2].

---

[1] Voir nos Preuves, **LXXVIII**. — P. LOUVET *(Hist. de Beauvais*, p. 834), parlant de ce dénombrement, dit qu'il fut donné à Louis de Bourbon, comte de Clermont, vivant en 1366. La date de 1373 est bien celle du manuscrit.

[2] Je dois ces renseignements à l'obligeance de M. Delorme, instituteur à Nointel en 1890.

Aussitôt qu'il fut rentré en grâce et qu'il eut obtenu son pardon, Jean de Caix reprit du service.

Nous le voyons, en qualité de chevalier, dans la Montre[1] d'une compagnie de six chevaliers bacheliers et de dix écuyers, sous les ordres de Jean, seigneur de Hangest, et le commandement suprême de Louis de Sancerre, maréchal de France, Montre reçue à Reims le 1er mars 1375. Cette troupe était destinée à aller « devers les marches d'Allemagne », combattre certaines « compaignies » de routiers qui menaçaient de dévastation la province de Champagne.

L'année suivante (1er mai 1376), nous le retrouvons[2] combattant les mêmes Grandes Compagnies sous le « gouvernement de Monseigneur de Coucy » et le commandement direct de Robert de Béthune, vicomte de Meaux ; mais le théâtre des opérations était changé et il se trouvait alors à Vienne en Dauphiné.

Nous le suivons encore à Corbeil[3], à la « poursuite des Anglais, » le 1er septembre 1380, sous messire Regnault de Domart, et toujours dans l' « ost » du sire de Coucy.

On croit que Jean de Caix, fils du Danois, avait épousé Agnès de Saisseval, fille de Jacques, écuyer, seigneur de Saisseval et de Vaux-sous-Corbie.

De ce mariage, il avait eu plusieurs enfants, entr'autres un autre Jean de Caix, que nous voyons servant comme écuyer au Mans, le 28 juillet 1391, sous Jean de Gouffier, aussi écuyer, et Robert, qui

---

[1] Voir nos Preuves, **LXXIX**.

[2] Voir nos Preuves, **LXXX**.

[3] Voir nos Preuves, **LXXXI**.

était mort le 20 mai 1407 [1], ainsi qu'on le voit par le dénombrement que fit, à cette date, sa veuve, Guillaume d'Orvilliers, d'un fief situé à Cayeux-en-Santerre [2].

C'est aussi très probablement de Jean de Caix que fut issue directement Marie de Caix, mariée au siècle suivant à Antoine II de Brouilly, seigneur de Mesvillers, etc., comme nous le verrons dans notre Chapitre XI.

Nous avons indiqué plus haut (p. 154) les armoiries que portait Jean de Caix, dit le Danois, et nous avons parlé, à ce propos, de la diversité des armes attribuées pendant le Moyen-Age aux membres d'une même famille. Nous en trouvons une nouvelle preuve dans l'écu de Jean de Caix, fils du Danois.

Dans le Dénombrement du Comté de Clermont, en 1373, que nous avons cité plus haut (p. 162 et Preuve LXXVIII), on rencontre, en effet, parmi ceux  des chevaliers, écuyers et gentilshommes possédant arrière-fiefs dans ledit Comté, l'écu suivant, attribué à Jean de Caix, comme seigneur de Wadivoye : « D'hermines à la bande en arc de gueules, chargée de trois besans d'or. »

[1] Voir nos Preuves, **LXXXII**.

[2] *Archiv. de Corbie : Dénombrement des fiefs compris dans la juridiction de Boves*, au Registre BOVES et ses dépendances. Reliefs. — C'est à l'époque à laquelle nous sommes arrivés, vers l'année 1400, que fut brûlé le manoir de la Mairie de Caix, dont la porte se voyait encore il y a quelques années, à côté de l'église de ce bourg. (Voir notre figure, à la fin du chapitre XI). — Cfr. *Inv.* LE MOINE, *Fonds Français*, 8794, p. 302.

Pierre Louvet, dans ses *Anciennes remarques de la Noblesse Beauvoisine* (p. 834), parlant du même dénombrement, simplifie cet écu et donne pour armes à « Messire Iean de Kais, chevalier », un écu d'hermines. C'est, du reste, le même que l'on trouve attribué à notre Jean dans un document des Pièces Originales à la Bibliothèque Nationale (Tome 1603, dossier 36885).

Peut-être ne faudrait-il voir dans ce prétendu champ d'hermines qu'un écu d'argent privé de ses pièces héraldiques, les croix de gueules, dont l'une était déjà portée par son père, le Danois de Caix, et qui deviendront bientôt les insignes définitifs du blason de ses descendants.

IX

RAOUL DE CAIX, MAIRE D'AUBIGNY, ET ISABEAU DE SAINS. — LEUR DESCENDANCE. — JEAN DE CAIX, DIT BIDAUT, CHEVALIER, SEIGNEUR DE NANSSEL (NAMPCEL) ET DE TRAVECY, CAPITAINE DE LA VILLE DE LAON. — INSTALLÉ DANS LE LAONNOIS, IL DEVIENT L'AMI ET L'INTENDANT GÉNÉRAL D'ENGUERRAN VII, SIRE DE COUCY. — SERVICES QU'IL LUI REND EN FLANDRE, EN GUYENNE, EN LORRAINE, ETC. — LE POÈTE EUSTACHE DESCHAMPS LE NOMME DANS UN DE SES RONDEAUX. — SON FILS BIDAUT II OU BIDALLET DE CAIX, CHEVALIER. — XIVᵉ SIÈCLE.

Le personnage dont il nous reste à parler pour achever ce que nous avons à dire de la maison de Caix au XIVᵉ siècle, est de beaucoup celui sur lequel nous possédons les documents les plus intéressants. Disons d'abord de qui il était issu.

Nous avons nommé plus haut (p. 122) parmi les frères de Dreux de Caix, Raoul, maire d'Aubigny, et nous avons dit qu'il était probablement l'aîné de tous. Il était mort, en effet, dès l'année 1328, laissant de sa femme, Isabeau de Sains, plusieurs enfants en bas-âge. C'est ce que nous apprend un acte du jeudi après la Saint-Mathieu de cette année, par lequel sa veuve, tant comme représentant son mari défunt que comme tutrice de ses enfants mineurs, prêta le serment d'hommage de la mairie d'Aubigny à l'abbé comte de Corbie. Ce serment fut prononcé en présence de l'abbé de Corbie, d'Anseau d'Oisemont, de Jean de Buissi, de Dom Thomas de Fayel, d'Homeret de Guénémont et de Henri de Rewart [1].

La maison de Sains, à laquelle appartenait la femme de Raoul de Caix, était une vieille maison chevaleresque de la Picardie et du Beauvaisis [2]. Isabeau de Sains était fille de Raoul de Sains, chevalier, seigneur de Caigny, qui nous est connu par une pièce que D. VILLEVIEILLE [3] analyse ainsi qu'il suit :

« Monseigneur Raoul de Sains, chevalier, seigneur de Caigny, comme 1er seigneur, messire Jean, chevalier, seigneur de Fouencamp, comme second seigneur, et messire Jean, seigneur de Jumelles, chevalier, comme seigneur dominant, amortirent la vente faite par Thibaut Hanons de Demuyn, écuyer, de 27 journaux de terre pour la fondation d'une chapellenie à Kais, au mois de 7bre 1295 ».

Ce Raoul était le petit-fils d'un autre Raoul,

---

[1] Voir nos Preuves, **LXXXIII**.

[2] Voir sur cette Maison : Vte DE CAIX DE SAINT-AYMOUR, *Causeries du Besacier*, T. I.

[3] *Trésor Généalogique*, T. 40. Extr. du *Cartulaire de l'Évêché d'Amiens*, cote D, fol. 94, vo.

chevalier, maire de Rocquencourt en 1225, dont le sceau porte un écu semé de croissants, au lion à la queue tréflée [1].

La femme de Raoul de Caix, maire d'Aubigny, avait également un frère qui nous est connu par une autre mention du *Trésor généalogique* de DOM VILLEVIEILLE (verbo *Sains*), résumant une charte du *Cartulaire Nehemias* de l'abbaye de Corbie (Mss. *Fonds Latin*, 17761, fol. 192). Cette mention est ainsi conçue :

« Noble homme Messire Aubert de Sains, chevalier, fut élu arbitre des différends que haute dame, noble et puissante Madame Marie de Blois, duchesse et marquise de Lorraine, dame de Bove, comme tutrice de Jean de Lorraine son fils mineur, avoit avec l'abbaye de Corbie au sujet de la mouvance de la terre de Bove et des droits de péage et autres qu'elle y prétendoit, l'an 1348 ».

Le même Aubert de Sains était, en 1348 et 1349, gouverneur de Boves et bailli de Corbie [2].

Comme on le voit, les parents d'Isabeau de Sains étaient mêlés d'une manière active à ce qui se passait à Boves et à Caix ; son mariage avec Raoul était donc chose toute naturelle.

Quant à la Mairie d'Aubigny, si l'on en croit une

---

[1] DEMAY : *Sceaux de Picardie*, n° 754. — Voir aussi *Cartul. Nehemias* (*Fonds Lat.* 17761), fol. 114 recto. — Nous donnons plus loin cet écu (voir la table de nos figures). On trouve un autre blason appartenant sans doute à une autre famille du même nom et que nous reproduisons également, p. 113.

[2] Voir le *Cartulaire Noir* de Corbie, *Fonds Latin*, 17758, fol. 107 v°, et JANVIER : op. cit. p. 129.

mention du Registre *Marcus* de l'abbaye de Corbie (*Fonds Latin.* 24140, fol. 53, recto), Isabeau de Sains la possédait encore en l'année 1331 [1].

Mais, comme nous allons le voir dans un instant, ce fief fut aliéné dès l'an 1344 par celui de ses fils auquel il était échu, et nous trouvons au Cartulaire de Corbie, dit *Alexander* (*Fonds Français*, 24144, fol. VII^{xx}V.), une pièce dans laquelle est relaté un procès qui eut lieu en 1345, relativement à une redevance, entre l'abbaye de Corbie et Adam de Régicourt, alors titulaire de la Mairie d'Aubigny.

Raoul de Caix et Isabeau de Sains eurent, comme nous l'avons vu plus haut, plusieurs enfants, parmi lesquels au moins deux fils.

L'un d'entre eux, appelé Raoul, comme son père, nous est connu par une pièce de l'abbaye du Paraclet analysée par D. Villevieille. Nous voyons dans cet acte que Raoul et Michel le Quesne, bailli du Chapitre d'Amiens, terminèrent comme arbitres [2] un différend qui s'était élevé, le 9 avril 1342, entre ledit Chapitre et Florent de Fouencamps, chevalier, au sujet de la possession d'un chemin et des héritages avoisinants, situés entre Cottenchy et le Paraclet. Raoul de Caix représente dans cet acte le seigneur de Fouencamps, qui était de la maison de Boves. Le second fils de Robert I de Boves, frère cadet d'Enguerran III de Coucy et tige de la seconde

---

[1] « Dismes à Fouilloy. . . . .

« Le mairesse de Aubigny, en ce lieu (le Marké) tenant à Maroie Hancquine . . . III . . . V s. tournois . . . »

[2] Voir nos Preuves, **LXXXIV**.

maison de Boves, eut, en effet, en partage la terre de Fouencamps, et il est tout naturel que son successeur ait choisi, pour le représenter en cette circonstance, Raoul de Caix, son cousin, descendant comme lui de Dreux de Boves.

Le second fils de Raoul de Caix, maire d'Aubigny, et d'Isabeau de Sains, celui auquel nous faisions allusion au commencement de ce chapitre, s'appelait Jean et portait le surnom de Bidaut. C'est à lui qu'était échu en partage le fief de la Mairie d'Aubigny, et il la vendit le 22 novembre 1344 à l'abbaye de Corbie. Nous l'apprenons par la mention suivante que nous trouvons dans l'Inventaire des Titres de Corbie de LEMOINE [1] :

(En marge) : « Acquisition de la Mairie d'Aubigny.

« Vente faite sous le scel du Prévôt de l'Église de Corbie par Jean de Caix, dit Bidaus, à M^r l'abbé et au couvent de Corbie « de la mairie que il avoit et
« pooit avoir en le ville et terroir d'Aubigny, ainsi
« comme elle se comporte et estend..... et lequelle
« il tenoit de nosdicts seigneurs de Corbie. »

« La vente faite moyennant 41 livres parisis. »

Le surnom de Bidaut ou Bidau, porté par Jean, fils de Raoul de Caix, est assez bizarre et mérite d'autant plus que nous nous y arrêtions un instant qu'il nous a plus souvent induit en erreur. Nous l'avons pris longtemps, en effet, pour le prénom de celui qui le portait — la seule pièce nous apprenant qu'il s'appelait véritablement Jean étant une des

---

[1] *Inventaire des Titres de Corbie*, de LEMOINE : Tome IV, Manse conventuelle. — Bibl. Nat., Fonds Français, 8796, p. 14.

dernières qui nous soit tombée sous les yeux. Or, ce soi-disant prénom de Bidau étant une forme très connue du nom gascon de Vidal, nous avions pensé voir dans ce prénom d'un Caix picard, un souvenir, une influence ou même une trace de relations directes avec les Caix du Quercy. On conviendra que notre erreur était bien excusable, quand nous voyons des scribes contemporains la commettre comme nous [1] et le fils de Bidau lui-même, héritant, suivant l'usage, du surnom paternel, le porter sous la forme diminutive Bidallet ou Vidallet.

La découverte de l'acte cité dans l'Inventaire LEMOINE et parlant de la vente de la Mairie d'Aubigny à l'abbaye de Corbie par « Jean de Caix dit Bidaus », en donnant un autre cours à nos idées, nous a remis dans le droit chemin.

Bidau ou Bidaut n'est autre chose qu'un surnom enfantin fort usité au Moyen-Age. « ..... Alors, mon petit bidaut, baisse la tête... » disent les Contes de Cholières, fol. 140, et Rabelais (Tome III, p. 96) emploie dans le même sens : mon petit bedault. Ce mot, sous ses formes diverses : Bidel, Bidau, Bidaut, Bedel, Bedeau, etc., signifiait d'abord : soldat de troupes légères, armé de dards, de piques, etc., d'où soldat improvisé, pillard, et, par spécialisation, à cause de l'arme qu'ils portaient : sergents, d'où notre bedeau d'église actuel [2].

---

[1] Voir la pièce dans laquelle Bidaut est appelé Vidal. Preuves, C.

[2] Voir LA CURNE DE SAINTE-PALAYE : *Dictionn. hist. de l'anc. lang. franç.* Niort et Paris, 1877, in-4º, et GODEFROY : *Dict. de l'anc. lang. franç. du IXe au XVe siècle.* Paris, 1881, in-4º.

Bidau ou Bidaut, nom d'amitié donné par un père à son enfant, devait équivaloir à « petit gredin, petit pillard, petit polisson, petit batailleur » ou quelque chose d'approchant. Si quelqu'un s'étonnait de voir un brave chevalier, mort septuagénaire, porter toute sa vie un sobriquet de ce genre, et le précéder souvent du « Monseigneur » auquel lui donnait droit ses éperons d'or, je lui répondrai que son étonnement prouve seulement qu'il n'est pas très familier — ce qui est fort pardonnable d'ailleurs — avec les documents originaux du Moyen-Age, et je le renverrais à ce que je dis plus haut, p. 148, à propos du surnom d'un autre Jean de Caix, dit le Danois, cousin de Jean de Caix, dit Bidaut [1].

Quoi qu'il en soit de ce surnom, Jean de Caix, dit Bidaut, était né vers l'année 1325. Il avait donc environ vingt ans quand il vendit, en 1344, son fief de la Mairie d'Aubigny à l'abbaye de Corbie [2].

Nous ne savons ce que devint Jean de Caix, dit Bidaut, dans les années qui suivirent cette vente. Resta-t-il dans le Santerre? Ou alla-t-il s'établir de suite dans le Laonnois, appelé par son illustre parent,

[1] Ce surnom de Bidaut se rencontre souvent dans les registres du *Trésor des Chartes*. Je citerai notamment, en 1327, Aymard de Barmont, dit Bidaut, chevalier (JJ. 65, 1°), en 1452, Jean Morgent, dit Bidaut (JJ. 181); en 1490, Léonard Girard, dit Bidaut (JJ. 226). Voir encore : JJ. 74, 97, 124, 126, 130, 132, 153, 164, 172, 189, etc. — On trouve aussi le nom de Bidalet (JJ. 187), en 1455.

[2] Comme nous l'apprend le procès relaté ci-dessus (p. 169), ce fief fut donné par l'abbé de Corbie à Adam de Régicourt. Il était ensuite possédé, en mars 1349, par un seigneur appelé Jean. (*Cartulaire Noir* de Corbie, fol. 74).

Enguerran VII, sire de Coucy? Nous l'ignorons; mais cette seconde hypothèse nous paraît la plus vraisemblable. Il est probable qu'il ne se défit de son fief héréditaire que pour avoir plus de liberté d'accepter les offres avantageuses qui lui furent faites alors par Enguerran et pour aller chercher fortune auprès de lui. Peut-être même est-ce à cette époque qu'il faut placer son mariage avec l'héritière de Travecy, alliance qui lui fut très certainement ménagée par le sire de Coucy, seigneur dominant de ce fief.

Dans tous les cas, la première pièce dans laquelle nous relevons ensuite le nom de Bidaut de Caix est une Revue, passée à Hesdin le 19 juillet 1380, de deux chevaliers et de quarante trois écuyers servant « sous Monseigneur Enguerran, sire de Coucy, comte de Soissons, chevalier banneret.[1] » Bidaut de Caix est cité le premier, en tête des quarante trois écuyers, ce qui prouve très certainement qu'il était le plus ancien des gentilshommes portant ce titre et comparaissant dans cette Montre, parmi lesquels on remarque beaucoup de noms appartenant à la plus vieille chevalerie : le Galoys, Boileaue de Burelles, Belleforière, le Bouteillier, d'Ausseville, etc. Bidaut de Caix devait avoir alors cinquante-cinq ans environ.

---

[1] Voir nos Preuves, **LXXXV**. — Cette Montre, qui a déjà été publiée dans le *Trésor généalogique de la Picardie par un gentilhomme Picard* (le Mis DE BELLEVAL), Amiens, 1860, T. II, n° 236, est, en original, aux *Titres scellés de Clairambault*, vol. 35. — Nous avons retrouvé également dans la même collection (vol. 35, pièce 82, f. 2621) l'ordre de paiement de cette Montre que nous publions aussi.

La même Compagnie fut de nouveau passée en revue le 1ᵉʳ août suivant, et nous y trouvons encore Bidaut de Caix à la tête des écuyers [1].

Dans ces deux Montres, après Bidaut de Caix, nous trouvons Jehan de Aumont; puis, comme troisième nom cité, Bidallet ou Bidolet de Caix, fils de Bidaut, dont nous aurons à reparler plus loin. On sait que c'était un usage fréquent au Moyen-Age de donner le même nom aux générations successives d'une même famille. Le fils, le neveu, le cadet recevait alors, du vivant de son aîné, quelque diminutif ou quelque surnom qui souvent survivait à la nécessité qui le lui avait fait appliquer. De même que Raoul devenait ainsi Raoulin ou Raoullet, il ne faut pas nous étonner de voir Bidaut, ou plutôt Bidau, devenir Bidallet. C'est donc ce diminutif que nous voyons attribuer au plus jeune des de Caix figurant alors dans les Montres du sire de Coucy pour le distinguer de son père, qui, lui, gardait le surnom « plein » de Bidaut.

Nous insistons une fois de plus sur l'intérêt que présente pour nous la présence de ces deux membres de la famille de Caix parmi les gentilshommes servant sous le commandement d'Enguerran VII, sire de Coucy. Il y a là évidemment un fait qui n'avait rien de fortuit. Il est, en effet, tout naturel de penser que les représentants de notre vieille maison picarde sentaient toute l'importance qu'il y avait

---

[1] Voir nos Preuves, **LXXXVI**.

pour eux à s'attacher le plus étroitement possible au chef de la puissante famille issue, comme eux, de Dreux de Boves; et le rôle qu'ils jouaient auprès du sire de Coucy établit d'une manière irréfutable que les souvenirs d'une origine commune, bien que remontant déjà à plus de deux siècles, n'étaient pas encore perdus.

Nous en retrouvons la preuve dans tout ce qui nous reste à dire de Bidaut et de Bidallet de Caix.

Nous rencontrons, en effet, leurs noms placés encore exactement de la même manière, — c'est-à-dire le premier et le troisième des écuyers — dans une Revue de trois chevaliers et quarante-trois écuyers sous le commandement de Enguerran, sire de Coucy et comte de Soissons, revue passée à Corbeil le 1er septembre suivant 1380 [1]. Sauf l'introduction d'un troisième chevalier bachelier, Messire Jehan la Personne, la composition de cette Compagnie, destinée à servir contre les Anglais en Artois, Picardie et Champagne, est absolument identique à celle que nous donnent les deux Montres déjà citées.

Il n'en était plus de même le 1er octobre 1381. La Compagnie dans laquelle servaient les deux de Caix, Compagnie qui était réunie évidemment en vue de la prochaine guerre de Flandres, était alors réduite à vingt-quatre écuyers de l'hôtel d'Enguerran VII, comme nous l'apprend une Montre passée ce jour-là [2] à Saint-Omer.

---

[1] Voir nos Preuves, **LXXXVII**.

[2] Voir nos Preuves, **LXXXVIII**.

Dans une autre Montre passée au même lieu le 1ᵉʳ janvier suivant (1382, nouveau style), nous trouvons les noms inscrits de la manière suivante :

« Escuiers

« Enguerran de Coucy

« Bidaut de Cays

« Bidolet de Cays », etc.

Quel était cet Enguerran de Coucy, inscrit en tête des écuyers servant sous « Monseigneur de Coucy, banneret ? » Etait-ce le bâtard du sire de Coucy, connu sous le nom de Perceval ? Nous ne le pensons pas, et nous livrons, dans tous les cas, ce point d'interrogation au futur historien de la maison de Coucy [1].

Nous possédons encore une Montre toute semblable et passée au même lieu le 1ᵉʳ février de la même année 1382 [2].

Cette montre est la dernière dans laquelle nous trouvions le nom de Bidallet de Caix. A partir de ce moment, nous ne lisons plus qu'un nom, celui de Bidaut, dans les documents qui nous ont été conservés.

Il y a cependant une exception, c'est une pièce concernant Marie de Caix, datée de 1404, et constatant qu'elle est la fille de Bidallet de Caix. Or, comme cette Marie est née, ainsi que nous le verrons plus tard, en 1399, il est bien certain que ce n'est pas son père qui disparaît en 1382.

Mais cette disparition même d'un des deux personnages qui nous occupent, en 1382, serait une hypothèse

---

[1] Voir nos Preuves, **LXXXIX**.

[2] Voir nos Preuves, **XC**.

injustifiée, et, malgré la suppression du surnom de Bidallet, qui semblerait indiquer que le plus âgé des Bidaut de Caix était mort à ce moment, ce qui avait rendu inutile le maintien dans les actes publics du surnom distinctif de son cadet, il est certain, au contraire, que les deux Bidaut continuèrent à coexister plusieurs années encore. Une pièce de 1387 nous signale, en effet, un Bidaut de Caix, écuyer; or, comme, ainsi que nous allons le voir, Bidaut I de Caix fut fait chevalier en 1382, cet écuyer de 1387 ne peut être que Bidaut II. C'est précisément cette différence de qualification qui, à partir de 1382, a fait disparaître dans les actes le diminutif Bidallet, devenu inutile, puisqu'à son nom était accolé le titre d'écuyer, tandis que son père était indiqué comme chevalier. Mais, dans la vie privée, ce diminutif continuait probablement à lui être appliqué, et c'est ce qui nous explique que nous le retrouvions dans la pièce relative à Marie de Caix, sa fille, en 1404.

Il est donc inutile de supposer, comme nous l'avions pensé d'abord, que Bidaut I ait pu être tué à la sanglante bataille de Rosebecque, où les Français vainquirent, le 27 novembre 1382, les Flamands révoltés contre leur comte Louis de Mâle. Il en revint, au contraire, et c'est à lui que s'appliquent la plupart des pièces que nous citerons tout à l'heure.

Le sire de Coucy joua, dans la campagne de Flandre, un rôle très important constaté par tous les historiens. C'est lui, notamment, qui fut chargé, avec le seigneur d'Albret, de la poursuite des fuyards.

Bidaut de Caix accompagna très certainement [1] son suzerain en Flandres, et il s'y distingua probablement, car il y reçut les éperons d'or de chevalier. Il n'est pas douteux, en effet, qu'il avait cette qualité aussitôt après Rosebecque, puisque les comptes des recettes et dépenses de la ville de Laon nous disent [2] que les bourgeois de cette cité firent, la nuit de la Sainte-Luce suivant, une « courtoisie » au messager « de Monseigneur Bidaut de Kais qui apporta lettres que les Flamens estoient desconfis ». Or, on sait que le titre de « Monsieur », ou de « Monseigneur » ne s'appliquait à cette époque qu'aux chevaliers.

C'est sans doute lors du retour de cette campagne de Flandre qu'il faut placer l'anecdote qui a donné lieu à un rondeau d'Eustache Deschamps, dit Morel, le célèbre bailli-poëte du XIVe siècle, rondeau dans lequel il cite Bidaut de Caix [3].

Il semblerait, si l'on prenait à la lettre le texte de ce rondeau, que Bidaut de Caix aurait prêté à Deschamps, à la suite d'une perte au « gieu des dez »

---

[1] Bidallet de Caix fut aussi, sans aucun doute, de cette « chevauchée », puisque nous voyons son nom dans les mêmes Montres que son père, pendant les mois qui précèdent et qui préparent l'entrée en campagne.

[2] Voir nos Preuves, **XCI**.

[3] Voir nos Preuves, **XCII**. Nous reproduisons cette pièce d'après l'édition complète des *Œuvres* d'EUSTACHE DESCHAMPS, commencée pour la *Société des Anciens Textes français* par feu le marquis de Queux-Saint-Hilaire et continuée avec tant de science et de dévouement par M. Gaston Raynaud. Nous donnons, après son texte, la traduction de ce rondeau, pour laquelle M. Raynaud a bien voulu nous prêter le concours de sa haute compétence.

faite par ce dernier à Cambray, une somme de trois francs d'or, à charge de lui en rendre un demi à Compiègne. Le poëte, naturellement, trouvait l'intérêt exorbitant, et il n'avait pas tort. Aussi, ne paraît-il pas très pressé de se rendre à Compiègne pour s'acquitter :

« Mais que le roy et moy Eustace y viengne! »

Tout cela nous semble un pur jeu d'esprit dont était coutumier le malicieux et besogneux bailli de Senlis.

Il était joueur — nous le savons par maint passage de ses poésies — et ce n'était pas, d'ailleurs, un grand crime si l'on se reporte au temps où il vivait et où tous les seigneurs de marque se reposaient volontiers aux dés, à la brique [1] ou à d'autres jeux analogues, de leurs travaux guerriers ou de leurs entreprises amoureuses. C'est sans doute à la suite de quelque joyeuse partie faite à Cambray, en revenant de Flandre, qu'Eustache composa ce morceau.

Il était trop habile politique pour y mettre quelqu'intention blessante à l'égard de Bidaut de Caix dont il connaissait les étroites relations avec le sire de Coucy. Eustache était, en effet, peu ou prou le pensionnaire d'Enguerran VII. Il en parle souvent dans ses vers; plusieurs de ses ballades lui sont entièrement consacrées et il avait dû aller plus d'une fois à Coucy qu'il décrit avec un véritable enthou-

---

[1] Sur le jeu de la brique, voir la *Ballade CLXI* d'EUSTACHE DESCHAMPS, et le *Mesnagier de Paris*, T. I, p. 71. Ce jeu était connu dès le XIIIe siècle. On s'y livrait assis et à l'aide d'un petit bâton.

siasme. Il faisait donc partie, jusqu'à un certain point, de la Cour d'Enguerran VII, et il devait nécessairement connaître particulièrement Bidaut de Caix qui en était un des principaux, sinon le principal personnage. C'est ce qui nous permet d'affirmer que le rondeau dont il s'agit est un pur jeu d'esprit, comme s'y complaisait Eustache Deschamps, et qu'il n'a pu entrer dans sa pensée d'accuser sérieusement Bidaut de Caix de faire l'usure.

La situation de fortune de Bidaut était d'ailleurs assez prospère pour écarter de lui tout soupçon de ce genre, et le titre de chevalier, qu'il venait de conquérir noblement contre les Flamands, doit, plus encore que tout le reste, défendre sa mémoire contre toute fâcheuse interprétation de la fantaisie poétique du bailli de Senlis.

Nous retrouvons, quelque temps après, Bidaut de Caix dans une Montre passée à Paris le 12 janvier 1383, de trois chevaliers bannerets, dix chevaliers bacheliers, vingt-six écuyers et onze archers, toujours sous le commandement du sire de Coucy. En se reportant au texte de cette Montre, que nous publions à nos Preuves [1], on verra que Bidaut s'y rencontre en belle et noble compagnie, avec des Roye, des Clary, des Clermont, des Sepoy, etc., etc.

Les dangers courus en commun dans cette sanglante campagne des Flandres ne firent que resserrer les liens qui unissaient Bidaut de Caix à son puissant cousin Enguerran VII, et il devint dès lors, s'il ne

---

[1] Voir nos Preuves, **XCIII.**

l'était déjà, le commensal et, pour ainsi dire, l'homme de confiance du sire de Coucy.

De curieux fragments de comptes de la maison de Coucy, de l'année 1384, conservés à la Bibliothèque Nationale [1], nous le montrent, tantôt à Assy (probablement en mission avec le vicomte de Meaux), tantôt en pèlerinage à Saint-Lambert [2], avec « Madame sa femme et Maistre Jean Couperel », et recevant des envois de poissons variés provenant des étangs de ce dernier domaine, par ordre exprès de Monseigneur de Coucy. Et ce n'est pas seulement en déplacement qu'il bénéficiait de ces largesses culinaires, car le même compte nous montre ses gens gratifiés encore de lots de poissons du même étang pour « porter à Travecy pour la despense de l'ostel de Madame sa femme. »

La seigneurie de Travecy ou Travesy, située dans l'ancien Noyonnais, sur la rive droite de l'Oise, et à une petite demi-lieue au nord de La Fère, ville dont la seigneurie dépendait également du sire de Coucy, était venue à Bidaut de Caix, ainsi que nous l'avons déjà dit, par son mariage avec l'héritière de cette famille. Sa femme appartenait, en effet, à une vieille maison qui possédait depuis longtemps une partie de la seigneurie de Travecy [3]. Nous soupçonnons

---

[1] Voir nos Preuves, **XCIV**.

[2] Domaine près de Saint-Gobain, appartenant au sire de Coucy.

[3] MELLEVILLE : *Diction. histor. du Dép. de l'Aisne*, Laon, 1857, in-8º, cite Jean de Travecy, écuyer, et Adélide, sa femme, comme les derniers représentants de la maison de Travecy. Cependant on trouve

également les trois maillets que nous verrons tout à l'heure Bidaut porter dans son écu, d'être les armes de cette famille de Travecy. C'était, en effet, l'usage à cette époque que les gentilshommes qui acquéraient un fief par alliance, prenaient les armoiries de ce fief ou de la famille qui en portait le nom et le personnifiait pour ainsi dire; ils gardaient alors seulement de leurs armes personnelles un franc canton, un écu en abîme ou toute autre pièce héraldique. C'est ce qui arriva pour Bidaut de Caix, dont les armes aux trois maillets portent un franc canton chargé, croyons-nous, de la croix rouge des Caix, à moins que l'on ne veuille y voir, comme nous l'expliquons plus loin, un fascé-bandé gracieusement octroyé par Enguerran VII à son fidèle cousin.

Pour en revenir à la seigneurie de Travecy, elle n'appartenait d'ailleurs qu'en partie à Bidaut de Caix. Une autre portion en était possédée, ainsi que nous l'apprend un dénombrement de l'année 1378 [1], par Madame de Fontaines, dame de Jumégnie, femme de Raoul, bâtard de Coucy, dont nous avons déjà rencontré le nom, à côté de celui de Bidaut, dans nos documents. De la partie de la seigneurie appartenant à Bidaut de Caix relevaient plusieurs arrière-fiefs dont nous connaissons quelques-uns par trois aveux

encore un Jean de Travecy dans un dénombrement de septembre 1417 (*Arch. Nat.*, P. 248², pièce 127). La seigneurie de Travecy étant divisée, comme nous allons le voir, entre plusieurs seigneurs, cette apparente contradiction s'explique aisément. (Cfr. *Bibl. Nat., Pièces originales,* T. 2875, doss. 63805).

[1] Voir nos Preuves, n° **XCV**.

et dénombrements qui en furent faits à Bidaut en 1386 et 1399 [1].

Quoi qu'il en soit, on voit que la situation de ces biens, si rapprochés des domaines de Coucy, favorisait l'intimité de Bidaut de Caix avec son puissant parent.

Mais cette intimité avait d'autres manifestations que les envois de douceurs que nous avons constatés plus haut, et elle se traduisait, du côté de Bidaut, par un dévouement sans bornes et une aide effective dans la guerre et dans la paix. Nous l'avons vu accompagner son suzerain dans les campagnes contre les Anglais et les Flamands. En 1389, il le suivit en Guyenne [2], dont Enguerran était capitaine-général, et nous trouvons son nom parmi ceux des quatre chevaliers qui, avec vingt écuyers, furent passés en revue à Saint-Jean-d'Angély le 1er décembre de cette année.

Il ne pouvait manquer d'être aussi du voyage qui amena Enguerran VII en Lorraine l'année 1386, pour y épouser sa seconde femme Isabelle, fille de Jean I, duc de Lorraine, et de Sophie de Wurtemberg. Nous trouvons, en effet, son nom parmi les « nobles seigneurs », témoins d'un accord qui fut passé le 8 mars 1386 (n. st.) au sujet des droits et apports de la nouvelle dame de Coucy. Dans cette curieuse pièce que nous publions à nos Preuves [3], Bidaut est appelé *Vidal* de Caix.

---

[1] Voir nos Preuves, **XCVI, XCVII, XCVIII**.

[2] Voir nos Preuves, **XCIX**.

[3] Voir nos Preuves, **C**. — Voir aussi ce que nous disons plus haut, p. 171.

L'amitié d'Enguerran pour Bidaut ne fit que s'accroître après son mariage avec Isabelle de Lorraine, et trois ans après ce mariage, par des lettres datées du château de Saint-Gobain le 18 avril 1390, il lui donna la gruerie et la garenne de Nanssel.

La terre de Nanssel [1] appartenait déjà, nous ignorons comment, à Bidaut de Caix qui y avait un « chastel »; mais le sire de Coucy y possédait des bois où, en qualité de suzerain, il jouissait seul du droit de chasse. En abandonnant ce droit à son vassal, il lui donnait une preuve de bienveillance dont le prix était grand à cette époque. L'acte que nous publions à nos Preuves [2] est, du reste, fort curieux et fournit des détails intéressants sur les mœurs seigneuriales à la fin du XIVe siècle.

Ce don et l'octroi de la jouissance du château et des terres de Nanssel qui l'avaient sans doute précédé équivalaient pour Bidaut à la seigneurie, car nous le voyons, à dater de cette année 1390, prendre dans les actes publics la qualité de seigneur de Nanssel.

Jusque-là, il s'était seulement qualifié seigneur de Travecy, et c'est avec ce titre qu'il avait donné quittance le 6 février 1390, des cent francs d'or, gages de sa capitainerie de Laon [3].

Le sceau qui authentiquait cette quittance nous a

---

[1] Aujourd'hui Nampcel, canton d'Attichy (Oise).

[2] Voir nos Preuves, **CI**.

[3] Voir nos Preuves, **CII**.

été conservé. Il est de forme ronde, de 0,032 millimètres de diamètre, et porte, sur un champ entouré d'un cordon où court une guirlande de fleurs : un écu portant trois maillets, au franc canton chargé d'un écusson [1], penché et timbré d'un heaume cimé. La légende, assez fruste, permet cependant encore de lire les lettres suivantes :

𝔖. 𝔅𝔦𝔡𝔞. .. .𝔞𝔦𝔰 .....𝔳𝔢𝔯𝔠𝔶.

(Seel Bidau de Kais, seigneur de Travercy.)

Nous ignorons la date exacte à laquelle Bidaut de Caix fut pourvu de cette charge de Capitaine de Laon; mais il nous semble très probable que ce fut peu après ou pendant la campagne de Flandres en 1382. On a vu plus haut, en effet, que c'est un messager de Bidaut qui vint annoncer aux habitants de Laon la victoire de Rosebecque. Peut-être faut-il voir dans ce fait une présomption qu'il commandait dans cette campagne les contingents du Laonnois. Dans tous les cas, il indique des relations courtoises et suivies avec les bourgeois de la ville épiscopale, relations

---

[1] Cet écusson porte la trace de pièces héraldiques qui peuvent représenter une croix, comme celui de Jean de Caix, le Danois (Voir plus haut, p. 154). M. Roussel, l'artiste habile et consciencieux auquel sont dues les vignettes qui illustrent ce volume, après un examen très attentif, à la loupe, du moulage de l'atelier des Archives Nationales, est arrivé, au contraire, à cette conviction, que cet écu du franc canton porte un fascé-vairé de quatre pièces, et c'est ainsi qu'il l'a dessiné dans l'en-tête du présent chapitre. S'il a bien vu, cela prouverait qu'Enguerran VII avait autorisé son cousin et fidèle serviteur à rappeler par cet emblème leur commune origine.

ayant pu préparer le choix qu'ils firent de lui pour leur Capitaine.

Une autre hypothèse peut se présenter à l'esprit et justifierait également la prise de possession de la capitainerie de Laon, par Bidaut, à cette époque.

Les historiens de Laon rapportent, en effet [1], qu'il y eut dans cette ville, en cette même année 1382, une émeute provoquée par la cupidité des oncles de Charles VI, qui avaient établi des impôts excessifs. Une violente sédition éclata à l'occasion de la levée de ces impôts, mais elle fut vite réprimée, et l'année suivante, le roi accorda aux habitants des lettres de rémission. Le gouverneur de Laon était, à cette époque, Hugues de Prouverville [2]. Est-ce à cette occasion que Bidaut de Caix fut nommé Capitaine de la ville? Si l'on admet cette hypothèse, il faut supposer que le Gouverneur aurait été alors remplacé par un Capitaine. On ne voit plus, en effet, de Gouverneur cité avant 1394 [3]. Il est certain, néanmoins, que la charge de Capitaine était indépendante de celle de Gouverneur, puisque Bidaut de Caix ne mourut qu'en 1398, comme nous le verrons plus loin, en possession de sa charge, et que Jean Petit de Tavaux était Gouverneur de Laon dès 1394. A Beauvais, à Compiègne, il en était de même : le

---

[1] Voir notamment MELLEVILLE : *Histoire de Laon*, 1846, Tome II, p. 243.

[2] MELLEVILLE, *op. cit.*, T. I, p. 400.

[3] Nous trouvons, cette année 1394, comme gouverneur de la ville de Laon, Jean Petit de Tavaux; en 1404, Colart Haton, et en 1414, Jacques du Pressoir.

Capitaine était un officier municipal, nommé à l'élection par les habitants et confirmé par le souverain, tandis le Gouverneur était directement désigné par le roi. Les attributions des deux charges se confondaient sans doute sur beaucoup de points et donnèrent lieu à de nombreux conflits, le roi s'arrogeant souvent le droit de nommer d'office le Capitaine et les habitants, de leur côté, soutenant contre le souverain et contre son Gouverneur les prétentions du chef militaire électif qu'ils avaient placé à la tête de leur milice et commis à la garde de leur cité. Nous ne savons s'il en fut de même à Laon, mais cela est probable.

Dans tous les cas, c'est très certainement à l'influence de son cousin et protecteur Enguerran VII, sire de Coucy, que Bidaut de Caix dut cette charge de Capitaine de Laon.

Elle lui valait des gages annuels de cent livres tournois, somme alors considérable, et nous avons les quittances de Bidaut constatant qu'il a touché ces émoluments en 1390, 1392, 1394, 1395 et 1397 [1].

Les mêmes comptes nous apprennent que cette fonction ne l'obligeait pas à une stricte résidence, puisque, le 18 décembre 1393, les bourgeois de Laon lui envoient un messager au château de Coucy, où il était alors, « pour savoir... où le Roy estoit et s'il venroit par Coucy ou par Laon » [2].

---

[1] Voir nos Preuves, **CIII, CIV, CV, CVI** et **CVII**.
[2] Voir nos Preuves, **CVIII**.

La dernière fois que nous trouvons le nom de Bidaut de Caix, dans une revue militaire, toujours sous la bannière d'Enguerran de Coucy, c'est lors d'une Montre passée à Sainte-More, en Guyenne [1], le 1ᵉʳ novembre 1392; il est le seul chevalier bachelier de cette Montre et est accompagné de dix-huit écuyers, parmi lesquels nous retrouvons plusieurs des noms de ses compagnons d'armes depuis douze ans.

Mais un grand malheur devait frapper bientôt la maison de Coucy et par contre-coup son plus fidèle serviteur. En 1396, Enguerran VII partit, par dévouement pour son parent le comte de Nevers, pour la croisade qui se termina par le désastre de Nicopolis, et, le 18 février 1397, il mourut prisonnier à Brousse, en Bithynie, où il avait été emmené par Bajazet, son vainqueur.

Bidaut de Caix survécut peu à son parent et bienfaiteur.

Nous voyons, par un fragment de compte qui nous a été conservé et qui date très probablement du temps de l'absence du sire de Coucy, qu'il était devenu, de plus en plus, l'homme de confiance, le familier de la maison de Coucy, quelque chose comme l'intendant général d'Isabelle, privée de la protection de son époux [2]. Il avait en même temps

---

[1] Probablement Sainte-Maure-de-Peyriac (Lot-et-Garonne). — Voir nos Preuves, **CIX**.

[2] Voir nos Preuves, **CX**.

conservé le titre de Capitaine de Laon, qu'il garda jusqu'à sa mort arrivée peu après. Nous apprenons, en effet, par un mandement royal conservé aux Archives de la ville de Laon [1] et qui ne peut être postérieur à 1399, que le roi nomma à l'office « vacquant par le trespas de Bidaut de Cays, chevalier », son huissier d'armes Guillaume de Philliecourt, malgré les efforts du sire de Châtillon pour faire choisir « un sien parent nommé Célabaud de Montmorency. » La mort de Bidaut de Caix arriva postérieurement au mois d'avril de cette année 1399 [2]; il avait alors environ 73 ans.

Quant à Bidaut II de Caix, l'ancien Bidallet, il paraît avoir joué un rôle tout à fait effacé à côté de son père. Nous le trouvons mentionné dans une Montre du 17 octobre 1387 [3] en tête des écuyers. Puis le silence se fait sur lui. Nous savons cependant, par des pièces concernant sa fille, qu'il était chevalier [4] quand il mourut, entre 1399 et 1404. Nous apprenons également, par les actes concernant cette fille, qu'il avait épousé une demoiselle appartenant à la maison des seigneurs de Sissy [5], et que la mère de sa femme s'appelait Mahaut de Prix. Nous allons retrouver ces personnages en racontant le mariage

---

[1] Voir nos Preuves, **CXI**.

[2] Voir nos Preuves **XCVIII**.

[3] Voir nos Preuves, **CXII**.

[4] Voir nos Preuves, **CXVII**.

[5] Voir nos Preuves, **CXIII**.

romanesque de Marie de Caix, fille de Bidaut, deuxième du nom, en qui s'éteignit ce rameau établi dans le Vermandois.

X

Marie de Caix, fille de Bidaut de Caix, IIe du nom, et de N... de Sissy. — Elle est enlevée par Nicolas de Bruneval, veneur et écuyer de Louis, duc d'Orléans. — Son mariage. — Elle devient demoiselle d'honneur de la reine, puis est placée sous la protection de Valentine de Milan. — Nicolas de Bruneval, grand fauconnier de France. — Fin de cette branche de la maison de Caix. — XVe siècle.

Un certain jour du mois de septembre de l'an de grâce mil quatre cent trente-six, une trentaine de cavaliers armés faisaient irruption dans le pacifique petit village de Revillon-en-Laonnois [1], et cernaient le manoir où demeuraient Messire Hue de Brégny, chevalier, et Madame Mahaut de Prix, sa femme, tous deux vieillards octogénaires. Les envahisseurs traînaient avec eux M. Jean, dit L'Allemand, chevalier, seigneur de Sissy-

---

[1] Révillon, aujourd'hui canton de Braine, arrondissement de Soissons.

en-Thiérache [1], fils d'un premier lit de ladite dame Mahaut, qu'ils avaient rencontré sur leur chemin et qu'ils avaient fait prisonnier, non sans l'injurier cruellement, le traitant de « mauvais ribaut » et autres choses amènes.

Ce n'était pas, néanmoins, à Jean de Sissy, non plus qu'à sa mère, qu'en voulait la troupe en question. Elle ne s'était pas mise en campagne pour injurier un chevalier et pour terroriser deux vieillards, mais bien pour s'emparer d'une jeune héritière, petite-fille de la dame Mahaut de Prix, qui vivait à Révillon sous la garde de sa grand'mère et sous la protection de Messire Jean L'Allemand, sire de Sissy, et de Messire Jean de Boyleau, seigneur de Burelles-en-Thiérache et de Saint-Gobert [2], ses oncles, dont le dernier était son tuteur.

La jeune héritière dont il est ici question a déjà figuré dans le chapitre précédent. Elle s'appelait Marie de Caix et était la fille unique de Bidaut II de Caix et de la demoiselle de Sissy, sa femme [3].

---

[1] Sissy, aujourd'hui canton de Ribémont, arrondissement de Saint-Quentin. (Voir nos Preuves, **CXIII**).

[2] Burelles, aujourd'hui canton et arrondissement de Vervins. — On trouve aux *Archives Nationales* (P. 249³, pièce LXIX), un hommage rendu le 10 août 1404 par Jean Maquerel, dit Chevalier, à « noble homme Boilleaue de Burelles, escuier, ad cause de son fief de Saint-Gobert » de terres sises en ce lieu. — Le même chevalier est nommé dans plusieurs des Montres où figurent les deux Bidaut de Caix. (Voir nos Preuves).

[3] Jean de Sissy avait, en effet, épousé Jeanne de Fayel; il ne pouvait donc être l'oncle de Marie de Caix que par le mariage de sa propre sœur avec le père de sa nièce, puisque la grand'mère de celle-ci, Mahaut de Prix, était la propre mère de Jean. (Cfr. MELLEVILLE : *Dictionn. de l'Aisne*, et nos Preuves, **CXIII**).

Tant du côté paternel que du côté maternel, mais surtout du premier, elle possédait de grands biens que l'on estimait à « six ou huit cent livres de terre », ainsi que s'exprime la lettre de rémission qui nous sert de guide [1].

Elle avait encore à Caix-en-Santerre un arrière-fief qui lui provenait d'Aubert de Sains, son grand-oncle, arrière-fief relevant de Fouencamp et de Jumelles, ainsi que nous l'apprend un dénombrement de cette dernière terre, rendu le 10 mars 1404 par Jehan de Digneure, chevalier, seigneur de Jumelles à cause de sa femme Isabelle de Jumelles, à Monseigneur Ferry de Lorraine, seigneur de Boves [2]. Elle était aussi, par son père, dame de Travecy, de Nampcel et de Trennel en partie [3].

Bref, c'était une riche héritière, et, bien qu'elle n'eût alors que sept ans ou environ, — étant née en 1399, — elle était l'objet des convoitises de beaucoup de jeunes seigneurs, parmi lesquels un des plus ardents à cette poursuite était Nicolas (ou Colart) de Bruneval, l'aîné d'une vieille maison dont, en dehors de ce qui concerne Nicolas lui-même, il nous a malheureusement été impossible de trouver d'autres traces [4] que deux quittances de gages, l'une

---

[1] Voir nos Preuves, **CXIV**.

[2] Voir nos Preuves, **CXV**.

[3] Probablement aujourd'hui le Traînaut, ferme de la commune d'Housset.

[4] M. le vicomte de Poli a bien voulu néanmoins nous signaler plusieurs pièces dans le dossier BERNEVAL (*Pièces originales du Cabinet des Titres*, Tome 306), qui concernent probablement des Bruneval. — Un autre dossier de la même collection (*Pièces orig.* FRICANS), contient

d'un Guillaume de Bruneval, écuyer, en date à Amiens du 28 janvier 1388 (n. st.), l'autre d'un Robinet de Bruneval, aussi écuyer, en date au Mans du 28 juillet 1392 [1]. L'un de ces deux personnages était-il le père de Nicolas ou Colart de Bruneval? Nous ne saurions le dire.

C'est évidemment notre Colart dont nous trouvons le nom dans diverses pièces de l'année 1403, relatives à une gratification de cinquante francs d'or, qui lui est attribuée, comme veneur du duc d'Orléans, pour l'aider à s'équiper en vue d'accompagner son maître dans son voyage d'Italie [2]. Ces pièces nous font voir

également deux pièces (3 et 12), concernant un écuyer du nom de Jehan de Berneval, en 1350, et un autre appelé Michel de Berneval, en 1366; tous deux servant sous la bannière de Jean de Fricans. En 1405, un Bertin de Bruneval, écuyer d'Artois, est passé en revue par Jean de Vergy, maréchal de Bourgogne (LA CHAUVELAYS ET COLIGNY : *Les Armées de trois premiers ducs de Bourgogne de la Maison de Valois*, Paris, 1880, p. 141). Ce dernier Bruneval, au service de Bourgogne, était très vraisemblablement d'une autre famille que le notre, écuyer et veneur du duc d'Orléans.

[1] CLAIRAMBAULT : *Reg.* 13, p. 861 et *Titres scellés*, T. 23, f. 1645. A la quittance de Guillaume de Bruneval est appendu un sceau rond de 19 mill. portant un écu gironné de quatorze pièces à l'écusson en abîme, au bâton en bande brochant sur le tout (DEMAY : *Sceaux de Clairambault*, n° 1658). Dans l'autre pièce citée, Robinet de Bruneval donne quittance de 30 francs à lui dûs pour ses gages et ceux d'un autre écuyer pour leurs services sous le gouvernement du comte d'Eu « en ceste présente chevauchée qu'il (le roi Charles VI) entend faire en aucune contrée..... » C'est le fameux voyage de Bretagne qui se termina par l'apparition de la forêt du Mans et la folie définitive du Roi. — La maison de Bruneval tirait probablement son nom du fief de Bruneval, près de Merlemont (commune de Warluis, canton de Noailles, Oise), où l'on voit encore aujourd'hui une motte, sans doute l'emplacement de l'ancien manoir.

[2] Nous donnons ces pièces à nos Preuves, **CXVI**.

que dès cette époque, Nicolas de Bruneval était déjà au service et fort avant dans les bonnes grâces du prince brillant, prodigue et futile, dont les folies semblaient autoriser et absoudre celles de ses serviteurs.

En 1406, nous le voyons devenu écuyer et attaché comme écuyer-tranchant à la cour du même Louis, duc d'Orléans. Outre la fonction honorifique dont nous venons de parler, Nicolas de Bruneval occupait le poste de capitaine d'Ouchy-le-Château, une des cinq châtellenies du Valois, pour le compte du duc, son maître.

Vivant dans le même pays, et connaissant très certainement Marie de Caix et sa famille ; sachant, comme le dit notre document, « qu'elle estoit gentil femme et riche de six à huit cens livres de son héritage de père et de mère, qui estoient alez de vie à trespas, » il la « convoita et affecta avoir par mariage », et il commença par mettre dans ses intérêts le duc d'Orléans lui-même.

A sa prière, celui-ci fit faire une démarche auprès des parents de la jeune fille et invita même les principaux d'entre eux, et particulièrement ses oncles l'Allemand de Sissy et Boyleau de Burelles, à venir le voir. Mais ils firent la sourde oreille et ne bougèrent point. Bruneval redoubla donc ses efforts, et comme, à cette époque brutale, le meilleur moyen d'épouser une jeune fille que ses parents vous refusaient, était de s'en emparer par la violence, quitte, si elle n'était pas encore nubile, à la mettre en lieu sûr jusqu'au moment où le mariage pourrait se consommer, Bruneval, dis-je, parvint à circonvenir tant et si bien le duc Louis d'Orléans, que celui-ci ordonna à son bailli de Coucy de lui amener ladite Marie et ses parents, afin de leur faire entendre raison. Et c'est sur cet ordre abusif d'un prince débauché que, le jour de septembre dont nous parlons, ledit Bruneval, s'étant « embrunché [1] afin qu'on ne le congneust, en la compaignie dudit Bailli et d'autres grant nombre de gens armés », arrivait à Révillon, pour enlever une enfant de sept ans à ses parents octogénaires.

Le coup de main ne fut ni long, ni difficile à exécuter. Il n'y avait pas de résistance possible. Bien que ledit Bailli de Coucy, qui prêtait son autorité à si vilaine besogne, eût donné sa parole au vieux chevalier Hue de Blégny qu'il n'entrerait qu'avec deux personnes, les portes de l'hôtel furent forcées par trente soudards qui se répandirent partout et qui trouvèrent la petite Marie réfugiée dans la cave avec une chambrière « pour doubte des dessuz diz ». Le gibier pris, il s'agissait de le mettre promptement en sûreté.

On fit donc monter à cheval la pauvre enfant et sa grand'mère, Madame Mahaut de Prix, — malgré ses quatre-vingts ans, — ainsi que leurs plus proches parents. Il était bon de s'assurer contre des résistances et des plaintes ultérieures, et d'avoir en même temps sous la main les gens qui auraient à sanctionner le mariage si, comme on l'espérait bien, on parvenait à l'accomplir.

Ainsi renforcée, la troupe galopa vers Château-

---

[1] Embrunché, c'est-à-dire la tête couverte, dissimulée.

Thierry, où elle croyait rencontrer le duc d'Orléans, mais, celui-ci étant alors parti pour Paris, on reprit en toute hâte le chemin de cette ville.

De Révillon à Château-Thierry, il y a à vol d'oiseau six bonnes lieues de France. On devine dans quel état y arrivèrent, à la suite d'une pareille course, une enfant de sept ans et une vieille femme de quatre-vingts, prisonnières et folles de terreur et de fatigue.

Tout en chevauchant, Nicolas de Bruneval essayait d'opérer une pression sur la volonté de Marie, de sa grand'mère et de son oncle l'Allemand de Sissy, qui l'accompagnait aussi, bon gré mal gré. Tantôt il leur rappelait « qu'il seroit riches homs de la succession de son père » et qu'il était l'aîné d'une grande et noble famille, les sollicitant et les faisant solliciter par ses compagnons, au moyen de « doulces paroles », à consentir au mariage. Parfois aussi il prenait le ton de la menace, leur montrait l'intervention de son maître, le puissant duc d'Orléans, dans tout ce qui se passait, et essayait de les intimider et d'obtenir leur consentement par la peur.

Leur résistance persistait néanmoins. Peut-être espéraient-ils quelque intervention inattendue et providentielle qui viendrait les tirer de ce mauvais pas. La déconvenue qu'ils éprouvèrent en ne trouvant pas à Château-Thierry le prince de qui ils avaient la naïveté d'attendre justice, sembla néanmoins ébranler leur fermeté. Mais quand ils eurent ajouté à leur pénible chevauchée les douze lieues qui séparent Château-Thierry de Meaux, et qu'ils virent que leurs bourreaux ne s'arrêtaient même pas dans cette ville et qu'ils reprenaient sans tarder le chemin de Paris, leur courage tomba tout à fait, et ils demandèrent grâce.

On arrivait alors à Chauconin, le premier village en sortant de Meaux, sur la route de Paris. Bruneval ne perdit pas un instant, et profitant du consentement arraché par la fatigue et la crainte de pire à la malheureuse aïeule et à son fils, il s'arrêta dans ce village où le ravisseur et la victime furent « fiancéz par main de prestre, et y dancèrent à menestréz, et firent grand feste. » On devine ce que fut cette fête pour Mahaut de Prix et pour l'Allemand de Sissy; mais ce fut du moins pour la pauvre femme un moment de repos qui lui permit de ne pas succomber de suite à sa fatigue et de repartir pour Paris dans un état moins lamentable. Ce ne fut d'ailleurs pour elle qu'un répit de quelques jours. Le coup qui l'avait frappé, l'excès d'épuisement qui en était résulté, et les violences qu'elle avait subies, avaient excédé ses forces physiques et morales, et elle ne devait pas s'en relever. A peine le mariage de sa petite-fille, célébré à Paris, lui eut-il rendu sa complète liberté, qu'elle revint chez elle où elle mourut, trois semaines après, du « desplaisir qu'elle avoit eu en la dicte besongne et mariage. »

Pendant ce temps, Marie de Caix, devenue devant l'église l'épouse légitime de Nicolas de Bruneval, bien qu'elle fût à peine, ainsi que nous l'avons vu, dans sa huitième année, était placée comme damoiselle d'honneur auprès de la reine Isabeau de Bavière. On pourrait s'étonner de voir cette enfant, dont la position était si singulière, confiée à une princesse aussi peu recommandable que la femme de Charles VI, si l'on oubliait les relations intimes qui existaient entre cette princesse et son beau-frère le duc d'Orléans. Nicolas de Bruneval ne pouvait donc — moralité à part — voir placée dans des mains plus sûres, plus à l'abri d'un retour offensif des braves parents de province qui la pleuraient dans leur manoir de Revillon, la petite héritière dont il était enfin parvenu à faire sa femme, et de la fortune de laquelle, en attendant qu'elle fût nubile, il commençait à jouir.

Cette fortune venait même de s'augmenter encore par l'ouverture de la succession de Mahaut de Prix, et, faisant mentir le proverbe qui dit qu'on n'hérite pas des gens qu'on assassine, Bruneval, au nom de sa femme-enfant, montrait des exigences éhontées. Malgré la coutume du pays, d'après laquelle tous les meubles de la défunte devaient revenir à son mari Hue de Blégny, Bruneval forçait le vénérable chevalier, par ses persécutions, à faire avec lui un accord par lequel il lui transportait toute sa fortune mobilière, tant celle qui lui était personnelle que celle qui provenait de sa défunte femme, la grand'mère de Marie de Caix. Puis, comme l'Allemand de Sissy, fils et héritier de ladite Mahaut, essayait de s'opposer à cette usurpation, et que quelques-uns de ses serviteurs avaient tenté de l'en empêcher en s'emparant de ces valeurs, il les malmena et leur donna « une buffe ou deux », selon l'expression de notre document. Il est permis de croire que la lettre de rémission que nous suivons, et qui avait intérêt à diminuer les torts de celui qui en était le bénéficiaire, adoucit quelque peu les faits, et la manière dont Bruneval avait agi dans l'affaire de son mariage nous autorise à croire qu'il mena celle de cette succession avec la même brutalité. Ce qui confirme pleinement cette supposition, c'est que, sur la plainte de Boileau de Burelle et de sa femme, « belle ante » de Marie de Caix, sur celle de son oncle Jean de Sissy, de Ramage de Beaurain et de Bidolet Herlin, également ses parents ou, comme on disait alors, « ses amis charnels », le roi cita enfin Nicolas de Bruneval, sous peine de bannissement, à comparaître en personne en la Cour du Parlement, « à certain jour du mois de may l'an mil quatre cent et sept », pour répondre des actes qui lui étaient reprochés. Il lui était également enjoint, par la même citation, d'amener devant ladite Cour sa femme, qui était toujours à Paris, pour disposer d'elle et de ses biens « comme il appartiendroit. » Mais Bruneval, dès qu'il eut connaissance de ces lettres royales, fit tant et si bien qu'il emmena Marie de Caix hors de Paris, auprès de la duchesse d'Orléans, la belle et bonne Valentine de Milan[1], sous la protection de qui il la plaça. Il

---

[1] Nous voyons, par un compte du mois d'août 1408, que Valentine de Milan prit au sérieux son rôle de protectrice de cette pauvre petite femme abandonnée. Comme dame de Coucy, elle avait la mainmise sur les biens de Marie de Caix jusqu'à ce que son mariage fut régularisé. Ces biens étant au pillage, la duchesse fit, en 1408, moissonner à Trennel, tout ce qui restait des récoltes, et c'est le résultat de cette expédition que nous publions à nos Preuves, n° **CXVII**. Sa famille, et en particulier son tuteur Jean Boyleau, seigneur de Burelles, défendaient aussi ses intérêts du mieux qu'ils pouvaient. Nous possédons et nous publions à nos Preuves, **CXVIII**, le procès-verbal d'une revendication exercée en son nom, le 5 août 1409, contre Raoul l'Escuier, demeurant à Marle, qui avait usurpé différentes récoltes et

comparut donc seul, apporta un semblant d'information qui avait été faite de son innocence, nia qu'il eût été présent à Revillion au rapt de la jeune fille, affirma qu'elle avait alors dix ans ou environ « et que tout avoit esté fait de franche volonté et de plein consentement d'elle et de ses dits amis, et qu'ils en avoient eu très grande joye, » et essaya de payer d'audace jusqu'au bout.

Mais la Cour ne fut pas dupe de toutes ces belles phrases, et, par arrêts des 27 et 28 mai suivant, elle ordonna de nouveau que Marie de Caix comparaîtrait en personne devant elle « pour estre veue et interroguée », et elle décida que Bruneval serait « arresté prisonnier entre les quatre portes de Paris, sur peine d'estre actaint et convaincu dudit cas et de confiscation de corps et de biens, jusques à ce qu'il aroit fait venir ladicte damoiselle par devers ladicte Court ».

On pourrait croire que cette décision rigoureuse mit fin à la résistance de Nicolas de Bruneval; mais ce serait mal connaître la longanimité de la justice de cette époque quand elle avait à faire à des gentilshommes bien en cour, et l'énergie du ravisseur de Marie de Caix. Celui-ci prit prétexte d'une maladie... diplomatique, « et pour plus tost estre gary de la dicte maladie et avoir l'air du lieu de sa nativité », il quitta Paris à la barbe du Parlement, de ses sergents et de ses archers « et fut malade par l'espace d'un an ou environ ».

---

objets mobiliers appartenant à Marie de Caix et notamment « quatre blans draps » qui sont restitués.

Cette fois, cependant, la mesure était comble. Ses adversaires redoublèrent d'efforts, et ils obtinrent contre lui quatre jugements par défaut, le condamnant tant au criminel qu'au civil. Par ces jugements, en effet, il était déclaré « décheu de ses deffenses », convaincu « et attainct des dicts cas », condamné de rechef à amener sa femme devant la Cour et à lui rendre tous ses biens usurpés et leurs fruits et revenus, à déposer devant la Cour « la somme de deux cents livres pour convertir en messes et prier pour l'âme » de la pauvre grand'mère Mahaut de Prix, qu'il avait fait mourir de fatigue et de désespoir, enfin, à payer à l'Allemand de Sissy 3000 l. t. pour la valeur des biens meubles de la succesion de sa mère, qu'il avait fait disparaître, et au même l'Allemand, auxdits Ramage et Bidolet, 4000 autres livres tournois, à titre d'amende, de dommages et intérêts, et au roi 2000 l. t. d'amende. De plus, il était condamné à la prison et au bannissement perpétuel, et le reste de ses biens étaient confisqués.

Sous le coup de cette condamnation, Bruneval fit agir de nouveau, au mois de janvier 1408, ses protecteurs et ses amis, et, par leur entremise, il obtint des lettres de grâce et de rémission le relevant de ses jugements par défaut en ce qui concernait les condamnations encourues et les amendes envers le Roi — tout en maintenant les sommes attribuées à ses adversaires — mais à la condition expresse « qu'il feroit venir ladicte damoiselle sa femme par devers ladicte Cour quand elle l'ordonneroit, pour veoir et interroguer icelle damoiselle », et avant que ces lettres fussent vérifiées, il fut appréhendé au corps et conduit au Chastelet de Paris pendant que sa femme était, de son côté, amenée à Paris et interrogée par le Parlement.

Marie de Caix avait alors treize ans ou environ, « grande et puissant », dit notre document. Elle déclara qu'il y avait déjà un an et demi qu'elle vivait maritalement avec son époux et qu'ils avaient « demouré ensemble en l'hostel du père dudit suppliant, paisiblement et amoureusement, comme mary et femme doivent demourer ensemble ». Bref, tout était pour le mieux dans le meilleur des ménages, et la pauvrette faisait contre mauvaise fortune bon cœur. De ce côté donc, toute difficulté était aplanie. Restait à régler les questions d'intérêt avec la famille de Marie de Caix. Sur ce point, Bruneval faisait observer qu'il était « en voye d'accort à ses parties adverses », mais qu'il craignait que la Cour « ne vueille procéder à l'encontre de luy extraordinairement et à peine corporêle, dont il seroit à tous jours désert et perdu... ». Il demandait donc au roi, « en faveur dudit mariage qui est fait, parfait et consommé », et faisant valoir qu'il était « homme de grande et noble génération et extraction », de lui accorder des lettres de grâce. C'est à la suite de cette requête que lui fut octroyée, à Auxerre, au mois d'août 1412, la lettre de rémission dans laquelle nous avons trouvé les curieux détails que nous venons de rapporter et qui pardonnait à Nicolas de Bruneval tous ses méfaits antérieurs sous réserve, bien entendu, de la satisfaction civile qu'il devait donner à ses adversaires.

Nous ignorons ce que devint cette union inaugurée

sous de si fâcheux auspices. Nous n'avons même pas pu nous assurer si elle fut féconde ou stérile, et nous n'avons trouvé aucune trace des enfants issus de Nicolas de Bruneval et de Marie de Caix[1].

Tout ce que nous savons, c'est que l'ancien écuyer-tranchant du duc d'Orléans devint, peu de temps après la fin de son procès, échanson et grand fauconnier du roi.

Nous possédons, en effet, deux quittances de lui, en date du 29 janvier 1416[2] et du 11 décembre 1417[3], concernant des sommes reçues par lui en cette qualité pour l'achat de « certains oyseaulx » destinés au « déduit et esbatement » de son maître[4]. Ces quittances sont scellées d'un sceau rond en cire rouge de 25 mill. portant pour armorial un écu gironné de quatorze pièces à l'écusson en abîme, penché, timbré d'un heaume à lambrequins cimé d'une tête d'homme barbu.

Colart de Br.....al.

Elles sont, en outre, signées par Nicolas de Bruneval, particularité fort rare encore à cette époque dans les pièces de ce genre[5].

---

[1] Peut-être une Marie de Bruneval qui possédait, en 1470, une rente sur le grenier à sel de Pontoise, était-elle issue de notre couple? (*Catal. du* Baron DE JOURSANVAULT, T. I, p. 234).

[2] Voir nos Preuves, **CXIX**.

[3] Voir nos Preuves, **CXX**.

[4] CLAIRAMBAULT: *Titres scellés,* T. 23, fol. 1647. — Voir aussi le P. ANSELME: *Hist. généal.,* T. VIII, p. 70, et nos Preuves, **CXXI**.

[5] Nous donnons à la fin de ce chapitre un des sceaux de Colart de Bruneval et sa signature autographe à nos Preuves.

De plus, nous avons retrouvé le dénombrement d'un arrière-fief de Travecy, fait le 9 mai 1416 à Colart de Bruneval, en sa qualité de seigneur de Nampcel et de Travecy en partie, lequel dénombrement nous prouve qu'à cette date encore, il possédait les deux seigneuries qui lui provenaient, par sa femme, de son beau-père Bidaut II de Caix (Preuves, CXXII).

Quant à Marie de Caix, nous ignorons ce qu'elle devint après que son mariage eut été régularisé.

Avec elle s'éteignit la deuxième branche de la maison de Caix fixée en Vermandois au XIVe siècle. On nous pardonnera très certainement d'avoir aussi longuement raconté l'histoire de sa romanesque union avec Nicolas de Bruneval, histoire qui nous paraît jeter un jour curieux sur les mœurs de la noblesse à l'époque de Charles VI.

XI

Henry de Caix, 1ᵉʳ du nom, seigneur de la Mairie de Caix. — Marie de Caix, épouse d'Antoine de Brouilly. — Jean de Caix. — Procès d'Henry de Caix avec le prieur de Lihons-en-Santerre. — Liquidation de sa succession entre les enfants de ses deux femmes : Marguerite de Rubempré et Adrienne de Sorel. — Hélène de Caix, sa fille ainée, apporte la Mairie de Caix a son époux, Hugues de Riencourt. — Adrien de Caix, 1ᵉʳ du nom, et ses frères. — Henri II et Adrien II de Caix (XVᵉ et XVIᵉ siècles).

Nous ignorons l'époque de la naissance de Henry de Caix, 1ᵉʳ du nom, écuyer, seigneur de la Mairie de Caix-en-Santerre. Etait-il le fils de Jean de Caix, fils du Danois, sous lequel fut brûlé le manoir familial de Caix, ou celui d'Aubert IIe du nom ? C'est ce que l'état de nos connaissances sur ce sujet ne nous permet pas de décider. La possession du fief de la Mairie de Caix, constatée entre les mains du premier au commencement du XVe siècle (voir p. 151), nous porterait à croire qu'Henry, seigneur du même fief cinquante ans après, comme nous allons le voir tout à l'heure, était issu de lui ; mais comme, d'un autre côté, nous ne connaissons aucun document authentique concernant les enfants de ce Jean, il serait aussi possible qu'Henri fût le fils ou le petit-fils d'Aubert II, et que ce dernier eut trouvé le fief de la Mairie dans la succession de son cousin Jean, le fils du Danois. Quoi qu'il en soit de cette filiation, ce qui est hors de doute, c'est qu'Henry de Caix était issu, par Jean ou par Aubert, de Dreux de Caix et de Marie de Han; puisque les autres descendants de ce couple n'avaient pas laissé de postérité [1].

Avant de nous occuper de Henry de Caix et de sa descendance, nous devons parler d'un certain nombre de personnages, du nom de Caix, que nous trouvons à la même époque.

Nous aurons, du reste, peu de choses à en dire. En

---

[1] Une pièce du *Cabinet des Titres* (*Pièces originales*, Tom. 1603, doss. 36885) indique bien que d'Hozier, son rédacteur, considérait Henry de Caix comme appartenant à la même souche que Jean de Caix, seigneur de Dancourt et Wadyvoie, que Jean de Caix, chevalier en 1233, et que Robert de Caix en 1131, dont il réunit tous les noms au sien.

effet, si le XIVe siècle est le plus riche en documents pour l'histoire de notre vieille maison picarde, le XVe est, par contre, celui qui nous a laissé les moins nombreux.

Nous pouvons citer, dans la première moitié de ce siècle, un Hue de Caix, que les Archives de Joursanvault nous montrent qualifié écuyer, canonnier du roi, et envoyé de Romorantin à l'armée d'Angoumois et de Saintonge [1].

On pourrait s'étonner de voir le titre d'écuyer accolé à la mention de canonnier du Roi. Mais il ne faut pas oublier qu'au commencement du XVe siècle, l'artillerie commençait à jouer un rôle décisif dans les combats. Le maniement de ces nouveaux engins de destruction était encore peu répandu — on en voit une preuve dans l'envoi de Hue de Caix au comte d'Angoulême — et ceux qui les connaissaient étaient, parmi les hommes d'armes, des privilégiés. La charge de maître de l'artillerie était une des plus importantes à la cour militaire des rois à la fin du XIVe et pendant toute la durée du XVe siècle. Ceux qui la remplirent furent des personnages considérables. Il suffit de rappeler les noms de Jean de Lyon, de Jean Petit, de Louis de Crussol, de Jean et de Gaspard Bureau, de Tristan Lhermite, de Jean Chollet, etc. [2].

---

[1] Voir nos Preuves, **CXXIII.**

[2] Un canon, conservé au Musée d'artillerie, porte l'inscription suivante sur la tranche de bouche : « MCCCCLXXVIII, du commandement Loys, par la grâce de Dieu, roi de France, XIe de ce nom, me feist faire à Chartres, Jean Chollet, chevalier, maître de l'artillerie dudit seigneur ».

Si les maîtres de l'artillerie étaient de hauts fonctionnaires, les maîtres canonniers étaient des officiers de marque qui avaient de nombreux servants sous leurs ordres, et qui jouissaient de privilèges appréciés [1]. Presque tous appartenaient à la noblesse et avaient le titre d'écuyer. Nous pouvons citer Nicole de Billy « maistre de canons au service du roy » en 1370 [2], Jehan de Lanault, Anthoine Richief et Colart Jozel de Dinant « maistres de bombardes » à Metz, dont M. Larchey publie (page 105) les sceaux armoriés, etc., etc. C'était donc une situation fort honorable, pour un gentilhomme de fortune, comme Hue de Caix, que celle de canonnier du roi, et elle n'amoindrissait nullement, au contraire, sa qualité d'écuyer.

Nous trouvons à la même époque, dans une Montre de 8 chevaliers, 85 écuyers et 5 archers à cheval, sous Raoul de Gaucourt, Montre passée le 14 août 1415 à Lourmaiye (Lourmais, Ille-et-Vilaine), un le Galois de Chey [3]. Cet écuyer est-il des nôtres ? C'est ce qu'il nous est impossible de dire, bien que la forme de son nom ne soit pas ici un obstacle (Voir plus haut p. 56). Nous ferons seulement remarquer que cette

---

[1] Parmi ces privilèges était celui de pouvoir porter, même au feu, la robe, tandis que leurs servants n'avaient que le justaucorps (LORÉDAN LARCHEY : *Origines de l'Artillerie française;* planches autographiées, d'après les monuments du XIVe et du XVe siècles, avec introduction, table et texte descriptif. Paris, Dentu, 1863, in-fol., pl. 29).

[2] Comptes d'Yvon Huart, receveur des aides de Caen. — LÉOP. DELISLE : *Histoire de Saint-Sauveur le Vicomte*, n° 125, p. 185, cité dans Vte DE POLI : *Inventaire de Billy*, n° 188.

[3] CLAIRAMBAULT : *Titres scellés*, T. 52, n° 24, p. 3910.

compagnie, sous le commandement du connétable d'Albret, est remplie de noms picards et artésiens. On y trouve notamment, parmi les chevaliers, ceux de : Quitry, Fontaines, Hargicourt, Sapignies, Karados des Quesnes (seigneur de Boulogne-la-Grasse), Bouconvillers, et, parmi les écuyers, ceux de : Serens, Pont, Milly, Grosmenil, Cuise, Gribeauval, Belloy, la Lande, Gaudechard, Auxy, Froissicourt, Sains (deux fois), Hardeville, Hargenlieu, Lallemant, Bonneval, la Neuville, Berthemont, Avesnes, etc., etc. Il ne serait donc pas étonnant qu'un Caix picard se trouvât égaré en Bretagne avec tous ces compatriotes, sous le nom de Galois de Chey, forme que nous avons déjà rencontrée pour Caix [1].

Nous pourrions encore citer d'autres personnages du nom de Caix dont l'attribution à notre famille picarde est plus que douteuse [2], mais nous croyons

[1] Il y a, dans cette pièce, trois écuyers portant le surnom de Galois : le Galois de Cuise, le Galois de Chey et le Galois de Hardeville. Ce sobriquet, tiré des romans de chevalerie, est très fréquent au moyen-âge. On trouve chez les Aunoy, vieille maison picarde représentée aux croisades, notamment par Gilles d'Aunoy, tué en 1204 au secours d'Andrinople et cité par Villehardouin, trois chevaliers surnommés le Galois d'Aunoy. L'un d'entre eux eut sous ses ordres, en 1369, Jean de Caix, seigneur de Dancourt (Voir plus haut, p. 160).

[2] Parmi les Caix que nous rencontrons au XVe siècle, nous citerons encore pour mémoire un Anthoine de « Quay », ou de « Quaiz », veneur du roi Louis XI (*Fonds Français*, 2906, fol. 64, 77), un Nicolas « Caix » passé en revue le 24 août 1426 (*Cabinet des Titres*, vol. reliés, n° 1410, pièce 104); un Guillaume « Desquay », archer dans une Montre passée à Amiens le 13 juin 1475 (*Fonds Français*, tome 25780, pièce n° 63), et un François « Desquez » ou « des Quetz » qui paraît comme archer en 1483 dans une Montre du même volume

devoir ne pas nous laisser entraîner trop loin dans cette voie.

Il nous faut cependant dire un mot d'une Marie de Caix, qui fut la sœur de Henri de Caix et qui épousa, vers le milieu du XVe siècle, Anthoine de Brouilly, seigneur de Mesvillers, etc.

Les documents anciens sur Anthoine de Brouilly et sa femme Marie de Caix sont tellement confus et contradictoires que nous sommes obligé, pour ne pas faire ici une trop longue digression, de les étudier à part [1]. Nous renvoyons nos lecteurs à cette dissertation spéciale. Ils y constateront, une fois de plus, l'inexactitude et l'incohérence des généalogistes les plus fameux, quand ils travaillaient autrement que sur des documents précis, et avec quelles précautions il faut se servir de leurs données concernant la filiation des familles, pleines, presque toujours, d'erreurs, et très souvent d'absurdités.

Henri de Caix avait encore un frère appelé Jean qui nous est connu, d'abord, par une Montre passée à Montreuil le 30 mai 1482 [2]. On pourrait s'étonner de voir un gentilhomme picard, servant en Picardie parmi des gens de guerre qualifiés, comme dans

---

(pièce 88), puis le 20 mai de l'année 1500, comme homme d'armes dans une Montre passée à Cosne, sous le commandement d'Antoine de Baissay, seigneur de Longecourt et bailly de Dijon (CLAIRAMBAULT : *Titres scellés*, reg. 120, n° 6). Nous ne savons si ces personnages appartiennent aux Caix de Picardie, et, dans le doute, nous n'osons rien affirmer.

[1] Voir nos Preuves **CXXIV**.
[2] Voir nos Preuves **CXXV**.

cette Montre, de « gascons »; mais il ne faut pas oublier que, dès le XVe siècle, les compagnies se composent d'hommes d'armes levés un peu partout. Ainsi, dans cette Revue de prétendus gascons, on trouve des la Ferrière, des Jobert, des de Beauregard, des de Bailleul, des de Bertaucourt, des du Pont, des Quieret, des de Beaulieu, etc., etc., qui appartiennent très certainement aux provinces du Nord. Cette expression de « gascons » n'était donc nullement exclusive de recrues provenant de pays tout différents. Les exemples foisonnent à cet égard, et c'était, la plupart du temps, l'origine de son commandant qui servait à donner à la compagnie, quand elle en avait une, sa désignation provinciale.

Mais la meilleure preuve que cette troupe n'avait de « gascon » que sa désignation officielle, c'est qu'elle ne paraît pas avoir quitté l'Artois et la Picardie pendant plus de dix ans. Nous retrouvons, en effet, Jean de Caix, au mois de juin 1493, en garnison à Doullens [1], où il eut, « au logis de son cappitaine où pend pour enseigne le Constantin » une querelle avec un de ses camarades « pour raison de certain butin qu'ilz avoient eu durant qu'ilz estoient en garnison à Béthune ». Ayant été injurié, traité de méchant homme et de « hongnard » [2], et menacé par son adversaire, « Jehannot » de Caix perdit patience, tira son épée et en donna un coup de taille

---

[1] Voir nos Preuves, **CXXVI**.

[2] Hongnard = grondeur, grognon ; d'un verbe Hongner ou Hoingner. — Cfr. LACURNE DE SAINTE-PALAYE : *Dictionn. histor. de l'anc. Langage français*. Edit. Favre. Paris, in-4º.

sur la tête de son compagnon, « au moyen duquel cop, par faulte de gouvernement (de soins) ou autrement », il en mourut trois jours après. Immédiatement emprisonné, Jean de Caix demanda des lettres de rémission, et il est probable que la provocation avait été violente, car il obtint ces lettres quelques jours après, dans le même mois de juin.

Maintenant que nous avons déblayé le terrain, il ne nous reste plus qu'à parler de Henry de Caix, premier du nom, et de sa descendance.

Vers l'année 1482, Henry avait épousé damoiselle Marguerite de Rubempré, fille de Raoul de Rubempré, écuyer, seigneur d'Aubercourt, et de damoiselle Antoine *(sic)* d'Hénencourt [1]. De ce mariage naquit une fille unique, nommée Hélène.

Marguerite de Rubempré étant morte peu d'années après, Henry de Caix se remaria, vers 1488, avec damoiselle Adrienne de Sorel, appartenant à une vieille famille picarde sur laquelle nous donnons une note assez étendue à nos pièces justificatives [2]. De ce second mariage naquirent plusieurs fils et plusieurs filles, dont nous parlerons plus tard.

Comme seigneur du fief de la Mairie de Caix, Henry I de Caix eut, ainsi que ses ancêtres, des démêlés avec le Monastère de Lihons-en-Santerre, dont le prieur-commendataire était alors Guillaume Maraffin, évêque et comte de Noyon. Henry de Caix refusant de rendre la foi et hommage qu'il devait à

[1] Voir nos Preuves, **CXXVII**.
[2] Voir nos Preuves, **CXXVIII**.

l'évêque, son suzerain, celui-ci avait mis opposition sur les revenus du fief qu'il avait saisi, et cette situation dura jusqu'à l'année 1488, époque à laquelle Henry consentit enfin à s'exécuter [1].

Il est permis de croire que son alliance avec la demoiselle de Sorel ne fut pas étrangère à cette détermination. Nous voyons, en effet, que Pierre de Sorel, frère d'Adrienne, était alors chanoine de Noyon, et il est probable que l'autorité de ce chanoine s'exerça pour amener la soumission d'Henry de Caix, soit que celui-ci espérât, par cette soumission, réaliser plus facilement l'alliance qu'il convoitait, soit que, marié déjà, il ait cédé aux instances de sa femme désireuse, dans un but intéressé ou dans un sentiment de pure affection, de ne pas s'aliéner les bonnes grâces d'un parent respecté et influent.

Quoi qu'il en soit du mobile qui le fit agir, nous voyons qu'Henry se rendit, en personne, à Noyon, le 23 mai 1488, et qu'il y fit au prieur-évêque l'hommage de « tout un fief et noble tènement, contenant la Mairie de Caix » où il demeurait, « avec le serment de fidélité et en tel cas requis et accoutumé », moyennant quoi il obtint la levée de la main-mise sur ledit fief, et en reçut de nouveau « pleine délivrance » [2].

---

[1] Voir nos Preuves, **CXXIX**.

[2] Il m'a été malheureusement impossible de remettre la main sur les pièces de procédure de ce long procès, dont nous ne connaissons que l'acte final. Je signale cette recherche à ceux de nos arrière-neveux — s'il s'en trouve — qui reprendront après moi ces études d'histoire familiale. Lorsque les Archives départementales de la Somme et de l'Oise seront dans un état de classement plus avancé, il est possible que

Henry de Caix vivait encore en 1493, ainsi que nous l'apprend une inscription gravée en caractères gothiques, sur pierre dure, qui était, il y a quelques années, appliquée sur le mur de fond du transept de l'église de Caix-en-Santerre [1]. Cette inscription est une donation de terre à ladite église par Jehan et Mariette de Han et les trois pièces de terre qui font l'objet de cette donation touchent à des propriétés de Henry de Caix.

Celui-ci mourut après sa seconde femme, dans la première ou dans la seconde année du XVIe siècle, et sa succession donna lieu à de graves contestations entre ses enfants des deux lits.

Par son contrat de mariage avec Marguerite de Rubempré, il avait été stipulé, en effet, que si de ce mariage il ne laissait que des filles et que, d'un autre mariage, il eût des fils qui succédassent à ses fiefs, ses filles du premier lit auraient, après son décès, un fief consistant en quinze muids de grains de rente, hypothéquée sur l'abbaye de Corbie, et un autre fief situé à Omiécourt. Sa succession ouverte, Hélène, sa fille unique du premier mariage, qui avait

---

l'on retrouve quelques traces de ces procédures, lesquelles auraient pour l'histoire de notre maison une importance toute particulière, — soit à Amiens, dans les dossiers du prieuré de Lihons, soit à Beauvais, dans les monceaux de papiers judiciaires, empilés aujourd'hui dans les greniers de l'ancien Evêché. Quant aux Archives du Château de Sorel, où j'avais espéré pouvoir rencontrer quelque renseignement à ce sujet, une aimable communication de son propriétaire actuel, M. le baron de Ségonzac, m'affirme malheureusement qu'elles ont complètement disparu.

[1] Voir nos Preuves, **CXXX**.

alors atteint sa majorité [1], prétendait se faire attribuer les deux fiefs susdits *hors part* et venir partager le reste de l'héritage paternel avec ses frères et sœurs du second lit. Il fallut donc en venir à un arbitrage [2].

Les arbitres choisis furent MM. de Brouilly, de Vignacourt et François [3]. Les parents appelés à représenter les enfants des deux lits furent, pour Hélène de Caix, son oncle Adrien de Rubempré, écuyer, seigneur d'Aubercourt, à qui elle donna sa procuration, et pour ses frères et sœurs mineurs, Messire Pierre de Sorel, prêtre, chanoine de Noyon, aussi leur oncle maternel, et qui, en cette qualité, était déjà leur tuteur.

Les parties entendues, ces arbitres décidèrent que si Hélène préférait venir partager la succession avec ses cohéritiers, elle le pourrait, mais en renonçant à se prévaloir de la clause du contrat de mariage de sa mère et en abandonnant préalablement les deux fiefs qui lui étaient assurés par ce contrat; mais que si, au contraire, elle comptait se prévaloir de cette clause du contrat, et s'en tenir au don qui y était stipulé en sa faveur, elle ne pourrait rien réclamer de

---

[1] On sait qu'au Moyen-Age, les femmes étaient majeures bien avant les hommes. Ceux-ci ne le devenaient qu'à vingt et un ans, âge auquel ils étaient présumés pouvoir accomplir leur devoir féodal. Les femmes, au contraire, n'ayant aucune obligation militaire à remplir personnellement, étaient majeures dès qu'elles étaient nubiles, c'est-à-dire vers quinze ou seize ans. Or, Hélène de Caix devait avoir à peu près 18 ans en 1503, et son frère aîné Adrien trois ou quatre ans de moins.

[2] Voir nos Preuves **CXXXI**.

[3] La signature « A. de Brolly » est-elle celle d'Antoine de Brouilly, marié à Marie de Caix, tante des parties? Cela est fort probable.

plus sur les fiefs, terres et autres biens laissés par son père.

Les pièces que nous possédons ne nous font pas connaître d'une manière explicite le parti auquel s'arrêta Hélène de Caix. Il paraît certain, néanmoins, qu'elle renonça aux clauses du contrat de mariage de sa mère et qu'elle entra en partage avec ses frères, puisque nous voyons plus tard ses héritiers posséder des fiefs qui ne sont pas indiqués audit contrat, et notamment la Mairie de Caix; son fils, Jean de Riencourt, se qualifier seigneur de Caix, et la Maison de Guiche tenir, au siècle suivant, la Mairie de Caix, des représentants du même Jean.

Hélène de Caix épousa, en effet, vers l'année 1520, Hugues de Riencourt, chevalier, seigneur de Tilloloy, Vaux, Arleux et Saint-Séverin, fils de Jean de Riencourt [1], écuyer.

Elle en eut deux enfants : un fils, dont nous

---

[1] *Généal. de Riencourt*; et D. GRENIER: *Collect. de Picardie*, Tome 144, fol. 10 verso. — D'après des traditions de famille, ce mariage fut fait sous les auspices de Gabriel ou Garain de Riencourt et de Jean, son frère, écuyers, lesquels étaient oncles à la mode de Bretagne de Hugues de Riencourt et amis de la famille de Caix. Tous deux étaient fils d'un autre Hugues de Riencourt, en son vivant premier maître d'hôtel d'Antoine de Bourbon, roi de Navarre, et de damoiselle Marie de Lameth. Ils demeuraient à Corbie, où ils furent tous deux, dès l'année 1507, conseillers aux Comté et Prévôté de la ville. Garain de Riencourt signa, le 23 mars 1513, avec plusieurs autres, en qualité d'échevins de la ville de Corbie et d'auditeurs royaux, une délibération qui fut prise dans l'assemblée de ville au sujet des réparations à faire aux fortifications de la ville. — Voir *Anc. Reg. du Buffet de Corbie*, cote 13, fol 36 recto ; Comptes de 1537 et 1549. — D. GRENIER : T. 30, paq. 4, art. 6, et T. 34, paq. 5, art. 2ᴬB. — Voir encore D'HOZIER: *Armorial général*, Reg. V, 2ᵉ Partie. Article *Riencourt*.

venons de parler, marié à une demoiselle de Daumont et mort sans postérité, et une fille, Marie de Riencourt, qui épousa, avant le 6 janvier 1538, Jean (ou Robert) de Forceville, seigneur de Forceville, de Fontaines et de Varel, d'où vint Jean II de Forceville, chevalier de Malte. Marie de Riencourt apporta à la maison de Forceville les biens qu'elle possédait à Caix du chef de sa mère.

Hélène de Caix mourut, bien avant son mari, entre les années 1527 et 1532, ainsi qu'il résulte de deux des pièces où il est question d'elle, parmi celles qui furent produites aux Preuves faites par la maison de Riencourt [1].

Pour en terminer avec ce que nous avons à dire de la fille de Marguerite de Rubempré, nous ajouterons que l'*Armorial Général* de D'HOZIER (art. de *Riencourt*), parlant du mariage d'Hélène de Caix [2], dit qu'elle était « sœur d'Antoine [3], Sgr. de Caix au pays de Santerre, homme noble et d'ancienne lignée,

---

[1] VILLERS-ROUSSEVILLE : *Nobiliaire de Picardie*. (Voir nos Preuves, **CXXXII**). Devenu veuf, Hugues de Riencourt se remaria, le 25 juin 1532, avec Catherine de Cochet de Jalage, qui vivait encore en 1550 et dont il eut plusieurs enfants, notamment Christophe et Claude de Riencourt, qui continuèrent la descendance. — Voir le *Dictionnaire* de LA CHESNAYE DES BOIS. — A propos de cet auteur, nous ferons remarquer ici en passant, qu'il ne cite même pas la première union de Hugues de Riencourt avec Hélène de Caix, ni les enfants qui en sont issus. La légèreté habituelle de ce généalogiste vénal suffirait à expliquer cette omission s'il n'avait pour excuse, dans le cas présent, ce fait que la descendance de cette branche des Riencourt se continua par la seconde femme de Hugues, Catherine de Jalage.

[2] Voir nos Preuves, **CXXXIII**.

[3] Voir sur cet Antoine ce que nous disons plus loin, p. 225.

et fille d'Antoine de Caix, Ecuyer, seigneur de Caix », etc. Nous n'avons pas besoin d'insister sur cette erreur du célèbre généalogiste qui en a tant commis d'ailleurs — par complaisance aussi bien que par ignorance. Cela ne diminue en rien, du reste, la valeur du document qu'il cite relativement à Hélène de Caix, fille, non d'Antoine, mais d'Henry de Caix, écuyer, seigneur de la Mairie de Caix en Santerre.

Nous revenons au partage de la succession d'Henry de Caix.

Il n'est pas douteux, ainsi que nous l'avons démontré, que c'est à la suite de ce partage que les fief et manoir de la Mairie de Caix [1], que la famille conservait à travers tant de vicissitudes, et qui lui permettait de résider encore dans le pays dont elle portait le nom, et dans une situation nobiliaire honorable, malgré la spoliation dont elle avait été victime en 1131 — il n'est pas douteux, disons-nous, que c'est à la suite de ce partage qu'eut lieu cette aliénation du domaine familial, qui consomma la ruine définitive de la maison de Caix.

Par une singulière fatalité, nous retrouvons encore ici la main de l'abbé de Lihons ou de membres du clergé placés entièrement sous sa dépendance.

On a vu plus haut, en effet, que le tuteur des

[1] D'après des documents contemporains, dix journaux de terre, clos de murs et constituant un parc, entouraient le manoir de la Mairie de Caix; ce manoir était situé derrière l'église; on en voyait encore quelques restes, en brique et pierre, il y a peu d'années (*Notice sur la seigneurie et l'église de Caix*, pp. 23 et 26).

enfants d'Adrienne de Sorel était leur oncle maternel, Pierre de Sorel, chanoine de Noyon, et que c'est lui qui fut chargé de les représenter lors de la liquidation de la succession de leur père.

Or, il ne faut pas oublier que le Prieuré de Lihons était, à cette époque, à peu près inféodé à l'évêché de Noyon. Après Guillaume II Maraffin, mort à Carlepont, le 7 août 1501, Charles I de Hangest, son successeur sur le siège épiscopal de Noyon, était devenu prieur de Lihons. De plus, la cure d'Orvilliers-Sorel et celle de Biermont, desquelles dépendait le château familial de Sorel, étaient à la collation du Trésorier de Lihons. Les motifs ne manquaient donc pas à Pierre de Sorel, chanoine de Noyon, pour le disposer à être agréable à son évêque. Or, que pouvait-il faire de mieux pour cela dans cette circonstance, que profiter de l'occasion qui se présentait de débarrasser le prieuré de Lihons de vassaux gênants, descendants des anciens seigneurs du fief dominant et chez lesquels — on l'avait vu récemment par les difficultés qu'avait faites Henry de Caix pour rendre hommage à Guillaume Maraffin — n'était pas encore éteint le souvenir de la spoliation de 1131 ? Il est donc très vraisemblable qu'il crut de bonne politique de supprimer à son prieur-évêque des vassaux embarrassants, tout en liquidant la situation probablement très obérée de ses jeunes neveux. C'était faire coup double, et il est peu de circonstances dans lesquelles les visées de l'intérêt particulier aient pu se revêtir avec plus de vraisemblance du masque d'un devoir à accomplir.

Nous avons, d'ailleurs, le testament de Pierre de

Sorel qui nous donne la preuve que l'esprit de famille était complètement dominé chez lui par le zèle religieux et qu'il n'aurait pas hésité, le cas échéant, à sacrifier le premier au second.

Dans ce testament, que nous publions à nos Pièces justificatives [1], et qui date vraisemblablement d'une époque antérieure, Pierre de Sorel donne presque tout ce qu'il possède à l'Eglise et aux pauvres — à l'exception de quelques legs à des amis, parmi lesquels, chose assez curieuse, il comprend « Charles, son filleul, fils de son compère Cauvin », lequel n'est autre que le frère du fameux Jean Calvin [2]. Par contre, il a soin de dire qu'il « veut que son frère ni sa sœur ou autres de ses héritiers, ne se meslent ny aient l'entremise de l'exécution de son testament, en quelque manière que ce soit ».

Il nous paraît donc bien certain que l'aliénation définitive de la Mairie de Caix, qui eut certainement sur les destinées de la maison de Caix, aux siècles suivants, l'influence la plus désastreuse, fut due aux mêmes influences et presque aux mêmes personnes que celles qui furent les auteurs de sa première ruine quatre siècles auparavant.

---

[1] Voir nos Preuves, **CXXXIV**.

[2] Le Charles Cauvin en question est, en effet, le fils de Gérard Cauvin, procureur en Cour d'Eglise, père du célèbre réformateur noyonnais. Charles Cauvin, sensiblement plus âgé que Jean, devint chapelain de la Cathédrale et reçut les ordres. Accusé de certaines opinions hétérodoxes, il fut l'objet de plusieurs censures et finalement mourut en état d'interdiction. Sa rupture avec l'Eglise lui valut d'être inhumé sous les fourches patibulaires en 1537. On peut voir sur ce personnage l'ouvrage de M. ABEL LEFRANC, archiviste aux Archives Nationales : *La Jeunesse de Calvin*. Paris, 1888, 1 vol. gr. in-8.

De son second mariage avec Adrienne de Sorel, Henry de Caix laissait d'ailleurs plusieurs enfants; l'arbitrage de 1503 parle au pluriel des « frères et sœurs » d'Hélène, et, comme nous connaissons au moins trois des frères, il en résulte qu'Adrienne de Sorel avait au moins cinq enfants vivants. Cette circonstance était encore de nature à donner une justification à l'abandon consenti, au nom de ses neveux, par Pierre de Sorel, puisqu'il paraissait ne consentir à cet abandon que sous le coup d'une nécessité inéluctable.

Que restait-il à faire, dans cette situation, aux fils d'Henry de Caix, devenus des hommes, sinon reprendre l'épée qu'avaient portée presque tous leurs ancêtres et que leur père avait peut-être laissé se rouiller quelque peu au fourreau ? Ils le comprirent.

L'aîné, nommé Adrien à cause de sa mère, Adrienne de Sorel, servit d'abord dans une Compagnie de cinquante lances fournies des Ordonnances du roi, commandée par le Comte de Saint-Pol, et il fut passé en revue avec cette Compagnie, à Corbie [1], le 24 novembre 1521. Puis, nous le voyons, pendant de longues années, dans une autre Compagnie de vingt-cinq lances — constituée sans doute par un dédoublement de la première — placée sous le commandement de M. de Humyères, et dont nous possédons les Montres passées à Péronne le 30 avril 1522 [2], le 16 juin 1525 [3], le 15 septembre 1527 [4], et

---

[1] Voir nos Preuves, CXXXV.
[2] Voir nos Preuves, CXXXVI.
[3] Voir nos Preuves, CXXXVII.
[4] Voir nos Preuves, CXXXVIII.

le 15 mai 1538 [1]. On voit dans cette dernière pièce que la Compagnie en question composait, à cette époque, la garnison permanente de la ville de Péronne. Dans toutes ces Montres, Adrien de Caix a pour compagnons d'armes des Rouvray, des Sacquespée, des Linières, des Maugiron, des Anglure, des Contay, des Bayencourt, des Calonne, des Amerval, des Miraumont, des Rubempré, parents de la première femme de son père, un Vermoises, son cousin-germain, son propre beau-frère, Hugues de Riencourt, etc., etc.

Comme aîné, Adrien I de Caix avait conservé à Caix, non pas le fief de la Mairie, sorti définitivement de sa maison et passé à sa sœur Hélène, dame de Riencourt [2], mais un autre fief moins important, connu sous le nom de fief de Maucourt, lequel passa aussi, nous ne savons dans quelles circonstances,

---

[1] Voir nos Preuves, **CXXXIX**.

[2] Au XVIIe siècle, la Mairie de Caix, avec ses dix journaux de terre entourant le manoir seigneurial, appartenait à la maison de Guiche, qui le tenait des ayant-droit de Jean de Riencourt, fils d'Hélène de Caix. Au commencement du XVIIIe siècle, Charles Crappier était possesseur dudit fief, « consistant en une maison, héritages et bastimens situés à Caix proche de l'Eglise, relevant en deux fiefs, par chacun de 60 sols parisis de relief et 30 sols parisis de chambellage et autres charges portées par la coutume ». (*Dénombrement de la terre de Caix* du 13 octobre 1708. — *Arch. de la Somme*, fonds *Corbie*, Armoire 2, Liasse 50). Les bâtiments du manoir seigneurial ont été démolis et il n'en reste plus que quelques fragments en brique et pierre. Derrière l'église, on voit la porte principale en ogive, surmontée d'un écusson qui a été gratté; mais plus loin est une autre porte de chêne surmontée d'une archivolte en doucine, ornée de denticules, et au bas de l'arcade surbaissée de droite on distingue les traces d'un écu avec sautoirs et fasces. Est-ce l'armoirie des Guiche ou celle des Caix qui, comme nous l'avons vu, portaient des sautoirs et des fasces (p. 154, 156)?

aux Forceville, héritiers d'Hélène de Caix, qui le vendirent en 1618 à la famille de Fontaine [1].

Adrien de Caix, Ier du nom, eut, d'une femme que l'on ignore, un fils appelé Henry, IIe du nom, qui continua la descendance de la branche aînée, et dont nous parlerons plus loin.

Nous connaissons François et Jean de Caix, autres fils de Henry de Caix, Ier du nom. Le 9 juin 1525, Jean fait partie comme archer, d'une compagnie de cinquante lances fournies des ordonnances du roi, passée en revue à Boulogne-sur-Mer, sous la charge de « Mgr. Philippe de Boulainvilliers, chevalier, comte de Dampmartin » [2]. Nous le retrouvons ensuite, dans une Montre faite à Ivry, près Paris [3], le 14 septembre 1544, de quatre-vingt-dix-sept hommes d'armes et cent quarante-sept archers, sous le commandement du duc de Guise, leur capitaine. François de Caix, son frère aîné, était enseigne, c'est-à-dire lieutenant en second de cette compagnie

---

[1] C'est la possession de ce fief qui permit aux Fontaine de se qualifier Seigneurs de Caix. Charles de Fontaine, chevalier, se disait Seigneur de Caix en 1647 (*Pièces origin.*, T. 1025, Dossier *Dournel*, pièce 4). — Nous avons un Factum imprimé en 1677 « pour dame Marguerite de Cambray, veuve de Messire Charles Desfontaine, seigneur de Quaist, contre Madame la Maréchale de Créquy... » (*Bibliothèque Nationale. Fonds Thoisy*, 139, f° 225) qui prouve qu'à la fin du XVIIe siècle, les Fontaine se disaient encore Seigneurs de Caix, au moins pour partie. Cette dame est ainsi inscrite à l'*Armorial général* de 1698 : « Marguerite de Cambray, veuve de Charles de Fontaine, seigneur de Caix : d'argent, à un chevron d'azur chargé de deux billettes d'or ». *Armorial général* : Généralité d'Amiens.

[2] Voir nos Preuves **CXL**.

[3] Voir nos Preuves, **CXLI**.

dont Pierre de Haraucourt était lieutenant en premier. « Jehan de Caix » est classé ici parmi les hommes d'armes, au nombre desquels nous relevons des noms appartenant aux familles du Hamel, de Flavy, de Dampierre, de Beaufort, de Roussy, de Gueydon, de Damas, d'Athie, d'Angluze, de Remigny, de Mailly, de Failly, de Choiseul, du Chastelet, etc. [1].

La présence de ces deux frères de Caix dans une troupe commandée par le duc de Guise, dès 1544, explique l'ardeur avec laquelle certains de leurs neveux adoptèrent, quarante ans plus tard, le parti de la Ligue, à la tête de laquelle se trouvait la maison de Lorraine.

Un document assez singulier nous rappelle le nom d'Antoine de Caix, un autre fils de Henry I, que nous connaissons déjà par une mention rappelée plus haut (p. 218).

Dans un Livre d'heures d'Antoine de Caulaincourt, religieux et official de l'abbaye de Corbie, dont il écrivit l'histoire [2] — livre d'heures imprimé en

---

[1] Le passage suivant d'un auteur du XVIe siècle explique la valeur de ces diverses qualifications de lieutenant, d'enseigne, d'homme d'armes ou d'archers :

« ... Les grands ont charge de gens d'armes plus grande ou moindre, selon leur qualité et vertu. Les autres sont lieutenans, les autres porteurs d'enseignes, les autres hommes d'armes, et les autres archers, et encore les jeunes gentilzhommes y sont nourris pages. » (*La Grand' Monarchie de France*, par CLAUDE DE SEYSSEL, 1re partie, Chap. XIV, éd. de 1557, p. 4, v°).

[2] Cette histoire est à la Bibliothèque Nationale (*Fonds de Corbie*, n° 25). Cfr. COCHERIS : *Inventaire des Mss... sur la Picardie*, p. 550.

1530 — on voyait, dit D. GRENIER [1], « à la fin de l'office de l'Annonciation,.... écrit à la main en gros caractères : ΑΝΘΩΝΙΟΥΣ ΔΕΚΑΥ, Antoine de Kay, *alias* de Cais et de Caix... »

Et, à la page suivante du même volume de D. Grenier, au milieu de l'indication de diverses pièces du Trésor de l'abbaye de Corbie, le savant bénédictin donne un grossier croquis d'une armoirie qui se trouvait, dit-il, « sur la châsse de sainte Bathilde », et qui était probablement celle du donateur de cette châsse.

Cette armoirie est partie : au 1er de..... au chevron de..... accompagné en pointe d'un lion de..... au chef de..... chargé d'un croissant entre deux étoiles; et au 2e de..... aux trois levrettes, 2 et 1, celle en pointe surmontée d'un croissant sous un lambel. A côté de ce croquis, on lit, d'une autre main, cette note :

« Armoiries d'Antoine de Caix, d'or au chevron d'azur, en pointe d'un lion de gueules, au chef de

[1] *Collection de Picardie*, T. 30, p. 363.

gueules portant un croissant d'argent entre deux étoiles du même » [1]. L'armoirie accolée est sans doute celle de la femme d'Antoine de Caix.

C'est probablement là l'origine du quartier de l'écu que portaient au XVIIIe siècle certains membres de la famille de Caix, et dont les branches cadettes écartèlent encore leurs armes.

Nous ignorons les noms des autres enfants de Henri Ier de Caix.

Nous trouvons bien, dans une Montre faite à Condom [2] le 3 mai 1514, un Louis et un Guillaume de Caix; mais nous avons tout lieu de croire que ces deux personnages appartenaient à la famille des seigneurs de Caix en Quercy, dont nous avons parlé dans un chapitre précédent (Voir plus haut, p. 61).

Il en est probablement de même d'un Pierre de Caix que nous trouvons parmi les hommes d'armes d'une Montre passée le 20 août 1517 « à Traversière ou Ferraroys [3] » sous le baron de Béarn, et d'un autre Pierre que nous rencontrons parmi les hommes d'armes d'une Montre passée à Mirande [4] le 1er janvier 1580, sous le commandement de Antoine de Guilhermy, seigneur de Lartuzie et de Bagnères, et dans la revue d'une autre compagnie du régiment du comte de Brissac, faite à Dronier (Dronero) en

---

[1] Cfr. *Registres des ornements et des livres de Corbie.* COCHERIS : *Inventaire...* p. 656, 657. — *Fonds de Corbie :* 32^1, 32^2 et 33.

[2] Voir nos Preuves, **CXLII**.

[3] Voir nos Preuves, **CXLIII**.

[4] Voir nos Preuves, **CXLIV**.

Piémont le 3 mai 1581 [1]. Cependant, il peut y avoir quelqu'hésitation en ce qui regarde ces deux derniers personnages [2].

Nous ne savons non plus à quelle famille du même nom rattacher des de Caize, de Què ou de Cais que nous trouvons dans les Pays-Bas à la même époque [3], et dont l'un, Louis de Caye, était abbé de Bonneffe, en Flandre, en 1567. Il ne nous paraît pas impossible, néanmoins, qu'un rameau des de Caix que nous avons signalés plus haut (p. 116) comme établis en Artois, ait remonté encore plus au Nord et ait été l'origine de ces Caix flamands [4].

[1] Voir nos Preuves, **CXLV**.

[2] Il est bien certain, au contraire, que le Jean de Cais qui épousa, vers l'année 1580, Georgette de Grimaud, de la maison des Grimaldi de Monaco (P. ANSELME : *Hist. généal.* IV, p. 502) n'appartenait pas à nos Caix picards, mais aux Cais de Provence et de Nice. Quant à son contemporain Honoré de Cais, ambassadeur de France en Portugal, nous avons également dit plus haut (p. 68) qu'il nous faut le classer à la même famille. — Nous citons encore pour mémoire un Jehan Caix et un Ramon del Caix, faisant partie le 1er octobre 1591 de la garnison de Conques (*Fonds Français*, vol. 25.820; Montres, T. 57, pièce 351), qui se rattachent peut-être par leurs origines aux Caix du Quercy.

[3] On peut voir sur ces personnages les « *Anciennes Magistratures du Pays de Waes* », par M. le Chevalier SCHOUTHEETE DE TERVARENT (gd in-8º : Saint-Nicolas, 1874), et l' « *Inventaire des Archives de Saint-Nicolas* » (gd in-8º : Saint-Nicolas, 1877), par le même.

Pour Louis de Caye, abbé de Bonneffe, « *Les Fiefs du Comté de Namur* », par STANISLAS BORMANS (Namur, 1877, in-8), où l'on trouve la mention suivante à la page 533 :

« 18 Novembre 1567. Damp Corneil Brenseghem, abbé de Bonneffe, relève la seigneurie de Taviers et le fief delle Motte à Namur par décès de Damp Loys de Caye, son prédécesseur. » Fol. 217 du *Registre des Reliefs et Transports*, de 1551 à 1592.

[4] On trouve encore, à la fin du XVIe siècle, un François du Cay,

Pour ce qui est de François de Caix, fils cadet d'Henri Ier, il eut, d'une femme que l'on ignore, un fils nommé Jean, comme son oncle, qui jura la Ligue à Corbie [1] le dimanche 28 août 1588, et reçut presque aussitôt du duc d'Aumale, — par une sorte de dérision de l'histoire — le commandement du château de Boves, berceau de sa race cinq siècles auparavant, et dont il eût dû porter le nom, si les noms de famille avaient été constitués d'une manière régulière et définitive au temps de Hugues, de Dreux et d'Anseau de Boves, ses premiers aïeux paternels.

Il ne garda pas longtemps cette charge. Le duc d'Aumale la lui retira presqu'aussitôt, pour un motif que nous ignorons, et la donna au sieur de Lauzerel.

La brutalité de cette mesure ne tarda pas à soulever de justes réclamations, et la commune d'Amiens, dont la forteresse de Boves constituait une des principales défenses, s'en émut. L'Echevinage de cette ville prit, le 23 juin 1589, une délibération [2] dans laquelle elle blâme énergiquement le duc d'Aumale d'avoir remplacé le sieur de Caix comme capitaine de Boves.

Au même moment, plusieurs autres de Caix servaient en Picardie, dans l'un ou l'autre des partis en présence.

écuyer, seigneur de la Mérière, archer des gardes du corps du roi en 1584, 1585 et 1589. La forme de la particule qui précède son nom, *du* pour *de*, doit le faire écarter de notre classification. Il avait pour armes : d'azur à un daim passant d'or. (*Bibl. Nat. Pièces originales*, etc.).

[1] D. GRENIER, T. 34, pièce 208.
[2] Voir nos Preuves **CXLVI**.

Dans une Montre d'hommes de guerre « français » faite en la ville de Chauny le 3 août 1591, sous le commandement de René de Laulne (Voir nos Preuves, CXLVII), nous trouvons un Nicolas de Caix, probablement le fils ou le neveu de ceux dont nous avons parlé plus haut.

Il en est sans doute de même de Robert et d'Antoine de Caix, dont nous rencontrons les noms dans une autre Montre faite au Château de La Fère, le 1er décembre 1597, d'une compagnie de cent hommes de guerre « français » comme les précédents, sous le commandement de Philippe de Longueval, sieur de Manicamp (Voir nos Preuves, CXLVIII).

Les membres de la maison de Caix, dispersés par l'aliénation du manoir familial, ruinés par la guerre étrangère et par la guerre civile qui ensanglanta la Picardie pendant presque tout le cours du XVIe siècle, étaient condamnés désormais à lutter isolément pour la vie, et la décadence ne fit, comme nous allons le voir bientôt, que s'accentuer pendant le siècle suivant.

Église de Caix et entrée de l'ancien manoir

XII

ADRIEN II ET ADRIEN III DE CAIX. — NICOLAS DE CAIX ET SES FILS : CLAUDE-ALEXIS, TIGE DE LA BRANCHE DE SAINT-AMOUR (AUJOURD'HUI SAINT-AYMOUR) ET FÉLIX, TIGE DE LA BRANCHE DE BLAINVILLE ET DE CHAULIEU. — ÉDOUARD-VICTOR-ALEXIS ET SON FRÈRE JACQUES-FERDINAND, TIGE DE LA BRANCHE DE REMBURES. — LANGE DE CAIX DE LA MAIRIE. — TABLEAU GÉNÉALOGIQUE DE LA FAMILLE DE CAIX DEPUIS 1652 (XVIIᵉ ET XVIIIᵉ SIÈCLES).

Pour reprendre la filiation des aînés de la maison de Caix, il nous faut maintenant revenir au fils de Henry de Caix et d'Adrienne de Sorel, Adrien de Caix, Iᵉʳ du nom, lequel se maria vers l'année 1525 et eut un fils appelé Henry, comme son grand-père. Cet Henry II mourut un peu avant 1573, époque à laquelle son fils Adrien, IIᵉ du nom, qualifié « écuyer » comme ses auteurs, paya les droits de relief pour un fief situé à Caix et consistant en XV journaux de terres labourables, faisant probablement partie d'un fief plus considérable, dont une portion appartenait à ses cousins de Forceville.

Mais ce fief, qui provenait de Charles d'Aubigny, n'était pas le seul que possédait à Caix, Adrien, IIe du nom ; il avait conservé d'autres épaves de la fortune de son bisaïeul et de ses ancêtres paternels, seigneurs de la Mairie de Caix.

Il releva, en effet, le 15 février 1603, au duc de Lorraine, seigneur dominant comme baron de Boves, quatre fiefs dont « deux fiefs nobles ayant toute justice » et deux fiefs abrégés mouvant de Boves ; ces quatre fiefs consistant en terres labourables, prés, bois, cens, terrages, champarts et service de plaids de quinzaine en quinzaine à Boves et à Caix [1].

Puis, en 1610, il est cité dans la « Déclaration des Paieries..... de Boves [2] », comme possédant au même lieu de Caix un fief consistant « en censives et sept journaux de terre », fief qui lui provenait évidemment de ses cousin et cousine de Riencourt et de Forceville (fils et fille de sa grand'tante Hélène de Caix) ; nous voyons, dans la pièce de laquelle nous extrayons ces détails, que Charles Gorin, seigneur de Bourdon, avait pris hypothèque sur ledit fief ainsi que sur deux autres « comme appartenant à Jehan de Riencourt, seigneur de Tilloloy, pour seureté de XIIII muidz et demy de bled, cinq muidz d'avoyne, et LXI livres XIII solz IIII deniers de rente, le premier décembre LXII » (1562), et que Charles de Forceville,

---

[1] Voir nos Preuves, **CXLIX**.

[2] Voir nos Preuves, **CL**.

neveu de Jean de Riencourt et petit-fils d'Hélène de Caix, avait relevé ces trois fiefs en 1565 et 1572, et sa fille Catherine de Forceville, en 1607.

Ce fief était le fief de Maucourt, ainsi appelé du nom de ses propriétaires au XIVe siècle, et avait appartenu à Adrien de Caix, Ier du nom, d'où il s'était divisé, par frérage, entre les Caix et les Riencourt. Nous voyons que Hugues de Forceville le vendit, en 1618, à Adrien de Fontaines. S'agit-il seulement de la partie qui était échue primitivement aux Riencourt? Ou avait-il réuni à cette partie celle qui avait appartenu à Adrien II de Caix? C'est une question que nos documents ne nous permettent pas d'élucider.

Quoi qu'il en soit, cette transaction est la dernière trace que nous rencontrions des fiefs conservés à Caix par les descendants de Henri Ier, seigneur de la Mairie de Caix. Nous arrivons désormais à l'époque moderne, au cours de laquelle les actes des paroisses deviennent le meilleur guide de l'histoire familiale.

Il n'entre pas dans notre plan de parcourir cette période et, ainsi que l'indique le titre de cet ouvrage, notre tâche s'arrête ici. Les preuves de la filiation, depuis le XVIIe siècle jusqu'à nos jours, grossiraient outre mesure ce volume qui a pris déjà des proportions trop considérables, et seraient même dépourvues du faible intérêt que peut présenter l'étude de nos documents du Moyen-Age.

Nous nous permettrons donc seulement de faire remarquer que tous les faits que nous avons publiés jusqu'ici, établissent d'une manière irréfutable la descendance d'Adrien de Caix, IIe du nom, vivant au commencement du XVIIe siècle, et de son fils Adrien III, avec Henri Ier, seigneur de la Mairie de Caix-en-Santerre, au milieu du XVe. De ce dernier en remontant à Dreux de Boves, le doute ne pourrait subsister que pour des esprits aveugles ou de mauvaise foi. Quant à la suite de la filiation, depuis les deux Adrien de Caix que nous venons de nommer jusqu'à nos jours, ce n'est plus qu'une question d'état-civil, dont nous tenons les actes à la disposition des rares érudits picards qui nous feront l'honneur de nous lire.

Si les généalogistes des deux derniers siècles sont muets, la plupart du temps, sur la famille de Caix, cela tient à la décadence dans laquelle tomba cette maison dans la seconde moitié du XVIIe. Déjà la ruine l'avait atteinte à deux reprises différentes, lors de la donation d'Anseau et de Robert, au XIIe siècle, et lors de l'aliénation du domaine patrimonial au commencement du XVIe. Néanmoins, la branche de cette maison, restée en Picardie, avait toujours continué à tenir un rang honorable dans la noblesse d'épée, et s'était même relevée par quelques alliances avantageuses. Mais, à la fin du XVIe et au commencement du XVIIe survinrent des circonstances malheureuses — parmi lesquelles nous pouvons citer les désordres de la Ligue — qui jetèrent pendant plus d'un siècle la famille de Caix dans une médiocrité — nous pourrions dire une pauvreté — ne lui permettant pas de conserver cette bonne tenue nobiliaire que nous avons constatée jusqu'ici.

Or, avec le règne de Louis XIV, vint précisément

l'époque où, pour des raisons fiscales, le roi exigea que la noblesse fît ses preuves — ailleurs que sur les champs de bataille. Les arrêts de maintenue et de réhabilitation étaient devenus, pour le roi, matière à finances. Au mois de décembre 1692, il révoque toutes les réhabilitations; en 1696, il déclare que les réhabilités doivent se faire confirmer en payant de nouveau; en 1698, il ordonne qu'ils produiront les titres justificatifs de leur noblesse; en 1703, il leur enjoint de rapporter tous les titres depuis 1560; enfin, en 1710, il révoque toutes les confirmations accordées en vertu de ses ordonnances depuis la Déclaration de 1661! Joignez à cela l'avidité des traitants, la rigueur des Intendants, surtout vis-à-vis de la vieille noblesse d'épée qui, plus ancienne et plus appauvrie, avait par cela même plus de difficultés à produire ses titres, et demandez-vous ce que pouvaient devenir, dans cette bagarre fiscale, dans cette chasse intéressée aux gros sous, sous couleur de recherches des usurpateurs de noblesse, de malheureux gentilshommes ruinés dès le XVIe siècle, et à qui on demandait du jour au lendemain de « faire leurs preuves ». Pour faire ces preuves, il fallait de l'argent. Les généalogistes, d'Hozier en tête, malgré leurs beaux titres officiels, ne travaillaient pas pour rien : les exemples en surabondent [1].

---

[1] TALLEMANT DES RÉAUX : *Historiette..... de d'Hozier* (2e édition Monmerqué, T. IX, p. 86). Il est inutile d'insister une fois de plus sur ce fait, qui est passé en axiome pour tous les érudits modernes, qu'en dehors des affirmations appuyées sur des documents précis, toutes les filiations établies par le fameux juge d'armes, pour le XVIe siècle et les temps antérieurs, ne méritent aucune créance.

Les assignations, réponses, impôts d'armoiries, etc., coûtaient fort cher ; des déplacements étaient nécessaires ; et tout cela était rendu impossible à d'infortunés gentilshommes, retombés par une pauvreté trop réelle dans une apparente roture, et pour lesquels la question du pain quotidien primait toutes les autres. Chargés de nombreuses familles, obligés de tirer parti eux-mêmes des quelques lambeaux de terre qu'ils possédaient encore çà et là, ou forcés de se confiner dans de petites judicatures dont les maigres émoluments leur permettaient au moins de faire vivre leurs enfants, ils végétaient ainsi, peu soucieux de réveiller les souvenirs d'un passé plus brillant, dont la comparaison avec leur triste état présent ne pouvait leur être que très douloureux [1].

C'est ainsi que la famille de Caix manque de documents nobiliaires à l'époque où tout le monde en possède, même et surtout ceux qui n'y avaient

---

[1] Le passage suivant du *Discours préliminaire* du *Trésor généalogique* (imprimé) de D. CAFFIAUX, un des rares livres d'histoire nobiliaire qui fassent autorité, nous paraît résumer admirablement la situation des gentilshommes pauvres de ce temps : « L'auteur déclare, dit-il, qu'on auroit tort de tirer des inductions défavorables à ceux dont les noms ne se trouveront point dans son livre, ou qui n'y seront pas placés avec toute la distinction qu'ils souhaitteroient. Il n'a pu travailler que sur les pièces qu'il avoit, et manquant de connoissances sur plusieurs maisons, il lui a été impossible de leur rendre toute la justice qu'elles étoient en droit d'attendre..... Il sçait, — ajoute-t-il quelques lignes plus loin, — que plusieurs personnes, qui n'ont aucun titre de leur famille, tirent leur origine de maisons fort anciennes et très illustres ; et que plusieurs n'ont pris des lettres d'anoblissement, quoique de famille noble et ancienne, que pour éviter les frais de recherches, qui les auroient remontés à leurs aïeux... » *Loc. cit.*, p. XII.

d'autre droit que celui qu'ils tenaient d'une escarcelle bien garnie [1]. A cette époque, en effet, je le répète, elle était ruinée, et hors d'état de faire valoir ses titres.

On a, d'ailleurs, de nombreux exemples de familles où les choses se sont ainsi passées au XVIIe siècle, et il ne nous serait pas difficile d'en citer plusieurs, sans sortir de notre coin de Picardie [2]. Peut-être, d'ailleurs, ces vieilles familles doivent-elles se féliciter d'une déchéance momentanée qui, en les retrempant dans

[1] On s'imagine, à tort d'ailleurs, que la présence des armoiries d'une famille dans un des nombreux armoriaux de la fin du XVIIe et du commencement du XVIIIe siècles indique que cette famille appartenait à la noblesse. Il n'en est rien. A partir de la fin du XVIe siècle, tout le monde prit des armoiries; chaque enseigne de boutique devint blason, suivant le mot de Ménage, et il ne fut si petit bourgeois qui ne se parât d'un écusson plus ou moins fantaisiste. Des ouvriers même se payèrent ce luxe (Armor. génér. *Lyon*, p. 460), et de 1696 à 1704, on enregistra plus de trente mille armoiries de roturiers. La mesure, purement fiscale, prescrite par le roi Louis XIV, de l'enregistrement des armoiries, transforma l'usurpation en un droit que consacra ensuite l'ordonnance rendue par Louis XV en 1760 et dans laquelle il est dit expressément que « suivant un usage qui a prévalu, le port des armoiries n'est pas borné à la seule noblesse. »

[2] La famille de Cambray, vieille et excellente maison picarde, seigneur de Villers-aux-Erables, de Maubuisson, etc., possédait à Caix un fief qui portait son nom, dont elle fournit un dénombrement à Ferry de Lorraine en 1407 et qu'elle conserva jusque dans le courant du XVIIe siècle. Tous les membres de cette famille sont qualifiés « écuier » au XVIe siècle, ce qui n'empêche pas que l'un d'entre eux, dans un dénombrement du 1er février 1503, s'appelle tout simplement : Jean de Cambrai, laboureur (CAUVEL DE BEAUVILLÉ : *Recueil*... T. IV). — « En 1708, Louis XIV octroya à Benoît Caudron, avocat, échevin et bourgeois d'Arras, des lettres de relief de dérogeance dans lesquelles est relatée sa filiation sans lacune jusqu'à Baudouin Caudron, chevalier, vivant en 1096. » (Vicomte DE POLI : *Essai sur l'hist. généal.*, p. 84. — *Pièces origin.*, T. 621. Dossier CAUDRON).

la lutte et le malheur, leur a donné de nouvelles forces d'énergie pour se relever, tandis que d'autres, qui semblaient plus favorisées du sort, ont disparu définitivement, tuées par l'anémie, résultat des excès du bien vivre et de l'oisiveté.

Cette décadence, cependant, ne se produisit certainement pas sans lutte dans la maison de Caix, et ses membres se décidèrent difficilement à renoncer à ce noble métier des armes qui avait été celui de leurs ancêtres.

C'est ainsi que nous voyons, en 1659 et 1674, le fils d'Adrien II de Caix, appelé Adrien comme son père, qualifié écuyer, archer des gardes du Roi en la prévôté de son hôtel et grande prévôté de France, près la personne de Pierre Seguier, comte de Gien, chancelier de France [1]; Emery de Caix, son parent, figurer comme homme d'armes dans une Montre passée à Paris en 1621 [2], et un autre de Caix servant comme homme de guerre à cheval dans les chevau-légers de cavalerie étrangère, dont la revue fut passée à Aunain en 1639 [3].

Mais, pendant ce temps, la décadence s'accentuait parmi les descendants d'Henri I de Caix.

---

[1] Voir nos Preuves, CLI et CLII. — Nous ne savons si les de Quay et de Chay que l'on trouve à la fin du XVIIe siècle, officiers dans les troupes royales, appartiennent à la même souche. (*Cabin. des Titres : Pièces origin.*, T. 728 et 2409.)

[2] Voir nos Preuves, CLIII.

[3] Voir nos Preuves, CLIV. — Au même moment existait à Paris une honorable famille de bourgeoisie du nom de « de Cay », qui n'a absolument rien de commun avec celle qui nous occupe. (Voir ce que nous en disons à notre Preuve **CXXIV**).

Il nous serait impossible de nommer ici les nombreux rejetons qui sortirent de son arrière-petit-fils Adrien II au XVIIe siècle, non plus que leurs cousins, issus originairement de François, de Jean et d'Antoine de Caix au XVIe. Cependant, il est intéressant de constater qu'ils s'unissaient encore à des femmes portant des noms à consonnance nobiliaire, et appartenant sans doute, comme eux, à d'anciennes familles ayant eu des revers de fortune.

Laissant donc de côté les divers collatéraux, — dont la descendance, si elle existe encore, continue obscurément la lutte pour la vie — nous dirons seulement un mot de la branche principale qui est parvenue — par un travail opiniâtre et par d'honorables alliances — à sortir au XVIIIe siècle de l'oubli dans lequel toute la famille était plongée au milieu du XVIIe, et à reprendre sa place dans la condition sociale à laquelle ses origines lui donnaient droit.

C'est de Nicolas [1], cousin-germain du dernier Adrien, cité plus haut, que sont issues les trois branches actuellement existantes de la maison de Caix, et c'est parmi ses enfants que se trouvèrent ceux qui les premiers entreprirent la tâche de relèvement dont nous venons de parler.

L'aîné de ces enfants, Claude-Alexis de Caix,

---

[1] Pour les détails de noms et de dates, voir le *Tableau généalogique*, ci-après, p. 252.

seigneur de Rembures [1], devint successivement Conseiller du Roi et Bailli Général du Comté de Corbie, et il épousa Marie-Barbe Arnauld de Saint-Amour, fille de Antoine Arnauld, chevalier, puis comte de Saint-Amour.

Son frère cadet, Félix, servit avec distinction et eut de Marie-Anne Le Page de Sourdon, entr'autres fils, François de Caix, écuyer, seigneur de Blainville, que les hasards de la vie militaire conduisirent en Normandie, où il se maria et fit souche d'une branche qui s'est toujours depuis soutenue avec distinction dans cette province, sous les surnoms de

---

[1] Voir pour ce fief, qui relevait du Comté de Corbie : *Rôle des fiefs du Comté de Corbie en 1689*, dans DOM GRENIER : *Collect. de Picardie*, Tome 33, fol. 93.

Blainville et de Chaulieu[1]. Un certificat donné à deux des fils de Félix de Caix en 1771, par quatre

[1] Félix de Caix servit comme cornette au régiment de Flavacourt-dragons ; il mourut en 1765, laissant quatre fils :

L'aîné, Nicolas-Philippe, né le 15 janvier 1734, débuta au service comme porte-drapeau, en 1750, et se retira comme capitaine au régiment de Chartres-infanterie et chevalier de Saint-Louis. Alors lieutenant au régiment de Chantilly, il se distingua par une action d'éclat en Allemagne, le 13 août 1759. Il mourut sans alliance en 1808.

Le second, Ferdinand, né le 7 septembre 1735, embrassa l'état ecclésiastique, et devint titulaire du prieuré-cure d'Avernes (auj. Seine-et-Oise) ; il fut condamné révolutionnairement et exécuté à Paris, le 8 thermidor 1793, veille de la chute de Robespierre.

Le troisième, Jean-François, seigneur de Blainville, né le 28 septembre 1739, d'abord porte-drapeau dans le régiment des grenadiers royaux de Chantilly à l'armée d'Allemagne en 1757, puis lieutenant en 1760 aux grenadiers de Joigny, en 1763, à la compagnie de la Neigerie au régiment de Soissons, devint capitaine en 1766 au régiment des recrues de Caen ; il passa ensuite en 1775 au régiment provincial de Senlis et en 1779 au régiment de Beauvoisis. Il reçut la croix de Saint-Louis en 1781 et fut nommé capitaine de grenadiers au régiment du roi en 1782. Il mourut en 1802. Il avait épousé Mlle de la Roque de Serquigny, dont il eut un fils unique, Georges-Gustave-Hilaire, qui servit pendant neuf ans tant dans la garde constitutionnelle de Louis XVI (compagnie de Vaux) que dans l'armée nationale, et qui continua la descendance.

Enfin, le dernier fils de Félix de Caix, Claude-Alexis de Caix de Bonval, né le 21 janvier 1747, servit d'abord au régiment des recrues de Châlons, avec lequel il fut réformé en 1766, fut ensuite garde du corps de Monsieur, frère du Roi, en 1771. Il y devint brigadier, avec rang de major, en 1780. Capitaine de cavalerie en 1787, il fut, comme ses frères, chevalier de Saint-Louis, et mourut assassiné en Allemagne, où il remplissait les fonctions de payeur de l'armée de Condé.

Georges-Gustave-Hilaire de Caix, fils unique de François de Caix de Blainville, servit d'abord, comme nous le disons plus haut ; il se retira ensuite dans ses terres, en Normandie, et y épousa Mademoiselle Adélaïde Le Seigneur, fille de Nicolas Le Seigneur, seigneur des Ostieux, Bernay, Fierville, etc.

Il eut de cette union : Gustave-Antoine, né en 1806, élève de gentilshommes de Picardie, atteste qu'il y a toujours vécu noblement [1].

Claude-Alexis de Caix, seigneur de Rembures, eut, entre autres fils :

Edouard-Victor-Alexis, d'abord officier au régiment de la Couronne, capitaine d'infanterie, réformé en 1749, puis conseiller du roi et grénetier au grenier à sel d'Amiens; il épousa Marguerite Chardon du Havet et fut la tige de la branche aînée, qui prit le nom de Saint-Amour (devenu par corruption Saint-Aymour) par la volonté expresse de son aïeul, héritier de ce titre;

Jacques-Ferdinand-Raymond, qui donna naissance à la branche cadette, dite aujourd'hui de Rembures [2];

---

l'Ecole militaire en 1816, mort sans alliance; Alfred-Martin, né le 13 mai 1807, garde du corps de 1827 à 1830, marié à Clotilde Antheaume de Surval; Claire, mariée à Charles de Nollent, et Amédée-Georges-Henri de Caix, marié à Berthe des Rotours de Chaulieu, fille de Hubert des Rotours, baron de Chaulieu, et de Mlle Emma Lambert de Chamerolles, desquels sont issus les barons de Caix de Chaulieu, actuellement vivants (Voir le *Tableau généalogique* ci-après.)

[1] « Nous, gentilshommes de la province de Picardie, y demeurans, certifions que Monsieur Félix de Caix, père de Messieurs de Caix de Blainville, capitaine d'infanterie, et de (Caix de) Bonval, lieutenant, a vécu dans la province honnestement et noblement, en foy de quoy nous signons ce présent certificat, ce premier mars mil sept (cent) soixante onze.

(Signé :) Belloy de Grivesnes.
    Thierry de Castel, mousquetaire du Roy.
    Montoviller.
    Le Pruvost de Glimont » *(Arch. de MM. de Caix de Chaulieu).*

[2] Jacques-Ferdinand-Raymond avait épousé Marie-Madeleine Le Leu. Leur fils, Claude-Ferdinand, né le 10 mars 1753, épousa Mademoiselle

Et enfin un autre fils dont nous devons dire ici quelques mots.

Il semble que Claude-Alexis de Caix, dès qu'il eut commencé à restaurer la fortune des siens, n'ait rien eu de plus pressé que de réveiller le souvenir de l'éclat dont avait autrefois brillé sa famille, et de se rattacher de nouveau, par un lien visible, à cette vieille maison picarde dont il se savait issu. Il donna donc à l'un de ses fils, Lange, né le 4 janvier 1738, le surnom de la Mairie, et c'est avec ce surnom que cet enfant fut inscrit sur les registres paroissiaux, à l'acte de son décès survenu le 4 mars 1750 [1]. En agissant ainsi, Claude-Alexis perpétuait la mémoire de sa filiation et il renouvelait, pour ainsi dire, autant que les circonstances le lui permettaient, les

---

Marie-Françoise-Clotilde Mallet, dont il eut Ferdinand-François, né en 1792, marié à Henriette Barnoux de Milleville, qui continua la descendance (Voir le *Tableau généalogique* ci-après), et Armand, dit de Brunel, né en 1797, mort sans postérité mâle.

[1] Voici cet acte :

« Le 4 mars 1750 est décédé, le lendemain a esté inhumé dans l'église de cette paroisse St Jean, après la messe chantée, le sieur Lange de Caix de la Mairie, âgé de 12 ans passés, cy-devant officier au rég^t de la Couronne, et actuellement lieutenant de la milice dans un des bataillons d'Amiens, fils du sieur Claude-Alexis de Caix, sieur de Rembures, conser du Roy, commissaire et fiscal de la ville et comté de Corbie, et de damoiselle Arnaud, ses père et mère, et ce en présence dudit sieur de Caix père et de Messire Jacques de Caix, clerc tonsuré et chapelain de Ste Marguerite en St Albin dud. Corbie et de N. D. de Prouzelle, oncle paternel dud. défunct, qui ont signé avec nous au présent ».

(Registre de la paroisse de St Jean l'Evangéliste de Corbie, année 1750).

protestations de Robert de Caix, en 1131, et d'Henri I, au milieu du XVᵉ siècle, contre la donation de la seigneurie de Caix aux moines de Lihons.

On remarquera, de plus, dans cet acte de décès, que Lange de Caix, bien que mort à l'âge de douze ans, avait été officier au régiment de la Couronne dans lequel son frère aîné, Edouard-Victor-Alexis, de quatorze ans plus âgé que lui, servait comme lieutenant effectif [1]. Tous deux assistaient à la bataille de Fontenoy. Compris dans la réforme de 1748, après la paix d'Aix-la-Chapelle, Lange de Caix avait été admis dans le bataillon de la milice d'Amiens où, malgré son jeune âge, il comptait comme lieutenant.

Il semble que Louis XV, en accordant à cet

---

[1] Vicomte OSCAR DE POLI : *Le Régiment de la Couronne*. Paris, 1891, in-8º. — Parlant des jeunes candidats officiers, voici ce que dit le savant auteur : « Le stage commençait vers l'âge de sept ans, et après un apprentissage plus ou moins long, selon leurs progrès et leurs aptitudes, ceux qu'on appelait « les enfants du régiment », rompus à la vie militaire, habitués au contact des soldats, formés par l'enseignement, l'exemple et la pratique, étaient investis de leur premier grade... » Puis, après avoir cité un grand nombre d'exemples d'enfants nobles ayant pris part à des faits de guerre, il termine ainsi : « Sans remonter si loin, Honoré Grimaldi, page de Louis XIV, fut blessé si gravement au siège de Mons, en 1691, qu'il dut renoncer à la carrière des armes. Sans sortir du régiment de la Couronne, nous voyons le sous-lieutenant Louis du Boscq de Beaumont, âgé de 14 ans, assister à la bataille de Fontenoy; Lange de Caix, cadet au régiment, y assistait aussi; il avait juste 7 ans; le brave petit fut réformé trois ans après avec le grade de sous-lieutenant et mourut en 1750, dans sa 13ᵉ année, étant lieutenant de la milice d'Amiens. » *Op. cit.* Introduction, pp. XIV, XV, XVI.

enfant le brevet nominal d'officier — faveur très recherchée alors, bien qu'elle nous fasse sourire aujourd'hui — avait voulu donner la consécration royale aux revendications du chef de la maison de Caix, et reconnaître implicitement que ce lieutenant de 9 ans, qui portait le nom de de Caix de la Mairie, descendait bien réellement, par Henri de Caix, seigneur de la Mairie, son sixième aïeul, d'Anseau de Boves ou de Caix, dont l'abandon de sa terre patrimoniale aux moines de Lihons n'avait pas empêché sa race de traverser huit siècles en vivant noblement, malgré bien des douleurs et bien des vicissitudes.

Nous avons terminé la tâche que nous nous sommes imposée, n'ayant eu pour but, comme l'indique notre titre, que de réunir des notes pour l'histoire de la Maison de Caix au Moyen-Age, et désirant faire œuvre d'érudit et non de généalogiste. Néanmoins, pour relier le présent au passé, nous donnons ci-dessous — avec les blasons des familles qui se sont alliées directement à la nôtre au cours du présent siècle, — un tableau sommaire[1] de la

---

[1] On trouvera cet arbre généalogique à la page 252, ci-après. — Ce tableau devant tenir dans un espace très restreint, est nécessairement incomplet. Nous avons été obligé, par exemple, quand une personne s'est mariée deux fois, de ne mentionner, faute de place, qu'une seule des alliances. Nous y avons fait entrer, néanmoins, tous ceux qui ont laissé de la postérité et il contient les noms de tous les membres actuels de la famille de Caix. Ce petit tableau leur permettra donc de se reconnaître entre eux et de savoir d'où ils viennent et comment ils se tiennent les uns aux autres.

filiation des trois branches issues de Nicolas de Caix, arrière-petit-fils de Henri IIe du nom.

NOTE ADDITIONNELLE

M. le vicomte de Poli, dont j'ai eu l'occasion plus d'une fois, au cours de l'élaboration de ce volume, de constater l'amicale et savante intervention, a bien voulu me signaler, mais malheureusement trop tard pour qu'il puisse prendre place à son ordre chronologique, un curieux document dont je suis obligé de parler dans cette Note Additionnelle.

C'est une charte publiée par le P. Sébastien Pauli, dans son *Codice diplomatico del Sacro Militare Ordine Gerosolimitano* [1], par laquelle Jean de Montfort, seigneur de Sur et de Thoron, au royaume de Jérusalem, confirme, en l'année 1261 (nouv. style), les donations faites par son père à l'Hôpital de Saint-Jean de Jérusalem.

Cette charte, écrite en Palestine, se termine ainsi :

« ..... Je ai fait faire ce présent privilège et cel munir de mon Seau de plomb empreint en mes dreiz coings de ma Seignorie de Sur, o (avec) la garantie de mes homes, desquels ce sont les noms Johan........ Reymond Descandelion. Ansiau Cay... Thomas de Ratel. Amaury de Saint-Bertin. Thomas de Fignon. Ce fu fait sur l'an de l'incarnacion Nostre

[1] In-folio. Lucques, 1733. Tome I, Charte cxxxix, page 168.

Seignor Ihesu Crist, mil dues cens et soixante, al entrée dou mois de Jenvier. »

On se souvient que nous avons parlé plus haut (p. 100 et suivantes), d'un Gilles de Caix, dit de Launoy, dont le sceau paraît rappeler quelque souvenir des croisades. Ce Gilles de Caix avait épousé une femme appelée Marie, que nous connaissons par un acte de 1248, et il en avait eu deux enfants (Voir p. LXVI) : Robert (Robin) et Alix, au nom desquels est accolée l'épithète de « juniores », ce qui permettrait de croire qu'ils avaient des frères et sœurs plus âgés. L'un de ces frères est-il l'Anseau que nous rencontrons ici ? Ou bien cet Anseau appartenait-il à une autre branche de Caix ?

Nous ne pouvons rien affirmer et nous nous contenterons de poser la question et de faire les observations suivantes qui aideront à l'élucider :

1º Jean de Monfort étant le petit-fils du célèbre Simon de Montfort, comte de Toulouse, on pourrait s'étonner de voir un Picard devenu son vassal en Palestine et croire qu'Anseau Cay appartenait à la famille provençale dont nous avons parlé dans notre chapitre IV (p. 65 et suiv.). Cela serait très possible, mais l'attribution de cet Anseau à nos Caix picards est tout aussi vraisemblable. Ce prénom d'Anseau, tout d'abord, milite en faveur de cette attribution. Nous ne croyons pas qu'il se rencontre parmi les Cais de Provence, tandis que l'auteur des Caix de Picardie s'appelait, comme nous l'avons vu (Voir notre chapitre II, p. 19), Anseau de Boves, seigneur de Caix.

De plus, plusieurs des chevaliers, vassaux de

Jean de Montfort, appartiennent incontestablement à la Picardie. Dans une autre charte de lui, datée aussi de Sur, dix ans plus tard, et se rapportant au même sujet [1], on trouve quatre vassaux cités comme témoins : Guillaume de Pecquigny, Lirion de Bouillon, Gilles de Maugastiau (pour Maugastel), Geoffroy Monge. Il m'a été impossible de faire l'identification provinciale des deux derniers, mais le second, Lirion de Bouillon, appartient au Luxembourg, et quant au premier cité, Guillaume de Picquigny, il porte un des plus vieux noms de Picardie. Amaury de Saint-Bertin, nommé à côté d'Anseau Cay, est un Artésien. De même, dans une autre charte dudit Montfort, du mois de « juignet » 1269, publiée dans le même ouvrage (p. 266-267), on trouve, avec des noms déjà cités dans les précédentes, Raoul de Villiers et Gilles d'Estrain (d'Estraine), d'une branche de la maison de Fontaines, en Picardie [2].

Cette dernière pièce offre encore une particularité qu'il faut signaler. On y trouve un « Jehan Dais ». Serait-ce une mauvaise lecture pour « Jehan Cais » ?

2° Le nom Cay serait-il tronqué dans la copie imprimée du P. Sébastien Pauli et la finale manquerait-elle ? On serait tenté alors de lire « Cayeu ». Mais cette hypothèse nous paraît devoir être rejetée. En effet, le seul Anseau de Cayeu connu au XIIIe siècle est le chevalier banneret de Philippe-Auguste, qui fut à la conquête de Constantinople en 1205. Il s'y maria avec Eudoxie, fille de Théodore Lascaris,

---

[1] P. Sébastien Pauli : *Op. cit.*, numéro CL, p. 191.

[2] Cfr. Lalanne : *Dictionnaire historique*.

prince de Nicée. On ne lui connaît pas de postérité; mais, dans tous les cas, son fils ou son petit-fils aurait été un trop gros personnage pour être classé parmi les vassaux d'un cadet de Montfort, tandis que ce rôle modeste pouvait être rempli par un puîné des Caix de Picardie.

Nous inclinons donc à penser que l'« Ansiau Cay » dont il est question dans la charte que nous avons citée, était de l'estoc de la famille dont nous venons de retracer les annales au Moyen-Age, et nous serions disposés à y voir un très proche parent de Gilles de Caix, dit de Launoy.

Puisque nous parlons des croisades, il nous sera permis de revenir ici sur ce que nous avons écrit plus haut (p. 61) à propos de l'origine possible de la famille de Caix établie au Moyen-Age en Quercy. Nous avons dit (p. 62) que nous ne connaissions aucun seigneur de cette maison antérieurement au XIVe siècle. Depuis, une obligeante communication de M. le vicomte de Poli nous a signalé, d'après P. Roger[1], un « Guillaume de Caic », comme figurant en 1210, à la croisade contre les Albigeois, en compagnie d'Enguerran de Boves, d'Enguerran de Coucy, de Bouchard de Marly, de Robert Mauvoisin, de Mathieu de Montmorency, de Guillaume de Ponthieu, d'Alain de Roucy, de Florent de Ville, et de beaucoup d'autres chevaliers de l'Ile-de-France et de la Picardie.

Il ne paraît pas douteux que « Caic » soit mis ici pour « Caix », et il est tout à fait probable que ce

---

[1] *La Noblesse de France aux Croisades*, Paris, 1845, gr. in-8, p. 311 et suiv.

prénom de Guillaume que nous retrouvons plusieurs fois, et jusqu'au XVIe siècle, porté par des Caix du Quercy, s'applique à un de leurs auteurs.

Mais ce « Guillaume de Caix » était-il déjà installé sur les bords du Lot lorsqu'il prit part au fait d'armes à propos duquel il est mentionné, ou venait-il directement de Picardie, comme on pourrait le croire d'après son entourage, et est-ce à lui qu'est dû l'établissement d'une seigneurie de son nom en Quercy? C'est ce que nous ignorons actuellement.

Il est certain qu'au commencement du XIIIe siècle, l'entraînement avec lequel le Nord de la France se précipita sur le Midi, prit un caractère très particulier. Dans le Midi, la féodalité était alors beaucoup moins puissamment organisée et des institutions municipales très vivaces y entretenaient des idées de gouvernement populaire peu compatibles avec l'omnipotence des seigneurs. Les diverses hérésies qui y prirent naissance et qui furent condamnées dans un concile, près d'Albi — ce qui fit donner à leurs sectateurs le nom d'Albigeois — y trouvèrent un terrain admirablement préparé pour les réformes radicales qu'elles prêchaient. Aussi la féodalité des pays de langue d'oïl se sentit plus menacée encore que l'Eglise et se croisa avec enthousiasme contre la tentative démocratique du Midi.

La province ecclésiastique de Reims se distingua par son ardeur dans cette œuvre de répression. Conduits par leur archevêque, suivi de ses principaux suffragants, les évêques de Beauvais, de Laon, de Noyon et de Senlis, les chevaliers de cette province prirent une part très active à cette campagne.

Beaucoup de ces chevaliers, cadets de familles du Nord, reçurent en apanage les dépouilles territoriales des vaincus, et restèrent définitivement dans le Languedoc, laissant à leurs aînés les domaines patrimoniaux de leur maison. C'est ainsi qu'à partir de cette époque, on trouve pour la première fois la mention d'un certain nombre de seigneuries, ignorées jusqu'alors, et qui prirent le nom de leurs nouveaux propriétaires, plus ou moins modifié suivant les consonnances des dialectes locaux.

Est-ce à cette circonstance qu'est dû l'établissement d'une seigneurie de Caix en Quercy? Et le Guillaume de Caix qui vint guerroyer contre les Albigeois avec Enguerran de Boves, Enguerran de Coucy et tant d'autres chevaliers picards, fut-il le créateur de cette seigneurie de son nom sur les bords du Lot?

Il nous est impossible de nous prononcer d'une manière catégorique sur ce point. Il faudrait pour cela savoir d'une façon précise si la localité de Caix en Quercy apparaît pour la première fois dans les documents du XIIIe siècle. Mais si cela était, l'hypothèse — conforme à une tradition constante de la maison de Caix de Picardie — d'après laquelle l'installation d'une seigneurie de son nom dans le Quercy serait due à un de ses « juveigneurs » émigré dans le Midi, nous semblerait devoir prendre une vraisemblance touchant à la certitude, et il nous paraîtrait difficile de ne pas voir en ce Guillaume de Caix, quelque proche parent de Gilles de Caix ou des autres personnages du même nom, dont nous parlons au chapitre V de cet ouvrage.

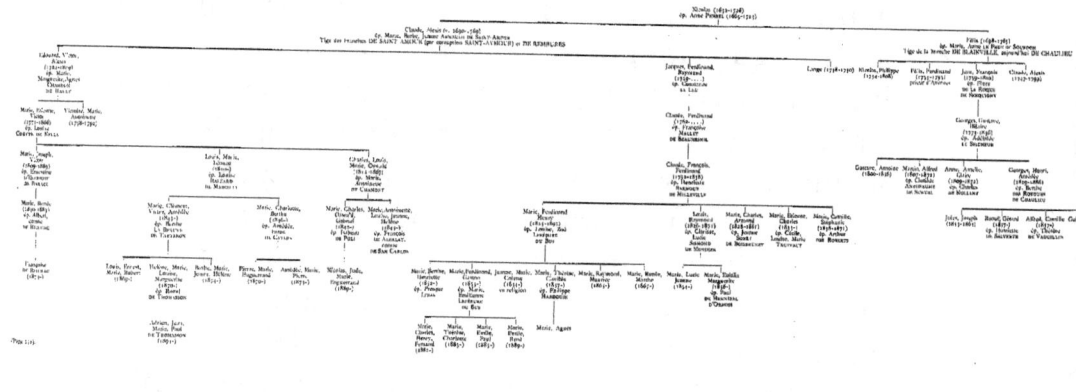

« Ici, vous y treuverez tout avec preuve de la vérité et anticquité qui estoit cachée, non dans le puits de Démocrite, mais ès vieils manuscripts presque perdus d'oubly, et avec un stil sincère. »

Des Guerroys.

Il est d'usage, dans les ouvrages du genre de celui-ci, de multiplier les pièces justificatives. On veut, avec raison, que chaque affirmation du texte puisse être contrôlée au moyen d'une preuve correspondante, que chaque personnage dont il est question ait, pour ainsi dire, son dossier. Nous nous sommes, bien entendu, soumis avec plaisir à cette nécessité de l'érudition moderne.

Si nous avons publié in-extenso bien des pièces que nous aurions pu nous dispenser d'imprimer tout entières, puisqu'il nous aurait suffi de citer les passages où figure le nom de Caix, c'est dans la pensée de donner un peu plus d'intérêt à ce livre, en y insérant des documents concernant un grand nombre de familles.

C'est le même désir d'être utile qui nous a fait multiplier les Tables.

Nous donnons successivement celles des Noms de personnes et des Noms de lieux cités dans le texte et les pièces justificatives, le sommaire des Chapitres, et enfin l'explication des Gravures.

Dans le classement de nos Preuves, nous n'avons pas suivi l'ordre rigoureusement chronologique, mais celui de leur renvoi dans le texte.

Dans certaines Montres où se retrouvent parfois les mêmes noms, nous les avons laissés, dans chacune d'elles, tels que nous avons pu les lire, sans nous préoccuper de leur donner une orthographe identique.

Comme il peut se faire — et qu'il se trouve en réalité — que la description des manuscrits dont nous nous sommes servi, manque parfois de concordance et qu'ils sont diversement indiqués en plusieurs endroits, nous donnons ici la liste des principaux documents d'archives et de bibliothèques qui nous ont fourni nos Preuves [1]. Les voici par ordre alphabétique :

Amiens (Cartulaire du Chapitre d'), aux Archives départementales de la Somme.
Archives privées de la maison de Caix.
Cabinet de Titres : Pièces originales, Volumes du Cabinet de d'Hozier, Dossiers bleus, etc., etc., aux Manuscrits de la Bibliothèque Nationale.
Clairambault : Titres scellés à la Bibliothèque Nationale.
Clermont (Dénombrement du Comté de), au XIVᵉ siècle ; Bibl. Nat. Fonds Français, 20082.
Compiègne (Cartulaire blanc de Saint-Corneille de), aux Archives Nationales, LL, 1622. Copie à la Bibl. Nat. Fonds Latin, 9171.
Corbie (Cartulaires et Registres terriers de l'Abbaye de) : — Cartulaire Noir ; Bibl. Nat. Fonds Latin, 17758 ; — Cartulaire Nehemias ; Bibl. Nat. Fonds Latin, 24141 ; — Cartulaire Stix ; Registre des Actes de foi et hommage, aux Archives de la

---

[1] Il s'agit seulement, bien entendu, des grandes Collections — dont quelques-unes comprennent plusieurs centaines de volumes — et de quelques Cartulaires. La liste de toutes les sources auxquelles nous avons puisé nous aurait entraîné trop loin.

Somme; — Registre Alexander; Bibl. Nat. Fonds Français, 24144; — Registre Marcus; Bibl. Nat. Fonds Français, 24140; — Registre Matheus; Bibl. Nat. Fonds Français, 24139.

De Camps : Nobiliaire historique, à la Bibliothèque Nationale.

Dufourny : Gendarmes de l'hôtel du Roy, au Cabinet des Titres de la Bibl. Nat., vol. 684; — Inventaire des Titres de Lorraine; Bibl. Nat. Fonds Français, 4883.

Grenier (Dom) : Collection de Picardie, aux Mss. de la Bibliothèque Nationale.

Hommages et Aveux de la Chambre des Comptes (La Fère); Archives Nationales, P. 248.

Laon (Archives municipales de), à l'Hôtel-de-Ville; — Cartulaire de l'Abbaye de Saint-Martin de Laon, à la Biblioth. municipale, Mss. 532, D. — Il en existe une copie aux Archives départementales de l'Aisne, H, 873.

Lemoine : Inventaire des Titres de l'Abbaye de Corbie; Bibl. Nat. Fonds Français, 8795-8799.

Lihons-en-Santerre (Cartulaire du Prieuré de); Bibl. Nat. Fonds Français, 5460. — Il en existe une copie du XVIIIe siècle à la Bibliothèque de la ville d'Amiens.

Montres classées chronologiquement, à la Bibliothèque Nationale, Fonds Français, 25764 et suivants.

Montres du Cabinet des Titres, à la Bibliothèque Nationale.

Moreau : Chartes et Diplômes, à la Bibliothèque Nationale.

Paraclet (Cartulaire de l'Abbaye du), aux Archives de la Somme.

Parlement de Paris (Registres du), aux Archives Nationales, X^{1}a.

Pas-de-Calais (Archives départementales du), à Arras.

Pièces Originales du Cabinet des Titres, à la Bibliothèque Nationale.

Saint-Martin de Fouilloy (Cartulaire du Chapitre de), aux Archives départementales de la Somme.

Saint-Martin-aux-Jumeaux (Cartulaire de), aux Archives départementales de la Somme.

Thenailles-en-Thiérache (Cartulaire de), à la Bibliothèque Nationale. Fonds Latin, 5649.

Trésor des Chartes (Registres du), aux Archives Nationales, JJ.

Villevieille (Dom) : Trésor généalogique, au Cabinet des Titres de la Bibliothèque Nationale.

A côté des 154 Preuves que nous publions ci-après, nous renvoyons dans notre texte à autant de pièces que, pour des motifs divers et pour ne pas donner à ce volume déjà bien considérable, une dimension exagérée, nous n'avons pas cru devoir imprimer, et dont nous nous sommes contentés de donner les références, de façon à ce que le contrôle fût toujours facile.

Nous espérons que ce volume, ainsi documenté, pourra intéresser quelques érudits, et qu'on voudra bien, dans tous les cas, le classer au nombre des ouvrages d'histoire familiale dans lesquels la légitime fierté du souvenir des aïeux, n'exclue pas le souci de la vérité et le respect d'une entière bonne foi.

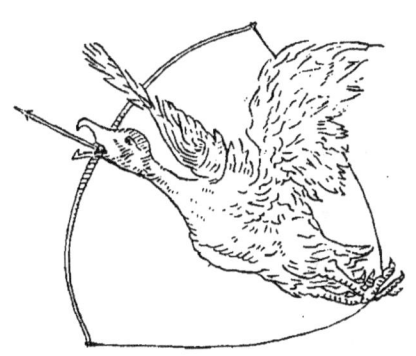

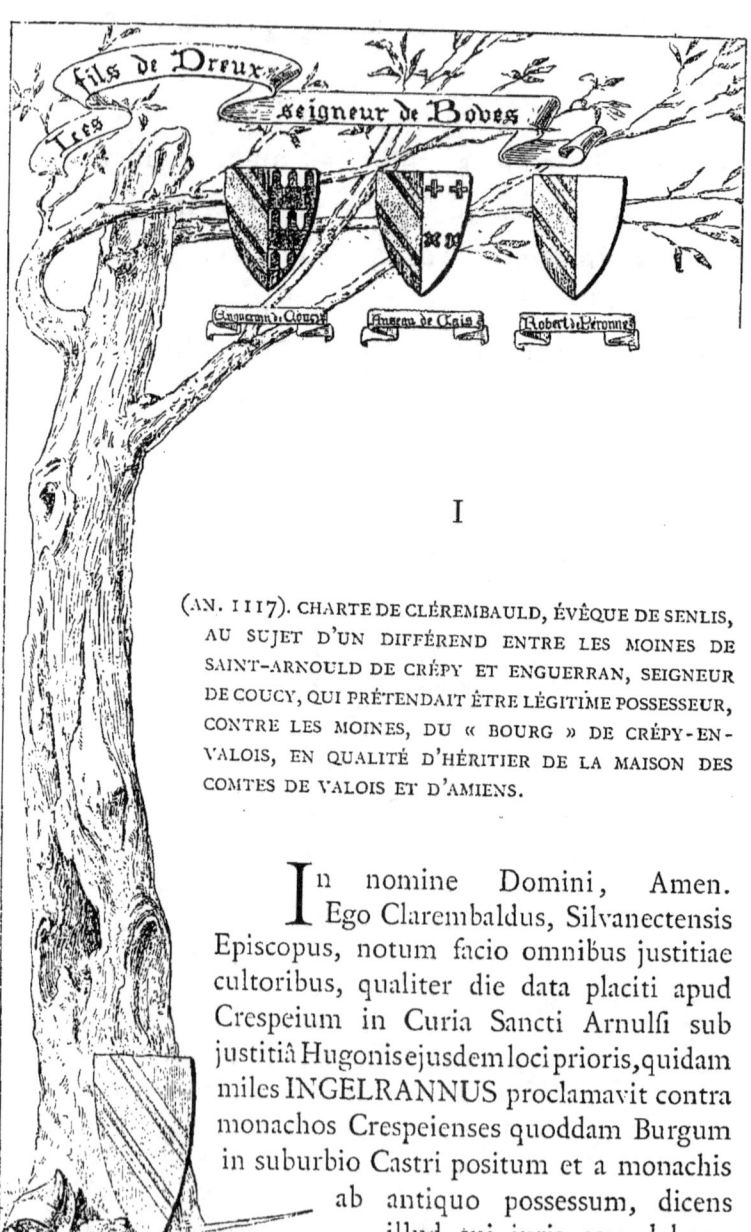

I

(AN. 1117). CHARTE DE CLÉREMBAULD, ÉVÊQUE DE SENLIS, AU SUJET D'UN DIFFÉREND ENTRE LES MOINES DE SAINT-ARNOULD DE CRÉPY ET ENGUERRAN, SEIGNEUR DE COUCY, QUI PRÉTENDAIT ÊTRE LÉGITIME POSSESSEUR, CONTRE LES MOINES, DU « BOURG » DE CRÉPY-EN-VALOIS, EN QUALITÉ D'HÉRITIER DE LA MAISON DES COMTES DE VALOIS ET D'AMIENS.

In nomine Domini, Amen. Ego Clarembaldus, Silvanectensis Episcopus, notum facio omnibus justitiae cultoribus, qualiter die data placiti apud Crespeium in Curia Sancti Arnulfi sub justitiâ Hugonis ejusdem loci prioris, quidam miles INGELRANNUS proclamavit contra monachos Crespeienses quoddam Burgum in suburbio Castri positum et a monachis ab antiquo possessum, dicens illud sui juris esse debere, et tam a suo avo quam a suo patre DROGONE possessum fuisse. Addidit etiam matrem suam per dies aliquot et noctes tenuisse. Ad hæc monachi respondentes dixerunt : Si parentes vestri aliquid in burgo illo tenuerunt, violentiâ fuit. Walterus namque Comes Ambianensis simul et Crespeiensis cum uxore suâ Adelâ, nobilissimâ inter multa alia, illud Beato Arnulfo olim dederunt et assensu Regis Francorum Roberti idipsum confirmari fecerunt. Hoc autem Arnulfus Archiepiscopus Remensis, Robertus Archiepiscopus Rotomagensis, Leotherius Archiepiscopus Senonensis et alii quamplures Episcopi sub anathemate confirmarunt. Postmodum vero Johannes XIX papa (qui sedit ab anno 1024 ad 1033) autoritate privilegii sui illud idem corroboravit. Insuper et D. papa Paschalis secundus praeteritis annis apud Latiniacum super Marnam privilegii sui praecepto sancivit. Supradicti quoque Monachi hoc etiam addiderunt, dicentes quod HUGO avus ejus, qui Burgum illud violenter invaserat, ad ultimum recognoscens violentiam, Burgum B. Arnulfo dimisit praeter mansuram suam quam sibi tantum et uni hœredi suo sub censu trium solidorum ecclesiae quotannis reddendorum, retinuit, ita videlicet ut per obitum suum et sui tantum unici haeredis in perpetuum ecclesiae remaneret. Defuncto autem hoerede, jus suum ecclesia ex integro recepit, quiete plus quam viginti quinque annis tenuit, cum INGELRANNUS decem annis et eo amplius in patriâ miles extitisset, et magnam inde calumniam ostendisset. His dictis apostolica privilegia citata quaedicta sunt affirmantia monachi praesentaverunt, qui vero adversabantur nihilominus contra privilegia dixerunt. Post haec Prior Hugo qui justitiam causae tenebat, judicium fieri praecepit et cum ecclesiastica persona, scilicet Hugo Prior canonicorum de Bethisy judicium representaret, INGELRANNUS subterfugit et qui ad justitiam venerat, ecclesiasticam judicari ab Ecclesiâ contempsit, unde judicio ecclesiastico locum clamoris amisit. Huic audientiae affuerunt mecum Wibertus abbas de Nongento, Odo abbas Suessionensis, Balduinus abbas canonicorum Sancti Vincentii Silvanectensis, Martinus prior Sancti Martini de Campis, Hilo prior de Coinceio, Robertus prior de Sancte Margarete, Artaldus prior de Nantolio, cum multis aliis honestis viris tam clericis quam monachis. Laïci vero sunt hi : Adam de Crispeio, Daimbertus de Monsteriolo, Radulfus de Martrofo, Richardus Capellanus (lege : Castellanus) de Bethisy, Paganus de Castel, Walterus de Faredo, Tomardus, Fulco praepositus, Viardus Teloncarius et multi alii. Anno Verbi Incarnati 1117. Regnante Ludovico Crasso Rege Francorum.

(*Gallia Christiana*, Tome X. *Instrument. Ecclesiae Silvanectensis*, p. 423 et 424).

Cette pièce est aussi copiée dans les manuscrits de D. GRENIER (*Collect. de Picardie*, T. 267, fol. 145). Le savant historiographe de Picardie fait suivre sa copie des réflexions suivantes :

« Extrait du dit acte :

« Par cet acte, l'Evêque de Senlis déclare que les Religieux de S*t* Arnoul de Crépy ont prouvé que le bourg dudit Crépy leur appartenoit, leur ayant été donné par Gautier 2, comte d'Amiens & de Crépy, du consentement d'Adèle, sa femme ; que c'étoit donc à tort qu'Enguerran le revendiquoit, qu'il étoit bien vrai que *Hugues*, grand père dudit Enguerran l'avait occupé, mais que ce n'avoit été que par violence et que led. *Hugues* ayant lui-même reconnu avoir le tout au dit monastère, exceptée une maison qu'il s'étoit réservée sa vie durant et celle de son successeur seulement ; que ce successeur, c'est-à-dire *Dreux*, père du dict *Enguerran* étant mort, led. monastère étoit rentré dans la possession totale dud. Bourg, sans que led. *Enguerran*, qui étoit alors chevalier depuis dix ans, eut réclamé et s'y fut opposé, et que depuis ce temps led. monastère en avoit joui paisiblement pendant plus de 25 ans.

« Les religieux montrèrent aussi les pièces de la donation dud. Bourg confirmée par le Roy Robert, les papes Jean XIX et Pascal II, à quoi ledit Enguerran, ne pouvant répondre, se retira et abandonna ses prétentions.

« L'Enguerran dont il s'agit ici, est-ce notre Enguerran I, seigneur de Coucy : on luy donne pour père un nommé *Dreux*, sans doute de Boves ? Il appartenoit à la maison des Comtes d'Amiens, puisqu'il revendiquoit un bien qui avoit appartenu à ces seigneurs. Mais cependant, pourquoi en parlant de cet Enguerran, ne point l'apeller dans cet acte de Boves ou de Coucy ? Ce seigneur étoit fort connu et l'on se contente de le traiter de « certain chevalier », &ᵃ. Au reste ce titre prouve que le dit Enguerran vivoit encore l'an 1117, en cas que ce soit le nôtre. »

Nous avons déjà dit plus haut (p. 5, note 1) que nous ne partagions pas l'hésitation de D. Grenier et que nous pensions au contraire, avec Du Cange, qu'il était impossible de ne pas reconnaître dans le *Dreux* et dans l'*Enguerran* dont il est question ici, *Dreux de Boves* et *Enguerran*, son fils.

Nous avons vu, en effet, que *Dreux* était mort en 1079. A cette époque, *Enguerran*, né en 1020, était âgé de 59 ans environ. Il était, dit la Charte, chevalier depuis dix ans et plus (decem annis et eo amplius). Or, on sait que la chevalerie ne se donnait pas, à cette époque surtout, à de tout jeunes seigneurs (sauf, bien entendu, aux princes de famille souveraine), à moins de circonstances tout à fait exceptionnelles qui ne se retrouvent nullement dans la vie antérieure d'Enguerran. Il n'y a donc rien de surprenant à ce que le fils de *Dreux de Boves* n'ait reçu l'investiture de cet ordre envié qu'à 45 ou 46 ans, c'est-à-dire vers l'année 1065.

Quant à l'espèce d'anonymat affecté dans la charte de l'Evêque de Senlis, nous serions assez disposés à y voir quelqu'intention de mépris contre l'adversaire condamné des moines de Saint-Arnould.

Il ne faut pas oublier, en effet, qu'il y avait près de quarante ans qu'*Enguerran* scandalisait la province de Reims tout entière par les hontes de sa vie privée, par sa résistance au roi et à son suzerain l'archevêque, par ses luttes contre le clergé, par son intrusion dans l'élection des évêques de Laon, Enguerran et Gualric, ses créatures, enfin par ses guerres impies contre le comte de Namur, son parent, à qui il avait ravi sa femme Sybille, et contre son propre fils, Thomas de Marle, dont ses iniquités avaient exaspéré le caractère violent.

Dans tous les cas, si le *Dreux* et l'*Enguerran* de notre charte ne sont pas *Dreux* et *Enguerran de Boves*, qui sont-ils ? demanderons-nous à notre tour. Et comment se ferait-il que des personnages aussi importants, alliés aux comtes d'Amiens et de Crépy, n'aient laissé aucune autre trace dans les documents de cette époque ? L'invraisemblance d'une pareille obscurité tranche à elle seule la question en faveur de notre thèse.

II

EXTRAIT DE L' « HISTOIRE GÉNÉALOGIQUE DES MAISONS DE GUINES..... ET DE COUCY » PAR ANDRÉ DU CHESNE. PARIS (SÉBASTIEN CRAMOISY), M.DC.XXXI. IN-FOLIO, P. 190.

« Enfans de DREUX, seigneur de Boves.
« ENGUERRAN I.....
« ROBERT DE BOVES.....
« ANSELME ou ANSEAU DE BOVES est aussi mentionné

avec ses frères dans l'Acte de la donation que Dreux de Boves leur père, fist à l'Eglise d'Amiens, de toute la justice qu'il avoit au village de Cointenchy. »

Voici l'Acte rappelé ci-dessus; il est imprimé dans les « Preuves » de Du Chesne, p. 317 :

« Extraict du « Cartulaire de l'Eglise Episcopale d'Amiens. »
« Quoniam beneficia donationibus religiosorum virorum Ecclesiis Dei collata ad laudem et exemplum boni operis posteris clarescere debent, dignum esse existimavi ego Wido, gratiâ Dei Ambianensium Episcopus, quoddam celebre factum DROGONIS BOVENSIS literarum assignatione praesentibus futurisque innotescere. Ipse enim, accedente vitae suae termino ultima infirmitate praegravatus, ob animae suae liberationem, Ecclesiae Dei genetricis ac perpetuae Virginis Mariae, sanctique Firmini Martyris, atque Canonicis in ea servientibus, dimisit totam advocationem et comitatum villae Costenceij, atque sibi adiacentis territorij; excepto quod milites eius de ipso comitatu suo beneficio possidebant. Quo de medio tandem egresso, uxor illius atque filij, INGELRANNUS videlicet, et ROBERTUS, ANSELLUSque, nos accesserunt; et voto patris benignè faventes, supradictae traditionis donum altari beatae Mariae obtulerunt, etc. Ibi affuerunt, Guido Decanus, Robertus Archidiaconus, Eustachius Vicedominus, Guermundus frater eius, Adelelmus Dapifer, Radulfus Pincerna, Botuenses : Fulbertus, Rainerus, Roculphus, Gillebertus, Ibertus, Fulco, et alij plures. »

Cette pièce se trouve également dans Du Cange *(Histoire des Comtes d'Amiens,* p. 249) et dans D. Grenier *(Collect. de Picardie,* xve. paquet).

III

(AN. 1095). CHARTE DE RATBOD, ÉVÊQUE DE NOYON, CONFIRMANT UNE DONATION DE ROBERT DE BOVES, ÉPOUX D'ADELIZ DE PÉRONNE, A L'ABBAYE DU MONT-SAINT-QUENTIN.

In nomine Patris, et Filii, et Spiritus Sancti. Ego Ratbodus gratia Dei Noviomensis Episcopus, omnibus mihi in Christo subjectis notum facio, et meis successoribus in memoriam relinquo; ROTBERTUM PERONENSEM Dominum, et uxorem ejus, quae Adeliz vocatur, Ecclesiae S. Quintini de Monte, Alaniae villam, et omnia ejus appenditia post eorum mortis ingressum dedisse..... hoc Peronensis Castri militibus..... praesentibus factum est : A me cum Suffraganeis meis Galdrico Archidiacono, Roscelino Decano, Petro Cantore; Petro Scholastico astipulante confirmatum est. Quicunque huic privilegio contraibit, in aeternâ damnatione ab Ecclesiâ separetur. Ego Guido Cancellarius relegi et subterfirmavi. Actum coram altari Basilicae Montis S. Martyris Quintini, anno ab Incarnatione Domini MXCV, Indictione III, Epacta XII, regnante Philippo Rege Francorum anno XXXIV, Episcopatus Ratbodi XXVII, principatus vero Rotberti, uxorisque ejus anno quinquagesimo, Godefrido supradicti loci Abbatiam tenente anno XXXVIII. *(Ex tabulario S. Quintini de Monte.* — Publié par D. TOUSSAINT DU PLESSIS : *Hist. de Coucy*, Preuves, § VII).

IV

(AN. 1131). CHARTE DITE « CARTA LAUDUNENSIS DE CAIS » PAR LAQUELLE BARTHÉLEMY, ÉVÊQUE DE LAON, APPROUVE LA RENONCIATION DE ROBERT DE CAIX, FILS D'ANSEAU DE BOVES, A SES REVENDICATIONS SUR LA TERRE DE CAIX, DONNÉE PAR SON PÈRE AU PRIEURÉ DE LIHONS-EN-SANTERRE.

Ego Bartholomœus Dei gratiâ Sanctæ Laudunensis Ecclesiæ minister indignus, quia pontificali cathedræ licet indigni præsidemus, et ex debito curæ pastoralis exterioribus negotiis occupati, in terreni actus pulvere mundis vestigiis transire non prævalemus, eorum intercessionibus qui calcatis mundi illecebris jucundâ contemplationis quiete cum Domino refoventur imperfectioni nostræ subsidium aliquod comparere debemus, ut aut de nostro si facultas suppetit eorum necessitatibus subveniamus, aut aliorum ergâ eos munificentiam benigno favore prosequamur, et episcopali auctoritate roboremus. Notum igitur esse volumus tam posteris quam modernis, quia cum bonæ memoriæ INGELRANNUS DE FARA, et ANSELMUS clericus frater ejus, et ROBERTUS tertius frater, annuente MATHILDI sorore suâ, possessionem de CAIS' monasterio beati Petri de Lehunis in elemosinam dedidissent, cumque fratres loci illius possessionem illam tricennali tempore, aut eo amplius, quiete habuissent, ROBERTUS DE CAIS, præfati Anselmi filius, ipsam terram calumniari cæpit; sed priore et monachis ipsius loci justiciam subire minime subterfugientibus, causam inde prosequi et judicialem sententiam suscipere noluit. Tandem autem cum ad colloquium cum Dominâ Milesende apud Vallabriniacum in silvâ que Gislairinicius dicitur convenissemus; ibi ROBERTUS in audienciâ nostrâ, præsente Milone præfati loci priore, se nihil juris in terrâ illâ habere, nec aliquando quicquid in eâ habuisse recognovit; et quicquid quærelæ super illam terram exercuerat in perpetuum quietum clamavit. Hanc itaque efficentiam præsenti scripto firmari præcepimus, quod testium subscriptione et sigilli nostri impressione roborari curavimus, et ne vel ipse vel quispiam alius in posterum super hâc re fratres inquietare præsumat anathematis sententiam interposuimus.

Signum Bartholomei episcopi qui hoc scriptum fieri jussit. S. Adonis de Guni. S. Andreæ abbatis. S. Nicolai castellani Laudunensis. S. Oilardi fratis ejus. S. Arnulfi clerici. S. Wermundi Deutart. S. Raynaldi Bellahera, S. Bonifacii præpositi.

Actum Lauduni IIII Cal. Decembris anno Dominicæ incarnationis milles. C°. XXXI. Indictione X. Epacta I. concurrente III. Ego Radulfus Sanctæ Mariæ cancellarius relegi.

Cartulaire de Lihons-en-Santerre (Biblioth. Nat. Mss. Fonds Latin, n° 5460 — Karta x, fol. 7 et 8). Cette charte est également transcrite dans la *Collection de Picardie* (Tome 267, fol. 90); et il y en a des extraits au Mss. Fonds Latin 17049 (fol. 73 et suiv. Mss. Gaignières); Le *Trésor Généalogique* de D. VILLEVIEILLE (Tome 22; *Cabin. des Titres*, 120, fol. 13 recto) la mentionne également. — Elle est, du reste, imprimée dans le *Spicilège* de d'ACHERY (Tome VIII, p. 173), dans la *Notice sur l'Église et la Seigneurie de Caix* (Amiens, 1860, in-8), et dans FLORIVAL (op. cit.), p. 336. Ce dernier confond Caix-en-Santerre avec Quessy, près La Fère.

L'épithète de « clericus », accolée ici au nom d'Anseau de Caix, pourrait signifier seulement qu'il était « savant ». On trouve des exemples de ce mot appliqué à des chevaliers ou à des écuyers. (Voir par exemple une lettre de rémission du Trésor des Chartes [JJ. Reg. 141] « pro Richardo de Maricourt, clerico et armigero »). Mais le fait que Anseau de Caix est qualifié dans la « Carta Ambianensis » — que nous publions ci-après et qui fut rédigé au même moment — d' « archidiacre », prouve bien, selon nous, qu'il était réellement entré dans les ordres.

V

(AN. 1131). CHARTE DITE « CARTA AMBIANENSIS DE CAIS », PAR LAQUELLE GUÉRIN, ÉVÊQUE D'AMIENS, CONFIRME LA RENONCIATION FAITE PAR ROBERT DE CAIX A SES REVENDICATIONS SUR LA TERRE DE CAIX, DONNÉE JADIS PAR SON PÈRE AU PRIEURÉ DE LIHONS-EN-SANTERRE.

Guarinus Dei gratiâ Ambianensis Ecclesiæ minister humillimus, omnibus Sanctæ Ecclesiæ filiis præsentibus et futuris æternam in Domino salutem. Notum habeat pro certo tam præsentium quam futurorum filiorum Sanctæ Dei Ecclesiæ fraternitas quod ROBERTUS DE CAIS, filius ANSELLI archidiaconi, calumniari quam in possessionem terræ de Cais quam hæreditario jure reclamabat, quœ ab eodem patre suo ANSELLO, et INGELRANNO Ambianensi consule, et ROBERTO fratre eorum, Ecclesiæ Lehunensis tradita fuerat, in pace dimisit, justamque donationem et legitimam possessionem eamdem Ecclesiam habuisse, seseque nullum jus in eâdem possessione habere sub testimonio personarum, quarum nomina scribuntur, recognovit, eamdemque donationem et concessionem prædecessorum suorum, annuente domino Botuensi juniore Ingelranno, et fratre ejus Roberto, et matre eorum Milesende confirmavit, et ut hoc Ecclesiæ Ambianensis nostris que privilegiis auctoritate confirmaremus, postulavit. Quam postulationem justam esse et legitimam cognoscentes, prædictam possessionem terræ de Cais sicut Ecclesia Lehunensis temporibus prædecessorum nostrorum tenuerat, præsentis privilegii paginâ eidem Ecclesiæ confirmamus, et ne quis sibi eamdem possessionem a modo usurpare vel minuere præsumat, ecclesiasticâ et episcopali sanctorumque canonum auctoritate prohibentes et in sinodo residentes, excommunicamus. Huic recognitioni apud Botuam primum factæ, testes fuerunt Ebrardus de Dommoin dapifer, Robertus filius Engelais, Ibertus de Jumellis, RAINAIRUS DE CAIS. Item apud Lehunum factæ, testes fuerunt Drogo de Nigellâ frater Jvonis, Radulfus castellanus de Nigellâ, Ermenricus de Nigellâ, Walterus Eschelders, Hugo et Winemarus filii Winemari de Encrâ, Hubertus, Rogerus fratres de Soihiercurt, Willelmus miles de Fulcor et Lambertus frater ejus, Gameno de Morlame et multi alii. S. Guarini † Ambianensis episcopi. S. Radulfi archidiaconi. S. Simonis archidiaconi. S. Theodorici abbatis Noviomensis. S. Gozuini Aquitinensis abbatis. S. Richerii Monsterolensis abbatis. S. Acardi, Rogeri sacerdotum.

S. Radulfi Arnulfi diaconorum. S. Andreæ, Adelmi subdiaconorum. Actum est hoc anno Dominicæ incarnationis M.C.XXXI. Indictione x. xviii Kalendas decembris in Ecclesiâ majore Ambianensi feliciter. Amen. Radulfus cancellarius scripsit et subscripsit.

Cartulaire de Lihons-en-Santerre (Bibl. Nat. Fonds Latin, n° 5460). Karta xl, fol. 22.

VI

EXTRAIT DE L' « HISTOIRE DE LA VILLE ET DES SEIGNEURS DE COUCY, PAR DOM TOUSSAINT DU PLESSIS ». PARIS (M.D.CCXXVIII), IN-4°. NOTE X, P. 29.

« Note X.

« On trouve dans le *Spicilège* de Dom Luc d'ACHERY (Tome viii, p. 173), une Charte de Barthelemy Evêque de Laon de l'an 1131, où il est parlé d'Enguerrand de la Fère *bonae memoriae,* c'est-à-dire d'Enguerrand I, Sire de Coucy; d'*Anseau,* ou *Anselme,* son frère; de *Robert,* son autre frère, et de *Mathilde,* sa sœur. Duchesne n'a point connu celle-ci puisqu'il n'en fait aucune mention. Il paroît aussi n'avoir guères connu *Anseau* et *Robert,* dont il ne dit que très peu de choses. Je parle amplement de Robert (de Péronne), dans une des Notes de cette histoire (v. la note 19). Pour ce qui est d'*Anseau,* la même Charte dont je viens de parler nous aprend qu'il a été Clerc, et qu'il a été marié, sans qu'on puisse bien distinguer lequel de ces deux états il a embrassé le premier. Son fils nommé *Robert,* inquièta les Religieux de Lions-en-Santerre au sujet de la Terre de Cais, dont il portoit lui-même le nom, et que son père avoit donnée à ces Religieux conjointement avec Robert, son oncle, et Matilde, sa tante. Dans la suite, néanmoins, il renonça à tout ce qu'il prétendoit sur ce bien, en présence de Barthélemi Evêque de Laon, qui en fit dresser un acte en 1131 ; et cet Acte est la Charte dont tout ceci est tiré. *Robert de Cais* vivoit encore en 1138, comme on le justifie par une Charte de cette année (v. preuves justif. § 18) où il est fait mention de lui... »

VII

(AN. 1131). CHARTE DE BARTHÉLEMY, ÉVÊQUE DE LAON, POUR LA RESTITUTION A L'ABBAYE DE SAINT-VINCENT DE LA TERRE D'ERLONS ET DE CELLE DE SAINT-LAMBERT PAR LES HÉRITIERS DE THOMAS DE MARLE. — PARMI LES TÉMOINS : ROBERT DE CAIX.

In nomine Sancte et individue Trinitatis Ego Bartholomeus Dei gratiâ Sancti Laudunensis Ecclesie Minister indignus. Quia Domini annuente Pontificali cathedre, licet indigni, presidemus. Omnibus qui intra Dioceseos nostri terminos clausi tenentur, pastoralis providentie cura debemus, precipue tamen erga illos benigniorem ac devotiorem, ratione exigente, exhibere compellimur affectum, qui et Laudunensis matris Ecclesie peculiares filii sunt, quique, ut Deo soli expeditius vacare possent, terrene sarcisse pondus et seculi blandientis illecebras, divino miserationis respectu, calcaverunt. Atque ad placidum sancte contemplationis portum de mundi hujus fluctuante pelago, felici naufragio, enataverunt. Notum igitur esse volumus, tam posteris quam modernis, quia cum monasterium Beati Vincentii de suburbio Laudunensi, alodium de Erlons ex elemosina Hugonis Comitis Regis teste et Ingelranni de Fara, longo tempore, quiete et sine nulla contradictione tenuisset, necnon et mansum Sancti Lamberti ex ipsius Ingelranni dono, longa et firma possessione habuisset, Thomas de Marla, ipsius Ingelranni filius, utramque terram post mortem patris sui sacrilego ausu pervasit, et usque ad exitum vite sue in sacrilegii ipsius malicia permansit. Uxor quoque ejus Milesendis et filius Ingelrannus cum, post mortem Thome usque ad adventum Domini Innocentii Pape in Gallias, ipsas terras eadem violenciâ obtinuissent, partim admonitione Pape compuncti, partim timore Dei correpti, ad monasterium Beati Vincentii venerunt. Et alodium de Erlons, preter quedam beneficia que satellites quidam inibi ab antiquo tenuerant, cum terris, pratis, silvis et acquis, cum justicia et districto, absque omni exactione vel advocaria, Sancto Vincentio, sicut unquam inclius illud tenuerat, quietum clamaverunt. Similiter et mansum Sancti Lamberti cum silvis et pratis, cum justiciâ et districto, et omnibus eodem pertinentibus Sancto Vincentio reddiderunt. Utriusque terre donum mater cum filio super altare obtulerunt. Hanc ab abbate Anselmo et fratribus ipsius loci beneficii vicem requirentes, ut et Thome transgressionis sue indulgenciam a Domino postularent et ipsi quantum ad ipsos pertinebat, remitterent, seseque beneficiorum atque orationum loci participes esse concederent. Quo gratanter concesso, nos in posterum precaventes coram altari in audientia matris et filii et omnium satellitum qui cum ipsis advenerant, in omnes illos qui, in posterum, donationem istam cassare, pervertere, vel aliquatenus infirmare presumerent, anathematis sentenciam dedimus eamque presenti privilegio firmari precepimus. Firmamus etiam ipsi abbatie in terrâ Sancti Quintini, apud Anguli-curtem, duorum molendinorum mediatatem, que cum abbatiâ Sancti Nicolaï de Vosagi sylva communia habet. De quibus cum longa et grandis altercatio inter utrumque monasterium extitisset, tandem consilio et decreto Domini Rainaldi Remensis archiepiscopi et ceterorum comprovincialium episcoporum ita inter eos convenit, ut illa duo molendina in omnibus communia habeant, et tam molendina quam etiam exclusas, si defecerint, communi impensa reficiant. Hanc ergo efficientiam presenti privilegio signatam testium qui affuerunt subscriptione roborari et sigillo nostri nominis imprimi curavimus.

Signum Bartholomei episcopi. S. Arnulfi subdiaconi.
S. Herbertis sacerdotis.   S. Pagani subdiaconi.
S. Dei amici sacerdotis.   S. Nicholai subdiaconi.
S. Clarembaldi de Foro.   S. Baldunii de Gonesse.
S. Girardi vicedomini.   S. Hervici Rufi.
S. Nicolai Castellani.   S. Odonis de Abacia.
S. Evermundi Dentard.   S. Rainaldi Belcherii.
S. Bonefacii.   S. Lamberti Gruel.
S. Roberti Vituli.   S. Hugonis ad Testam.

        S. Adonis de Goni.
        S. Iteri fratris ejus.
        S. ROBERTI DE CHAIZ.
        S. Simonis Crassi.
        S. Theodorici prepositi.
        S. Thome de Moncellis.

Actum Lauduni, anno dominice incarnationis M°.C°.XXXI°. Indictione X^a. Epacta XX^a. Concurrente III^a. Ego Radulfus Sancte Marie cancellarius relegi.

Bibl. Nat. Fonds MOREAU. Ch. et Dip. T. 55, p. 64-66. Imprimée dans FLORIVAL (op. cit., p. 327), mais sans les signatures.

A la suite de cette charte, se trouvent dans le Fonds Moreau les annotations suivantes, de la main de D. Grenier :

« An 1131.

« Confirmation par Barthélemi, évêque de Laon, de la restitution de l'aleu d'Erlons et de la maison de S*t* Lambert, qui avoient été envahis par Thomas de Marle sur l'abbaye de S*t* Vincent; et de la possession de deux moulins, bâtis à S*t* Quentin d'Anguilcourt, dont différent étoit entre cette abbaye et celle de Saint-Nicolas-au-Bois.

« *Erlous,* village mentionné ci-dessus.

« *Mansum Sancti Lamberti* (S*t* Lambert), village sur la droite du chemin de Crépy-en-Laonnois à la Fère.

« *Apud Angulicurtem* (Anguilcourt), village sur la rive droite de la Serre, à une lieue environ de sa jonction à l'Oise.

« Cette charte fait mention de l'arrivée du pape Innocent II en France.

« Menaces d'excommunication.

« L'Indiction et le Concurrent ne s'accordent point avec l'année 1131, parce que l'un et l'autre commençoient avant le 1*er* de janvier.

« Sceau de cire brune, oval, et pendant en lemnisque de cuir, à double queue; il représente un évêque debout, en habits pontificaux, la mître en tête. La mître a la forme d'une toque ou d'un mortier. La partie inférieure du sceau est rompue. Ce sceau est concave. Il ne reste de la légende que ces trois mots : *Sigillum......... nensis episcopi.*

« Archives de l'abbaye de S*t* Vincent de Laon. Layette d'Erlons, pièce cotée sept. »

VIII

(16 AVRIL 1131). CHARTE RÉGLANT DÉFINITIVEMENT LA RESTITUTION DES TERRES DE SAINT-LAMBERT, ERLONS ET SAINT-GOBAIN A L'ABBAYE DE SAINT-VINCENT PAR LES HÉRITIERS DE THOMAS DE MARLE. — PARMI LES TÉMOINS : ROBERT DE CAIX.

In nomine Sancte et individue Trinitatis. Ego Bartholomeus, Dei gratiâ, Sancte Laudunensis ecclesie minister indignus. Notum esse volumus tam presentibus quam futuris quia cum anno ab Incarnatione Domini M°.CC°.XXXI° domnus papa Innocentius ad Gallie partes accessisset, frater Ansellus abbas Sancti Vincentii apud eum clamorem fecit super Milesende, vidua Thome de Marla et Ingelranno filio ejus, qui terras Sancti Vincentii a Thoma violenter et injuste pervasas post mortem ejus, eadem violentia et injustitia retinuissent. Cum aliis intervenientibus negociis causa illa sub presencia domni pape terminari minime potuisset post dicessum ejus predictus abbas ipsius pape litteras nobis presentavit. Ex quarum sentencia nobis preceptum est, ut prefatam Milesendem cum filio suo commoneremus quatinus beato martiri ad integrum terras suas restituerent. Quod nisi infra quadragesimum diem fecissent, ipsis excommunicatis, in totâ terrâ eorum preter baptismum parvulorum et penitentiam morientium, omnia divinia prorsus interdiceremus. Itaque e vestigio villam que dicitur Erlons et mansum Sancti Lamberti beato Vincentio reddiderunt. Sed de Sancto Gobano ab instante Pentecoste usque ad quatuor annos inducias postulaverunt, ut, interim re inquisita et consilio accepto, si jus beati Vincentii recognovissent, absque ullâ retractatione terram illam ei reliquerent. Sin autem tunc ad discussionem cause venirent et res illa ecclesiastico judicio terminaretur. Quod si eo termino neque terram illam penitus reddere neque justiciam inde exequi voluissent, eamdem justiciam e vestigio super eos matrem videlicet et filium episcopus exsequeretur, quam apostolicis litteris in eos facere jussus fuerat, si infra quadragesimum admonicionis diem beato Vincentio possessionem ad integrum non reformassent. Nos autem jus Sancti Vincentii scientes, patenter denonciavimus quia ipse Thomas aliquanto temporis ante mortem suam, cum Clastris egrotaret, se terram illam injuste occupavisse nobis coram positis recognovit, atque in manu nostrâ atque in manu Adalberonis tunc temporis abbatis, donum terre illius Sancto Vincentio reddidit, et de culpâ quam inde incurrerat, absolvi oravit. Cui rei affuerunt illi quorum nomina infra scripta sunt : Domnus Wido decanus. Radulfus archidiaconus. Godefridus capellanus. Comitissa Sancti Quintini. Balduinus medicus Terwanensis. Scotus de Vendolio. Radulfus de Francorum-curte. Resmo de Vendolio. Hugo Perchia. Odo Porcus. Johannes Rufus. Gerardus de Erlons. Balduinus famulus. Rogerus cocus. Laudavimus tamen abbati Ansello et fratribus loci, ut salvo jure suo inducias illas darent. Atque efficienciam hanc scripto mandavi et sigilli nostri impressione roborari precepimus.

Signum Bartholomei episcopi qui hoc scriptum fieri jussit.

S. Roberti capellani.
S. Dei-amici sacerdotis.
S. Arnulfi clerici.
S. Gerardi vicedomini.
S. Nicholai castellani.
S. Hervei Rufi.
S. Domine Milesendis.
S. Ingelranni filii ejus.
S. Philippi de Petrofonte.
S. Bonifacii prepositi.
S. Wermundi Dent (?)
S. Iteri de Guni.
S. Adonis de Guni.
S. ROBERTI DE CAIZ.
S. Theodorici prepositi.
S. Thome de Moncellis.

Actum Lauduni xvi Kl. maii anno Dominice Incarnationis M°.C°.XXXI°, indictione viiiiª, epacta xxª, concurrente iiiª.

Ego Radulfus Sancte Marie Cancellarius relegi.

Bibl. Nat. Collection Moreau, Chartes et Diplômes, Tome 55, fol. 5 à 7. — Imprimée par D. Mabillon (*Annal. Bénédict.*, T. VI, p. 655) et par Florival (op. cit., p. 330), mais sans les signatures.

A la suite de cette Charte se trouvent les annotations suivantes de la main de D. Grenier :

« 16 avril 1131.

« Charte de Barthelemi, évêque de Laon, faisant mention d'un interdit qu'il avoit ordre du pape de jetter sur toutes les terres de la succession de Thomas de Marle, pour raison de l'usurpation que ce Sgr. avoit fait des villages d'Erlons, de St Lambert et de St Gobain, appartenant à l'abbaye de St Vincent, si ces terres n'étoient restituées sous quarante jours.

« Il est à remarquer que l'évêque de Laon emploie dans presque toutes ses chartes ce titre modeste : Minister indignus.

« Celle-ci fixe l'arrivée du pape Innocent II en France en 1131 et non en 1130 comme l'*Art de vérifier les dates*.

« Menace d'excommunication générale, dont on excepte cependant les enfans qui n'ont point reçu le Baptême, et les moribonds.

. . . .

« On voit parmi les témoins un Raoul de *Francorum curte* (Fauconcourt), village situé près la forêt de Vorges, entre Anisy-le-Château et Crépy-en-Laonois.

« On peut juger par cette pièce et la suivante que

l'indiction commençait dans le Laonois avant le 1ᵉʳ de janvier.

« Sceau détaché. Corroi de cuir existant.

« *Archives de Saint-Vincent de Laon* : layette d'*Erlons* ; pièce cotée cinq. »

IX

(AN. 1132). CHARTE DE BARTHELEMY, ÉVÊQUE DE LAON, CONFIRMANT DES DONATIONS DE BIENS FAITES A L'ABBAYE DE SAINT-MARTIN PAR DIVERSES PERSONNES, ET NOTAMMENT PAR ROBERT DE CAIX.

In nomine Sancte et individue Trinitatis, Ego Bartholomeus Dei gratiâ Sancte Laudunensis Ecclesie minister indignus. Quia in domo Domini, licet indigni, regiminis curam suscepimus cum ejusdem cure debito omnibus ad ipsam domum pertinentibus Providentie diligentiam exhibere pro reddenda de eis ante districtum judicem ratione inestimabili necessitudine obligati sumus. Illorum tamen pars specialem quandam compassionis et supportationis vigilantiam mereri videtur, qui abjecta seculi sarcina Deo soli contemplationis placida quiete vacantes, ne in mundi fluctuantis estu variis procellarum tumultibus jactati a patria ad quam suspirant devio abducantur errore anchoram spei tranquilla jam in statione posuerunt. Quanto ergo internis ac specialibus dediti minorem sui in exterioribus curam gerunt, eo impensione et affectuosive eos miseratione sublevemur, ut et de nostro si facultas subpetit eorum necessitati subveniamus, et aliorum erga ipsos liberalitatem benigno favore attollamus et episcopali auctorite roboremus. Itaque notum esse volumus tam posteris quam modernis qualiter Ingelrannus de Fara, assensu et consilio nostro quia de beneficio nostro wionagium tenet, assensu Ade uxoris sue et procerum suorum et nominatim ROBERTI DE CHAIS qui in wionagio partem habet, pro refrigerio anime patris sui et pro salute anime sue, concessit Ecclesie Sancti Martini de suburbio Laudunensi abbatique Galtero et fratribus ipsius loci omnibusque successoribus eorum, ut vinum et quidquid aliud voluerint per transitus terre sue, quocumque placuerit, traducant, nec ullum inde wionagium reddant de hiis que sua esse constabit et que pro fratrum utilitatibus vendere necesse habuerint. Similiter si revertentes pelles, lanam vel quodcunque propriis fratrum usibus necessaria reduxerint, ab omni wionagio prorsus immunes libere transibunt. Hoc quoque ROBERTUS DE CHAIS de sua parte gratanter annuit. Similiter Gillelmus de Apia, amuente uxore sua, partem quam in wionagio habuit, concessit. Hujus igitur elemosine donum, nobis presentibus, super altare Sancti Martini obtulit quam etiam ipsi Ecclesiae privilegio firmari postulavit. Nos autem eo presente cum satellitibus suis, anathematis sententiam dedimus in omnes illos qui forte in posterum hanc donationem cassare, pervertere vel aliquatenus infirmare presumpserint, quam etiam presenti privilegio sancciri et testium subscriptione et sigilli nostri impressione roborari precipimus. Canonici Beate Marie Laudunensis Ecclesie dimidietatem molendini de Hovella pro tribus modiis frumenti annuatim persolvendis, fratribus Sancti Martini perpetuo concesserunt. Bliardus de Ercri duas carrucatas terre arabilis ad omnes rigas, cum tota decima ejusdem terre apud Taran, annuentibus filiis suis, Ecclesie Sancti Martini obtulit, liberosque introitus et egressus et de communi pasturâ circumquaque quantum ad pascenda animalia opus fuerit, conversis illam terram exolentibus concessit. Firmamus etiam eidem Ecclesie allodium et feodum de Dyona quod a participibus ejus partim pro Dei amore, partim precii comparatione, partim pro censu eidem Ecclesie oblatum est. Robertus de Monteacuto et frater ejus Galterus, annuente Widone clerico, totam terram quam in Rokignicort habebant cum furno de Massicort in altari Sancti Martini per manum nostram libere obtulerunt. Concesserunt etiam aisentias in omni terra sua, in pascuis et nemoribus ac wionagium de propriis victuris ipsius Ecclesie per omnes transitus suos remiserunt. Porro Goscelinus Castellanus de Petreponte et Lucia de Monteacuto et filius ejus Gillelmus ad quos medietas decime terre illius pertinebat, cum ab omni decima nutricationis animalium liberam cum decima agriculture ejusdem allodii fratribus Ecclesie Sancti Martini concesserunt. Nos autem ex parte nostrâ, jus altaris et jus sacerdotale de curia sua et de omni agricultura sua eisdem fratribus concessimus, ita ut annuatim modium frumenti illius mensure Canonicis de Roseto, quorum altare ejusdem ville est, persolvant. Bernardus autem de Regiteste totum allodium suum de Rokignicort Sancto Martino dedit. Dompnus Bliardus Cantor et Canonicus Sancte Marie Laudunensis Ecclesie apud villam que Sancta Crux dicitur, censum decem solidorum et dimidietatem memoris quod Queretum dicitur, de patrimonio suo pro animabus parentum suorum et pro remedio anime sue Ecclesie Sancti Martini, annuente sorore suâ Halmentrude, devotè obtulit, obsecrans ut tam ipsorum quam sue anime memoria in ea in perpetuum haberetur. Robertus de Torio, conversus Sancti Martini, medietatem decime case quam apud Planetum a Lucia et filio suo Gillelmo de Monteacuto tenebat, ipsorum et Henrici clerici assensu, eidem sancto confessori dedit. Gilardus de Bulciis qui Boverius cognominabatur, totum allodium de Valle juxta Cellam et quicquid allodii extra Lischerias habebat, annuente Gerardo fratre suo cum sororibus suis, prefate Ecclesie concessit. Contulit etiam ortum quendam apud Waldencort et unum inter Lescherias et Dulcilionem quem tenebat

Walterius de Dulcilione. Renaldus de Bulciis dedit etiam minutam decimam de Geralgies pro anima Boveri. Item Wiardus de Monteacuto dimidiam carrucatam terre arabilis ad omnes rigas apud Taran cum decima ejusdem terre et Partebocel et pratum quod Ercri est, ut memoria anime Gillelmi Albi de Nigella, quem filius ejus Henricus occidit, perpetuo in eâ haberetur, Ecclesie Sancti Martini dedit. Concessit etiam fratribus ejusdem Ecclesie navem et duos piscatores in piscaria de Hercri habere et annonam curie de Taraon apud molendina de Ercri sine omni multura perpetuo molere. Renaldus Bidane de Petreponte unam carrucatam terre ad omnes rigas, apud Missiacum, et de communi pastura ad pascenda animalia et ad fenum secandum et de silvâ quantum opus habuerunt et ad omnes terras suas liberos egressus et introitus, annuentibus liberis suis et assensu Bliardi de Munitione, de cujus feodo eandem terram tenebat, canonicis predicte Ecclesie tribuit. Addidit etiam allodium quod Ostremoncurte habebat et culturam de Faiaco cum decima ejusdem culture, annuente Reinaldo de Poentiaco de quo ipsam terram in feodo tenebat, interpellans ut memoria anime uxoris sue in ipsa Ecclesia haberetur. Item Robertus de Caursia et uxor ejus Ada cum liberis suis tertiam partem decime quam apud Montem Cavillonis a Roberto de Monteacuto tenebant, ipso annuente, in altari Sancti Martini obtulerunt. Item Ado Panifer duos campos allodii juxta Sanctum Marcellum et duo prata apud Chiviacum, Ecclesie Sancti Martini dedit. Radulphus Henrici filius campum unum in allodio Walburgis eidem Ecclesie dedit. Halmentrudis de Abbatia modium unum vinaticii quod in vinea Sancti Martini in Criptis habebat, annuente Balduino de Supeio, eidem Sancto Confessori obtulit. Item Galterus Latomus in vinea sua que Fosserons dicitur, modium unum vinaticii et totam decimam ipsius vinee, prefate Ecclesie dedit. Item Helevidis de Suessiona ad molendinum quoddam juxta Brainia, dimidium modium frumenti illius mensure, singulis annis pro anima mariti sui Hugonis Sancto Martino dedit. Ansellus conversus de Meriluco, duo minuta vinee in ipsa villa eidem Confessori obtulit. Item Hugo de Montenantelli, Sancti Martini conversus, in eadem villa vineam unam eidem Sancto dedit. Item Domissionia vineam unam in eadem villa predicto Sancto Confessori dedit. Has autem fidelium donationes supradicte Ecclesie collatas in hoc privilegio colligi et sigilli nostri impressione et testium subscriptione corroborari precipimus; et ne aliquid horum que sancte Ecclesie, fidelium devotione, oblata sunt, sibi in posterum vendicare presumat, anathematis sententiam interposuimus. Actum anno Dominice Incartionis millesimo centesimo trigesimo secundo, Indictione undecima, Epacta duodecima, Concurrente quinto. Signum Bartholomei episcopi. Signum Widonis archidiaconi. Signum Litaldi archidiaconi. Signum Bliardi cantoris. Signum Albrici presbiteri. Signum Petri diaconi. Signum Arnulphi subdiaconi. Signum Bartholomei acolite. Signum Roberti de Monteacuto. Signum Clarembaldi de Foro. Signum Geraldi vicedomini. Signum Nicholai castellani. Signum ROBERTI DE CHAIS. Signum Willelmi de Apia. Signum Oddonis de Abbatia. Signum Widonis de Losiaco. Signum Willelmi prepositi. Ego Radulphus Sancte Marie Cancellarius relegi.

Cartulaire de Saint-Martin de Laon (Bibliothèque Municipale, Mss. 532. D. 3-9), fol. 54. — Copie aux Archives départementales de l'Aisne (H. 873). — Imprimé en partie seulement par FLORIVAL *(op. cit.)* p. 339. — M. de Florival, au lieu de « nomina*tim* Roberti de Chais », lit « nomina*ti* Roberti de Chais ». C'est une erreur évidente; on lit très bien dans l'original « *nominatim* », et c'est la forme que porte la copie authentique et certifiée conforme, qui a été faite pour nous en 1890 par M. l'Archiviste du département de l'Aisne.

X

(AN. 1133). CHARTE DE BARTHÉLEMY, ÉVÊQUE DE LAON, CONFIRMANT DES DONATIONS FAITES A L'ABBAYE DE SAINT-MARTIN. — PARMI LES SIGNATAIRES : ROBERT DE CAIX.

In nomine sancte et individue Trinitatis. Ego Bartholomeus Dei gratiâ sancte Laudunensis Ecclesie minister indignus. Quia inter ceteros fragilitatis humane defectus etiam oblivione aliquantulum impedimur, dignum duximus litteris commendare quod necessarium est ad noticiam posterorum pervenire. Notum igitur esse volumus tam futuris quam presentibus quoniam Clarenbaldus de Montecavillo, annuentibus fratribus et sororibus, duas partes decime Montiscavilli quam ipse a Roberto de Monteacuto, et Robertus a nobis in feodo tenebat, assensu Roberti de Cadursia et uxoris ejus Ade qui ipsam decimam sui juris esse dicebant, liberam in manu nostrâ reddidit, nosque intuitu caritatis eandem decimam Ecclesie beati Martini de suburbio laudunensi dedimus. Addidit etiam idem Clarenbaldus eidem Ecclesie, Torcular predicte ville cum mansione ita ut post Torcular beati Martini, aliud ibi non habeatur. Item Hugo de Conciaco partem illam decime quam in Avains a Nicholao Castellano et ipse Nicholaus a nobis in feodo tenebat, nostro assensu et ipsius Nicholai et Beatricis uxoris sue ac liberorum suorum, eidem Ecclesie et fratribus ibidem Deo famulantibus dedit. Galterus de Mobriniaco allodium quod in villa beate Marie habuit Deo et beato Martino obtulit. Guiardus etiam de Remies quinque nummos census et campum unum apud Orz eidem confessori obtulit. Guillelmus quoque de Porta Regali vineam unam apud Orz sancto Martino dedit. Item Godefridus de Rimiaco, Sancti Martini canonicus, dimidiam domum in civitate Laudunensi et dimidiam vineam apud sanctum Marcellum eidem Ecclesie contulit. Concedimus etiam prefate Ecclesie vineas et quidquid Bernardus de Mons, conversus, eidem Ecclesie contulit. Ebalus sancte Marie canonicus, pratum unum sub Vallibus sancto Martino in allodium dedit. Guibaldus de Capriniaco vineam unam in eâdem villâ eidem sancto confessori obtulit. Hugo de Befrecourte pratum unum quod Olivellum dicitur, Ecclesie sancti Martini tradidit. Sarracenus Castellanus de Fara qui partem suam in winagio domini Engelranni habet, fratribus Ecclesie Sancti Martini de propriis vecturis suis omne wionagium remisit. Similiter Matildis uxor Escoti, annuente filio suo Gerardo, pro anima sui mariti et peccatorum suorum remissione, eandem concessionem in sua parte eisdem fratribus concessit. Similiter Buchardus de Guisia wionagium fratribus prefate Ecclesie de his que ad eos pertinent, remisit. Item Balduinus de Sopeio wionagium de Lischeria eisdem fratribus de suis propriis rebus condonavit. Quas fidelium donationes supradicte Ecclesie collatas in hoc privilegio colligi et sigilli nostri impressione et testium subscriptione corroborari precipimus. Et ne quis aliquid horum que sancta fidelium devotione oblata sunt, sibi in posterum vendicare presumat, anathematis sententiam interposuimus. Actum anno Dominice Incarnationis millesimo centesimo trigesimo tertio. Indictione undecima. Epacta vigesima tertia. Concurrente sexto. Signum Bartholomei episcopi. Signum Guidonis. Signum Bartholomei archidiaconorum. Signum Blihardi cantoris. Signum Albrici. Signum Herberti Presbiterorum. Signum Petri diaconi. Signum Radulfi subdiaconi. Signum Mathei acoliti. Signum Roberti de Monteacuto. Signum Clarembaldi de Foro. Signum Gerardi vicedomini. Signum Nicholai castellani. Signum ROBERTI DE CHAIS. Signum Guillelmi de Apia. Signum Odonis de Abbatia. Signum Guidonis de Loisiaco. Signum Guillelmi prepositi. Ego Radulfus cancellarius Sancte Marie relegi.

Cartulaire de l'Abbaye de Saint-Martin de Laon (Biblioth. Municipale, Mss. 532. D. 3-9), fol. 54. — Copie aux Archiv. Dép. de l'Aisne (H. 873), fol. 183.

XI

(VERS 1133). CHARTE DE BARTHÉLEMY, ÉVÊQUE DE LAON, CONFIRMANT LA DONATION FAITE A SAINT-NICOLAS-AU-BOIS DE LA TERRE DE FARGNIERS ET DE PLUSIEURS AUTRES BIENS. — PARMI LES TÉMOINS ET LES SIGNATAIRES : ROBERT DE CAIX.

In nomine Patris, et Filii, et Spiritus Sancti, Amen. Ego, Bartholemeus, Dei gratiâ Laudunensium episcopus, notum esse volo tam futuris quam presentibus quod Ingelrannus de Fara et Robertus frater ejus, cum Milisinde matre suâ, dederunt monasterio Sancti Nicholai de Saltu pro animâ patris sui Thome et pro animabus suis predecessorumque suorum, villam que dicitur Farneris cum omnibus appendiciis suis tam in silvis quam in agris et pratis, que dominici sui juris erant, omnesque dominicos reditus qui ad manum suam venire debebant cum districtu... terrarum hujus autem ville medietatem, Ingelrannus avus eorum eidem monasterio olim contulerat. Hec omnia dederunt hereditario jure, quieta libertate, in perpetuum possidenda. Tali conditione scilicet quod abbas Sancti

Nicholai cellam ibi construet, prioremque et fratres Deo servituros pro arbitrio suo constituet, omniaque ad locum pertinentia tam fratres quam res sub ipsius erunt subjectione, dispositione et providentia, et in signum hujus subjectionis dabuntur a priore ejusdem loci, singulis annis, ecclesie Sancti Nicholai de Silva viginti solidi publice monete. Hujus rei testes sunt : Rainaldus, remensis archiepiscopus, et Gaufridus, abbas Sancti Medardi; Guillelmus abbas Sancti Theoderici; Theodoricus, abbas Sancti Eligii; Gislebertus, abbas Sancti Michaelis, etc. De Baronibus suis : Gerardus de C.....ni; Everardus de Damuin; Jacobus de Masères; Fulco de Hamel; Guido Castellanus; Robertus Vitulus; Robertus, filius Albrici de Travesci; Radulfus de Castelet; Rainaldus de Spordon; Ado et Iterus de Guni; Robertus Collet et Bonefacius. Hoc etiam concessit Ingelrannus quod casati sui, terras quas habebant apud Farneres, libere possint pro animabus suis transferre ad predictum monasterium; quorum unus videlicet Ingelbertus Falconarius, assensu filii sui Hugonis obtulit Deo et Sancto Nicholao terram suam de Farneres, cujus donationis testes sunt : Sarracenus Castellanus, ROBERTUS DE CAIS, Robertus Vitulus, Albricus de Travesci, Rainaldus de Spordon, Poidaya (?), Theodoricus prepositus. Similiter Guido de Erblencurt, assensu Ingelranni et Roberti et Melisendis matris eorum contulit eidem monasterio quatuor mansos terre apud Farneres, annuente uxore suâ ex cujus parte eandem terram habebat et fratribus conjujis sue Godefrido et..... de Marla. Cujus rei testes sunt : Robertus Vitulus; Ado de Guni, et Iterus et Vylardus frater ejus; Funerius de Chalnai; Raynaldus de Ploydaga; Fulco Brullez. Ut autem presentis cedule series, in posterum rata et inconvulsa permaneat, ejus violatores divina ultione anathematis sentencie subjicimus. Hanc donationem Ingelrannus, assensu et consilio baronum suorum, olim mox defuncto patre suo Thoma, fecit ut diximus, presente Rainaldo archiepiscopo et baronibus suis. Postea miles factus, predictam donationem apud Faram denuo innovavit, ipse et Ada uxor ejus et Robertus frater ejus, quod nos ipsorum petitione presenti carta testium subscriptione ac sigilli nostri impressione confirmavi. Violatoribus autem hujus prime, vel secunde largitionis, si non resipuerint, anathematis absintium propinamus. Signum Bartholomei episcopi qui hoc scriptum fieri jussit. S. Guidonis thesaurarii. S. Letaldi archidiaconi. S. Blihardi cantoris, huic secunde donationi. De militibus Ingelranni fuerunt Albricus de Travesci, ROBERTUS DE CAIS, Johannes Corbez, Landricus de Gentèle, Robertus de Can, Ado de Devei, Philippus miles, Walterus Aireul, Albricus de Bertoleure, Radulfus de Val....., Bonardus prepositus, Theodoricus Malgrain, Blavi Tiegot, Radulfus Salen....., Gerardus Bajulus, Bernardus de Cou..... ...llemus de Nigella. Actum Lauduni anno incarnati Verbi M°.C°.XXX°.III°, indictione xi, epacta xii, concurrente vi.

Ego Radulfus Sancte Marie..... legi ».

A la suite de cette charte se trouvent les annotations suivantes de la main de D. Grenier :

« An 1133.

« Charte de Barthelemi, evêque de Laon, qui confirme à l'abbaye de Saint-Nicolas-au-Bois, la terre de Fargnier, leguée par Enguerran de la Fère, Robert son frère, et Milesende, leur mère, à condition que l'abbé y érigera une celle ou prieuré qui rendra fous les ans 20 sols à la dite abbaye. Elle confirme aussi quelques biens donnés dans le même lieu, par divers particuliers, sur la permission que leur en avoit donné Enguerran de la Fère, Sgr. prédominant.

« *Farneris* (Fargnières), village sur la gauche du chemin de la Fère à Chauny.

« Menaces d'excommunication.

« *Baronibus suis*. Ce sont les barons du Sgr. de la Fère.

« Cette charte est d'une fort belle écriture, mais fort maltraitée.

« Sceau détaché.

« Archives de l'abbaye de Saint-Nicolas-au-Bois, layette de Fargnier, pièce numerotée I ».

Bibl. Nat. Mss. Collect. MOREAU ; Chartes et Diplômes, Tome 56, pièces 39 et 40. — Citée par D. MABILLON : *Annales Ordinis Sancti Benedicti* (Paris, 1739, in-fol.), T. VI, p. 121.

XII

(AN. 1138). CHARTE DE BARTHÉLEMY, ÉVÊQUE DE LAON, CONFIRMANT A L'ABBAYE DE NOGENT-SOUS-COUCY DIVERSES DONATIONS FAITES PAR LES SEIGNEURS ET LES PAIRS DU CHATEAU DE COUCY. — LE PREMIER DE CES PAIRS EST : ROBERT DE CAIX.

In nomine Patris, et Filii, et Spiritus sancti. Ego Bartholomaeus, Dei gratiâ Laudunensium Episcopus. Quoniam Apostolus praecipit, dum tempus habetis operamini bonum ad omnes, maxime autem ad domesticos fidei ; nos prout pastoralis solertia exigit, dum tempus habemus ea, quae pietatis sunt et misericordiae, invicem sectari debemus. Omnibus siquidem notum esse volumus, tam futuris, quam praesentibus, quod Ingelrannus filius Thomae Ecclesiam in Castro Codiciacensi sitam, quam hactenus contra jus ecclesiasticum tenuerat, per me, et per venerabilem fratrem nostrum Goislenum Suessionensem Episcopum, crebro super hoc commonitus, tandem divinâ inspiratione compunctus, absolute in manu nostra reddidit, id obnixe et devote a nobis expetens, ut eamdem Ecclesiam Monasterio Beatae Mariae de Novigento contraderemus, et canonice firmaremus.

Nos igitur petitioni ejus gratanter assensum praebentes, tibi, frater Bruno supradicti Monasterii venerabilis Abba tuisque successoribus, et fratribus inibi Deo servientibus praefatam Ecclesiam perpetuo possidendam concedimus; ita videlicet, ut decedentibus Canonicis, praebendas ipsorum habeas, et pro facultate loci consequenter Monachorum inibi numerum substituas.

Praefatus itidem Ingelrannus sub turri Ecclesiae capellam construi fecit, in qua, ut cotidie Missa Defunctorum pro anima patris sui Thomae, ei pro animabus omnium fidelium Defunctorum, celebraretur : hortatu Religiosorum, rogatu etiam matris suae Milesendis, et Rotberti fratris sui, et sororis suae Milesendis, et assensu procerum suorum, vineam quamdam ab omni consuetudine liberam; duos modios frumenti ad terragia Cociaci villae, et ad transversum de Blarencurte trigenta; ad Casnels vero decem solidos in festo beati Remigii quotannis persolvendos contradidit. Dedit ad transversum Codiciacensem viginti solidos ad Luminaria Ecclesiae concinnanda; et confirmavit donum duorum videlicet solidorum, quod pater, et mater ante fecerant omni septima ad refectionem fratrum.

Contulerunt etiam pares supradicti Castelli eidem Monasterio pro animabus suis, et predecessorum suorum : ROTBERTUS DE CAIS V. Solidos bonae monetae singulis annis ad transversum Codiciacensem. Renaldus Belehere XI solidos censualis monetae ad censum suum de Morilencurte accipiendos. Ado de Luni XI solidos cursabilis monetae. Iterius frater ejus XI solidos. Rotbertus Vitulus XII denarios. Simon Crassus XII denarios. Petrus de Frescencurt XII denarios. Guido filius Alberici XII denarios. Bonifacius XII denarios. Rainaldus Rufus III sextarios vini.

Lambertus Gruellus III sextarios vini, quos habebat in praedicta vinea. Robertus de Curval condonavit consuetudines quas habebat in eadem vinea.

Noverit etiam posteritas fidelium, quod ad transversum Pontis de Cuiaperit, quem Drogo nepos Mathildis Grossae, Beatae Mariae Novigenti ad conversionem veniens contulit, idem Ingelrannus de Carreta denarium unum bonae monetae; de carro vero duos denarios, et de Trussello in Sella jacente, denarium unum; et V solidos apud Puislerium, et obolum unum bonae monetae de unaquaque domo adjacentium villarum, pro reficiendo ponte, Abbati et Monachis in perpetuum habendos concessit.

Ut autem haec omnia in posterum inconcussa permaneant, anathematis interpositione confirmamus, sigilli etiam nostri impressione et testium suppositione corroboramus.

Signum Bartholomaei Laudunensis Episcopi.

Signum Ernaldi Archidiaconi.

S. Bartholomaei Archidiaconi et Thesaurarii.

S. Guidonis Decani.

S. Milonis Praecentoris.

S. Anselmi Abbatis sancti Vincentii.

S. Balduini Abbatis sancti Joannis.

S. Leonii Abbatis sancti Michaelis.

S. Gualterii, Abbatis sancti Martini.

S. Gisleberti, Abbatis sancti Nicolai de saltu.

Actum Launduni, anno Dominicae Incartionis M.C.XXXVIII.

Data per manum Ernaldi Cancellarii.

D. Luc d'Achery : Notae et Observationes ad Venerab. Guiberti Abbatis opera (Paris, 1651, in-folio), p. 628, 629. — Dom Toussaint Du Plessis : *Histoire de la ville et des seigneurs de Coucy* (Paris, 1728, in-4°), Pièces justificatives, § XVIII, p. 138. — De Florival (op. cit.), p. 357.

XXXIII

On trouve au Département des Mss. de la Bibliothèque Nationale, les mentions suivantes :

« Cais. *Robert de Cais* est nommé le premier entre les Pairs du Château de Couci dans une Charte de Barthelemi, évêque de Laon en 1138. »

« Not. ad oper. Guib., p. 628 et 629.

« Cart. hist. de L. VII ad auct. 15. Act. VII. »

DE CAMPS : *Nobiliaire historique*, IV, fol. 297 recto; v° CAIS. — *Bibl. Nat. Mss.* de DE CAMPS, vol. 108.

Le titre de ce volume est : « Liste des Empereurs, Rois, Reines, Princes, Ducs, Comtes, Vicomtes et autres grands Seigneurs laïques titrés et non titrés dont il est fait mention dans les Chartes et autres pièces, qui composent le Cartulaire historique de Louis VII, dit le Jeune, roi des François. »

N. B. Au folio 347, recto, du même vol., DE CAMPS donne les noms des Pairs de Coucy : « Ces Pairs de Couci étoient *Robert de Cais*, Renaud Belehère, Adon de Luni, Itier son frère, Robert le Veau, Simon le Gras, Pierre de Frésencourt, Gui fils d'Albéric, Boniface, Renaud le Roux, Lambert Gruel et Robert de Courval. Cette charte fut passée à Laon en l'année 1138. »

XIII

(AN. 1138). CHARTE DE BARTHÉLEMY, ÉVÊQUE DE LAON, CONFIRMANT DES DONATIONS FAITES PAR ENGUERRAN, SIRE DE COUCY, A L'ABBAYE DE PRÉMONTRÉ. — PARMI LES TÉMOINS : ROBERT DE CAIX.

In nomine sanctae et individuae Trinitatis, Ego Bartholomeus, Dei patientiâ, sanctae Laudunensis Ecclesiae minister humilis, Hugoni Praemonstratensis Ecclesiae abbati, ejusque successoribus canonice substituendis in perpetuum. Quia successu temporum facile subrepit praeteritorum oblivio, res gestas paci futurorum memorata necessarias scripto commendare decrevit antiquitas. Ea propter Hugo, fili carissime, tam futuris quam praesentibus volumus innotescere, quod Ingelrannus filius Thomae de Marla cum Roberto fratre suo, et matre eorum Melisende, et ejusdem nominis sorore suâ, ob remedium animarum suarum, tibi et Ecclesiae tuae quosdam subter nominandos redditus, hac quidem deffinitione, ut in annuo colloquio coabbati vestri ordinis apud vos celebrando, ad eorum ponantur sumptus. Hujus autem gratiâ beneficii, primo post hanc attributionem, colloquii coabbati, talem illis constituerunt recompensationem pietatis, ut audito ecclesiastico obitu singulorum, ut produximus hanc eleemosinam conferentes in omnibus ecclesiis hujus ordinis tantum fieret pro eorum singulis, quantum pro uniuscusque Ecclesiae fratribus et in perpetuum anniversarius celebretur. Anniversarius etiam Thomae eorum patris et Alelmi eorum fratris. Hii autem sunt redditus : terragium de Vrevin cum decimâ, et terragium etiam de Coucivillâ (exceptis duobus modiis hyemalis annonae qui persolvuntur Ecclesiae B. Mariae Nongenti), vivarium etiam cum molendino juxta eandem villam. Nos autem congaudentes et eorum saluti et precibus vestris, hoc donum in praesentiâ meâ factum coram legitimis testibus autoritate nostrâ confirmamus, scriptumque sigilli nostri impressione subsignamus. Si qua igitur in futurum ecclesiastica saecularisve persona hanc decreti nostri paginam sciens hoc donum temerario ausu irritare temtaverit, secundo tertiove commonita, nisi de contemptu Episcopalis autoritatis, et de injuria Ecclesiae satisfecerit, anathematis vinculo innodetur. Hi sunt testes Arnaudus archidiaconus, Bruno abbas S. Mariae Nogenti, Ibodo medicus, Drogo de

Nigella, Guido Castellanus de Coucy, Odo de Guni, Sarracenus Ferrae Castellanus, Robertus cognomento Vitulus, et Raymundus filius ejus, Radulphus Bulchart frater Sarraceni, ROBERTUS DE CAIS, Guido filius Alberici de Coucy, Joannes Croseth de Nigellâ, Bonardus praepositus Ferrae, Constantius Empiriaili, Radulphus de Bona filius Roberti Englais. Etiam ad praedictum donum pertinet decima et terragium de Aenhi et molendinum de Rabuzeel. Actum est anno dominicae Incarnationis 1138. Epacta VII, concurrente V, indict. XV.

Suit, dans la copie de D. Grenier, une note ainsi conçue :

« En marge : Extrait abrégé dudit acte.

« Par cette charte, Barthélemy, évêque de Laon, déclare et confirme la donation faite à l'église de Prémontré, par Enguerran, sire de Coucy, du consentement de Robert, son frère, de Melisende, sa mère, de Melisende sa sœur, pour le repos de son âme et celui de Thomas, son père, et d'Adelme, son frère, mort. Cette donation consiste dans le terrage et la dîme de Vervin, le terrage de Angeis, de Coucy-la-Ville avec le vivier et le moulin voisin du dit Coucy-la-Ville, etc., à condition que les revenus de ces biens serviront à défrayer et nourrir les abbés et prieurs de l'ordre qui viendront à Prémontré pour y assister aux chapitres généraux qui doivent se tenir tous les ans. »

Bibl. Nat. Collect. DOM GRENIER, Tome 267, in-fol. fol. 106 verso. — Impr. dans LE PAIGE : *Bibliotheca Praemonstratensis* (Paris, 1633, in-fol.), p. 423, col. 2 et p. 424, col. 1. — FLORIVAL *(op. cit.)* p. 361.

LE PAIGE et FLORIVAL, qui le copie, écrivent « Robertus de Lais ». C'est une simple faute d'impression à laquelle D. GRENIER ne s'est pas laissé prendre, car il écrit bien dans sa copie que nous reproduisons ici : « Robertus de Cais. ».

XIV

(AN. 1143). CHARTE DE BARTHÉLEMY, ÉVÊQUE DE LAON, CONFIRMANT PLUSIEURS DONATIONS FAITES A L'ABBAYE DE SAINT-VINCENT DE LAON. — PARMI LES TÉMOINS CITÉS : ROBERT DE CAIX.

In nomine Sancte et Individue Trinitatis. Ego Bartholomeus Dei gratia Laudunensium Minister humilis, quoniam memoria hominum labilis sepe visa vel audita humana depressa fragilitate citius obliviscitur, ad hoc congrua litterarum elementa reperta sunt, ut res geste conscriberentur, et sic aliorum noticie facilius traderentur. Quod et nos attendentes idcirco que sequuntur scripto apponimus ne ullà deinceps oblivione deleantur, sed in perpetuum firma et consignata, harum salvo litterarum monimento, tencantur. Universorum igitur tam presentium quam futurorum noticie tradimus, quod Guido Castellanus de Coceio, Jherosolymam perrecturus, decem solidos annuente Ingelranno de Coceio, de cujus feodo descendebant, Ecclesie Beati Vincentii martyris apud Derceium, in elemosinam dedit, uno quoque anno in festo Sancti Remigii a Majore suo persolvendos talis monete qualis ibidem a censualibus persolvitur/ Notum etiam facimus quod Guido filius Rogeri de Hiricyon, omnem decimam ad casam Ecclesie de Montoiscurt pertinentem, quam antiquo tam ipse quam antecessores sui quiete possederant, annuente Guidone Castellano et Ingelranno de Coceio de quorum feodo descendebat, per manum etiam nostram, a quo ipsa decima procedebat, Ecclesie supradicti martyris perpetualiter in elemosinam habendum concessit. Fidelium quoque posteritati notificamus duorum sedes molendinorum apud Nongentum quod dicitur Comitis ex antiquo haberi, quarum una cum pertingeret Wilardo de Goni, Deo et Sancto Vincentio, assensu uxoris sue Ade fratrumque suorum Addonis, Iteri et Fulconis, annuente etiam Ingelranno de Coceio, de cujus feodo descendebat, memorate ecclesie in elemosinam contulit. Hujus rei testes sunt : Guido decanus. Bartholomeus thesaurarius. Robertus capellanus. Arnulfus clericus. Anselmus abbas ipsius ecclesie. Gislebertus abbas Sancti Nocholaï de Silva. Bruno abbas Nonvingenti. Ingelrannus de Coceïo. Guido Castellanus. Nicholaus Castellanus. Guillelmus de Apia. Radulfus Major de Coceio. Alteram similiter molendini sedem Walbertus miles de Vendolio, assensu Odonis Volantis et uxoris sue Ide, assensu etiam Scoti de Maibodicurte et uxoris sue Hesche, jam dicte Ecclesie in elemosinam concessit. Idem etiam Scotus fidem suam dedit, sed et fide jussores opposuit, videlicet Bliardum et Theonem de Firmitate et Gibuinum de Nongento, quod si unquam aliquis in molendino quidpiam reclamaret in omni curia tam seculari quam ecclesiastica guarandus indeficiens existeret. Hujus rei testes sunt : Anselmus abbas jam dicte Ecclesie. Rumaldus, Isembardus, Mainardus monachi. Clarembaldus de Vendolio. Arnulfus Brito. Herbertus Marescot. Hugo Captivus. Walterus de Mechumo. Walterus homo Sancti Petri. Blihardus et Theo de Firmitate. Gibuinus de Nongento. Ipse etiam Gibuinus quicquid in molendinis jure hereditario habebat, videlicet districtum, bannum, justiciam bustelli, piscuriam aque superius usque ad pontem et circa novas raerias et inferius quantum molendinarius martellum suum jacere poterit, Cecilia uxore sua et Guidone filio suo concedentibus, sepe dicte Ecclesie in elemosinam dedit; hoc tantum retinens quod si aliquis, excepto molendinario et servientibus Ecclesie, aliquid ibi forisfecerit, inde justiciam exercebit. Hujus concessionis testes sunt : Anselmus abbas ipsius Ecclesie. Fulco abbas Hasnoniensis. Rumaldus, Isembardus, Walterus, Theobaldus, Herbertus monachi. Bertrannus Sacerdos. Etbertus Luscart. Johannes Bucella. Letaldus Rufus. Arnulfus frater ejus. Robertus de Pestilliaco et multi alii, illi quoque qui usagium exinde singulis annis persolvebant. Sed et ipsi molendinarii videlicet Rubaldus et Thereia uxor ejus, Henricus, Rogerus, Herbertus, Hermenoldus et Thomas filii eorum, Gertrudis soror eorum, Radulfus Albus, Rainerus, Alardus filii ejus. Robertus et Helvidus uxor ejus. Stephanus, Rainerus filii eorum. Ada de Noviant. Albertus, Hairiz filii ejus. Berta, Letvidis filie ejus. Aiolz et Advidis uxor ejus. Ulbertus et Robertus frater ejus, filii que sui Hyberga. Odo Bailoles. Freelez et Bonardus. Singuli partes suas sicut easdem primitus libere et quiete tenuerant, ita Ecclesia Sancti Vincentii martyris in elemosinam liberas perpetualiter reliquerunt habendas. Preterea Rainaldus quidam miles in eâdem Ecclesiâ, suscepto monachali habitu apud Faram ob remedium anime sue, tres mansos prefate Ecclesie dedit, unam extra Castrum, de quo nobis annuatim tam ab ipso quam ab antecessoribus suis quatuor denarii bone monete persolvebantur. Sed nos in posterum utilitati et quieti Fratrum ibidem Deo militantium, providentes, eidem ecclesie ipsum censum in elemosinam concessimus habendum; reliquos vero duos mansos infra Castellum assensu Gibuini de cujus feodo unus descendebat, hac conditione Beato Vincentio tradidit, quod duo presbiteri Robertus et Waszo censum ex his duabus mansis in vita sua possideant, post decessum vero eorum liberi ad Ecclesiam redeant. Hujus rei testes sunt : Willelmus abbas Sancti Nocholai de Prato. Gerardus abbas Fidemensis. Johannes abbas Sancti Michaelis. Albricus de Treveci. Albricus de Bertocurt. Odo de Abbatia. Oduinus de Fara.

Josbertus de Abbatia. Marsilius de Valaverni. Bernerus et Rumaldus servientes Sancti Vincentii. Illud etiam scribendum censuimus quod inter Blihardum de Firmitate et Symonem de Ribodimonte pro quâdam terrâ Hugonis cognomento Malivicini quam apud villam Offennis possidebat magna discordia fuerit, pro qua re etiam inter alia inimicitiarum impedimenta Symonis frater Walterus nomine, ferro percussus occubuit, postea vero, superna providente clementia fidelium salutaribus amicorum monitis acquiescentes in amicitiarum federe copulati, supradictam terram cum districto et justicia tam in silva quam in culta terra, annuente Radulfo Viromandensi comite de cujus feodo descendebat, pro animâ defuncti et pro suâ suorumque salute, Ecclesie sepefate in elemosinam, jure perpetuo, concesserunt habendam. Cui rei interfuerunt Anselmus abbas ejusdem Ecclesie, Mainardus abbas de Ribodimonte, Gosvinus abbas Fusniacensis, Guido de Loisiaco, et Walbertus frater ejus, Balduinus de Gunessa, Odo de Abbacia, Theo de Firmitate, Guiardus de Rainis, ROBERTUS DETCAIS, Gerardus Auries, Elbertus frater Symonis, Robertus Curtelor, Johannes de Mazeres, Aszo de Parpres, Gerardus de Sari, Wicardus de Beruort, Wido de Moy, aliique quamplurimi. Hoc etiam a fidelibus reminisci decernimus quod Ecclesia que secunde sedis dignitatem ab antiquo ex quo urbs presulari cepit habere dinoscitur, apud Petrepontem duo molendina in viâ que dicitur Calciatâ, tam censu quam elemosinâ de dono Roberti domini ejusdem castri per manum etiam nostram de cujus feodo totum descendebat, diu possederat; ipse vero Robertus nichilominus duo molendina intra Castellum habebat, igitur inter Anselmum tunc temporis supradicte Ecclesie abbatem et Robertum, de communilandis molendinis ob meliorationem utrorumque ratio diu est habita, sed consilio et assensu nostro definita et approbata, priori censu adnullato, molendina eo tenore associaverunt, quod singulis annis in Natale Domini duos modios frumenti, et in Pasca duos ad mensuram que illis temporibus, quando hec acta sunt, Petreponti fuit, Canonicis Beate Marie de communi persolvent, quicquid etiam usui molendinorum necessa fuerit communiter facient. Molendinarii per molendina, communi assensu stabilientur; posteà vero quod reliquum fuerit, videlicet et multura et justicia et ceteris utilitatibus, inter Ecclesiam et dominum Robertum sine fraudatione, equa mensura, dividetur. Cuncti etiam habitatores terre domini Roberti tam ab eo quam a suis successoribus, molendina hec per bannum frequentare et annonam suam ibi molere compellentur. Concessum est preterea ab eodem Roberto, quod si unquam aliquis preter ipsum et Ecclesiam Beati Vincentii in predictis molendinis quippiam reclamaret, indeficiens warandus existeret, et partem Ecclesie liberam omnino atque quietam faceret. Hujus rei testes sunt : Wido decanus. Arnulfus clericus. Nicholaus Castellanus. Bartholomeus de Montecavillonis. Bozuinus castellanus. Herbertus de Ganta. Rainerus Prepositus. Odo Vitulus. Radulfus dapifer et multi alii.

Predicte ergo, predicto modo facte, donationes et concessiones, ne aliqua in posterum oblivione aut occasione possent dissolvi, hoc privilegium fieri decrevimus, sigilli nostri impressione assignatum, attestatione fidelium subnixum. Quod si quis presumpserit, presumptionis sue vicem quo ad perseveraverit, a domino recipiat. Actum Lauduni, anno dominice Incarnationis M°.C°.XLIII°. Indictione vi^a. Epacta iii^a. Concurrente iiii°.

Ego Bartholomeus cancellarius relegi.

D. Grenier fait suivre cette copie des observations suivantes :

« An 1143.

Charte de Barthelemi, évêque de Laon, qui enterine plusieurs dons, fait (sic) à l'abbaye de S. Vincent de Laon, que le prélat dit avoir joui du titre de second siège, depuis que la ville est décoré (sic) du siège épiscopal : savoir, à Derli, par Gui, châtelain de Couci, avant son départ pour la croisade, du consentement d'Enguerran de Couci, son seigneur; à Montecourt, par Gui d'Hircon, avec l'agrément d'Enguerran, seigneur de Couci, et du châtelain Gui ; à Novion-le-Comte, par Wilard de Goni, le même Enguerran de Couci y donnant son approbation ; à la Fère, par un certain Rainaud, chevalier, en prenant l'habit monastique à Saint-Vincent; à Offennies, par Bliard de la Ferté et Simon de Ribemont, avec le consentement de Raoul, comte de Vermandois ; enfin à Pierre-Pont, par Robert, seigneur de cette forteresse.

Apud *Derceium* (Derci), village du diocèse de Laon, sur la rive droite de la Serre, entre Créci et Marle.

Apud Nongentum quod dicitur Comitis (Novion-le-Comte), autre village sur la même rivière, au-dessous de Créci-sur-Serre.

Apud villam Offennis (Offeni ou Offigny), au même diocèse, lieu inconnu.

Apud Faram (la Fère), ville sur la rivière d'Oise, au même diocèse.

Apud Petre-pontem (Pierre-pont), petite ville du même diocèse, sur la rivière de Souche.

Notes chronologiques exactes.

Archives de l'Abbaye de Saint-Vincent de Laon, Layette de Pierrepont, Liasse 2e. »

(Note de la main de D. Grenier).

Bibl. Nat. Manuss. MOREAU, Chartes et Diplômes, vol. 60, p. 192 à 195. — M. DE FLORIVAL n'a pas connu cette pièce, et nous croyons qu'elle est publiée ici pour la première fois.

Bien que le nom « de Caix » soit écrit « Detcais », il nous paraît de toute évidence qu'il s'agit bien ici de notre

Robert. Non-seulement toutes les circonstances « extérieures » de la charte elle-même justifient amplement sa présence parmi les témoins d'un des actes qui y sont rappelés, mais la manière même dont son nom est transcrit est absolument logique et naturelle. Sans rappeler ici les principes que nous émettons dans notre chapitre IV, nous dirons seulement que les scribes du Moyen-Age écrivaient les noms « tels qu'ils les entendaient ». Or, le *t* intercalaire qui a donné lieu à cette forme bizarre « *de-t-Cais* » exprime bien le chuintement picard, tel qu'il existe encore aujourd'hui.

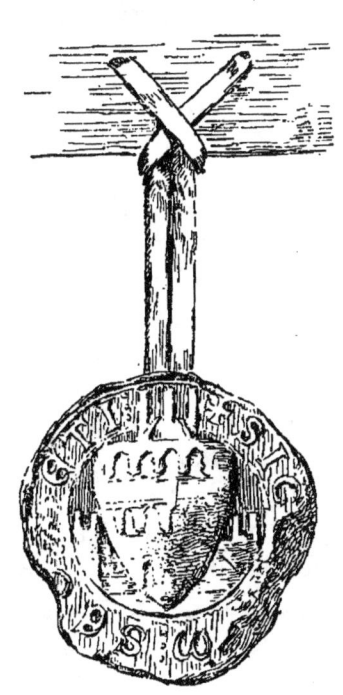

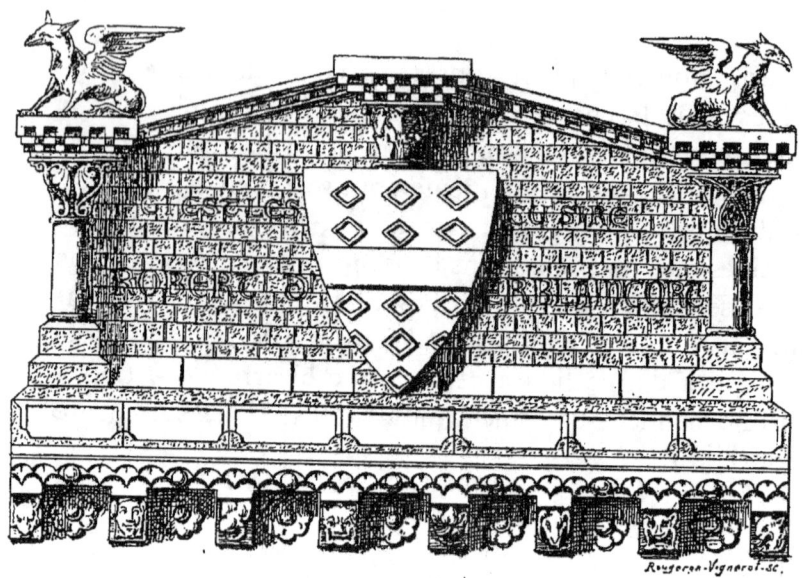

XV

(AN. 1188). CHARTE DE RAOUL, SIRE DE COUCY, CERTIFIANT UNE DONATION FAITE A L'ABBAYE DE THENAILLES PAR ROBERT, SEIGNEUR D'EMBLAINCOURT (ERBLAINCOURT). — PARMI LES TÉMOINS : ARNOUL DE CAIX, ONCLE DUDIT ROBERT.

De octo modios frumenti nobis datis a Domino Roberto de Emblecourt, quorum quinque debebamus ei et tres alios debentur accipere a Houdreville.

Quoniam per scriptorum veracitatem preterita tanquam presentia solent memoriter retineri, Ego Radulphus Couchiaci dominus, per hoc scriptum meum notum omnibus facio et testimonium perhibeo, quod Robertus miles de Emblencourt, dedit in elemosinam fratribus Thenolie octo modios frumenti ad mensuram de Marla, de meo feodo descendentes. Quorum quinque modios debebant illi monachi Fidemensis Ecclesie apud Houdevillam. Quam donationem et elemosinam predictus Robertus miles, assensu matris sue Matildis et fratrum, pariterque heredum suorum et uxoris sue Elisabeth, annuentibus liberis suis suprascriptis fratribus, ea conditione contulit quod in grangiâ ipsorum que dicitur Chans, capella instituetur. In quâ, pro eodem Roberto et uxore sua et etiam omnibus antecessoribus et successoribus suis, divina officia perpetuo celebrabuntur. Notandum autem quod unus modius memorati frumenti, pro luminari ipsius capelle est integer deputatus. Quod ut perpetue stabilitatis robur obtineat, ad recognitionem istius donationis, annuente uxore mea Adelide et liberis meis, presenti scripto sigillum meum apposui et testes ydoneos feci inferius annotari. S. ARNULPHI DE CHAIS, avunculi predicti Roberti. S. Jacheri et Guidonis fratris ejus, nepotum ejusdem Roberti. S. Johannis de Hussel, militis. S. Petri Camerarii. S. Roberdi de Vervin. S. Symonis de Creci, prepositi de Marla. Acta Couchiaci, anno incarnationis dominice m°. c°. octogesimo octavo.

Cartulaire de l'abbaye de Thenailles (près Vervins); *Bibl. Nat. Fonds Latin,* 5649, fol. 28 verso.

Cette pièce est suivie des trois suivantes, confirmant ou développant cette fondation; et dont voici les titres :

Confirmatio de octo modiis bladi predictis, nobis a domino Roberto de Emblencourt datis. (Cette confirmation est de Roger, évêque de Laon, et de la même année 1188).

De octo modiis bladi, nobis datis a domino Roberto de Herbeleincourt pro capellana de Chans. (Cette pièce, de la même année 1188, émane de Grégoire, abbé de Thenailles).

De tribus modiis frumenti, quos nobis dedit predictus dominus Robertus, capiendos in grangiâ de Hudurvillâ. (Cette pièce, de la même année 1188, émane de N..., abbé de Fesmy).

La pièce que nous publions ici est également copiée dans le tome 90 de la *Collection* MOREAU *(Bibl. Nat. Chartes et Diplômes),* fol. 200, 201.

D. GRENIER, à qui est due cette copie, transcrit : « S. Arnulphi DE CAIS », corrigeant ainsi le Cartulaire original. (V. aussi au même vol. de MOREAU, fol. 65, une note analogue de D. VAROQUIAUX, et Cfr. DE CAMPS : *Nobiliaire historique*, VII, fol. 244 recto, v° CHAIS. *Bibl. Nat. Coll.* DE CAMPS, vol. 111).

D. GRENIER fait suivre sa copie dans la Collection MOREAU, de la cote et des observations suivantes :

« Charte de Raoul, seigneur de Couci, certifiant que Robert, chevalier d'Emblaincourt, a aumoné à l'abbaye de Thenailles huit muids de froment, mesure de Marle, dont cinq muids lui étoient dûs par les Moines de Fémy à Houdreville; à la charge d'établir une chapelle dans leur grange ou ferme de Chans, pour y faire l'office divin à perpétuité, en mémoire du donateur, de sa femme, de leurs prédécesseurs et de leurs successeurs.

« Thenolie (Thenailles), abbaye de Prémontrés...

« Marla (Marle), ville du Laonois,...

« Houdevillam (Houdreville), ferme près de Marle.

Archives de l'abbaye de Thenailles, en Tiérache. »

Emblaincourt est très certainement ici pour Herblaincourt. Nous en avons la preuve indiscutable dans l'en-tête que nous donnons ci-dessus, de la charte confirmative de Grégoire, abbé de Thenailles, qui porte « Robert de Herbeleincourt ». C'est donc le même Robert que nous retrouvons comme témoin sous le nom de « Robertus de Herblincort », dans une charte de la même année donnée par le même Raoul de Coucy à l'abbaye de Saint-Vincent de Laon. Cette charte se trouve copiée deux fois dans MOREAU, t. 90, p. 202-206. Elle est tirée des Archives de Saint-Vincent de Laon, Layette 35, pièce 3ᵉ (Layette de Dormicourt).

Nous donnons (p. 54) la reproduction d'un sceau de

l'abbaye de Thenailles, du commencement du XIVe siècle. Ce sceau rond, de 40 millimètres, représente la Vierge assise avec l'enfant Jésus, et tenant à la main des tenailles. Légende :

Sigill. convent. de Te.....

Appendu à une adhésion au procès de Boniface VIII, en 1303. (*Archiv. Nat.* J. 483, n° 204).

XVI

(AN. 1164). CHARTE DE JEAN, ABBÉ DE CORBIE, CONFIRMANT UN ACCORD INTERVENU ENTRE CETTE ABBAYE ET LE PRIEURÉ DE LIHONS-EN-SANTERRE. — PARMI LES TÉMOINS : PIERRE DE CAIX ET ROBERT DE CAIX.

Quum que temporaliter fuerint a memoria pleriusque elabi solent, nisi litterarum apicibus teneantur, idcirco ego Johannes Corbeiensis Ecclesie humilis Minister et Conventus, noticie tam presentium quam futurorum suggerimus convencionem habitam inter nos et ecclesiam Letihunorum (sic), agente in prioratu Adsone. Concessimus siquidem memorate ecclesie Letihunorum ad opus ecclesie Sancti Taurini, molendinum domini Quintini, perpetua possessione tenendum pro viginti modiis frumenti, tale quale a molendino hebitur censualiter per annos singulos ab ecclesiâ Sancti Taurini ecclesie Corbeiensi persolvendis, ad mensuram Roie, mensura fuste ad futem equita, solutione frumenti sic divisim compositâ. Quod infra Nativitatem Domini X persolverentur modia, infra Pascha usque ad octavas V, reliqua V usque ad Nativitatem Sancti Johannis. Hujus antea compositionis taliter interjecta est conditio : Quod si pro aliquid querela adversus Corbeiensem ecclesiam que pro defectu justicie ecclesie Sancti Taurini de molendino predicto aliquod dampni vel impedimentum eveniret, ecclesia nostra in curiâ nostre ecclesie Sancti Taurini, quantum postulat jus et ratio, responderet. Additum est etiam panem de curte nostrâ Busci absque molturâ, statim quum allatum fuerit, post illum qui inventus fuerit molens, esse molendum. Si, uno casu aliquo, molendinum domini Quintini contigit molere non posse ad molendinum, fale..... esse transferendum, ibique eâdem consuetudine quod moleretur in predicto molendino esse molendum. Actum anno ab incarnatione Domini nostri Jesu Christi millesimo centesimo sexagesimo quarto. Hujus rei testes sunt : Dominus abbas Johannes Corbeye; Hugo prior; Richerus, subprior; Fulbertus prepositus; Gozuinus; Petrus de Bus; Jacob de Maceriis; Fulco; Gervasius; Nicholaus; de laïcis : Walterus de Helli; Hugo prepositus; Simon de Folliaco; Wualdinus de Moolcurte; de Monachis lehunensibus : Adso prior; Odo prior Sancti Taurini; Gerarardus (sic); Johannes Macherellus; PETRUS DE CHAIS; ROBERTUS DE CHAIS; Petrus Dare; Petrus Neret; Walterus de Nigella; omneque capitulum lehunense.

Cartulaire NOIR *de Corbie* — *Bibliothèque Nationale, Fonds Latin*, n° 17758, fol. 159, r°; — et dans le *Cartulaire* NÉHÉMIAS de la même abbaye.

XVII

(CIRCA AN. 1164). CHARTE DITE « CARTA DE ROSERIIS », QUI MET FIN A DES DIFFÉRENDS SURVENUS ENTRE LES HÉRITIERS D'ERMENFROID ET LE PRIEURÉ DE LIHONS-EN-SANTERRE. — PARMI LES TÉMOINS : PIERRE DE CAIX.

In nomine Sancte et Individuae Trinitatis, Amen. Antiquorum peritiam censuisse ratum est, ut quod foret retinendum per secula membranae committeretur et calamo, ne successu temporis protelato oblivionis casibus deperiret. Quorum nos institutis adhœrentes, tenui notamine posteris assignavimus dominum Ermenfredum, venerabilem clericum, quidquid in villa quae Roserias appellatur, et in toto territorio ejusdem villae possidebat per manum domini Gervini, piae memoriae Ambianensis episcopi, obtulisse Deo et beato apostolorum principi Sancto Petro de Lehuno, monachisque inibi regulariter degentibus, suae uxoris nomine Euseviae pio assensu et devotione summa jure hereditario perpetualiter obtinendum. Quo videlicet Ermenfredo sine liberis decedente, Alelmus et Radulfus nepotes ejus emergentes in publicum, hœredes illius se fore comminati sunt : invaserunt itaque terram violenter quam avunculus eorum Christo domino contulerat; injuste multis diebus tenuerunt. Monachi autem opis divinae ad praesidia divertentes, impugnantes se, et exhaereditare molientes, Spiritus Sancti gladio incessanter feriebant, vibrantes in eos anathematis jacula. Illi tandem excommunicationis pondus non ferentes, ducti paenitentiâ humiliter veniam postulaverunt, dimittentes in pace coram cunctis qui aderant, et respuentes terram quam irrationabiliter invaserant, allatisque Sanctorum pigneribus jure jurando, et fidem praebendo confirmaverunt, deinceps pro terrâ illâ nullam calumniam vel inquietudinem ecclesiae Lehunensi se facturos, et contra omnes homines, si necessitas ingrueret proposse suo opem et consilium fideliter perlaturos. Dominus etiam Drogo de Dorzs, sub cujus patrocinio tempore persecutionis latuerant, et ad cujus feodum terra supradicta pertinere videbatur, bono animo eleemosinam concessit, et donum solemne per librum super altare Sancti Petri Lehunensis, veniens gratanter fecit, vidente populo et monachorum conventu. Hujus rei testes sunt Ursus de Roseriis, Alduinus, Walbertus de Mediâ Villâ, Ailulfus, Helo, Ursus postea conversus noster et multi alii. Sciendum autem quod

Robertus clericus, cognomento Blavia, magnam partem illius terrae in vadimonio habebat, illudque vadimonium in elemosinâ dedit Sancto Firmino confessori et canonicis ejusdem ecclesiae, quos adeuntes monachi Lehunenses solidos vadimonii presentarunt, sed eos canonici nullo modo suscipere voluerunt. Denique altercatio eorum tali conditione sedata est, quod monachi supradicti, redemptione vadimonii, tres modios frumenti annuatim canonici persolverent, suisque vehiculis in promptuaria clericorum Ambianensium usque ad festum Sancti Remigii deducerent, canonici vero frumenti ductores largiflue procurarent, et jumentis eorum cibaria sufficienter exhiberunt. Evoluto postea LX annorum et eo amplius curriculo sub cujus temporis spacio, hanc elemosinam Lehunensis ecclesia quiete et placide possedit. Radulfus qui dictus est Campus Avenae, neptem supra memorati Drogonis nomine, Beatricem uxorem duxit, ex parte cujus terram saepedictam jure suo competere proclamavit, quâ de causâ Domno Adzone priore Lehunensi cum supra dicto Radulfo, die statuta apud Corbeiam in ecclesiâ Sancti Petri colloquium celebrante, et rei veritate perceptâ, cum vidisset suam nihil praevalere calumniam, totam ex integro possessionem in terrâ de Roseriis, ipse cum uxore suâ ecclesiae Lehunensi indelebili perpetuitate dereliquit, seseque et conjugem nullum jus in eâdem terrâ habere, coram subscriptis testibus professus est. Domnus etiam Johannes venerabilis abbas Corbeiae, de cujus honore pendet illa possessio, factum gratanter annuens, praesens scriptum sigilli sui munimine insignivit, ut nulli deinceps in terrâ illâ quicquam clamare nec domum Lehunensem inquietare liceat. Testes qui huic recognitioni interfuere hii sunt : Domnus abbas Johannes de Corbeie, Fulbertus praepositus, Joannes Wad..., Domnus Adzo prior Lehuni, Girardus de Spineto, Joannes de Vers, Robertus de Dursis, PETRUS DE CAIS, Lainulfus, de Militibus, Simon de Folliaco, Hugo de Vilers, Walterius junior de

Heilli, Joannes Justicierius, Engelrannus de Domuin, Robertus de Lehuno filius Haduidis, Walterius monetarius.

Cartulaire de Libons-en-Santerre, charte XIII, fol. 23. — *Biblioth. Nat. Fonds Latin*, n° 5460.

XVIII

(AN. 1169). CHARTE DE PHILIPPE, COMTE DE FLANDRE ET DE VERMANDOIS, MAINTENANT LES DROITS DE L'ABBAYE SAINT-CORNEILLE DE COMPIÈGNE CONTRE LES USURPATIONS DE EUDES, MAIRE DE MESVILLERS. — PARMI LES TÉMOINS : BERNARD DE CAIX.

In nomine Sanctae et Individuae Trinitatis. Ego Philippus, Dei Gratiâ Flandrensium et Viromandensium Comes, cum carissimâ conjuge nostrâ Isabelli Comitissâ, notum facimus universis tam presentibus quam futuris, quod Ansoldus Abbas et Conventus Compendiensis Ecclesiae multotiens in praesentiâ nostrâ conquesti sunt de Odone, Majore de Mesvillari, qui fraudulenter et injuste jura ejusdem Ecclesiae sibi usurpaverat et violenter tenuerat. Nos vero quia jura ipsius Ecclesiae specialiter manu tenere debemus, eumdem Odonem justiciâ dictante, ad hoc duximus ut jura Ecclesiae rocognosceret et forisfactum emendaret et quod de jure Ecclesiae injuste tenuerat, in presentiâ Ecclesiae et nostrâ dimitteret, quae per singula capitula praesenti paginae inserere curavimus et posterorum notitiae tradidimus, videlicet haec quae suscripta sunt : Foragium de villâ Mesvillaris, Major quicumque sit, non debet habere, quia Ecclesiae est. De oblationibus Altaris nihil debet accipere, nec minutam decimam habere. Atrium non est de Majoratu ipsius nec quidquid ad Atrium pertinet. In furno ecclesiae nihil habet, nisi bubulcum paverit, in culturis Ecclesiae nihil debet habere, nisi eas coluerit, fimum de Curiâ Ecclesiae et de floscis villae alicubi, non debet trahere nihil in culturis Ecclesiae. De communibus equis, nullum quœstum potest aut debet facere, quin Ecclesia medietatem et partem suam habeat. Ecclesia ponet in grangiâ Mesvillaris vapulatores quantos voluerit et ad forum quod voluerit et Major ab eia nihil exiget nec in aliquo contradicet, tali cibo et tali victu quo Monachus vel Serviens Ecclesiae in messe vixerit. Major contentus debet esse et nihil amplius requirere, et ipse solus tantummodo sine uxore vel suorum aliquo procurationem hujus victûs percipiet, et si Monachus vel Serviens Ecclesiae preceperit ad terragiandum vel ubi op(us) fuerit cum illo pergere debet, Monachus vel custos grangiae panem suum ubicumque voluerit et qualem voluerit faciet, et Major indè, de quocumque loco veniat nihil conqueri debet. De Carione, qualis talis garba ad manum in numero venerit, talem accipiet, et non mutabit nec aliam eliget. Idem quoque Carion per duos annos inter Ecclesiam et Majorem erit. Tertio vero anno Ecclesia integerrime illum habebit pro altari quod est Ecclesiae; rehaltonem non debet habere nisi nutrituram porcorum Ecclesiae habuerit. Clavis communis grangiae per commune manum debet custodiri. Famula curiae dimidium modium frumenti de communi grangiâ debet habere, sed tamen proinde cibum debet coquere et praeparare pannosque Monachi et Servientium abluere, nec ipsa vel aliquis ex parte Majoris vel culturis Ecclesiae falcilla debet metere vel segetem cuellere. Terras vel culturas Ecclesiae, tempore congruo quod vocant Saison, Major debet colere et sepibus claudere itemque per Saison metere, ita quod Ecclesia per incuriam illius dammum nequeat habere, feodi debent esse communes inter illum et Majore de Faverolles et nec partiri nec vendere, nec invadiare nec dare possunt illos sine licentiâ Ecclesiae. Terras campestres Ecclesiae non debet invadiare vel emere nisi per licentiam Ecclesiae et quicumque eas emerit,

Ecclesia venditiones habebit. Placita villae non debet tenere nisi cum Praeposito Ecclesiae, vel per praeceptum illius; in emendationibus forefactorum nihil habet nisi districtum suum. Ad submonitionem et rectitudinem Ecclesiae, quicumque sit Major praedictae villae, quotiens Ecclesia voluerit, debet venire et jus Ecclesiae per omnia prosequi et tenere. Si Ecclesia panem suum coxerit in furno Ecclesiae quamdiu cum custode grangiae comederit, neque furnagium neque aliquod proemium debet habere. Pastus equorum decimam trahentium, non debet esse de frumento. Omnes Servientes grangiae et vapulatores et decimam ac terragium trahentes, fidelitatem Ecclesiae facere debent. De his omnibus, praedictus Odo Ecclesiam conturbasse et injuriam se fecisse recognovit. Ne quis igitur successorum ipsius, in perpetuum de his omnibus praefatam Ecclesiam valeat infestare, vel aliquid de jure praescripto minuere, praesentem paginam auctoritate sigilli tam nostri quam etiam dilectissimae conjugis nostrae Izabellae Comitissae, muniri et testium subscriptione decrevimus roborari. Testes : Robertus Praepositus de Ar..... Galterus de Attrebato. Wermundus de Cessoy. Petrus de Tornella. Rogonus filius ejus. BERNARDUS DE CAIZ. Hugo de Papalmis. Rogerus Brustezalz. Actum apud Roya anno Incarnationis Domini millesimo centesimo sexagesimo nono.

Cartulaire de l'Abbaye de Saint-Corneille de Compiègne (copie in-folio), à la *Bibliothèque Nationale* : Manuscrits latins, n° 9171, p. 446 à 450, pièce numérotée 271. — Cette charte se trouve également dans le *Cartulaire blanc* de Saint-Corneille (Archiv. Nat., LL 1622, n° 85, p. 89 r°), mais sans les signatures, et dans le *Cartulaire du Val-de-Grâce* (Archiv. Nat., LL. 1623, n° 274, p. 438). Elle sera bientôt imprimée dans le *Cartulaire de Saint-Corneille*, dont M. l'abbé E. Morel a commencé la publication, sous les auspices de la *Société historique de Compiègne*.

XIX

(NOVEMBRE 1243). CHARTE DE L'OFFICIAL D'AMIENS CONCERNANT UNE DONATION FAITE A L'ABBAYE DE SAINT-MARTIN-AUX-JUMEAUX, PAR ODART DE CAIX, FRÈRE ET HÉRITIER DE FEU HUART DE CAIX, ET BURGE, VEUVE DUDIT HUART.

Universis presentes litteras inspecturis. Magister Th. de Carnoto, canonicus et officialis Ambianensis, salutem in Domino. Noveritis quod ODARDUS DE KAIS et BURGA, quondam uxor HUARDI DE KAIS, quondam fratris dicti HUARDI, recognoverunt coram nobis HUARDUS, quondam decessit, legavit in elemosinam perpetuam ecclesie Sancti Martini de Gemellis Ambianensis, unum modium frumenti ad mensuram de Maiseriis, capiendum singulis annis ad terram suam quam dicti HUARDUS et BURGA insimul acquisierunt, sitam apud Sanctum Medardum in Calceia, quicumque eam tenuerit, et quam tenebant dicti H. et B., de Adam Loufart, filio et herede domini Hugonis Loufart, militis. Quod legatum dictus ODARDUS tanquam heres prefati HUARDI, quondam fratris sui et BURGA tunc vidua, coram nobis laudaverunt et approbaverunt et juraverunt quod nunquam aliquo titulo, contravenirent per se, vel per alium, nec dictam ecclesiam super hoc aliquatenus de cetero molestarent. In cujus rei testimonium presentes litteras confici fecimus, et sigillo curie Ambianensis roborari. Actum anno Domini M° CC° XL° mense Novembris.

Cartulaire de Saint-Martin-aux-Jumeaux aux *Archives du Département de la Somme,* f° 88 v°.

Voici la mention de cette pièce faite par D. VILLEVIEILLE,

dans son *Trésor généalogique* (Mss. de la Bibl. Nat., *Cabinet des Titres*, 120, f. 13 recto), d'après un Cartulaire de l'Evêché d'Amiens, aujourd'hui perdu :

« Odard de Kais, frère et héritier de feu Huart de Kais et Burge veuve dudit Huart, donnent à l'abbaye de Saint Martin aux Gémeaux une rente d'un muid de froment sur la terre que les dits feu Huart et sa d° veuve avoient jadis acquise, située à Saint-Médard en la Chaussée et tenue en fief de Adam Loufart, fils et héritier de Messire Hugues Loufart, chevalier, au mois de 9bre 1243. »

« Cartul. de l'Evêché d'Amiens, cotté H, fol. 88, v°. »

XX

(28 AVRIL 1324). ARRÊT ORDONNANT DE FAIRE UNE ENQUÊTE SUR LA COUTUME LOCALE DANS UN PROCÈS PORTÉ EN PREMIÈRE INSTANCE DEVANT LA COUR DE GIRARD DE NOYELETTE, CHAPELAIN PERPÉTUEL DE N.-D. D'AMIENS, ENTRE AVELINE « DE CAIS » ET MARIE DU JARDIN, AU SUJET DE LA SUCCESSION D'UN FIEF DE FEU JEAN DE MAZIÈRES.

Cum in curiâ Girardi de Noieletâ, Capellani perpetui ecclesie beate Marie Ambianensis, AVELINA DE CAIS contra Maroiam de Jardino se in certa successione certi feudi defuncti Johannis de Masseriis quam ad se, tanquam ad primogenitam et proximiorem heredem dicti defuncti, juxta patrie consuetudinem devenisse dicebat, tueri peteret, ipsamque Maroiam a saisinâ dicte successionis, quam injuste et sine causâ intraverat, amoveri plura ad finem contentum in suis articulis inter cetera proponens, quod et licet ipsa ex ligneâ femininâ et dicta Maroia ex masculinâ in pari gradu dictum defunctum [1] attingere [2], tamen ex quo eadem

---

[1] Le mss. porte : defectum.
[2] Le mss. porte : attingenere.

AVELINA erat primogenita, erat per dictam consuetudinem tanquam heres proximior preferenda, dicta Maroia plura ad finem contrarium in suis articulis declaratum, inter cetera consuetudinem contrariam e contrario proponente, tandem lite super hiis contestatâ, visisque depositionibus testium super quibusdam articulis partium earundem productorum hincinde, dicta curia Capellani predicti pronunciavit eandem AVELINAM bene probasse se primogenitam, quapropter dictam successionis saisinam haberet, et in eâ solâ et in solidum remaneret prout in pronunciato hujusmodi plenius continetur, a quo judicato tanquam a pravo et falso dicta Maroia ad assisiam Ambianensem appellavit; verum auditis partibus in dictâ assisiâ, in causâ appellationis predicte, fuit dictum per judicium Curie dicte assisie dictam curiam dicti Capellani bene judicasse et dictam Maroiam male appellasse, et quod emendaret appellans, a cujusmodi judicato tanquam ab iniquo et pravo ipsa Maroia ad nostram curiam appellavit, auditis igitur in nostrâ curiâ dictis partibus, in causâ appellationis predicte visisque judicatu et processu predictis per nostram curiam diligenter, quia in eodem processu non reperitur de dictis consuetudinibus fuisse inquisitum ad plenum per ejusdem nostre curie judicium dictum fuit quod de predictis consuetudinibus, tam Ambianensi quam et specialiter locorum, ubi res contenciose situate existunt, inquireretur, nostre curie refferendum per eam judicandum una cum processu predicto. Datum xxviij^a die aprilis (1324). P.Y. prepositi cantoris Briocensis.

Secundum tenorem hujus judicati facta est commissio decano de Roya, adjuncto secum aliquo probo viro. Facta xxvj^a die julii.

Archives Nationales, Jugés, Tome I (X^{1a}5), fol. 397 v°. — Pièce analysée par BOUTARIC : *Actes du Parlement de Paris,* n° 7574.

XXI

(7 MAI 1325). MANDEMENT A RAOUL DE LA NEUVILLE, CHEVALIER, DE PROCÉDER, AU LIEU DU DOYEN DE ROYE, QUI S'ÉTAIT EXCUSÉ PAR LETTRES, A UNE ENQUÊTE SUR UN PROCÈS ENTRE MARIE DU JARDIN ET AVELINE DE CAIX.

Dilecto nostro Radulpho de le Neuville, militi, salutem et dilectionem. In negocio per alias litteras nostras decano de Roya commisso inter Maroiam de Jardino, ex unâ parte, et AVELINAM DE CAYS ex alterâ, vos loco dicti decani qui se super hoc per suas litteras excusavit, tenore presencium subrogantes, mandamus et commictimus vobis, quatenus adjuncto vobiscum aliquo probo viro neutri dictarum parcium suspecto, in dicto negocio juxta commissionis super hoc dicto decano facto tenorem cum diligencia procedatis. Datum Parisius VI^a die maii (1325).

Archives Nationales, Greffe, I (X^{1a} 8844), fol. 235. — Pièce analysée par BOUTARIC : *Actes du Parlement de Paris,* n° 7704.

XXII

(AN. 1233). CHARTE DITE AU CARTULAIRE DE LIHONS « CARTA DOMINI JOHANNES DE CAIS, MILITIS », PAR LAQUELLE JEAN DE CAIX CONFIRME UNE VENTE FAITE AU PRIEURÉ DE LIHONS PAR ENGUERRAN DE AUBERCOURT, CHEVALIER, SON VASSAL.

Ego JOHANNES DE CAIS, miles, omnibus presentes litteras inspecturis. Notum facio quod Ingerannus de Aubercort, miles, homo meus, vendidit de assensu et voluntate meâ, priori de Lihons, presbitero et communitati eiusdem ville, in perpetuum, quamdam decimam quam de me tenebat, sitam in territorio de Aubercort, ad opus cujusdam capellanie, in ecclesiâ Beati Medardi construende vel ad divisionem parrochie ejusdem ville si possit fieri et dictus prior presbyter et communitas sibi viderint expedire. Sciendum est etiam quod Heudiardis vidua, mater ipsius Ingerranni, dictam decimam quitavit, fide datâ, et ad opus dicte capellanie vel divisionis parrocchie in manu meâ resignavit. Hanc autem vendicionem Milesendis..... uxor dicti Ingerranni et omnes filii sui voluerunt et unanimiter concesserunt, et sub fide et juramento creantaverunt, quod in dictâ decimâ nichil aliquo jure de certo reclamabunt, nec illum qui dictam decimam tenebit molestabunt super hoc, vel facient molestari. Nec propterea..... est quod dicta decima comparata fuit de quadraginta libbras parisienses, quos Michael dictus Unbra, quondam bone memorie, et Soeta uxor ejus legaverunt ob remedium animarum suarum ad faciendum vel ordinandum illud quod superius est expressum. Notandum est etiam quod ego predictus JOHANNES, omne servitium in quo in dictâ decimâ tenebatur, quitavi intuitu pietatis, hoc retento quod ille qui dictam decimam tenebit et possidebit, mihi vel heredi meo reddet annuatim in nativitate Domini VI denarios censuales et in dicto termino dictus census mihi vel heredi meo redderetur. Ille qui superdictam decimam teneret et duos denarios solummodo redderet pro emendâ. In cujus rei testimonium presentes litteras tradidi prefatis priori, presbytero et communitati ville Lehunensis sigilli mei munimine roboratas. Actum anno domini millesimo ducentesimo tricesimo tertio, mense Augusto.

Cartulaire du Prieuré de Lihons-en-Santerre, Original. Mss. de la *Bibl. Nat.*, pet. in fol. parchem. *Fonds Latin*, 5460, fol. 31.

XXIII

(MAI 1244). CHARTE PAR LAQUELLE JEAN DE CAIX, CHEVALIER, ET AGNÈS, SA FEMME, VENDENT AU CHAPITRE DE SAINT-MATHIEU DE FOUILLOY, DES TERRES SISES AU TERRITOIRE DE AUBECOURT.

Universis presentes litteras inspecturis. Ego JOHANNES DE KAIS, miles, notum facio quod ego vendidi, legitimâ venditione, pro sexaginta et decem lib. paris. michi in pecuniâ numeratâ integre persolutis, decano et capitulo Sancti Mathei de Foilliaco, in augmentum constitutionis cujusdam capellanie, constitute in ecclesiâ Sancti Mathei de Foilliaco ad opus domini Petri Campion prebiteri (sic), circiter quatuordecim jornalia terre site in territorio de Aubecourt, inter Le Hunum et Rousieres, in tribus pechiis, scilicet : in majori piechiâ sunt sex jornalia terre et dimidium et tres virge; in mediâ autem piechiâ, quatuor jornalia et dimidium et tresdecim virge; in minori autem, tria jornalia sexdecim virge minus, ad virgam Le Huno; ab ipsis in perpetuum libere et pacifice possidenda et habenda, que terra de meo erat acquestu. Dicta vero terra vendita tenebitur de cetero de domino Nevelone de Chaule, milite, per sex denarios parisienses censuales eidem, singulis annis, in festo Sancti Remigii persolvendos. Promisique, juramento prestito, quod contra hujusmodi venditionem non veniam, nec dictos Decanum et Capellanum, successores aut aliquem ex parte ipsorum, super premissis per me vel per alium, in foro ecclesiastico sive seculari, aliquatenus molestabo, nec molestari procurabo. Immo eis dictam venditionem tamquam a me legitime factam, adversus omnes ad jus ad legem venire volentes, bonâ fide garandizabo; renuncians omni exeptioni (sic) numerate pecunie et solute, auxilio juris communis et civilis, et omnibus

hiis que possent obici contra hoc instrumentum et factum.
Ad omnia et singula premissa prout superius sunt expressa
meum heredem obligavi. Hinc autem venditioni AGNES,
uxor mea, benignum prebuit assensum, cui dedi sufficiens
excambium, videlicet sexdecim jornalia terre, sita in territorio de Aubecourt, in duabus pechiis, quarum una sita
est juxta terram advocati de Brach et alia ad puteum del
Bouconnier; que juravit quod contra premissa non veniet
nec eos super hoc molestabit et ad hec heredem suum
obligavit. In cujus rei testimonium presentes litteras sigilli
mei munimine roboravi. Actum anno Domini M. CC.
quadragesimo quarto, mense maii.

Grand Cartulaire du Chapitre de Saint-Mathieu de Fouilloy,
aux *Archives du Département de la Somme*, Charte XXX,
fol. 65. — Mention de cette pièce est faite par D. VILLE-
VIEILLE : *Trésor généalogique*, Mss. *Bibl. Nat.*

XXIV

(MAI 1244). NEVELON, CHEVALIER, SEIGNEUR DE CHAULE, CONFIRME, COMME SUZERAIN, UNE VENTE DE TERRE SITUÉE A AUBECOURT, FAITE AU CHAPITRE DE SAINT-MATHIEU DE FOUILLOY PAR JEAN DE CAIX, CHEVALIER, ET SA FEMME AGNÈS.

Universis præsentes litteras inspecturis, Ego Nevelo
miles, dominus de Chaule, notum facio quod ego venditionem quam JOHANNES DE KAIS, miles, fecit, sicut
coram me recognovit, decano et capitulo Sancti Mathei
Foilliacensis pro sexaginta et decem libras parisienses sibi
persolutis, sicut coram me recognovit, de quatuordecim
jornalia terre site in territorio de Aubecourt inter Lehunum
et Rousières in tribus pechiis; in majori autem pechiâ sunt
sex jornalia terre et dimidia et tres virge; in mediâ autem

quatuor jornalia et dimidia et tresdecim virge; in minori autem tria jornalia sexdecim virge minus ad virgam Lehuno; hanc venditionem volo, laudo, concedo et approbo, tanquam dominus. Ita quod dicta terra de me et de heredibus meis tenebitur, de cetero, imperpetuum, per sex denarios parisienses censuales ab eis et successoribus eorum michi et heredibus meis, singulis annis, in festo Sancti Remigii, in domo meâ apud Chaule, persolvendos. Si vero dicti sex denarios censuales michi, sicut dictum est, in dicto termino non persolverentur, ego a dictis Decano, Capitulo et Capellano, et successoribus suis, duodecim denariis parisiensibus pro emendâ, tam modo et nichil amplius, possem repetere nec aliquid aliud pro servitio exactione relevagio possum ab eis repetere. Insuper AGNES, uxor dicti JOHANNIS, venditionem istam spontaneâ voluntate, non coactâ, coram me benigne concessit. Quod ut firmum et stabile permaneat, presentes litteras dictis Decano, Capitulo, Sigilli mei et Capellani munimine tradidi roboratas. Actum anno Domini millesimo ducentesimo quadragesimo quarto, mense maio.

Cartulaire de Saint-Mathieu de Fouilloy, aux *Archives de la Somme,* Charte XXXI.

XXV

(MAI 1244). CONFIRMATION DE LA CHARTE PRÉCÉDENTE PAR L'OFFICIAL DE L'ÉGLISE D'AMIENS.

Officialis ambianensis universis presentes litteras inspecturis salutem in domino. Noveritis quod dominus JOHANNES DE KAIS, miles, et domina AGNES ejus uxor, recognoverunt in jure, coram nobis, se hereditarie vendidisse Decano et Capitulo Sancti Mathei Foilliancensi, in augmentum constitutionis cujusdam Capellanie institute in ecclesiâ Sancti Mathei de Foilliaco ad opus Domini Petri Campion presbyteri, pro sexaginta et decem libris parisiensibus sibi persolutis, sic recognoverunt coram nobis, circiter quatuordecim jornalia terre site in territorio de Aubecourt, inter Le Hunum et Rousieres in tribus pechiis. Quarum una sita est juxta terram Viberti de Pressoir, altera juxta terram Ecclesie de Paraclito et alia juxta terram Guillermi Testart; et circiter decem modios bladi ad mensuram de Lehuno, capiendos in blado viridi existenti sicut dicitur in terrâ venditâ prenotatâ et infra juxtam festum beati Remigii persolvendos. Predicta AGNES que in dictis rebus venditis dotalitium dicebatur se habere, coram nobis recognoscens et juramento firmans quod huic venditioni, spontanea non coacta, benignum prebebat assensum, et quod a dicto JOHANNE milite, marito suo, sufficiens et sibi gratum receperat excambium : Videlicet sexdecim jornalia terre site in territorio de Aubercourt in duabus pechiis, quarum una sita est juxta terram advocati de Brach, altera ad puteum del Boutonnier, dictum dotalicium ad opus dictorum Decani et Capituli, Capellani et Capellanie supradicte, in manu nostrâ spontanee resignavit, promittente juramento prestito dicti AGNES et ejus maritus dictus JOHANNES, quod contra hujusmodi venditionem non venirent in dictos Decanum et Capitulum Capellanum autem aliquantum ex parte ipsorum super premissis, per se vel per alium, nomine dotalicii, sive quocumque aliquo alio nomine, molestarent nec molestari procurarent. In cujus rei testimonium presentes litteras sigillo curie ambianensis fecimus roborari. Actum anno domini millesimo ducentesimo quadragesimo quarto, mense maii, Die martis post Ascencionem Domini.

Cartulaire de Saint-Mathieu de Fouilloy, aux *Archives de la Somme,* charte XXXI.

XXVI

(MARS 1220). CHARTE PAR LAQUELLE GODEFROY, ÉVÊQUE D'AMIENS, APPROUVE LA VENTE D'UNE DIME AU TERRITOIRE DE CAIX FAITE A L'ABBAYE DE SAINT-MATHIEU DE FOUILLOY PAR RENIER DE CAIX, SA FEMME ET SA FILLE, AVEC L'APPROBATION DE IVES DE TRACHY, SON SUZERAIN.

Gaufridus, divinâ permissione Ambianensis ecclesie minister humilis, omnibus ad quos littere iste pervenerint, salutem in Domino. Noverit universitas vostra, quod in presentiâ nostrâ constitutus, REGNERUS DE KAIEX recognovit se pro septuaginta libris et quinque solidis parisiensibus, dilecto filio nostro Radulpho, canonico beati Mathei de Foilliaco invadiasse ab instanti nativitate dominicâ usque ad octo annos medietatem decime quam habet in territorio de Kaiex; adjectum est etiam predicte conventioni quod decima illa redimi non poterit donec a predictâ nativitate octo anni penitus compleantur; nec postea nisi de anno in annum infra videlicet predictam Nativitatem. Sciendum praeterea quod WIBERTUS qui filiam predicte REGNERI habet, invadiationem benigne concessit, tam ipse, quam predictus REGNERUS, fide interpositâ, promiserunt. Quod predictum Radulphum vel ecclesiasticam personam predictum vademonium possessuram non presumerent aliquatenus molestare, sed pro posse suo bonâ fide garandirent eandem. MARIA, uxor prefati REGNERI publice protestata est coram nobis, se nichil habere in decimâ supradictâ, sed etiam fide datâ promisit quod super eodem vadimonio predicto Radulpho vel ecclesiastice persone aliquam nullam molestiam suscitaret. Sciendum autem est, quod ODELINA, filia predicti

REGNERI, uxor predicti WIBERTI, in manu Decani nostri de Gentellâ ad hoc missi, vadimonium istud se observaturam fide interpositâ benigne concessit. Preterea Dominus Ivo de Trachi qui prefatam decimam de suo feodo predicte dicebat, prefatum pignus laudavit et benigne concessit, coram nobis asserens et promittens, sub fidei prestito sacramento, quod tamquam dominus terrenus, predictum vadimonium Radulpho canonico vel ecclesiastice persone contra omnes bonâ fide garandiret. Nos igitur prefatum vadimonium a predicto REGNERO et a WIBERTO praefato, et domino Yvone de Trachi in manu nostrâ resignatum prefato Radulpho canonico reddidimus, quamdiu pignus durabit, habendum ita quod si redemptum fuerit soluta pecunia tam redditus ecclesiasticos et non alibi refundatur quod predictus Radulphus canonicus tota jura sua teneat et ecclesia beati Mathei de Foilliaco post ipsum, salvo jure episcopali. Ut hoc autem ratum et inconcussum permaneat, presens scriptum sigilli nostri fecimus testimonio roborari. Actum est hoc anno Verbi Incarnati millesimo ducentesimo vigesimo, mense Martio.

Cartulaire de Saint-Mathieu de Fouilloy, aux *Archives de la Somme,* Charte XXI.

XXVII

« An. 1263. Robert de Kaisnel, chevalier, et sa femme, dottèrent la chapelle qu'ils fondèrent en l'église de Kaisnel de cinq bouviers de terre aū territoire de Folies, qu'ils avoient acquis de Monseigneur REGNIER DE KAYS au mois de Décembre 1263. — Cartulaire C de l'Evêché d'Amiens, fol. 87 v°. »

Trésor Généalogique de D. VILLEVIEILLE, aux Manuscrits de la *Biblioth. Nationale.*

Un manuscrit conservé dans la famille de Caix ajoute que cette donation fut faite du consentement de Mathieu, seigneur de Kaisnel, de qui ces terres relevaient.

XXVIII

EXTRAIT DU « PROCÈS DES TEMPLIERS, PUBLIÉ PAR MICHELET » (PARIS, IMP. NAT.), 1841. (2 VOL. IN-4º DE LA « COLLECTION DES DOCUMENTS INÉDITS », TOME IV.

(Circa 1280). « Frater Philippus de Lavercines, serviens, Belvacensis diocesis, testis suprajuratus, septuagenarius et ultra....... Dixit nempe se fuisse receptum, circa festum Nativitatis Domini proximo preteritum fuerunt xxx anni et plus, in capellâ domûs Templi de Somoreus Ambianensis diocesis, per fratrem Galterum d'Este quondam militem, tunc preceptorem de Pontivo, presentibus fratribus Radulpho de Sorney, Jacobo de Rubeo Monte, BARTHOLOMEO DE CAYS et Roberto de Rozis deffunctis....... » (p. 63, 64.)

« Frater Anricus de Conpendio, serviens, Suessionensis diocesis, testis supra juratus, quadraginta sex annorum vel circà....... Dixit nempe se fuisse receptum, sunt circiter xxx anni, in capellâ domûs Templi de Bellincuriâ Belvacensis diocesis, per fratrem Johannem lo Franceys militem quondam, preceptorem tunc Francie, presentibus fratribus Raynaudo de Codu, et Raynaudo de Argenvillâ militibus, et BARTHOLOMEO DE CAY, serviente, deffunctis..... » (p. 118.)

XXIX

(DÉCEMB. 1248). GILLES DE CAIX, DIT DE LAUNOY, VEND A L'ABBAYE DU PARACLET, DU CONSENTEMENT DE MARIE, SA FEMME, ET DE SES JEUNES ENFANTS, ROBIN ET ALIX, SEPT BOVIERS ET QUARANTE VERGES DE TERRE SIS AU TERROIR DE CAIX, JOIGNANT A LA TERRE D'HERBERT DE CAIX ET A CELLE DE JEAN DE TRACHY, A TENIR DE ROBERT, SIRE DE BOVES, SEIGNEUR DOMINANT.

Ego EGIDIUS DE KAIS, vocatus DE ALNETO, universis presentes litteras inspecturis, notum facio quod ego, de consensu et voluntate Johannis domini de Trachi, militis, domini mei, nec non et de consensu viri nobilis Roberti domini de Bova, vendidi abbatisse et conventui Beate Marie ad Paraclitum, heredidate et imperpetuum, pro septies viginti libris parisiensium et quadraginta solidis mihi ad plenum numeratis et solutis, circiter septem boveria terre mee et quadraginta virgas site in territorio de Cais, in tribus pechiis, quarum due pechie site sunt in culturâ que dicitur de *Mairast*, de quibus una continet circiter xv jornalia terre et quatuor virgas, et est contigua ex unâ parte, terre dicti domini Johannis de Trachi, militis; alia pechia continet duo jornalia et XLVIII virgas, et est contigua ex unâ parte terre mee; tercia pechia sita est *as Marcais Rogeret*, continens circiter XI jornalia terre, quinque virgas minus, et est contigua ex unâ parte terre HERBERTI DE CAIS, et ex aliâ parte terre domini Johannis, militis supradicti. Ego vero dictam terram ad opus dicte abbatisse et conventus reddidi in manu supradicti Johannis, militis, domini mei, de quo dictam terram tenebam, promittens, fide prestitâ corporali, quod de cetero in dictâ terrâ nichil omnino reclamabo, nec justiciam, nec aliquid aliud, nec procurabo per me nec per alium abbatissam et conventum predictos super dictâ venditione molestari; et si ab aliquo molestarentur, ego, bonâ fide, totam dictam terram dictis abbatissè et conventui garandirem ad usus et consuetudines presentie, tanquam venditor; dictus vero Johannes, dominus meus, de dictâ terrâ in manu ejus, sicut dictum est, resignatâ, abatissam et conventum predictos ad petitionem meam investivit, renuntiantes tam ipse quam ego, omni juri et dominio quod in dictâ terrâ habebamus vel habere poteramus, nichil omnino in dictâ terrâ de cetero reclamaturi, volentes et concedentes quod imperpetuum teneatur de viro nobili R. domino de Bova, de cujus feodo movebat, per sex denarios censuales; MARIA vero, uxor mea, huic venditioni benignum prebuit assensum, liberi vero mei, ROBINUS et AELISDIS juniores, acceperunt quilibet unum denarium in signum concessionis, sicut est in presentiâ consuetum. Et ut hec omnia, prout superius sunt expressa, firma et stabilia permaneant, dictis abbatisse et conventui presentes litteras tradidi, sigilli mei munimine roboratas, ad hec tenenda me et heredes meos imperpetuum obligando. Actum anno Domini millesimo ducentesimo quadragesimo octavo, mense decembris.

Archives du Département de la Somme. — Cartulaire de l'Abbaye du Paraclet, fol. LXX, verso.

XXX

(DÉCEMB. 1248). CONFIRMATION PAR JEAN, SIRE DE TRACHI, DE LA VENTE DE SEPT BOUVIERS DE TERRE, FAITE PAR GILLES DE CAIX, DIT DE LAUNOY, A L'ABBAYE DU PARACLET.

Je, Jehans, sires de Trachi, chevaliers, fais savoir à tous chiaus qui ches lètres verront et orront, que GILLES DE

LXVII

LAUNOI, mes hom, de me volenté et de men consentement, a vendu perduraulement et héritaulement à l'abéesse et au covent deu Paraclet, pour vii^{xx} lib. de paresis que il a recheu entièrement, si com il a reconnut devant moi, vii buvière de se tère que il tenoit de moi, et siet chèle tère eu tèroir de Kais en iii pièches, desquèles ii pièches sient en le couture c'on apèle de Mairast; et l'une tient entor xv jorneus de tère et iiii verges et joint d'une part à me tère, l'autre pièche tient entor ii jorneus et xlviii verges et joint d'une part à le tère du devant dit Gillon ; le tierche pièche siet au marcais Roget et tient entor xi jorneus v verges mains et joint d'une part à le tère qui fu HERBERT DE KAIS. Et ceste vente, si com el est devisée, Je, comme sires, l'ai otrié et gréé à l'abéesse et au covent devant dis ; et les vii buvières devant dis, li GILLES devant dis les rendi en me main por saisir l'abéesse et le covent devant dit ; et à le requeste du devant dit GILLON je mis l'abéesse et le covent en saisine et en vestuure perduraule des vii buvière de tère devant dis et ai renonchié à tote la droiture et le segnorie que je avoie ou poie avoir en le tère devant dite, et ai promis en bone foi que je, jamais riens n'i clamerai ne mes oirs ; né ne molesterai l'abéesse ne le covent devant dit, né autrui por lui. Et che ai-je fait par le gré et par le volenté de homme noble Robert, segneur de Bove, men segneur, qui la vente devant dite a otrié et confermée à l'abéesse et au covent devant dit. Et por che que ches choses devant dites soient à tous jors fermes et estables, je ai chès lètres présentes séelées de mon séel, et balliés à l'abéesse et au covent devant dit et ai obligié mi et mes oirs à tenir perduraulement les choses devant dites. Che fu fait en l'an de l'Incarnation Nostre Segneur mil et CC et XLVIII, u mois de Décembre.

Scellé du sceau de Jehan de Trachi.

Mention de cet acte est faite par D. VILLEVIEILLE : *Trésor Généalog.*, à la *Bibl. Nat.*

Cartul. de l'Abbaye du Paraclet, aux *Archives de la Somme*, fol. LXX, verso.

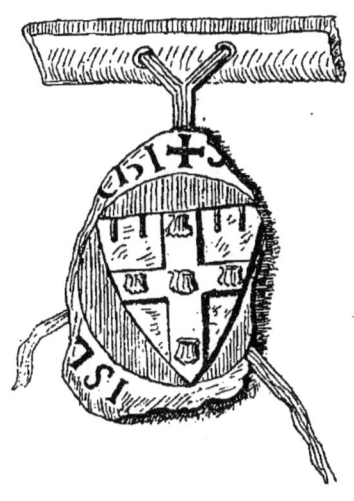

XXXI

(DÉCEMB. 1248). CONFIRMATION DE LA VENTE PRÉCÉDENTE PAR ROBERT, SEIGNEUR DE BOVES.

Ego Robertus dominus de Bova, universis presentes litteras inspecturis notum facio, quod cum EGIDIUS DE KAIS, dictus DE ALNETO, de consensu et voluntate Johannis domini de Trachi, militis, hominis mei et domini dicti EGIDII, vendidisset ecclesie de Paraclito hereditarie et in perpetuum pro septies viginti libris parisiensibus, circiter septem boveria terre et quadraginta virgas site in territorio de Kais, in tribus pechiis, sicut plenius videtur in litteris dictorum G. et J. super hoc confectis contineri, Ego ad peticionem dictorum G. et J. dictam vendicionem volui et concessi et dictam terram dicte ecclesie in perpetuum confirmavi, hoc condicione quod dicta ecclesia dictam terram de me et heredibus meis in perpetuum tenebit pro sex denarios censuales singulis annis ad festum sancti Remigii mihi et heredibus meis persolvendos, nec aliquid amplius juris vel dominii praeter altam justitiam ego vel heredes meus in dictâ terrâ poterunt unquam reclamare. Si vero dicta ecclesia in dictâ terrâ aliquam mansionem faceret nullâ mansione nullam justitiam altam vel bassam reclamare. Ego vero ad peticionem dicti J. hominis mei presentes litteras dicte ecclesie tradidi, sigilli mei munimine roboratas, in testimonium predictorum et .... ad hoc tenenda me et heredes meos in perpetuum obligando. Actum anno Domini m° cc° xl° octavo, mense decembri.

Archives de la Somme. — *Cartulaire du Paraclet,* fol. LXX verso. — N. B. Une note au crayon à la marge indique que la charte originale existe.

XXXII

(DÉCEMB. 1248). LETTRE DE L'OFFICIAL D'AMIENS CONFIRMANT LA VENTE PRÉCÉDENTE.

Universis presentes litteras inspecturis, Magister J. de Waill.. dud(um) ambianensis clericus et officialis, in domino salutem. Noveritis quod EGIDIUS DE ALNETO et MARIA ejus uxor recognovit coram nobis se vendidisse ecclesie Beate Marie de Paraclito pro sepcies viginti libris parisiensibus sibi persolutis, septem bovaria terre site in territorio de Kais in tribus pechiis, quarum due site sunt in culturâ que dicitur de Marast quarum una continet circiter quindecim jornalia et quatuor virgas et est contigua ex unâ parte, terre domini Johannis de Trachi militis, et alia continet duo jornalia quadraginta et octo virgas et est contigua ex unâ parte terre dicti G., et tercia sita est ad Marcaisium Rogeriti, continens circiter undecim jornalia quinque virgas minus et est contigua ex unâ parte, terre HERBERTI DE KAIS. Dicta vero MARIA que in dictâ terrâ venditâ dotaliter habere dicebatur, coram nobis recognoscens et juramento firmans quod huic vendicioni spontanea, non coacta, benigniter prebebat assensum et quod a dicto G. marito suo sufficiens et sibi g..... receperat excambium, videlicet quatuor bovaria terre site in eodem territorio, in loco qui dicitur parva cultura, dictum dotalicium ad opus dicte ecclesie in manu nostrâ spontanea resignavit. Promitentes juramento prestito tam dicta M. quam dictus G. eius maritus, quod contra hujusmodi vendicionem de cetero non venirent nec dictam ecclesiam aut aliquem ex parte ipsius super eâ per se vel per alium nocere dotalicium seu aliquem alio nocere aliquatenus molestarent nec molestari procurarent. In cujusdem rei testimonium, presentes litteras confici fecerunt et sigillo curie Ambianensis roborari. Actum anno domini millesimo cc° xl° octavo, mense decembri.

Archives de la Somme. — Cartulaire du Paraclet, fol. LXX. — N. B. Une note marginale indique que l'original existe.

XXXIII

(FÉVRIER 1243). ACTE DE GARANTIE, DONNÉ A L'ABBAYE DU PARACLET, PAR GILLES DE CAIX, DIT DE L'AUNOY, AU SUJET DE LA VENTE QU'IL AVAIT FAITE A CETTE ABBAYE, DE SEPT BOUVIERS DE TERRE SIS A CAIX.

Universis presentes litteras inspecturis, Ego, EGIDIUS DE KAIES, dictus DE ALNETO, notum facio quod cum vendidissem ecclesie Beate Marie ad Paraclitum, circiter septem bovaria terre site in territorio de Kaies, sicut in litteris meis super hoc confectis continetur pleniùs, et domina ODA, relicta domini PETRI, militis, dicti HELLECOC, quondam fratris mei, in dictâ terrâ dotalicium haberet; Ego, fide prestitâ corporali, creantavi abbatisse et conventui dicte ecclesie, dictam terram garandisare de dominâ ODA supradictâ, cùm eidem excambium sufficiens assignaverim. Si vero dicta ODA dictam ecclesiam, occasione dicti dotalicii, molestaret, vel aliquis ex parte ejus, Ego redderem dicte ecclesie pro quolibet jornali quod dicta ODA, nomine dotalicii, recuperaret, duodecim sextaria bladi et advene, ad mensuram de Kaies, quolibet anno, quousque dicta terra in manu dicte ecclesie reveniret; omnes sumptus et dampna qua dicta ecclesia pro defectu meo incurreret, per plenum dictum..... abbatisse dicte ecclesie redditurus; ad hoc tenendum me et heredes meos obligando. In cujus rei testimonium et confirmationem presentes litteras dicte ecclesie tradidi, sigilli mei munimine roboratas. Actum anno Domini M° CC° XL° octavo, mense februario.

Scellé du sceau de Gillon de Cais.

Mention de cet acte est faite en ces termes par D. VILLE-
VIEILLE : *Trésor généalogique,* mss. de la *Biblioth. Nat.,* verbo
CAIX :

« Gilles de Kais, dit de l'Aulnoy, assigne sur d'autres
objets le douaire que Madame Ode veuve de Messire Pierre,
chevalier, dit Hellecok, son frère, avoit sur environ sept
bouviers de terre, assis au territoire de Kais, qu'il avoit
vendus à l'abbaye du Paraclet au mois de février 1248. »

Archives de la Somme. — *Cartulaire du Paraclet,*
fol. LXXI.

XXXIV

(ENTRE 1211 ET 1220). EXTRAIT D'UNE LISTE DE FIEFFÉS DÉPENDANT
DU ROI, INTITULÉE : SCRIPTA DE FEODIS AD REGEM SPECTANTIBUS ET
DE MILITIBUS AD EXERCITUM VOCANDIS, E PHILIPPI AUGUSTI REGISTRIS
EXCERPTA.

XXIII. (Servitia nonnullorum feodorum).

. . . .

416. Petrus de Richeborc se quinto. — Castellanus
Neeffay se quinto. — Robertus de Ivriaco se quinto. —
Petrus Malevicinus se quinto. — Thomas de Sancto Wale-
rico XX. — Comes Sancti Pauli XXX. — Manasserus de
Melloto se decimo. — Ren. de Ambianis XX. — Inger-
rannus de Bova X. — Isembardus de Fontan(is) se quinto.
— Hugo de Font(anis) se quinto. — PETRO DE KAHE
se quinto. — Johannes de Petri Ponte X. — Florencius
Ville se quinto. — Ren. de Mengni se quinto. — Viginti
milites Petrae Fontis. — Rogerus de Rosaio X. — Vicedo-
minus Laudunensis se quinto. — Girardus d'Escri se
quinto. — Guido de Chosiaco se quinto. — Guido de
Thorota se quinto. — Radultus de Strata se quinto. —
Balduinus de Rom..... (Remino) se quinto. — Gilo de

LXXIII

Aaci se quinto. — Electus Laudunensis X. — Guido Buticularius X. — Decem milites de Domno Martino. — — Robertus de Pissiaco Dives se quinto. — Amalricus, frater ejus, se tercio. — Stephanus de Sacro Caesaris X. — Episcopus Belvacensis XX.

. . . .

Recueil des Historiens des Gaules et de la France, Tome XXIII, p. 693.

XXXV

(OCTOBRE 1295). LETTRES DE GARNIER, ABBÉ DE CORBIE, RAPPELANT LA VENTE FAITE PAR GILLES DE CAIX A L'ABBAYE DU PARACLET.

A tous chaux qui ces présentes lettres verront et orront, Garniers, par la grâce de Dieu, abbés de Corbie et tos les convens de chel meisme, salut en Nostre Seigneur. Comme l'abbesse et li convens du Paraclit de lès Bove eussent acquis en nos fiés ou arrière fiés, chensives ou arrière chensives, plusieurs possessions si come en aques et en aumosnes qui chi après sont nommé, c'est assavoir trente solz de chens que elles ont acaté à Monseigneur Enguerran de Bove sur un marès et une pièche de Rivière. A Maroie Gaulte, etc. . . . .
. . . .
. . . .
. . . .

A GILLON DE KAYS sept buviers et quarante verges de terre en la entour el terroir de Kais. . . . .
. . . .
. . . .
. . . .

Item elles ont un mine de blé de rente chascun an

d'aumosne au molin de Kais. Et ches possessions devant dictes nous leur avions commandé que elles les mesissent hors de leur main et les avioms prises en nostre main par la vertu et par la noblesche de nos arrière fiés par le conseil de bonnes gens et pour le pourfit de nostre église et pour le leur, etc. . . . .

(1295) « el mois d'Octembre ».

Archives de la Somme. — Cartulaire du Paraclet, fol. LXVI, recto.

XXXVI

(SEPTEMBRE 1327). GUÉRARD DU FAY, ÉCUYER, MARI DE JEANNE D'HERVILLY, DAME DU SART, VEUVE DE PIERRE DE FOUENCAMPS, PRÉSENTE A FERRY IV, DUC DE LORRAINE, SEIGNEUR DE BOVES, LE DÉNOMBREMENT DU FIEF QUI LUI APPARTENAIT A CAIX.

« Veschi le dénombrement du fief que Guérars du Fay, escuiers, tient en bail de très haut homme et très poiessant Monseigneur le duc de Loherraine à cause de Jehanne de Harvelly, demoiselle du Sart, se femme, et de ses enfans et enfans de noble homme Pierron de Fouencamps, escuier, dont Diex ait l'ame, et mari à le dite demoiselle jadis.

Premièrement, ou teroir de Kais, au camp à le Mote, VI journeaux ou environ, I quartier mains, tenant à le terière de Kais et à le tere de l'ostellerie.

Item, III journeaux et XXVIII vergues ou environ, tenant à le tere de Bove, qui fu demiselle Aelis Bernière et tenant à le terre Symon Care.

Item, IIII journeaux et demi ou environ, tenant à le tere qui fu demiselle Aelis Bernière et à le terre GILLE DE LANNOY [1].

[1] Erreur probable de transcription. L'original doit porter DE LAUNOY.

Item, vi journeaux et demi, tenant à le voie qui mainne du molin à vent de Kais à Harbonnières et tenant à le tere Jehan Seymel.

Item, vi journaux à l'issue de la ville, tenant à le tere me dame Betris, ainsi comme on va à Lihons et tenant à le tere Jehan du Vingnuel.

Item, xiiii journaux ou environ, tenant à le tere Saint-Pierre et tenant au camp de le Bataille, qui fut Monseigneur Robert le Maieur, chevalier jadis.

Et se plus y savoit, volentiers le dénombreroit, sauf le plus et sauf le mains, tant sauf que s'il y avoit mis trop ou peu ou dénombrement dessus nommé qu'il ne li puist porter préjudice et qu'il le puist mettre ou oster toutes fois qu'il en venroit à mémore. En tesmoingnage de chou, j'ai mis men seel à chest présent escript, qui fut fais l'an de grâce M.CCC et vint sept, ou mois de septembre. »

Victor de Beauvillé : *Recueil de documents inédits relatifs à la Picardie*. Paris (Imprimerie Nationale); Tome IV (1881), pages 72, 73. (Original en parchemin).

XXXVII

(AN. 1265). EXTRAIT DE L' « HISTOIRE DE L'ABBAYE ET DE L'ANCIENNE CONGRÉGATION DES CHANOINES RÉGULIERS D'ARROUAISE, PAR M. GOSSE, PRIEUR D'ARROUAISE. » LILLE, 1786, 1 VOL. IN-4° (CHAPITRE XV).

« ..... Bauduin (de Flamicourt, abbé élu en 1262) consomma, dans la même année 1265, une affaire beaucoup plus importante avec le chef d'une autre ancienne et illustre Maison de Picardie, Guillaume, sire de Longueval. Ce seigneur avoit acquis d'HERBERT DE CAIX en 1263, dans la Châtellenie de Péronne, la Terre de Caix, avec tous ses droits, justice haute, moyenne et basse, terrage, etc. Il avoit acheté l'année suivante la Châtellenie de Péronne, quatre mille livres parisis, de Jean Châtelain de Lille, héritier de la Châtellenie de Péronne de son côté, et de celle de Lille, du chef d'Elisabeth de Lille, son aïeule. Voulant agrandir ses domaines de Longueval où l'abbaye d'Arrouaise possédoit cent vingt deux journaux de terre, il les demanda à l'abbé Bauduin, en lui offrant en échange la Terre de Caix, voisine de l'Abbaye. Cette raison de bienséance engagea les Religieux à se prêter à ses vues. Mais comme ce qu'il donnoit étoit d'une valeur plus grande, laquelle on estimoit de quatre-vingt-douze journaux, et qu'on ne pouvoit les lui céder commodément en nature, ils furent appréciés cinq cens cinquante-deux livres parisis, c'est-à-dire six livres le journal. Cette somme fut payée à ce Seigneur au mois de juin 1265, et employée à acquitter le prix de la Châtellenie de Péronne. Mais quoiqu'il en eut pris possession, il ne put en jouir : Gilles de Bouchavene en fit le retrait comme parent du vendeur. Après avoir contesté quelque temps à ce sujet, ils la remirent à Saint Louis, en 1266. Seulement il en fut détaché la terre du Hem, sur la Somme, que Guillaume retint pour le prix de huit cens livres parisis. Il avoit, dès l'année 1260, acquis aussi par échange, de l'abbaye d'Eaucourt, des domaines considérables dans le territoire de Longueval. Il obtint pour ces deux Abbayes les lettres d'amortissement nécessaires. Ce fut aussi par l'entremise de ce seigneur riche et puissant, que Bauduin acheta de Pierre de Frigicourt la Mairie de la Terre de Caix, dans le territoire de laquelle son Abbaye possédoit déjà beaucoup de fonds avant l'époque de l'échange dont je viens de parler. Le même abbé les accrut encore par l'achat d'une partie importante qu'il fit d'un certain Jean de Cépoy en 1267. » (p. 216).

Un peu plus loin (p. 223) le Prieur Gosse parle d'un

procès survenu en l'an 1300 entre l'abbaye d'Arrouaise et le Prévost de Péronne à propos d'un meurtre commis sur le territoire de Caix. Il résulterait de ce procès que l'abbaye avait alors droit à la haute justice de cette seigneurie.

XXXVIII

(SEPTEMBRE 1265). « HERBERT, DIT DE KAIS, ÉCUYER, ET DAMOISELLE YSABELLE, SA FEMME, FILLE DE FEU MESSIRE JEAN DE CHÉRISY, CHEVALIER, VENDIRENT AU CHAPITRE D'AMIENS, POUR LA SOMME DE 60 LIVRES PARISIS, SEPT JOURNAUX DE TERRE AU TERRITOIRE D'HANGEST... » (COTE DE D. VILLEVIEILLE : TRÉSOR GÉNÉALOGIQUE, A LA BIBL. NAT.)

Universis presentes litteras inspecturis, Officialis Ambianensis salutem in Domino. Noveritis quod HERBERTUS dictus DE KAIS, armiger, et domicella YSABELLA, ejus uxor, filia quondam domini Johannis de Cherisy, militis, recognoverunt coram nobis se bene, legittime, hereditarie et imperpetuum vendidisse, viris venerabilibus decano et capitulo Ambianense, pro sexaginta libris parisiensibus sibi persolutis, sicuti recognoverunt coram nobis, septem jornalia terre, septem virgis terre minus, site in territorio de Hangesto in duabus pechiis, quarum prima sita est in campo de Coulonviler, juxta terram Roberti filii supradicte, et secunda sita est in campo de quercu ; quam quidem terram venditam tenebant de decano et capitulo antedictis. Promittentes, juramentis corporaliter prestitis, dicti HERBERTUS et domicella ejus uxor, quod contra hujusmodi venditionem de cetero non venirent, nec dictos decanum et capitulum aut alique ex parte ipsorum super eâ per se vel per alium, nomine dotalicii, hereditatis, acquestus, elemosine, seu aliquo alio nomine, aliquatenus molestarent nec molestari procurarent. In cujus rei testimonium presentes litteras confici fecimus et sigillo curie Ambianensis roborari. Actum anno Domini M° CC° LX° quinto, mense septembri, feria sextima, post Decollationem beati Johannis Baptiste.

Cartulaire VI du Chapitre d'Amiens, aux *Archives du Département de la Somme;* Tome VI, fol. 96, v°.

XXXIX

(10 FÉVRIER 1317). MANDEMENT AU BAILLI DE VERMANDOIS DE FAIRE UNE ENQUÊTE SUR L'AUTEUR DE LA RUPTURE D'UNE TRÊVE JURÉE ENTRE JACQUES DE FRÉCHANCOURT ET JEAN DE CAIX.

Philippus, etc., ballivo Viromandensi, etc., Conquestus est nobis Jacobus de Fréchancourt quod cum inter ipsum ex unâ parte et JOHANNEM DE QUAYS ex alterâ, contentio suborta fuisset et hincinde treuge date fuissent competenter, et durantibus ac pendentibus dictis treugis, dictus JOHANNES cum quibusdam suis in hâc parte complicibus, prodicione, insidiis excogitatis, cum armis ipsum Jacobum invasisset et eum vulnerasset, adeo quod de vitâ desperabatur ipsius, idem JOHANNES ejusque complices post predicta, ipsum Jacobum ejusque amicos nituntur adhuc compellere et compelli facere injusteque super dicto facto eisdem treugas dent, et propter hoc et compulsionem hujusmodi faciendam Prepositus noster Peronnensis quosdam de amicis dicti Jacobi tenere facit carceri mancipatos, et eorum bona ad manum nostram saisita, contra usum et consuetudinem in talibus observatos, cum ipse JOHANNES et ejus complices, occasione fraccionis dictarum treugarum extra omnem legem sint et esse debeant, nec gaudere possint aut debeant treugis aliquibus, specialiter contra illos in quorum vel amicorum suorum personas treugas fregerunt, et hoc secundum usum, legem et consuetudinem in talibus observatos; unde vobis mandamus quatenus si vocatis evocandis vobis constiterit ita esse, ab hujusmodi compulsione faciatis omnino cessari et desisti personas et bona propter hoc liberare, capta liberari facientes, et nichil predictum JOHANNEM et ejus complices in hac parte pro fraccione dictarum treugarum et aliis maleficiis circa hoc commissis de quibus vobis constiterit, taliter puniatis et faciatis puniri prout ad vestrum quemlibet pertinuerit, quod in vestri deffectum non sit ad nos ulterius propter hoc recurrendum, iterum vero de illis quos vel fama publica aut vehemens presumpcio super fraccione dictorum treugarum verissimiliter, juri paraturi vos teneatis saisitos. Datum Parisius, x^a die februarii, anno xvj. (v. st.).

Archives Nationales, x^{1a}1. *Actes du Parlement,* Criminel, 1, fol. 79 v°. — Analysé par BOUTARIC : *Actes du Parlement de Paris* (Paris, 1863 in 4°), n° 4616. Parlement de l'octave de la Toussaint de l'an 1316 (10 février 1317).

XL

(9 JUIN 1329). QUITTANCE DE « JEHAN DU CAY » A LA COMTESSE D'ARTOIS.

Je, JEHAN DU CAY, fais savoir à touz que j'ai eu et receu de maistre Estienne Bricadel, trésorier Madame la Contesse d'Artois et de Bourgongne, en rabat de la somme de sis vins livres parisis que Madite Dame me devoit pour l'achat de trente livrées de rente que je li avoie vendues, dis et sept livres huit souls parisis; de laquele somme d'argent je me tiens à bien paié;

En tesmoing de ce j'ai mis mon seel à ces lettres faites le ix jour de juing l'an de grâce M.III^c.XIX.

Original en parchemin aux *Archives du Pas-de-Calais*, série A, liasse 375, n° 55. — Divers.
Sceau en cire rouge, sur simple queue de parchemin.

Sceau rond de 20 mill. — Une colombe tenant un rameau. Légende...... IEH... DV... (Seel Jehan du....). — Décrit par DEMAY : *Sceaux de l'Artois* (Impr. Nat. 1877, in-4°) n° 2912.

XLI

(8 AVRIL 1323). VENTE PAR « JEHAN DU QUAI » A LA COMTESSE MAHAUT D'ARTOIS.

Vente par Jehan du Quay, bourgeois d'Amiens, à la Comtesse Mahaut (d'Artois), de 60 livrées de rente annuelle et viagère qu'il a sur les biens de feu Robert d'Ardres « pour reson de les mutilation de ses membres que ledit feu Robert, ou temps qu'il vivoit, et ses complices, li avoient fait. »

Archives du Pas-de-Calais, série A, 68. — Analysé dans l'*Inventaire sommaire* desdites Archives (Arras, 1878, gr. in-8.) p. 99, col. 1.

Pour les pièces relatives au procès avec la dame de Crésecques, nous renvoyons aux pièces analysées par BOUTARIC, et que nous citons dans notre texte (p. 115, note 3).

XLII

(1ᵉʳ DÉCEMBRE 1321). SOHIER DE CAIX, HOMME DU CHATEAU DE LENS.

La pièce à laquelle est attachée ce sceau n'a pas été retrouvée, sur notre demande, aux Archives du Pas-de-Calais. Nous ne pouvons donc donner ici que le sceau et sa description, d'après M. G. Demay.

Sohier de Caix, dit Micaine, homme du château de Lens. Sceau rond, de 19 millimètres.
Ecu portant une plante fleurie.

† S' Sohier de Kais, dit Micaine.
(Seel Sohier de Kais, dit Micaine).

Vente d'un fief sis à Verquin. Pièce non classée aux Archives du Pas-de-Calais.

V. G. DEMAY : *Inventaire des Sceaux de l'Artois* (Imp. Nationale, 1877, in-4°), n° 899.

XLIII

(AN. 1349). EXTRAIT DU CARTULAIRE « ALEXANDER » DE L'ABBAYE DE CORBIE, NOMMANT COLART ET ADENOS DE CAIX ET LES QUATRE ENFANTS DE JACQUES DE CAIX.

Chens (cens) à Hamelet et à Hamel.

. . . .

LXXXII

COLACE (sic) DE CAIEX et Agne Canarde. D'un courtil séant à Hamel, tenant d'une part à le rue de le Crois et d'autre part au manoir. . . . . . . ɪɪɪ d. j. cap. ex.

Li ɪɪɪɪ enff. JAQUES DE CAIEX. D'un manoir séant à Hamel, tenant d'une part au courtil dessus nommé et d'autre part . . . . . ɪɪɪ d. une fouache d'un quartier.

ADENOS DE CAIEX. D'une masure et courtil tenant d'une part au manoir dessus nommé et d'autre part au courtil Jehan du Hamel, au Noël. . ɪɪɪ d. une fouache d. q.

Biblioth. Nat. Fonds Français, 24144, fol. 355 recto.

XLIV

(AN. 1331). EXTRAITS DU CARTULAIRE DIT « MARCUS », ANCIEN REGISTRE TERRIER SUR PAPIER DE L'ABBAYE DE CORBIE, MENTIONNANT DIFFÉRENTS PERSONNAGES DU NOM DE CAIX.

. . . .

(folio 71). Les terres au terroir de Aubeigny où l'église de Corbye prent terrage ᴠɪɪɪ du cent. . . . .

ADENET DE KAYS, tenant à ce camp (dessous le Val)

Jehan Raduyn, au camp de Roume, tenant à ADENET DE KAIS . . . .

. . . .

En Fauquemont :

ADENET DE KAIS et ses cousins Jehans Bouviaus, tenant à Raoul Maihinache. . . . .

. . . .

(folio 124). « Ches (pour Cens) des Neuves Masures de Gentelle.

. . . .
. . . .

Maistre Jehan le Carpentier, de se mesure tenant à Brisse Hauchart.

A le Saint Remy. . . . . . x. s. au Noël IIII capons.
JEHANS DE CAYS, de se masure tenant à Martine Fouquerée.

A le Saint Remy, x. s., au Noël, IIII capons et une poulle. »

. . . .
. . . .

(folio 165, recto.) « Hangart.

« Terres du terroir de Hangart à terrage et à disme, [à terrage] IX du cent et à disme VIII du chent et coisist en (?) l'un et l'autre, et les amainent chil cui les terres sont. Et prent l'église le quart ou terrage et le tierch en le disme, et se font les parchons ès camps, ou en prent le disme et le terrage et ce fait, les gens de l'église dient : « amenés nous nô partie ; » et ou remanant des dis terrages et dismes, Robert de Caigny y prent autant que l'église, et Carneus de Hangart et li curés prennent le remanant.

Primo, à le quarrière à le pierre, dame Sarre tenant à le quarrière. II journaux valant V setiers.

Jehan Bosqueillart en ce lieu, tenant au camp dessus dit. IIII jour. V setiers.

Robins li Wadiaus, tenant à Jehan Bosqueillart. I jour. IIII setiers.

Le fille JEHANS DE CAIS, tenant à le voie de la Haie. III jour. IIII setiers.

Saint-Martin de Hangart, tenant au camp dessus dit. III quartiers. III setiers.

. . . .
. . . .
. . . .
. . . .

(folio 167. recto). Le fille JEHAN DE KAIS, tenant à Saint Martin. IIII jour. II setiers.

Le famme Karesmel, tenant à JEHAN DE KAIS, II jour. II setiers.

Dame Sarre, tenant à le Quaresmelle, I jour. II setiers.

Les enfant Cudieu, III quartiers, I mines.

Li enfant Aelis de Dogmart, tenant as enfans Cudieu, I jour. I setier.

. . . .
. . . .

(folio 168 recto). Roussel de Hangart, tenant à le voie de Corbye, jour. et demy. IIII setiers.

Jacques Hostigers, tenant à Roussel. II jour. VIII setiers.

Roussel, tenant au camp dessus dit. I jour VIII setiers.

Andrieus Burniaus, tenant à Roussel. I jour. VIII setiers.

Le fille JEHAN DE KAIS, tenant à Andrieu, jour. et demy, VIII setiers.

Fauquete, tenant au camp dessus dit, I jour. VIII setiers.

Les enfans Aelis de Dommart, tenant à Faukete, I jour. VIII setiers.

(folio 168 verso). Andrieu Burnel, tenant au camp dessus dit, I jour. VIII setiers.

Le fille JEHAN DE KAIS, tenant au camp dessus dit. I jour. VIII setiers.

. . . .
. . . .
. . . .
. . . .

(folio 171 verso). Andrieux Burniaus, tenant. . . . . . I jour. valant IIII setiers.

Le fil JEHANS DE KAYS, tenant . . . . I jour. valant IIII setiers.

Fremins li Jains, tenant au camp dessus dit. I jour. valant IIII setiers.

Les filles Wautier Lasnier, tenant . . . . I jour. valant IIII setiers.

(fol. 172 recto). Dame Sarre, tenant au grant Kaisneel. I jour. valant IIII setiers.

Le fille JEHAN DE KAYS, tenant . . . .
I jour. valant III setiers.

Le fille Bertran Wauquet, tenant. . . . .
demy jour. valant III setiers.

Le fille JEHAN DE KAIS, tenant. . . . .
III quartiers valant III setiers.

. . . .
. . . .

(folio 175). « Terres à Hangart, dessous la mare, etc.

. . . .

Andrieus Burniaus, tenant . . . .
V quartiers. valant VI setiers.

Le fille JEHAN DE CAIS, tenant. . . . .
I jour. valant VI setiers.

. . . .
. . . .

(fol. 177 verso) « Vingnes à Hangart.

Jehan de Enguillecourt, tenant à Laurent Godeillon, demy journal.

Le fille Berthran Wauquet, tenant à J. d'Enguillecourt, I journal.

Leurin Godeillon, tenant à celle devant dite. ⎫
Pierre le Barbier, tenant à Leurin . . . . . ⎬ demy journal.
Andrieus Burnel, tenant. . . . . ⎭

Leurens Goudares, tenant. . . . . ⎫ demy journal.
Savalet . . . . ⎭

La fille JEHAN DE CAIS. III quartiers.

. . . .
. . . .

(folio 202 verso à 204). Terres du terroir de Guillaucourt qui doivent pour disme et terrage XVIII garbes du cent, et y prend l'église les III pars ou terrage et le tierch en le disme, si comme il est plus plainement dit dessus.

Primo. Saint-Acheul tenant as avesnes Saint Pierre et au quemin de Kayeus, V quartiers valant II setiers.

. . . .

Jehans de Maucourt, tenant au kemin Boneis et à Mons. de Maigremont, XII jour. I sextier.

Les enfans Jehan Carron de Wiencourt, tenant au camp dessus dit, II jour. valant IIII setiers.

Jaques de Folie, tenant au camp dessus dit, II jour. IIII setiers; tenus de Saint Pierre.

Les enfans Mathieu Mouton, tenant à Jaque dessus dit, I jour. III setiers.

Willyaume Boulans, tenant à Jaque de Folie, demy-jour. III setiers; tenus de Saint Pierre.

Les enfans Jehan Courtefoy de Kays, tenant au camp dessus dit, II jour. VI setiers;

La fame Jaque de Folies, tenant as enfans Mathieu Mouton, III quartiers, II setiers.

Willyaume Boulant, tenant as enfans Colin de Achicourt, XV quartiers, III mines.

Desseur le Kemin aulès devers Guilhaucourt; Primo, Hue Polart tenant à Graart de Troutville, V quartiers, VIII setiers.

. . . .

Jehans de Maucourt, tenant au Bouveraudois, II jour. et demy. III setiers.

. . . .

Messire JEHAN DE KAIS, tenant à grant camp, II jour. I quartier. X setiers [tenus de Saint-Pierre].

Jehan de Milevoie, tenant à Jehan Colaie, demy jour. X setiers.

. . . .

Jehans de Maucourt, tenant à Warnier Fosse. III jour. X setiers.

Item as Noes, tenant au dyen de Amiens. VII jour. VIII setiers.

. . . .

(Plusieurs autres mentions de Jehan de Maucourt. —

Le nom de Cayeu est plusieurs fois répété dans ce document; il ne peut donc y avoir aucune confusion avec celui de Caix. De plus, on y cite un nommé Courtefoy de Caix de même qu'au Cartulaire *Alexander* (fol. 63), un Baudot de Caix, dont les noms de famille étaient évidemment Courtefoy et Baudot, tandis que les personnages dont le nom de baptême est suivi de celui de Caix, avaient bien pour nom celui de cette localité.)

Biblioth. Nat. Fonds Français, n° 24140.

XLV

(9 JUIN 1325). PRESTATION D'HOMMAGE PAR DREUX DE CAIX, ÉCUYER, DU FIEF DE WIENCOURT, A L'ABBAYE DE CORBIE.

Le neuvime jour de juing, l'an de grasse devant dit (1325), DRYVES DE CAYS, escuiers, comme hiretiers, renouvela dudit Mons' l'abbé, sen hommage du fief qui siet à Wyencourt; liquels fiès est tenus de le dite église de Corbie : et li fu commandé, par sen serment, qu'il apportast, dedens XL jours, ledit fief dénommé souffisaument en escrit. Che fu fait en le dite cambre (Mons' l'abbé, à Corbie). Présens : Jake de Vers, Jehan Gorgeron et Manessier de Vers, liges hommes de l'église.

Extrait du *Registre aux actes de foi et hommage du Comté de Corbie* (Registre appelé STIX), commençant en l'an 1325 et finissant en l'an 1370. Fol. 2, r°. — *Archives départementales de la Somme.*

Le même hommage est reproduit par D. GRENIER, dans la *Collection de Picardie*, sous le n° IV d'un *Rôle des Fieffés de l'Abbaye de Corbie avec leurs hommages en 1325*

(D. Grenier : T. 33, fol. 67). Il est aussi mentionné deux fois dans le *Trésor généalogique* de D. Villevieille, aux dossiers de Caix et de Vers.

XLVI

(XIVᵉ siècle). Fragments d'un compte mentionnant les services militaires de Hue et de Dreux de Caix, de Jean de Caix dit le Danois et de Colart de Caix.

« HUE DE CAIX et DREUX DE CAIX, 1338. Vermand. Voyez Wadencourt.

. . . .

« Monseigneur DRIEUX DE CAIX, chevalier, pour li lors escuiers et cinq escuiers, au prix du cinquième jour de juing l'an 1340 jusqu'au vint quatrième jour de juillet ensuivant, par quarante neuf jours   LX^{l}v^s.

« pour le reveue de lui et quatre escuiers de Fresnoi près de Mareuil à Thun, par deux jours trente sept sols six deniers par jour montant   LXXV^s

« item pour li chevalier et cinq escuiers, li un au mendre pris, dudit vint quatrième jour de juillet jusqu'au vint septième jour de septembre par soixante-cinq sols, cinquante sols par jour, cy   VII^{xx}II^{l}x^s

. . . .

« pour le retour dudit chevalier et ses dites gens de Bouvines à Fresnoy, par deux jours, soixante cinq sols par jour   VI^{l}x^s

. . . .

« JEAN de KAIS, dit *le Danois,* chevalier, fait montre à Amiens avec deux chevaliers et 6 escuiers, étant sous le gouvernement de Regnaut, sire d'Aubigny, chevalier, capitaine de 80 hommes d'armes ordonnés au sacre du Roi, le 12 may 1364.

LXXXIX

« Mʳ JEAN DE KAIS, chevalier, le 2ᵉ des chevaliers.

. . . .

« COLARD DE KAIS, escuier en 1396. — Annal. ecclésiast. ms. »

D. Grenier : *Collection de Picardie,* tome 56, fol. 2 et 3. (Extrait des « *Maisons des Rois de M. de Beaujon* », vol. 68, p. 58.)

Une autre copie tronquée de ce fragment se trouve au tome 139 de la même collection, fol. 95.

XLVII

(an. 1334). hommage rendu a l'abbaye de corbie par jean de mollemont, beau-frère de dreux de caix.

VI. Item che meismes jour, an et liu, et présens les devans dis, Jehan de Mollemont, comme pour le bail de son dit fil, renouvela dudit Monseigneur l'abbé, un autre fief qui li estoit venu par la succession de se dite mère ; et fu commandé audit père ensi que dessus est dit . . . . .

VII. L'an mil cccxxxiiii, le jour de Saint Mahiu, fist son hommage à Monsieur de Corbie, en se cambre, Jehans de Mollemont li Jones, fil de Jehan de Mollemont, escuier, de tout le fief que li esqueit de Damoiselle Marie de Hem, sa mère, séant à Chérisy.

Item d'un autre fief contenant xi journaux environ, séant à la Cauchie de Bayenviller . . . .

Rôle des fieffés de Corbie, dans D. Grenier : *Collect. de Picardie,* 33, page 5, article 2.

XLVIII

(14 JUIN 1340). PIÈCES CONCERNANT LA REVUE DE LA COMPAGNIE DE HUE DE CAIX, ÉCUYER.

« La monstre HUET DE CAIS, escuier, et 9 escuiers aveucq li reç. à l'ost devant Thun le Vesque le XIIIIe jour de juing l'an M.CCC.XL.

Le dit HUET, cheval rouge baille tache blanche entre nar. sans poil pié sen. devant et pié destre derr. blanc XL l.

Jehanin La Vaque, cheval mautaint labour devant XXV l. »

(Le sceau manque et la pièce paraît incomplète.)

Bibl. Nat. — Titres originaux; *Sceaux de* CLAIRAMBAULT, vol. 24, n° 42, p. 1727.

Thun-L'évêque est dans le Nord, près Cambray. Il y a un autre Thun dans le même département du Nord. Est-ce Thun-le-Châtel, ou plutôt les Thun cités dans nos deux pièces ne sont-ils pas un seul et même village qu'il faut retrouver aujourd'hui dans Thun-L'évêque?

Le numéro précédent du même volume de Clairambault est l'ordre des Maréchaux de France relatif à cette montre. En voici le texte :

« Les Maréchaux de France aux Trésoriers de la guerre ou à leurs leustenans, salut : Nous vous envoions enclos sous nostre séel aveuc ces présentes lettres, la monstre de HUET DE CAIS, escuier, aveuc lui 9 escuiers reçeus en l'ost devant Thun-le-Chastel, l'an M.CCC.XL, le XIIIIe jour de juing, montez en la manière que en lescroe de leur monstre est contenu. Si vous mandons que vous leur faciés compte et paiement de leur gaiges en la manière qu'il appartendra. Donné audit leu l'an et le jour dessus diz. »

Bibl. Nat. — Titres originaux; *Sceaux de* CLAIRAMBAULT, vol. 24, n° 41, page 1726.

(Le sceau manque.)

Ces deux documents sont mal à propos classés à la famille DES CARS; il n'y a cependant aucun doute qu'il faut y lire DE CAIX. (Voir ce que nous disons à ce propos, page 82 de notre texte.)

XLIX

(13 AOUT 1342). EXTRAIT CONCERNANT ANSEAU DE CAIX.

La Retenue des Gens d'armes de l'Ostel de Nous Raoul Comte d'Eu, Connestable de France, qui avec nous ont esté sur les frontières de Flandres et de Haynault ès guerres et au service du Roy en l'esté 1342.
(Extrait d'un Roulleau en parchemin estant en la Chambre [des Comptes].)

. . . .
. . . .
Fresnel de Soyecourt
ANSEAU DE CAYS
R(evu) à Saint-Quentin; 13 aou; hors le 3 octob.
. . . .
. . . .

Bibl. Nat. Cabinet des Titres, vol. 684. — Dufourny: Gendarmes de l'Hôtel du Roy (in-4°), fol. 181, verso.

D. Grenier a copié (*Collect. de Picardie*, T. 33, p. 208) l'extrait d'un manuscrit du Couvent des Frères

Mineurs de Poitiers, comprenant les chevaliers tués à la bataille du lundi 19 septembre 1356 et enterrés dans leur couvent. Parmi eux se trouve un Anseau de « Heis » que l'on croit être Anseau de Cais ou de Caix.

L

(20 OCTOBRE 1339). QUITTANCE DE PIERRE DE CAIX, ÉCUYER, POUR SON SERVICE A LA CAMPAGNE DE FLANDRE.

Sachent tuit que je, PIERRE DE CHEY, escuier du bailliage de Senlis, ai eu et receu de François de l'Hospital, clerc des arbalétriers du Roi, nostre seigneur, en payement seur les gages de moi et de III autres escuiers de ma compaignie, desserviz ou à desservir pour cause de ceste présente guerre, douze livres tournois compté euz pour droitures quarente et huit soulz tournois. De laquelle somme je me tien pour bien paié. Donné à Saint-Quentin, soubz mon seel le xxe jour d'octobre l'an mil CCC.XXXIX.

Sceau en cire rouge tout à fait fruste.

Sur la queue de parchemin du sceau on lit : douze, et un autre mot est caché par le sceau.

CLAIRAMBAULT, *Titres scellés*, T. 31, p. 2339.

LI

(VERS 1350). EXTRAITS DE L' « HISTOIRE DE LA MAISON DE CHASTILLON-SUR-MARNE... » PAR ANDRÉ DU CHESNE. (PARIS, 1621, IN-FOLIO.) CES EXTRAITS SONT RELATIFS A PIERRE DE CAIX, MARI D'EUSTACHE D'ONGNOLLES, ET A LEUR FILLE ISABEAU, FEMME DE GOSSON DE LA PORTE.

« 13. Ysabeau de Chastillon, Dame de Chastillon, de Sains, et de Mouy en Beauvoisis.

« Chapitre IX.

« Elle fut conjointe par mariage avec Charles de Soicourt (Soyecourt), chevalier, seigneur de Mouy en Beauvoisis, conseiller et chambellan du Roy Charles VI. Des ancestres duquel j'ay remarqué ce qui suit par bons tiltres. Philippes de Soicourt, chevalier, épousa EUSTACHE D'ON-GNOLLES, laquelle estant demeurée veuve se remaria à PIERRE DE CAIS, dont elle eut YSABEAU DE CAIS, femme de GOSSON DE LA PORTE, qui fut père de JEAN DE LA PORTE, vivant l'an 1381. De son premier mary et d'elle issit entr'autres enfans Gilles de Soicourt, chevalier, seigneur de Mouy, Conseiller et Maistre des Requestes de l'Hostel du Roy Charles V, lequel prist alliance avec Ieanne de Piqueny (Picquigny), fille de Iean de Piqueny, chevalier, et de Catherine de Saint-Pol, son épouse, dont il procréa plusieurs fils et filles..... » Op. cit., p. 578.

Cette Catherine de Saint-Pol ou de Chastillon, épouse en premières noces de Jean de Picquigny, se remaria ensuite avec Jean, comte de Grandpré, ainsi que le constate le passage suivant du même ouvrage, page 319 :

« ..... Peu après, Jean, comte de Grandpré, mourut, et laissa veuve ladite Catherine de Chastillon, sa femme, qui reçut d'ailleurs une autre affliction par le trespas de Gilles de Soecourt, son gendre. Cestui-cy décéda l'an mil trois cents soixante-quatorze, ayant eu de Jeanne de Piqueny, Charles et Marguerite de Soecourt, ses enfants, lesquels estoient lors en bas âge. Pourquoy Catherine, comtesse de Grandpré, leur aïeule, obtint la garde et administration d'iceux, contre GOSSON DE LA PORTE, qui la prétendoit à cause d'YSABEAU DE CAIS, son espouse, fille de PIERRE DE CAIS et d'EUSTACHE D'ONGNOLLES, mère de Gilles de Soecourt, par Arrest de l'an mil trois cents soixante et quinze. Et depuis, la mesme Catherine assigna aussi vingt livres de rente sur les revenus qu'elle possédoit ès terres de Mello et de Thorotte, pour fonder une Chapellenie en l'Eglise de Mello à l'intention des susdits Gilles de Soecourt et Jeanne de Piqueny, sa femme. »

Voici encore l'extrait de l'arrêt intéressant PIERRE DE CAIX, arrêt qui sert de base aux faits ci-dessus relatés.

Preuves de l'ouvrage cité, p. 189 [1].

« Extraict d'un Arrest de l'an 1375.

« Inter GOSSONEM DE PORTA armigerum et YSABELLIM eius uxorem ex unâ parte, et dilectum nostrum ultimo Comitem Grandisprati ad causam Comitissæ ejus uxoris ex aliâ. Conjuges dicebant, quod olim contracto matrimonio inter defunctum Philippum de Soicuriâ militem, et defunctam EUSTACHIAM D'ONGNOLLES eius uxorem, Egidius de Soicuriâ quondam miles ex dicto matrimonio procreatus fuerat. Postmodumque Philippo defuncto, eius uxor matrimonium contraxerat cum PETRO DE CAIS, armigero, ex quo dicta YSABELLIS procreata fuerat. Ex matrimonio etiam contracto inter defunctum Egidium, et Ioannam de Pinconio procreati fuerunt duo liberi, videlicet Karolus et Margareta, tempore mortis dicti Egidii minores annis, de quorum ballo agitur, etc. Comes dicebat Comitissam eius uxorem esse aviam dictorum minorum annis, etc. »

Relativement aux armoiries d'Eustache d'Ongnolles, on trouve aux *Titres scellés de* CLAIRAMBAULT (volume 82, p. 6419), une quittance de gages pour service de guerre à Saint-Omer sous Guy de Nesle, maréchal de France, de

---

[1] On trouve encore une mention de Pierre de Caix, relativement à la même affaire, dans *Mém. du Prieur de* MONDONVILLE, Tome IX, p. 673 *(Biblioth. Nat. Fonds Français,* n° 24132).

Simon, seigneur d'Ognolles, chevalier en Vermandois (Cfr. Demay, n° 6834). Cette quittance, qui porte la date du 12 novembre 1348, est scellée d'un sceau rond de 24 mill., chargé de l'écu suivant : Fretté, au franc canton chargé de cinq poissons en pal posés en sautoir.

La concordance des époques et des localités permet d'attribuer d'une manière presque certaine ces armoiries à Eustache d'Ognolles (ou d'Ongnolles), femme de Pierre de Caix. Aussi, les avons-nous fait graver. (Voir p. 113.)

Il nous a été impossible de trouver jusqu'ici les armoiries de Gosson de la Porte. Nous avons vainement cherché dans l'*Histoire généalogique des familles nobles du nom de La Porte*, par A. de La Porte (Poitiers, Oudin, 1882, g^d in-8°). Quant aux *Titres scellés* de Clairambault, ils contiennent plusieurs sceaux des de La Porte, mais aucun ne peut être attribué avec quelque certitude à un gentilhomme de ce nom, de l'estoc de Gosson de la Porte.

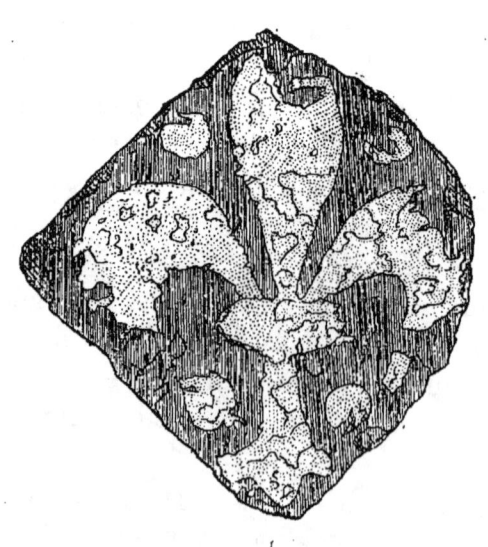

LII

(15 JANVIER 1371). MENTION CONCERNANT BAUDIN DE CAIX, ÉCUYER.

« Jean de Maucourt, demeurant à Cais, avoua tenir en foy et hommage du duc de Lorraine à cause de sa chatellenie de Bove un fief assis à Cais joignant BAUDIN DE CAIS, écuyer, le 15ᵉ janvier 1371.
 Arch. de l'abb. de Corbie, reg. BOVE, n° 51, fol. 9 v°. »

Dom Villevieille : *Trésor Généalogique*, v° Caix.
Pour la famille de Maucourt, voir plus haut notre Preuve XLIV.

LIII

(AN. 1387 à 1424). DÉNOMBREMENTS DONNÉS AU DUC DE LORRAINE, SIRE DE BOVES, D'UN FIEF SITUÉ A CAIX, PAR AUBERT DE CAIX ET JEANNE DE CAIX, SA SŒUR.

« 1ᵉʳ septembre 1387. Dénombrement par Aubert de Caix, écuyer, demeurant à Amiens, au duc de Lorraine, d'un fief situé en la ville et terroir de Caix, consistant en manoir, terres et autres domaines, censives, fiefs, toute justice, mouvant de Boves par soixante sols parisis de relief, trente sols de chambellage et les plaids de quinzaine en quinzaine.

« 2 septembre 1406. Dénombrement fourni à Ferry de Lorraine, comte de Vaudémont, par Jean Caverel, mari de Jeanne de Cais.

« 18 août 1424. Dénombrement fourni par Jean de Remy, dit Maillart, mari de Jeanne de Caix, à Antoine de Lorraine. »

(Il s'agit ici, suivant l'éditeur, du fief appelé depuis le fief Monjan, du nom d'une famille qui le posséda longtemps à une époque postérieure. Nous sommes portés à croire, au contraire, que c'est bien le fief de la Mairie de Caix. Voir ce que nous disons, p. 126 de notre texte).

Victor de Beauvillé : *Recueil de documents inédits concernant la Picardie*. Paris, 1881, in-4°, Tome IV, note de la page 452.

Ces trois mentions ont dû être tirées par M. de Beauvillé des anciens cartulaires de la baronnie de Boves. Il dit, en effet, dans l'Introduction de son tome IV (p. XXI et XXII) à propos de la « Déclaration des pairries, etc.... de Boves » qu'il a complété le texte de cette Déclaration par « des notes extraites de l'Inventaire de Boves, fait en 1684. Cet inventaire laisse fort à désirer, et, pour connaître la vérité, nous avons eu recours aux titres originaux et aux anciens cartulaires de la baronnie, magnifiques registres en parchemin, de 45 centimètres de hauteur sur 34 centimètres de largeur, supérieurement écrits, avec lettres initiales ornées et grandes marges. L'un date du commencement du XVe et l'autre du commencement du XVIe siècle, véritables cartulaires princiers, dignes de la maison de Lorraine. »

LIV

(1er SEPTEMBRE 1387). MENTION CONCERNANT LE PREMIER DÉNOMBREMENT CI-DESSUS ET NOMMANT DES FRÈRES ET COUSINS D'AUBERT DE CAIX.

« AUBERT DE CAIS, écuyer, avoue tenir en fief du duc de Lorraine, à cause de sa châtellenie de Bove, ce qu'il a à Cais joignant les terres de GUILLAUME et du BORGNE DE CAIS, écuyer, frères, et de SIMON, cousin, écuyer, le 1ᵉʳ septembre 1387.

Arch. de l'abb. de Corbie, reg. BOVES, n° 51, fol. 34. »

Dom Villevieille : *Trésor Généalogique,* v° Caix.

LV

(26 décemb. 1378). Lettre de rémission en faveur de Guillaume de Caix, écuyer.

Karolus, etc..., notum facimus universis presentibus et futuris, pro parte amicorum carnalium GUILLELMI DE CAYS, armigeri, nobis significatum fuisse quod eo quia dudum ex nonnullorum relatu, pervenit ad auditum Radulphi de Vé, scutiferi, quod Odo de Granceyo, miles, filius dilecti et fidelis nostri Odonis de Granceyo, militis, Radulphum de Raynavalle, militem, filium dilecti et fidelis militis et consiliarii nostri Radulphi, domini de Raynavalle, consanguineum germanum dicti de Vé, ceperat in regno nostro seu capi et in imperium transduci fecerat, et detinebat carceri mancipatum, seu quod de dictis capcione et detencione dictus Odo filius conscius fuerat sive complex, prefatus de Vé, associatis sibi dicto GUILLELMO DE CAYS et pluribus aliis, diversis armorum armatis generibus dictum dominum de Granceyo prope Silvanectum cepit seu capi, et amotis ei equo, calcaribus, gladio et aliis bonis que super se deferebat, ipsum desuper alium equm (sic) ascendere et per diversa loca regni nostri et extra, die noctuque duci fecit et per certum tempus prisionarium detineri, de quibus dictus GUILLELMUS DE CAYS complex et conscius fuit et dicto de Vé in aliis consilium vimque prebuit et juvamen; quapropter ad instanciam procuratoris nostri generalis, asserentis inter cetera dictum dominum de Granceyo pro certis arduis negociis nos et regnum nostrum tangentibus ad nos accessisse, et a curiâ nostrâ recedendo ex cogitato proposito per dictos complices nostram offendendo majestatem, dampnabiliter captum et detentum fuisse, prefati de Vé et DE CAYS ac alii sui in hâc parte complices, in nostrâ Parlamenti curiâ sub magnis penis personaliter comparituri, fuerunt adjornati, terque in defectu positi, et iterum sub penâ bannimenti a regno nostro et aliis magnis penis adjornati personaliter comparituri ad dies Ballivie Viromandensis nostri presentis Parlamenti dictorum defectuum utilitatem adjudicari visuri, responsurique dicto procuratori nostro super premissis et processuri ulterius, ut jus esset, ad quosquidem dies, metu rigoris justicie, comparere personaliter non fuit ausus dictus DE CAYS, qui et ejus amici, erga nostre majestatis apicem zelo devocionis accensi, in guerris nostris et aliàs fideliter et virtuose servierunt et de die in diem serviunt, nedum eorum bona, sed personas proprias bellorum casibus exponentes, ad vindictam tanti dedecoris et opprobrii dicto de Raynavalle filio illati naturalis amor et idemptitas sanguinis dictum de Vé juvenem induxerunt et de commissis in hâc parte contra nos penitet dolenter idem DE CAYS, ut asserunt ejus amici supradicti, supplicantes nostre Celsitudinis clemenciam sibi super hoc misericorditer impertiri : Nos autem, premissis attentis, et ut dictus DE CAYS servicia per se et suos nobis impensa sibi prodesse senciat, ac nobis imposterum servire forcius animetur, quodque dictus Radulphus propter hujusmodi maleficia et ne penitus impunita remanerent, de mandato et ordinacione nostris personaliter ivit Rodum, eidem GUILLELMO DE CAYS facta predicta, et omnem penam, offensam, et emendam corporalem, criminalem et civilem quam erga nos, premissorum occasione potuit quomodolibet incurrisse, necnon evocaciones, adjornamenta, defectus, expleta et omnes processus contra eum propter hoc in dictâ curiâ nostrâ et alibi in regno nostro factis, remisimus et quictavimus, remictimusque et quictamus eo casu ex certâ scienciâ plenitudineque nostre regie potestatis et de speciali graciâ, per presentes, ipsum DE CAYS ad patriam, bonam famam et bona sua quecumque non confiscata restituentes ad plenum ac dicto procuratori et aliis quibuscumque officiariis nostris super hoc perpetuum silencium imponentes, salvo tamen jure partis lese, civiliter prosequendo. Quocirca dilectis et fidelibus gentibus nostris, dictum nostrum tenentibus et que futura tenebunt Parisius parlamenta, bailliuisque Ambianensi ac Silvanectensi atque ceteris justiciariis et officiariis nostris vel eorum locatenentibus, presentibus et futuris, et eorum cuilibet, prout ad eum pertinuerit, damus tenore presencium in mandatum quatenus dictum GUILLELMUM DE CAYS, nostrâ presenti graciâ uti pacifice faciant et gaudere ipsum in contrarium in corpore sive bonis nullathenus molestantes nec molestari permictentes a quoquam; sed si que de bonis suis non, ut dictum est, confiscatis propter hoc capta, saisita seu levata fuerint, eidem vel ejus certo mandato reddi et restitui faciant indilate. Quod ut firmum et stabile perpetuo permaneat in futurum, nostrum presentibus his fecimus apponi sigillum, salvo in aliis jure nostro et in omnibus quolibet alieno. Datum in castro nostro Sancti Germani in Laya, xxvi^a die decembris, anno Domini M.CCC.LXXVIII°, regni nostri quinto decimo.

Per regem. J. Tabari.

Archives Nationales : Registres du Trésor des Chartes, JJ, 114, n° 66 (fol. 28).

LVI

(DÉCEMB. 1390). GUILLAUME DE CAIX, ÉCUYER, TENAIT UN FIEF A ROUVROY.

« GUILLAUME DE CAIS, écuyer, tenoit un fief lige assis à Rouvroy et compris au dénombrement fourni au roy par l'évêque d'Amiens au mois de décembre 1390.
Cartul. de l'Evêché d'Amiens, cotte B. fol. 71, v°. »

Dom Villevieille : *Trésor Généalogique,* v° Caix.

LVII

(AN. 1399). MENTION D'UNE MAISON POSSÉDÉE A CORBIE PAR AUBERT II DE CAIX.

« En le parroche Saint-Albin » (de Corbie). . . . . .
. . . .

« AUBERT DE KAIS : De le meson en le Cauchie au blé, tenant d'une part à l'ostel au Mouton et d'autre part à le maison demiselle Marguerite de Oille. Au Noël, vi d.
Dont on ne rent, car che fut aumosnes. »

Extrait d'un « Cens, rentes et revenus de l'Hôtel-Dieu de Corbie » publié par M. Victor de Beauvillé, dans son *Recueil de Documents inédits concernant la Picardie.* Paris, 1877, I. N., in-4°, Tome III°, p. 193.

LVIII

(OCTOBRE 1363). LETTRES DE LÉGITIMATION ET DE NOBLESSE EN FAVEUR DE MARGUERITE DE CHÉRISY, ÉPOUSE DE COLART DE CAIX.

Johannes, etc., Notum facimus universis tam presentibus quam futuris quod ad humilem supplicacionem nonnulorum amicorum defuncti Johannis de Kierisy, militis, domini de Mureto, quondam et consiliarii nostri et magistri balistariorum, Nos MARGARETAM, ipsius militis et Perrete Karesme de Nantolio subtus Muretum, nunc uxorem COLINI DES CAIS, filiam naturalem, ac ejusdem MARGARETE posteritatem et prolem in legitimo matrimonio procreatam et procreandam, licet eadem MARGARETA ex prohibitâ copulâ videlicet de dicto milite in predictam Perretam et de non nobilibus et maternali latere, nicatur traxisse genituram, de plenitudine regie potestatis et speciali gratiâ ac ex certâ scientiâ habilitamus et nobilitamus, habilesque et nobiles facimus et reddimus ad universa omnia et singula, quibus dicti regni nostri nobiles utuntur ac etiam uti possent, hujusmodi defectum natalium et illegitimacionis maculam quam occasione premissâ patitur totaliter absolendo. Ita quod ejus proles seu posteritas masculina tam de legitimo matrimonio nata quam nascitura valeat quociens et a quocumque milite voluerit milicie cingulo decorari; concedentes insuper eidem MARGARETE et ejus universe posteritati et proli predicte ut ipse et ipsarum quelibet in universis et singulis actibus, rebus, personis et bonis mobilibus et immobilibus, acquisitis et acquirendis, sive in feodis, sive in retrofeodis nostris aut aliis quibuscunque nobilitate et quâcunque nobilitatis prerogativa, privilegiis, franchisiis, libertatibus et immunitatibus sicut et ceteri nobiles regni nostri plenarie, libere et quiete letentur, pariter et utantur et pro nobilibus ubilibet habeantur et ut nobiles ab omnibus reputentur in judiciis et extra et tractentur, quodque aliqualem financiam nobis aut successoribus nostris prestare pro feodis aut retrofeodis acquisitis vel acquirendis per predictam MARGARETAM vel ejus posteritatem, aut eorum aliquam de cetero nullatenus compellentur ordinacione incontrarium, defectibusque supradictis ac aliis non obstantibus quibuscumque, et eciam quocumque jure seu quâcumque patrie consuetudine repugnante quos, quas et que ex plenitudine potestatis regie ac de certâ scientiâ quoad hoc cassamus, abolemus et totaliter amovemus. Quod ut firmum, etc..., salvo... etc... Datum Remis anno Domini millesimo, etc. LXIII°, mense octobri. Sic signatum : Per Regem. S. de Collori.

Archives Nationales : Registre du Trésor des Chartes, JJ. 95, n° 104 (fol. 40).

LIX

(FÉVRIER 1379). LETTRES DE RÉMISSION EN FAVEUR DE COLART DE CAIX.

Charles etc. Savoir faisons à tous présens et à venir. Nous avoir receue la supplicacion de notre amé et féal chevalier et conseiller Mahieu de Roye, seigneur d'Aunoy et de Muret, contenant que comme la veille de la Chandeleur dairrain passée, après heure d'avoir soppé, ses gens familiers et autres estans en la sale de Muret, entre lesquelx estoit un appelé COLART DE CAIS, maistre d'ostel de nostre dit chevalier, et lequel s'entremettoit de ses besongnes; un nommé Godeffroy le Dampvally, autrement dit Coffin, né du pais de Braibant, si comme on disoit, varlet des chevaux de nostre dit chevalier, vint en la cuisine dudit hostel, et là se despoilla pour soy toster ou rostir, et avint que en soy tostant, il fit une vilenie appelé pet, pour laquelle vilenie ainsi faite, le valleton soillart de ladicte cuisine sonna une paelle comme acoustumé avoit esté et estoit à faire au dit hostel en tel cas, auquel son se parti le dit COLART d'icelle sale, et vint en ladicte cuisine et trova ledit Coffin qui se rostissoit ; et quant icelluy Coffin le vit, il se leva sur ses piés et se revesti ; et lors le dit valleton de cuisine print à dire qu'il avoit sonné ladicte paelle pour ladicte vilenie appelée pet, que icellui Coffin avoit faicte en icelle cuisine ; et ledit COLART, avec lui Mahieu de Liques et Gillete de Beauté, chambrière dudit hostel, après ce que ledit COLART eut dit en entrant en la dicte cuisine : Quelle ribaudaille vous faites vous ? Est-il maintenant temps d'estre en cuisine ? print ladite paelle et la frota sur un chotier ou eschau de ladicte cuisine, ainsi comme on a acoustumé à faire, et après ce, le ressua et vint audit Coffin et li dist qu'il paieroit la paëllée et qu'il l'avoit bien desservi. Lequel Coffin respondi audit COLART : Se vous me faites vilenie, vous vous en repentirez. Car je suy d'aussi bon père et mère comme vous estes ou de meilleur. Et en ce disant ledit Coffin s'approcha vers ledit COLART, et quant ledit COLART le vit venir vers lui, il sacha un coustel de sa couroie sens ce que dudit coustel le ferist ; et adonc ledit Coffin recula et se chaint de sa chainture à laquele avoit un coustel, lequel il tira hors de la gayne et le mist tout nu sur un banc en la cuisine. Et quant il fu chaint, il vint droit à son coustel et le print en disant que se on li meffaisoit rien, il s'en vengeroit, en adrecan ces paroles audit COLART ; et quant ledit COLART le vit et oy que ainsi le demenoit et qu'il avoit son coustel tout nu en sa main, il, eschauffés d'ire et de maltalent pour le dur mouvement dudit Coffin, le print aux puings en li disant : Ribaut mauvais, me veuls-tu férir de ce coustel ? lequel dist que : oyl, et qu'il l'en donroit. Et adonc ledit COLART print ledit coustel dudit Coffin et l'en féri deux cops seulement dont, par infortune et meschief, mort s'ensui tantost en la personne dudit Coffin. Pour occasion duquel fait ledit COLART doubtant rigueur de justice, s'est absenté du païs et n'y ose demourer ne converser. Et pour ce, le fait et gouvernement de l'hostel de nostre dit chevalier est demouré vague, pourquoy il nous a humblement supplié que audit COLART, qui tousiours a esté et est homme de bonne vie, renommée et conversation, sens repruche d'aucun vilain cas autre que du fait dessus dit, nous vueillons impartir notre grâce et miséricorde. Nous a de certes, ces choses attendues, eue consideracion aux bons et agréables services que les devanciers de notre dit chevalier ont fait à nos devanciers, et nous font de jour en jour ses enfans, lesquelx ou aucuns d'iceulx ont esté prisonniers en noz guerres par nos ennemis, dont nostre dit chevalier a esté grandement dommagiéz, et que ledit fait est avenu d'ire et eschauffeture, sens aucune précédente excogitée mauvaisetié, A ycellui COLART ou dit cas, avons remis, quittié et pardonné, et par ces présentes de notre certaine science, grâce espécial et autorité royal, remettons, quittons et pardonons le fait dessus dit avec toutte peine et offense criminele, corporele et civile que pour ce il pourroit avoir encouru vers nous et envers justice, et le restituons à sa bonne fame, renommée au païs et biens quelconques non confisquéz, satisfaction civilement faite à partie s'aucune poursuite en veut faire. Si donnons en mandement par ces mêmes lettres aux bailli de Vermandois, prévost de Laon et à tous nos autres justiciers et officiers qui sont à présent et seront pour le temps à venir, ou à leurs lieux tenans, et à chacun d'eulx, si comme à lui appartiendra, que ledit COLART laissent et fassent paisiblement joïr et user de notre présente grâce, et contre la teneur d'icelle ne l'empeschent ou molestent, ne sueffrent estre empeschié ou molesté en aucune manière en corps ne en biens. Et pour ce que ce soit ferme chose et estable à touziours, nous avons fait mettre notre scel à ces présentes lettres. Sauf notre droit en autres choses et l'autruy en toutes. Donné à Paris en notre Chastel du Louvre, ou moys de février l'an de grâce mil ccclxxix, et le xvie de notre Règne.

Par le Roy   P. Gramette.

Archives Nationales : Registres du Trésor des Chartes, JJ. 116, n° 54 (fol. 31, verso).

LX

(28 DÉCEMBRE 1381). COLART DE CAIX, CHEVALIER, SEIGNEUR DE FAVEROLLES.

« COLART DE CAYEU (erreur pour CAIX) est mentionné dans le Dénombrement du 28 Décembre 1381 de la seigneurie de Muret, comme tenant de la dame de Muret le fief de Faverolles à le Crouste, près de Nampteuil. »

Copie collationnée aux *Archives de Saint-Médard de Soissons*, art. Violaines, case 6. — Cité dans le *Trésor Généalogique* (imprimé) de DOM CAFFIAUX, Tome II, p. 1074.

Il y a évidemment ici une erreur et Cayeu est écrit pour Caix. Il s'agit bien de notre Colart de Caix, marié à Marguerite de Chérisy, sœur de père de la dame de Muret dont il était le maître d'hôtel.

LXI

(21 JUILLET 1366). MONTRE PASSÉE A SOISSONS DE LA COMPAGNIE DE ROBERT DE FIENNES, CONNÉTABLE DE FRANCE. — PARMI LES CHEVALIERS CITÉS : MESSIRE COLART DE CAIX.

Robert, sire de Fiennes, connestable de France, à nostre chier et bien amé Jehan de Bonnes, salut. Nous vous envoions la monstre de nous et des gens d'armes de notre compaignie, venus à Soissons ou service du Roy, Monseigneur le xxie jour de juillet l'an LXVI.

Premiers, nostre personne.
Le sire de Fransures, baneret.
Le sire de Brimeu.
Le sire de Haluin.
Messire Flament de Bergues.
Messire Jehan de Louvilliers.
Messire Guillaume de Louvilliers.
Messire Lancelot de Louvilliers.
Le sire de Biauval.
Le sire de Fremuller (Fierviller ?)
Le sire de Maumez.
Le sire de Bellete.
Le sire de Clary.
Le sire de Penez.
Messire Tristran de Haluin.
Messire Mahieu de Fransures.
Messire COLART DE CAIX.
Messire Regnaut du Sachoy.
Messire Florimont de Brimeu.
Messire Jehan d'Aveluis.
Messire Floridas de Cramaires.
Messire Floridas de Basancourt.
Messire Guillaume Darras.
Messire Rigaut de Wandonne.
Messire Hue de Bournonville.
Le sire de Fransu.
Messire Hustin de Mailly.
Messire Regnaut de Basentin.
Jehan le Bastart de Fiennes, chevalier.
Homiel le Bastard de Fiennes, chevalier.
Item xx escuiers.

Lesquels nous vous certeffions estre avec nous et de nostre retenue. Si les faites paier et délivrer ainsi que par mondit seigneur vous est ordené. En tesmoing de ce, nous avons fait mettre nostre seel à ces présentes. Donné l'an et le jour dessus dis.

J. Caron.

(Parchemin). *Titres scellés* de Clairambault. t. 47, pièce 140, page 3526.

LXII

(19 AOUT 1388). MONTRE PASSÉE A MONTEREAU-FAUT-YONNE, DE LA COMPAGNIE DE RAOUL, SIRE DE RAYNEVAL. — PARMI LES CHEVALIERS CITÉS : MESSIRE COLART DE CAIX; PARMI LES ÉCUYERS : AUBERT ET GUILLAUME DE CAIX.

La montre de messire Raoul, sire de Reneval, chevalier banneret, un autre chevalier banneret, quatre autres chevaliers bacheliers et dix et nœuf escuiers de sa compagnie, reçeue à Monsteriau ou faut Yonne le xixe jour d'aoust, l'an mil ccc iiii^{xx} et huit.

Ledit messire Raoul, banneret.	OBER DE KAIS.
	Charllot le Sene.
Messire..... de Rivery, banneret.	Jehan de Rouverel.
	. . . . de Rouverel.
Messire Robert de Hangart, chevalier.	Jehan de St Ligier.
	Blanchart d'Alemiez.
Messire COLART DE KAIS, chevalier.	Lionnel de Campmenil.
	Tassart de Homblières.
Messire Guillaume de Milly, chevalier.	Ernoul de Mons.
	GUILLAUME DE KAIS.
Messire Vautier de Bertrangles, chevalier.	Ridel Cousin.
	Guernes de Monchi.
Pierre de Sauvillier.	Jehan de Rivery.

Jacques de Bertangle. Colart d'Aubegny.
Charllot de Bertangle. Mahieu de Fréchencourt.
Pierre du Pont Levesque.

Original en parchemin faisant partie des Archives du Comte Gabriel de Caix de Saint-Aymour.

LXIII

(24 janvier 1396). Donation faite a l'abbaye de Saint-Crespin par Colart de Caix et Marguerite de Chérisy, sa femme.

« COLARD DE CAIS, écuyer, et damoiselle Margueritte, sa femme, donnent à l'abbaye de Saint-Crespin, des biens situés à Venizel[1] qu'ils ont acquis par décret après le décès de feue noble dame Madame Jeanne de Chérisy, dame d'Aunoy et de Muret, et qui leurs avoient été délivrés par Guy de Roye, archevêque de Rheims, Jean de Roye, chevalier, seigneur d'Aunoy et de Muret, Regnaut de Roye, chevalier, seigneur de Quincy et de Brunetel, conseiller chambellan du Roy, exécuteurs testamentaires de ladite feue dame, le 24ᵉ janvier 1396.
Archives de l'abbaye de Saint-Crespin de Soissons. Venizel. »

Dom Villevieille : *Trésor généalogique,* v° Caix.

LXIV

(février 1381). Confirmation par le roi, pour Jean de la Marche et Thomassin de Caix, clercs, d'une sentence d'absolution rendue en leur faveur par l'official de Beauvais.

« Karolus, etc... Notum facimus universis presentibus pariter et futuris, nos vidisse litteras formam quae sequitur

---

[1] Venizel, aujourd'hui canton de Soissons.

continentes : In nomine Dei, amen. Universis presentes litteras inspecturis, Officialis Belvacensis, Commissarius in hac parte à Revevendo in Christo patre ac domino, domino Milone, Dei gratiâ Belvacensi episcopo, specialiter deputatus ad inquirendum et cognoscendum de maleficiis et excessibus in civitate et diocesi Belvacensi perpetratis, puniendumque et corrigendum malefactores in eisdem civitate et diocesi delinquentes, salutem in Domino sempiternam. Notum facimus quod cum nos in nostris clausis carceribus Belvacensibus et per longum tempus detineremus mancipatos Johannem, dictum de Le Marche, et THOMASSINUM, dictum DE CAYS, clericos, subditos et justiciabiles, super facto subsequenti, ac prisonarios nostros reos pro suspicione mortis seu homicidii per ipsos clericos, sicut dicebatur, perpetrati in diocesi Belvacensi, districtu et jurisdiccione nostris, in personnas Johannis de Fresnoy et Gauffridi Le Vasseur, aliàs d'Omécourt, nos volentes contrà dictos clericos procedere, cum deliberacione maturâ, et vocatis super hoc evocandis, significari, intimari et denunciari fecimus primo, secundo et tercio, nobilibus et providis viris ac venerabilibus ac religiosis personis..... »

Suit une longue énumération des autorités ou des proches parents des victimes auxquels cette signification a été faite. Cette liste est trop longue pour que la reproduisions ici ; mais, à cause de l'intérêt qu'elle présente, nous la publierons ailleurs [1]. Après cette énumération, le document continue ainsi :

« ..... Ad quasquidem insinuaciones, citaciones et evocationes nullus comparuit contrà dictos clericos, qui via aliqua vellet procedere contrà ipsos ; sed citati et vocati super hoc se permiserunt contumaces reputari, preterquam

---

[1] Dans *Mémoires et documents pour servir à l'histoire du Département de l'Oise* (in-8), actuellement sous presse.

domicella Florencia, relicta defuncti Johannis de Fayello, quondam soror dicti defuncti Gauffridi Le Vaasseur......... et eciam Johannes de Marisco, armiger, quondam consanguineus dicti defuncti Johannis de Fresnoy......... »

Mais ils ne comparurent pas au jour fixé par l'accusation et furent déclarés contumaces.

«..... Propter quod nos, per viam inquisicionis ex officio nostro, famâ publicâ referente, ad instanciam promotoris seu procuratoris officii curie Belvacensis contra dictos clericos procedentes, articulos contrà ipsos edidimus et in hiis scriptis tradidimus in hunc modum......... »

Suit l'accusation portée par le procureur d'office de la Cour de Beauvais contre les accusés Jean de la Marche, Gérard Le Chesne, Jean de Ballevie, Thomas de Cays, Gilles de Doing, Pierre de la Grange et Mathieu de Bayne. Cette accusation porte en résumé :

«..... Quod ipsi clerici et eorum singuli odiebant odioque habebant Johannem de Fresnoy et Gauffridum Le Vasseur, aliàs d'Omécourt, tempore quo ipsi Johannes et Gauffridus vivebant, et decesserunt pro eo quod ipsi tempore quo vivebant, plures injurias fecerant et intulerant prefatis clericis reis, ut dicebant, item quod dicti clerici rei inde se vindicare volentes, de facto premeditato et insidiose,..... in diocese Belvacensi..... dixerunt per se et alios suos in hoc complices, minus justè et sine causâ racionabili, dictis nunc defunctis Johanni de Fresnoy et Gauffrido Le Vasseur plures et maximas injurias, querentes per hoc occasionem habendi litem et discordiam cum dictis Johanne et Gauffrido, et querenti occasionem facti sequentis; item et post dictas injurias per dictos reos et suos complices ipsis Johanni et Gauffrido factas et dictas, dicti clerici rei, unà cum suis complicibus hostiliter et more hostili et sine causâ racionabili accesserunt ad dictos Johannem et Gauffridum cum armis invasiris, scilicet ensibus, daguis, custellis evaginatis et aliis generibus armorum, et tantum verberaverunt et verberari fecerunt,..... quod dicti Johannes et Gauffridus habuerunt in suis corporibus et quâlibet parte ipsorum multas et quasi innumerabiles plagas mortales..... item quod de premissis est vox et fama publica in parrochiâ de Sachiaco Magno, dicti diocesis Belvacensis, et aliis villis et locis circumvicinis..... »

Cette requête du procureur d'office est du samedi après les Brandons de l'année 1379.

Nous passons des formules inutiles pour arriver à la partie essentielle de la sentence de l'Official de Beauvais.

«..... In nomine Dei, amen. Quoniam per vos Johannem de Le Marche et THOMASSINUM DE CAYS supradictos, clericos, subditos et prisonarios nostros et quemlibet vestrûm, purgacio per nos vobis indicta, prestita fuit judicialiter et solenniter coram nobis, ea propter nos Officialis et Commissarius prefatus a facta famâque premissis vos et quemlibet vestrûm per nostram sententiam deffinitivam absolvimus in hiis scriptis, promotori et omnibus aliis legitime ac sufficienter evocatis, silencium perpetuum super hiis imponentes, et vos a carceribus nostris liberantes..... »

Cette sentence est datée du mardi avant la fête de la Nativité de saint Jean, de l'an 1380. La confirmation de cette absolution par le Roi en faveur de Jean de la Marche et de Thomassin de Caix est datée, à Paris, du mois de février 1380 (vieux style).

Archives Nationales : Registres du Trésor des Chartes, JJ. vol. 118, n° 300, fol. 164.

LXV

(AN. 1394-1403). « CONFIRMATIO CUJUSDAM ABSOLUCIONIS FACTE PER OFFICIALEM CORBEIENSEM PRO JOHANNE LE CANE, PETRO DE KAIS, BALDUYNO MATHAEI, MATHAEO JUMEL ET PRO NICASIO DICTO DU PUCH. »

Charles, etc..., Savoir faisons à tous présens et à venir, nous avoir veu les lettres desquelles la teneur s'en suit : Constitutis in judicio coram nobis, Officiali Corbeyensi, judice ordinario et competenti in hac parte, qui habemus potestatem et mandatum speciale a reverendo in Christo patre et domino, domino abbate monasterii sancti Petri Corbeyensis, ordinis sancti Benedicti, Ambianensis diocesis, ad Romanam ecclesiam nullo medio pertinentis, cognoscendi, determinandi et decidendi de criminibus et delictis ad forum, judicium et examen dicti reverendi patris, tam de jure quam de usu et consuetudine ac communi observanciâ patrie ac eciam privilegio speciali Romanorum pontificum hactenus habitorum noteriis, approbatis et legitime prescriptis, pertinentibus et competentibus, eademque crimina et delicta ac eorum perpetratores pugniendi, corrigendi et emendandi, promotore curie nostre et officii ejusdem actore seu denunciante in hac parte, et Johanne le Cane, PETRO DE KAIS, Balduino Mahieu, Matheo Jumel, et Nichasio dicto du Puch, clericis et prisoniariis nostris, reis seu delatis in causâ denunciacionis seu inquisicionis presenti, nostramque sentenciam deffinitivam ferri petentibus et requirentibus ex utrâque parte, de et super quod processu moto et pendenti coram nobis adversus dictos clericos, ex parte dicti promotoris ad causam dicti sui officii in quâ viâ inquisicionis seu denunciacionis processum exstitit quod fama deferentis dicti clerici et quilibet eorum conscii et culpabiles mortis et homicidiorum Balduini de le Rubarbe, mariti domine Marie de Norrem, ejusdemque domine Marie et Willelmi Tassoul, furtique magnarum pecuniarum seu florenorum existencium in bursâ et ad pectus dicti Balduini adversus eos et quemlibet eorum dictus promotor concluderet et contenderet quod de iis inquireremus veritatem et cum dignâ animadversione pugniremus contra ipsos et quemlibet eorum procederemus viâ juris, seque offeret probaturum que sufficere possent et deberent ad intentum juris ordine semper observato non restaret, nisi nostram proferre sentenciam jam concluso in negocio et vocatis qui fuerant evocandi et legitime eisdem absentibus nec comparentibus, sed pro conthumacibus reputatis, partibusque predictis ad jus et sentenciam nostram audiendam propter hoc personaliter in judicio comparentibus et diem facientibus ac acceptentibus, nostram sentenciam diffinitivam protulimus et eciam proferimus in hiis scriptis in hunc modum : Cum Nos Officialis Corbeyensis detineremus carceribus nostris clausis per longa tempora PETRUM DE KAIS, Johannem le Chane, Balduinum Mahieu, Matheum Jumel et Niclausium du Puch, clericos, prisionarios et justiciabiles nostros mancipatos super causis in articulis promotoris curie nostre ad causam sui officii et ex precepto nostro expresso coram nobis in judicio traditis, viso a nobis super hoc presenti processu facto et agitato, auctoritate nostrâ ordinariâ inter dictum promotorem curie nostre actorem ex unâ parte ad causam dicti sui officii et ex precepto nostro predicto expresso et dictos clericos reos ex alterâ, consideratis informacionibus sive inquestis debite factis super dictis articulis per nos diligenter visis et examinatis cum toto processu et cum omnibus aliis que nos tam de jure quam de facto movere possunt et debent, communicatoque nobiscum bonorum ac jurisperitorum consilio, in nomine Sancte et Individue Trinitatis, dictos

PETRUM DE KAIS, Johannem le Cane, Balduinum Mahieu, Matheum Jumel et Nichasium du Puch, clericos prisionarios nostros ab contentis in articulis dicti promotoris nostri per nostram sentenciam diffinitivam in hiis scriptis absolvimus et liberamus, promotori nostro super toto processu perpetuum silencium imponentes, dictosque clericos bone fame annunciantes et nostros carceres eis aperientes et abire permittentes, expensas tamen presentis processûs cum taxacione ipsarum penes nos omnino reservantes. In cujus rei testimonium, presentibus litteris sigillum curie nostre Corbeyensis duximus apponendum. Datum et actum anno Domini millesimo CCC° nonagesimo quarto, die lune post festum beatorum Genciani et Fusciani martirum. P. Soudant. Lesquelles lettres dessus transcriptes et tout le contenu en ycelles, en tant qu'il touche Mathieu Jumel, nommé en ycelles, et que elles ont esté deuement et justement faictes et passées en force de choses jugée, nous loons, gréons, ratifions et aprouvons, et de nostre grâce espécial et auctorité royal confermons par ces présentes, donnans en mandement au bailli de Vermendois, au prévost de Montdidier et à tous noz autres justiciers présens et à venir et à leurs lieuxtenans et à chacun d'eulx si comme à luy appartendra, que de nostre présente grâce et confirmacion facent, seuffrent et laissent joïr et user plainement et paisiblement ledit Mathieu Jumel, sanz le molester aucunement au contraire. Et pour ce que ce soit ferme chose à tousjours, nous avons fait mettre nostre seel à ces présentes, sauf nostre droit et l'autruy en toutes choses. Donné à Paris, au mois de septembre, l'an de grâce mil quatre cens et trois, et le XXIIIe de nostre règne.

Par le roy, à la relacion du conseil.

R. LE FÈVRE.

Archives Nationales : Registres du Trésor des Chartes, JJ, 158, non folioté, pièce numérotée VI^{xx} IX (129).

LXVI

(15 JANV. 1357). MONTRE DE JEAN DE CAIX, PASSÉE A POITIERS.

JE. DE CAIS escuier r. dd. g. ll. q et de l. q. l. l. q. de M. Je. Sire de Hangest, etc. à Poitiers 15 Jan. 1356 (v. st.) c. r. burellé, brisé d'une bande, charg. d'un escu à 1 aigle.
(JEHAN DE CAIS, escuier, reveue de .... M. Jehan, Sire de Hangest [lieutenant du Roy ès pais de Poitou et Xainctonge par deçà Charente] .... à Poitiers 15 Janvier 1356 (n. st. 1357). Porte : Burellé, brisé d'une bande chargée d'un écu à 1 aigle).

Bibl. Nat. : Collection CLAIRAMBAULT, *Titres scellés*, Tome II, fol. 114; intitulé : *Recueil d'Extraits de Tiltres scellés pour servir à l'Armorial de l'ancienne Noblesse, aux Généalogies et à l'Histoire.*

LXVII

(20 MARS 1357, N. ST.). QUITTANCE DE JEAN DE CAIX, APRÈS SA CAMPAGNE DE POITOU ET DE SAINTONGE.

Sachent tuit que je JEHAN DE CAYS, escuier, ai eu et receu de Jehan Chanuel, trésorier des guerres du Roy nostre seigneur, sur ce qui me peut estre deu pour les gages de moy et de 11 escuiers de ma compagnie, desservis en ces dernières guerres de Poitou et de Xanctonge par deçà la Charente, souz le gouvernement de Monseigneur de Hangest, nagaires lieutenant du dit seigneur ès dictes parties, vint et cinq livres quatre sous tournois, des quelles

xxv l. iiii s. t. Je me tiens pour bien paiez. Donné à Paris souz mon scel le xx jour de mars l'an mil ccc.lvi (v. st.).
 Bibl. Nat. Titres originaux, sceaux de Clairambault, vol. 24, n° 43, page 1727.

Sceau rond en cire rouge sur lac de parchemin. (Nous le reproduisons plus haut, p. 165). — Ce sceau a 20 millim. de diamètre. — Ecu burelé à la bande chargée d'un écusson portant une croix. Légende :

Seel Jehan de Kais.

M. Demay, qui a publié ce sceau dans son *Inventaire de la Collection Clairambault* (n° 1978), indique, avec un point d'interrogation, l'écusson sur la bande comme chargé d'un arbre.

Cet acte, bien que parfaitement lisible, a été indiqué à la marge, comme concernant la famille des Cars (voir notre texte, p. 82).

LXVIII

(27 octobre 1357). Montre des chevaliers et écuyers servant a Dreux, sous le sire de Franssures, parmi lesquels Jean de Caix.

La monstre de Monsieur Jehan, sire de Franssures, chevalier bachelier, quatre autres chevaliers bacheliers et xiiii escuiers receue à Dreux, le xxviie jour d'octobre l'an mil cccl sept.

Ledit sire de Franssures, cheval rouen fendu lab. de ii j. derrière. Cent l.

Messire Flament de Franssures, cheval gris pommelé
Cent l.

CXVIII

Messire Adam Douarsis, chev. gris	Cent l.
Messire Jehan de Denicourt, cheval bay fendu	LX l.
Messire Mahieu des Quesnes, cheval morel lab. devant. J. pie derrière blanc	L livres.
Mahieu de Franssures, cheval gris lab. de IIII jambes	L livres.
Gillot du Mesnil cheval bay est. fendu lab. de IIII jambes	xxv l.
JEHAN DE QUÈS, cheval gris	xxv l.
Hannequin de Lubesque, cheval roux gris est. au lonc	xxx l.
Thomes Héry, cheval fauve, e q. J. noir	xxv l.
Bequet du Bos, cheval hart, jambes grises	xxv l.
Tassart de Maucourt, cheval tout noir fandu	xxx l.
Jehan le Maire, cheval brun bay	xxv l.
Jacques d'Erselet, cheval roux gris jambes noir.	xxv l.
Guillaumet de Leschesnes, chev. noir	xxv l.
Baudenet du Mez, cheval bay, peu est.	xxv l.
Jehannin de Brouchy, cheval bay est.	xxv l.
Jehannin de Hourges, cheval brun bay, jambes noires	xxv l.
Jehan de Brueil, cheval fauve roye noire.	xxv l.

Bibl. Nat. CLAIRAMBAULT : *Titres scellés*, vol. 50, p. 3760. — Cette pièce a été publiée en partie dans le *Trésor Généalogique de la Picardie* par le Marquis DE BELLEVAL (Amiens, 1860, in-8). Tome II, Montres et quittances, n° 365.

La quittance correspondant à cette montre et qui se trouve au même volume (pièce 66) indique que cette compagnie de Franssures servait à Dreux et dans le Perche « soux le gouvernement de Monsieur Robert de Clermont, chevalier, mareschal de marine ordené pour aller esdictes parties... »

LXIX

(AVRIL 1361). LETTRE DE RÉMISSION POUR JEAN DE CAIX, DIT LE DANOIS, CHEVALIER.

Johannes etc. Notum facimus universis presentibus et futuris, quod prout humilis supplicatio pro parte dilecti nostri JOHANNIS DE CAIS, aliàs dicti LE DENOIS, militis, nobis nuper exhibita, continebat defunctus Symon de Beaupuiz, tempore quo gentes plane patrie contra regni nobiles insurrexerunt, se commoverent ac eciam sevierunt domum Johannis de Hemevillari tunc etatis nouem annorum vel circiter existentis fratrisque dicti supplicantis et domini Symonis memorati destruxisset et demoliisset vel destrui vel demoliri sine causâ fecisset; quamobrem cum dictus supplicans et dimidio anno citra vel circiter, existentibus secum Colardo de Campremy et Johanne Mercerii, dicto Lesage, in villâ de Hemevillari prefato Symoni, certâ die, circa horam tercie obiiasset dixitque eidem Symoni quando se adviserat de faciendo refici domum sui fratris predicti, quam demolierat vel ad aream redegerat ut prefertur, qui quidem Symon respondit quod ipse erat totus super hoc advisatus quod de hoc denarium non restitueret, cui dictus supplicans dixit quod immo restitueret et quod dictus frater suus semel haberet jus de ipso preffato Symone, dicto supplicanti multum arog(anter) iterum respondente et dicente quod supplicans ipse faceret super hoc de peiori quod posset et quod ipsum non timebat, super quibus orta fuerint verba contenciosa inter Symonem et supplicantem prefatos, quorum occasione supplicans ipse ex verbis, arroganciâ et elaccione dicti deffuncti Symonis hominis parvi status, taliter se contra dictum militem erigentis et contendentis, plurimum indignatus et concitatus ad iram nequiens tunc suum animum propter hoc refrenare, de quodam ense dictum defunctum Symonem uno ictu in tibia et altero in brachio verberavit, postque dictus deffunctus Symon viginti dies vel circiter ab hac luce migravit, licet Magister Petrus de Montigniaco ibidem Sirurgius juratus, qui dictum defunctum Symonem habuit in curâ vel regimine seu visitavit, testificetur et re verâ affirmet quod pocius per suam superbiam elacionem et suo iniquo regimine exigente quam aliàs expiravit; quare nobis fecit dictus miles, pro se ac aliis prenominatis cum ipso facto existentibus, ut prefertur, humiliter supplicari ut cum ipsi fuerint hactenus bone fame, vite laudabilis ac conversationis honeste, nec aliàs de quocumque crimine reprehensi, qui immo nobis in guerris nostris, diu et fideliter, in comitivâ dilecti et fidelis militis nostri Radulphi de Rainevalle in pluribus locis servivierunt, volumus super hoc misericorditer agere cum eisdem. Nos igitur, hiis attentis, eisdem supplicanti dictisque Colardo et Johanni qui dicto facto interfuerunt, ut prefertur, ac eorum cuilibet factum predictum ac omnem penam corporalem, criminalem et civilem quas ob hoc incurrere potuerunt in casu predicto, Remittimus, quittamus et penitùs indulgemus ipsos ac quemlibet ipsorum, ad famam, patriam et ad bona non confiscata restituentes ad plenum, de nostris auctoritate et plenitudine potestatis ac de gratiâ speciali, satisfacto tamen parti; super premissis volumus tamen quod dicti supplicans Colardus et Johannes ob hoc, intra castrum nostrum Montisdesiderii per unum mensem teneant prisionem. Quocirca Baillivio Viromendensi ceterisque justiciariis Regni nostri vel eorum loca tenentibus, presentibus et futuris et cuilibet ipsorum, damus serie presencium in mandatis quatinus prefatos supplicantes, Colardum et Johannem et eorum quemlibet nostrâ presenti gratiâ uti pacifice faciant et gaudere, ipsos aut eorum alterum in corpore sive bonis nullatenùs molestando vel molestari seu inquietari quomodolibet permittendo, quicquid in contra-

rium factum vel attemptatum repererint ad statum pristinum et debitum reducendo reduci vel celeriter faciendo, et si bona ipsorum capta propter hoc arrestatave fuerunt vel saisita, eadem sibi tradant et deliberent, tradive et restitui faciant indilate. Quod ut roboris perpetui stabilitate firmetur, litteris presentibus nostrum fecimus apponi sigillum, salvo in aliis jure nostro et in omnibus alieno. Datum Parisius anno Domini millesimo trecentesimo sexagesimo primo. Mense aprilis.
   In Requestis Hospicii,
      G. DE MONTAGU.

Archives Nationales. Registres du Trésor des Chartes, JJ. 89, f° 267, pièce n° 583.

LXX

(12 MAI 1364). MONTRE DE JEAN DE CAIX, DIT LE DANOIS, CHEVALIER, POUR LE SACRE DE CHARLES V.

JE. DE CAIS, dit DANOIS, chevalier, r. de Chrestien du Cange, &ᵃ ll. q. 2 chevaliers et 6 escuiers, &ᵃ comme dessus.

9. 126. B. à Amiens, 12 may 1364. Por. burelé de 10 p. brisé d'une cotice et 1 fr. qtier à 1 croix ou quartefeuille.

(JEHAN DE CAIS dit LE DANOIS, chevalier, reveue de Chrestien du Cange (pour le recouvrement de l'aide octroyée au diocèse d'Amiens ?) ll. q. 2 chevaliers et 6 escuiers, &ᵃ [comme dessus] desservis et à desservir pour aller au sacre du Roy. 126 B. à Amiens, 12 mai 1364. Porte : Burelé de 10 pièces, brisé d'une cotice et 1 franc quartier à 1 croix ou quartefeuille.)

Bibl. Nat. : Coll. CLAIRAMBAULT, *Titres scellés*, Tome 2, fol. 90, intitulé : *Recueil d'Extraits de Tiltres scellez pour servir à l'Armorial de l'ancienne noblesse, aux Généalogies et à l'Histoire.*
Cette pièce a été mentionnée également par D. Grenier (Voir plus haut, p. LXXXVIII).

LXXI

(12 MAI 1364.) QUITTANCE DE JEAN DE CAIX, LE DANOIS, CHEVALIER, DES GAGES DE SA COMPAGNIE, COMMANDÉE POUR LE SACRE DU ROI CHARLES V.

Saicent tout que je JEHAN DE CAIS, dit DANOIS, chevalier, congnois avoir eu et reçeu de Crestien du Cange, Receveur ordinaire ès deniers de l'aide octroyé au Roy nostre Seigneur pour la deffence du Royaume, la somme de six vins six livres tournois qui sont au par (isis), et XVI s. valent à XXIII s. parisis de ..... CXII frans ..... à moy baillié en prest sur les gaiges de moy, deux chevaliers et VI escuiers de me compaignie pour XXI jours en allant à Sacie..... sous le gouvernement de Monseigneur de Créquy, cappitaine de IIII^{xx} hommes d'armes meues dudit.... audit

Sacie, des quels vi^{xx}vi l. tournois ie me tieng pour bien paié et en quitte le Roy nostre Seigneur, le dit Receveur (et) tous autres à qui puet et appartient. En tesmoing de ce, j'ay scellé ces lettres de mon propre seel. Donné à Amiens le xiie jour de may l'an M.CCCLXIIII.

(Le sceau manque).

Bibl. Nat. : Titres originaux; Sceaux de CLAIRAMBAULT, Vol. 24, n° 44, p. 1727.

Bien que le nom de Jean « de Cais » soit absolument lisible, cet acte, comme un autre du même volume concernant le même personnage, a été indiqué à la marge comme concernant la famille des Cars. (Voir plus haut, p. 82.)

LXXII

(12 MAI 1364). « ROLLE DES MONTRES FAITES EN LA VILLE D'AMIENS DES GENS D'ARMES ESTANT SOUS LE GOUVERNEMENT DE REGNAULT, SIRES D'AUBIGNY, CHEVALIER, CAPITAINE DE QUATRE VINGT HOMMES D'ARMES ORDONNÉS AU SACRE DU ROY, LE XII MAY MCCCLXIV. »

(La première de ces montres est celle de Regnaut d'Aubigny, six chevaliers bacheliers et douze écuyers; la deuxième celle de Baudoin de Rubempré, sire d'Authie, et cinq écuiers; la troisième est ainsi libellée) :

M. JEHAN DE KAIS, dit LE DANOIS, chevalier, avec luy deux chevaliers et six escuyers.

Chevaliers :
Me de Sarnois.
Me JEHAN DE KAIS.

Escuyers :
Rabache de Hamel.
Thumas de Bertamecourt.

CXXIV

JEAN DE HEMEVILLER.
Fronsart de Hamel.
Musart de Bailloeil.
Regnault d'Ansseauvillers.

Suivent les autres montres de Mailly, de Soyecourt, etc.
D. Grenier : *Coll. de Picardie*, T. 33, p. 214 et suivantes.

A la fin de cette copie, la source est indiquée en ces termes : « Catal. hist. ms. de Ducange, Bibl. du Roy. » — Dans la même collection de D. Grenier (T. 56, p. 3), la même montre se trouve mentionnée de la manière suivante :

« Jean de Kais, dit le Danois, chevalier, fait montre à Amiens avec deux chevaliers et 6 escuiers, étant sous le gouvernement de Regnaut, sire d'Aubigny, chev. capitaine de 80 hommes d'armes ordonnés au sacre du roi, le 12 May 1364.

« M. Jean de Kais, cheval. le 2e des chevaliers. »

LXXIII

(11 AVRIL 1361). MENTION DE D. VILLEVIEILLE CONCERNANT JEAN DE CAIX LE DANOIS.

« Monseig^r JEHAN DE CAIS, chevalier, avoit des possessions vers la tuillerie de Bove auxquelles joignoient les terres que Jean d'Erchu, écuyer, demeurant à Demuin donna en douaire à damoiselle Emeline, sa femme, au lieu de celuy qu'elle avoit sur un fief de l'abbaye du Paraclet assis à Noiry qu'il avoit vendu, le 11e avril 1361.

Arch. de l'abb. du Paraclet, à Amiens. »

Bibliothèque Nationale : Trésor généalogique de D. Villevieille. Verbo Caix.

LXXIV

(21 MARS 1408). ACTE MENTIONNANT JEAN DE CAIX LE DANOIS, SA VEUVE JEANNE DE VÉ ET SA FILLE MARIE DE CAIX, MARIÉE A GILLES DU HAMEL.

« Noble homme Monseig^r Gilles de Hamel, chevalier, seigneur de Bellenglise en la prévôté de Saint-Quentin, y demeurant, et noble Dame Madame MARIE DE CAIS, sa femme, et nobles personnes Jean de Tilloy, écuyer, avec Madame Jeanne de Vé, sa femme, dame de Namp-au-Val, veuve de Monseigneur LE DANOIS DE CAIS, chevalier, demeurant à Fescamp, vendirent à Hue d'Aut, bourgeois d'Amiens, un fief de l'abbaye de Corbie assis à Wiencourt-en-Santerre, le 21e mars 1408.
Arch. de l'abb. de Corbie, Reg. FRANCISCUS, fol. 141 v°. »

Bibliothèque Nationale : Trésor Généalogique de D. VILLE-VIEILLE. Verbo CAIX.

LXXV

(XIVe ET XVe SIÈCLES). EXTRAITS DES CARTULAIRES DE L'ABBAYE DE CORBIE CONCERNANT LE FIEF DE WIENCOURT-EN-SANTERRE, AYANT APPARTENU A JEAN DE CAIX LE DANOIS ET A SA FILLE MARIE, FEMME DE GILLES DU HAMEL.

« Notice de 3 fiefs à Wiencourt avant leur réunion au domaine de l'abbaye par l'acquisition faite le 5 janvier 1459.

Registres :

Stix, f° 2. Le 9 juin 1325. Relief fait par G^{me} DECAIX[1] écuyer.

Idem, f° 7. Le 5 août 1325. Relief de Guill^{me} de Moliens d'un fief tenu en paierie.

Idem, f° 34 v°. Le 6 décembre 1340. Relief de Jeanne de Moliens et S. de Fléchin, son époux.

Franciscus, f° 53. Le 24 juillet 1394. Relief de Gilles du Hamel et D^{elle} DECAIX, son épouse.

Idem, f° 141 v°. Le 21 mars 1408. Saisine donnée à Hue Daut sur vente de Gilles Duhamel et MARIE DECAIX.

Hugo, f° 11. Le 25 octobre 1411. Relief de Guillemette Demay, veuve de Hue Daoust de 2 fiefs, l'un d'A^{ne} Haveskerque, l'autre de Gilles Duhamel.

Ransonnius, 56 v°. Le 28 janvier 1456. Saisine sur donation par Pierre à Hue Daoust des d. 2 fiefs.

« Extrait des Cartulaires Esdras, f° 139 et Ransonnius, fol. 46.

Le 5 Janvier 1459.

(En marge :) Acquisition par l'abbaye de 3 fiefs à Viencourt, Fontaines, DANOIS DECAIX (sic) et 49 journaux.

Vente faitte par Pierre Daoust et Hugues Daoust son fils, au profit de l'abbaye de Corbie « de 3 fiefs et noble
« tenement situés et assis en lad. ville de Wiencourt et en
« terroir d'ycelle et qui font la principalle seigneurie de
« leditte ville, tenus desd. religieux en plein hommage
« nuement et sans moyen, à cause de leur comté de Corbie ;
« l'un d'yceulx en paierie nommé le fief de Fontaines, qui
« fut jadis à feu Me Antoine de Haveske ;
« Le 2e nommé le fief du DANOIS DECAIX (sic) pièçà
« (depuis peu) de lui acquesté par ledit Hue, qui s'étendent

---

[1] Erreur pour Dreux de Caix.

« en la plus grande partie de Wiencourt, meisment ou
« chef lieu seigneurial d'icellui fief de Fontaines et plusieurs
« cens et rentes d'argent comme de chapons, justice,
« seigneurie, prés, jardin, terres aux champs, terrages,
« camparts, cariages, corvées et aultres baux droits.

« Et le tiers (fief) tenu en pareil hommage qui s'estend
« en 49 j^x de terre ou environ, situé au dit terroir en
« 2 pièces, l'un contenant 32 j^x ou environ séant au lieu que
« on dist le Perroy, et l'autre pièce contenant 16 j^x et vingt
« verges ou environ, séant au lieu que on dist les Ruelles
« jadis éclisées (éclipsées) du fief de deffunt M^e l'Esgle de
« Vadencourt et qui furent achetés de lui au proffit du d.
« P. d'Août. »

LEMOINE : *Inventaire des Titres de l'abb. de Corbie.*
Bibliothèque Nationale : Fonds Français, n° 8797, fol.
301, 302.

LXXVI

(16 DÉCEMB. 1369). MONTRE DE TRISTAN DE ROYE, SOUS LEQUEL JEAN DE CAIX SERT COMME CHEVALIER.

La Monstre Messire Tristran de Roye chevalier, d'un autre chevalier bacheliers et de quatorze escuiers avec luy, de la compagnie Monseigneur le Galoys d'Aunoy. Sous le Gouvernement Yves de Gales, général capitaine pour le Roy nostre Seigneur ordonné pour ce présent passage de la mer. Reçeue à Saint Romain le xvie jour de décembre l'an mil CCC.LXIX.

Ledit Messire Tristran, cheval bay.
Messire JEHAN DE CAYS, cheval brun bay.
Morel de Halevin, cheval bay.

Morelet d'Achiches, cheval bay.
Jacquemin d'Achiches, cheval bay gris.
Jehan de Linières, cheval noir.
Huart d'Ablay, cheval noir.
Jehan de la Ruelle, cheval noir.
Henekin de Mariembourc, cheval noir.
Henriet de l'Eglise, cheval noir.
Cordelier Poulet, cheval noir.
Colin Robelainne, cheval faue.
Jehan de Villemer, cheval noir.
Jehan de Vaudessart, cheval gris faue.
Guillaume le Bastart, cheval bay.
Jehan de Hallevin.

CLAIRAMBAULT : *Titres scellés,* T. 99, pièce 51, fol. 7684.

LXXVII

(11 JUIN 1374). LETTRE DE RÉMISSION POUR JEHAN DE CAIX, CHEVALIER, SEIGNEUR DE DANCOURT.

« Charles, etc. Savoir, etc. Nous avoir receue humble supplication de JEHAN DE QUAIS, chevalier, seigneur de Dancourt, contenant Que comme environ neuf ans a, ledit suppliant eust une sienne sueur nommée DRIENE DE QUAIS femme de Wallet Estribot, escuier, laquel DRENE avoit une fille nommée Mahaut de la Cauchée, niepce dudit suppliant, ladite fille fu ostée du gouvernement de la dite DRENE sa mère pour ce qu'elle ne s'estoit pas bien portée et s'estoit marié deux fois contre le gré et voulenté de ses amis, et ycelle fille bailliée audit suppliant par les amis d'elle. Néantmoins ledit Wallet Estribot et ladicte

DRENE sa femme, de leur voulenté désordenée, alèrent en l'ostel là où demouroit lors le dit suppliant, ouquel hostel ils prinstrent la niepce du dit suppliant et l'emportèrent là où il leur plut. Et pour ce incontinent le dit suppliant à qui ce vint à congnoissance, meu d'amour naturel et acompaignez de pluseurs de ses amis et complices, ala en la ville de Dammery-lez-Roie en Vermendois, c'est assavoir

en la maison du curé d'icelle où on lui avoit (dit) que yceulx Estribot et DRENE estoient, et là trouva un homme qui se doubtoit de guerre d'aucuns faus malveillans, lequel homme sitost que il senti ou oy la fiames dudit suppliant et de ses dis amis ou complices, s'en fuy hors de la dite maison et s'en ala mettre ou moustier; et le dit suppliant et ses dis amis ou complices, véans que le dit homme s'en fuioit ainsi droit au dit moustier, pensans que ce feust le dit Wallet, le sievirent jusques dedens le dit moustier ou quel le dit suppliant le fery sur la teste du pommeau d'une espée jusques à effusion de sanc. Et après ce fait, le dit suppliant, ses dis amis et complices, pour ce (qu') il n'auoient pas trouué le dit Wallet, ainçois avoient trouvé le dit homme comme dit est, alèrent en l'ostel Pierre de le Court en la dite ville de Dammery, et illec trouvèrent le dit Wallet et sa dite femme, lequel Wallet ilz batirent et navrèrent jusques à grant effusion de sanc, sans méhaing, et aussi la dite femme ot pluseurs buffes pour la prise de la dite niepce du dit suppliant; pour lequel fait les dis amis et complices du dit suppliant furent poursuis en la court de l'église à Amiens, par telle manière que il en furent mis en pluseurs sentences d'escommunicacions, dont ilz ont esté moult gienéz et dommagés, et avecques ce ont esté en procès par l'espace de deux ans ou environ, et encore sont pour le fait dessus dit, pardevant nostre bailli de Vermendois ou son lieutenant en ses assises à Roye, et oultre tous les héritaiges que les dits suppliant a ou dit Bailliage sont aussi en nostre main pour le fait dessus dit, deux ans a ou environ des quelz il ne peut joir; et pour ce est en avanture d'estre desert et essillié, se par nous ne lui est sur ce pourveu de nostre grâce. En nous humblement suppliant que comme lui et ses dis amis ou complices nous aient bien et loyaument servi en nos guerres, où il ont fraié et despendu grandement du leur; et aussi que des fais dessus dis il ont fait sattisfaction à partie, et de tous temps aient est(é) gens de bonne vie et renommée sans estre diffamez d'aucun autre villain blasme, nous leur weillons sur ce impartir nostre grâce. Nous ces considérans, voulans grâce estre préférée à rigueur, mesmément que ès dis fais n'a mort, mehaing ou mutilacion, A icellui JEHAN DE QUAIS et à ses dis amis ou complices ou cas dessus dit, avons remis, quittié et pardonné et par la teneur de ces présentes de nostre certaine science et grâce espécial, remettons, quittons et pardonnons les fais dessus déclairiez avec toute paine, amende et offense corporelle, criminele, civile que pour cause de ce, du port d'armes que il firent et aussi que on leur pourroit imposer avoir fait guerre en enfraingnant nos ordenances Royaux par les quelles aucuns de nos subgets ne peut, et par especial durans nos guerres, ilz pourroient encourir envers nous, Et à leur bonne fame, renommée au pais, à leurs biens et heritaiges les remettons et restituons, En imposant silence perpetuel à nostre procureur sur ce. Si donnons en mandement à nostre bailli de Vermendois, et à tous les autres justiciers et officiers de nostre Royaume, ou à leurs lieuxtenans présens et avenir et à chascun d'eulx si comme à lui appartiendra, que de nostre dicte grâce et remission facent, seuffrent et laissent joïr et user paisiblement le dit DE QUAIS et ses dis amis ou complices, sans les contraindre, molester ou contraindre ne souffrir estre molestez ou contrains, au contraire ou corps ou en biens, ores ne pour le temps avenir. Et que ce soit ferme chose et estable à tousiours, nous avons fait mettre nostre scel à ces lettres. Sauf en autres choses nostre droit et l'autrui en toutes. Donné à Compiègne, l'an de grâce mil CCCXXLIIII. Et de nostre règne le xj^e, ou mois de Juing.

« Par le Roy en ses Requestes.

L. BLANCHET.

Archives Nationales : Registres du Trésor des Chartes, JJ, vol. 105, pièce 530, fol. 267.

LXXVIII

(AN. 1373). EXTRAIT DU DÉNOMBREMENT DU COMTÉ DE CLERMONT-EN-BEAUVAISIS, CONCERNANT JEAN DE CAIX, CHEVALIER, SEIGNEUR DE DANCOURT ET DE WADIVOYE EN PARTIE.

Messire JEHAN DE KAIS, chevalier, tient dudit Hideux (Pierre de Noyntel, dit Hideux) le moitié du fief de Wandivoye, contenant 7 muys et demy et 7 septiers de vin que on li doit sur plusieurs vignes et aulnoiz. Item IX solz 3 deniers de cenz à le St Remi et mine et demie d'avoine et un cappon au Noël et tout sur la tenure (?) avec justice et seigneurie.

D^{lle} Ysabel de Soisy tient dudit Hideux le moitié du fief de Wadivoye contenant. . . . . et partist contre led. Mre JEHAN DE KAIS, chevalier, à moitié par tout en ce qui est déclairié en son dénumbrement et en justice et ségnorie. »

Bibliothèque Nationale : Fonds Français, 20082, fol. 515.

Les armoiries de JEAN DE CAIX, peintes audit dénombrement, sont ainsi décrites dans D. GRENIER, T. 54 (fol. 53-96), extrait de la main de D. CAFFIAUX :

« D'hermines à la bande en arc de gueules chargée de trois besants d'or. »

De Soisy : « D'argent, à l'écu de gueules, surmonté de 3 merlettes de sable. »

Cfr. aussi l'ouvrage publié sur ce Dénombrement par le Comte DE LUÇAY (p. 277), et PIERRE LOUVET : *Anciennes Remarques sur la Noblesse beauvoisine,* et plus haut, notre texte, p. 164-165.

LXXIX

(1ᵉʳ MARS 1375). MONTRE DE LA COMPAGNIE DE JEAN, SEIGNEUR DE HANGEST, ET QUITTANCE DES GAGES DES CHEVALIERS ET ÉCUYERS SERVANT SOUS SES ORDRES, PARMI LESQUELS JEAN DE CAIX.

La monstre de Monseigneur Jehan, seigneur de Hangest, chevalier bachelier, et de six autres chevaliers bacheliers et de dix escuiers de sa Compaignie receuz à Rains le premier jour de mars l'an mil CCCLXXV soubz le gouvernement de Monseigneur le Maréchal de Sancerre.

Premier, ledit Messire Jehan, seigneur de Hangest
Messire Mouton, sire de Mauconvilliers
Messire Aubert de Hangest
Messire Mahius de Fransures
Messire Jehan de Bétisy
Messire JEHAN DE QUAYS
Messire Charles de Hangest

Jehan de Nourry
Florant Gilebout
Le bastart de Hamel
Jehan de Lessu
Cordellier Pouillet
Jehan de Nantueil
Jaques de Monny
Brunet d'Ay
Pierre Noël
Colin de Fontaines

J. Delions (avec paraphe).

CLAIRAMBAULT : *Titres scellés,* T. 57, fol. 4352, n° 84.

A la page 4355 du même volume, sous le numéro 92, se trouve la quittance concernant cette montre, quittance ainsi conçue :

Sachent tuit que Nous Jehan, seigneur de Hangest, chevalier, confessons avoir eu et receu de sire Jacques Renart, trésorier des guerres du Roy nostre seigneur, la somme de trois cens soixante livres tournois frans d'or pour xx s. t. pièce, en prest sur les gaiges de nous, chevalier bachelier, de six autres chevaliers bacheliers et de dix escuiers de nostre chambre, desservis et à desservir en ces présentes guerres ou pais de Champaigne, encontre certaines et plusieurs compaignies qui naguères sont venues devers les marches d'Alemaigne, soubz le gouvernement de Messire Loys de Sancerre, mareschal de France. De laquelle somme de III^c LX. l. t. dessus dicte, nous nous tenons à bien content et paié. Donné à Reins, soubz nostre scel, le premier jour de mars, l'an mil CCCLX et quinze.

(Scellé en cire rouge sur simple queue.)

LXXX

(1er MAI 1376). MONTRE DE LA COMPAGNIE DE ROBERT DE BÉTHUNE, VICOMTE DE MEAUX, ET QUITTANCE DE GAGES DES CHEVALIERS ET ÉCUYERS SERVANT SOUS SES ORDRES, PARMI LESQUELS JEAN DE CAIX.

La Reveue de Messire Robert de Bétune et vicomte de Meaux, chevalier banneret, de quatre autres chevaliers bacheliers et de dix escuiers de sa Chambre reçeus à Vienne le premier jour de may l'an mil CCCLX. et seize.

Premièrement :

Ledit Messire Robert de Bétune
Messire Charles de Hangest
Messire Mahieu de Fransures
Messire JEHAN DE QUAYS
Messire Jehan de Loques
Pietre de Son
Jehan Bonuel

Philippot de la Tournel
Jehan de Nouvry
Florent Gilobout
Le bastart de Hamel
Jehan de Lessu
Cordillier Pouillet
Jehan de Nantueil
Jacques de Monny

CLAIRAMBAULT : *Titres scellés*, vol. 14, pièce 100, fol. 916 verso.

A la page suivante (917 verso) du même volume, se trouve (sous le n° 102) la quittance concernant cette montre :

Sachent tuit que nous, Robert de Bétune, vicomte de Meaux, chevalier, confessons avoir eu et reçeu de sire Jaques Renart, trésorier des guerres du Roy notre seigneur, la somme de deux cens vint livres tournois, franc d'or, pour xx s. t. pièce en prest sur les gaiges de nous, chevalier baneret, de quatre autres chevaliers bacheliers et de dix escuiers de nostre Chambre, desservis et à desservir en ces présentes guerres, en la compengnie et soubz le gouvernement de Monseigneur de Coucy, contre certaines routes de gens d'armes qui par manière de compaignies, estoient venus ou Royaume des parties d'Alemaigne. De laquelle somme de IIe.xx l. t. dessus dicte nous nous tenons à bien content et paié. Donné à Vienne soubz notre scel, le second jour de may l'an mil ccclxxvi.

(Scellé en cire rouge sur simple queue).

LXXXI

(1er SEPTEMBRE 1380). MONTRE DE LA COMPAGNIE DE REGNAULT, SEIGNEUR DE DOMMART, ET QUITTANCE DE GAGES DES CHEVALIERS ET ÉCUYERS SERVANT SOUS SES ORDRES, PARMI LESQUELS JEAN DE CAIX.

La Reveue de Messire Regnault, seigneur de Dommart, chevalier, un autre chevalier et six escuiers de sa compaignie reveuz à Corbeil le premier jour de septembre l'an MCCC.IIII^{xx}.

Ledit Messire Regnault
Messire JEHAN DE CAIS
Robert de Hangart.
Guyot des Près

Jacob de Vaux
Lyonneau Malet
Onoret de Hamelet
Jehan Boillant (ou Vaillant)

CLAIRAMBAULT : *Titres scellés*, T. 41, pièce 45, fol. 3048.

— Cette pièce a été publiée dans le *Trésor Généalogique de la Picardie* (par le Mis de Belleval) (Amiens, 1860, in-8) Tome II, Montres et Quittances, n° 296.

Une quittance du même volume, numérotée pièce 59, page 3049, et datée à Hesdin du 20 juillet 1380, indique que Regnault de Domart et sa compagnie servaient « ou pais de Picardie, soubz le gouvernement de Monseigneur de Coucy. »

Nous trouvons, du reste, un peu plus loin (pièce 51, fol. 305, du même volume), la quittance qui se rapporte à la montre ci-dessus :

Sachent tuit que nous Regnault, sire de Domar, chevalier, confessons avoir eu et receu de Jehan le Flament, trésorier des guerres du Roy nostre Seigneur, la somme de cent et cinquante frans d'or, en prest sur les gaiges de nous, un autre chevalier et six escuiers de nostre compaignie desservis et à desservir es présentes guerres du Roy nostre dit seigneur en la compaignie de Monsseigneur de Coucy, et soubz le gouvernement de Monsieur le duc de Bourgoingne à la poursuite des Anglais. De laquelle somme de cl frans d'or dessus dicte, nous nous tenons pour content et bien paié. Donné à Galardon soubz nostre scel le ve jour de septembre l'an mil CCCIIII^{xx}.

Scellé en cire rouge sur simple queue d'un sceau rond de 22 mill. — Ecu au chevron accompagné de trois oiseaux, (trois corbeaux ?) les deux en chef affrontés.

LXXXII

(28 juillet 1391). Montre des écuyers servant sous les ordres de Jean Gouffier, parmi lesquels Jean de Caix.

La Montre de Jehan Gouffier, escuier, et treze escuiers

de sa Compaignie, veus au Mans le xxviiie de juillet IIII^{xx} et onze.

P°

Ledit Jehan Gouffier	Jehan de la Touraie
Robin de Prez	Jehan de Marolles
Robinet de Marconville	Gilles de Bruères
Robinet de Gaudonvilliers	Huet de Villepertui
Jehan Sepiau	Guiot de Meridon (ou Me-
JEHAN DES QUÈS	zidon ?)
Colas le Fournier	Guillot de Contre (?) La-
Robinet de Bautevies	vier (?)

CLAIRAMBAULT : *Titres scellés*, T. 54, pièce 72, fol. 4098.

LXXXIII

(SEPTEMBRE 1328). EXTRAIT DU REGISTRE AUX ACTES DE FOI ET HOMMAGE DU COMTÉ DE CORBIE, COMMENÇANT EN L'AN 1325 ET FINISSANT EN L'AN 1370, CONCERNANT YSABEAU DE SAINS, VEUVE DE RAOUL DE CAIX, ET SES ENFANTS.

Demiselle Ysabiaus de Sains, jadis fame RAOUL DE CAIS, maires d'Aubegny, a fait le serment de la Mairie d'Aubegny, pour luy et pour ses enfans, comme tuteurs d'ychiaus, pour tant qu'il touque à cascun. Présens : Monseigneur de Corbie, Ansaut d'Oisemont, baill. Jehan de Buissi, dam Thumas de Fayel, Honneret de Guenemont, Henri de Recourt. Le juesdi après la St Mahieu l'an XXVIII (1328).

Archives du Département de la Somme. — Corbie : *Cartulaire* STIX, fol. 16 verso.

Le même acte est ainsi inventorié, par LEMOINE, à l'année 1329 :

CXXXVIII

(En marge :) Mairie d'Aubigny. — Serment de fidélité fait par Damoiselle Isabeau Dessains *(sic)*, veuve de RAOUL DE CAIX, maire d'Aubigny, tant en son nom qu'à celui de ses enfans, de la mairie d'Aubigny.

LEMOINE : *Inventaire des Titres de Corbie;* tome IV : *Manse conventuelle.* — *Bibl. Nationale. Fonds Français,* 8796, p. 13.

LXXXIV

(9 AVRIL 1348). EXTRAIT DES ARCHIVES DU PARACLET CONCERNANT RAOUL DE CAIX. (COTE DE D. VILLEVIEILLE).

Miquiel le Quesne, bailly du Chapitre d'Amiens, et RAOUL DE KAIS, arbitres élus par les parties, rendirent jugement sur un différent que ledit Chapitre avoit avec noble homme Monseigneur Flourent de Fouencamps, chevalier, dès le temps qu'il n'étoit encore qu'écuyer, touchant la justice et seigneurie d'un chemin avec les héritages avoisinant iceluy entre Costenchy et le Paraclet, le 9ᵉ avril 1348.

Archives de l'Abbaye du Paraclet, dans D. VILLEVIEILLE : *Trésor Généalogique,* Vº FOUENCAMP et CAIX.

Le seigneur de Fouencamp appartenait à la maison de Boves-Coucy. Le second fils de Robert I de Boves, frère cadet d'Enguerran II de Coucy et tige de la branche des seigneurs de Boves, eut en partage la seigneurie de Fouencamp.

LXXXV

(19 JUILLET 1380). MONTRE D'UNE COMPAGNIE DE GENS D'ARMES SOUS LE COMMANDEMENT DU SIRE DE COUCY. — PARMI LES ÉCUYERS : BIDAUT ET BIDALLET DE CAIX.

La Reveue de Mess. Enguerrant, sire de Coucy, comte de Soyssons, chevalier banneret, capitaine et chief de certain nombre de gens d'armes, deux autres chevaliers bacheliers, et quarante et troiz escuiers de son hostel et compagnie, reveuz à Hedin le XIXe jour de Juillet, l'an M.CCC quatre vins.

Les. Mess. Enguerrant, banneret
Mess. Gilles, sire de Belletes
Mess. Jehan de Clermont

Escuiers

BIDAUT DE CAIZ
Jehan de Humont
BIDALLET DE CAIZ
Jehan d'Agnies
Ponsselet le Galois
Le bastart de Coucy
Henry Cretet
Boyleaue de Burelles
Jehan Gourne
Rassequin le Behaignon
Rasse de Luycourt
Henry de Wares
Jehan Stonebonne
Jaquemart Willoys
Jehan de Bellevane
Jehan le Roy
Symon de Noumaisier

Bienin (?) de Villebon
Robinet Le Tirant
Jehan d'Auxeulles (ou d'Ancoulles)
Jehan de Belleforière
Robeton de Brivênes
Jehan Panescoste
Raoulin Poiré
Bonifface de Moréz
Hanequin du Four
Jehannin le Moine
Guesdon de Foissat
Jehan de Basse
Anceau le Boustellier
Jehan Charlet
Henry de Waledo
Guyot de Cambray

Jehan Gorin	Thomé Normant
Guillaume Busse	Hutin d'Ausseville
Jehan de Beusselles	Jehan d'Ausseville
Jehan Larchier	ceux (p^r queux)
Philippe Chaurpin	trompete et
Choquin Bonin	mareschal

ceux (p^r queux) trompete et mareschal } pour une paie.

Bibl. Nat. Cabinet des Titres : CLAIRAMBAULT, *Titres scellés*, vol. 35. — Cette Montre a déjà été publiée en partie par le Marquis DE BELLEVAL : *Trésor généal. de la Picardie*, (Amiens, in-8°, 1860), Tome II, Montres et Quittances, n° 236.

Au folio 2621 (pièce 82) du même volume 35 de CLAIRAMBAULT, se trouve la lettre d'envoi de cette montre, ainsi conçue :

Les mareschaux de France. A notre amé Jehan le Flament, Trésorier des guerres, ou à son lieutenant, salut. Nous vous envoions enclos souz nostre scel commun de la mareschaucie, la Reveue de Monsieur Enguerrain, sire de Coucy, comte de Soissons, chevalier banneret, capitaine et chief de certain nombre de gens d'armes, deux autres chevaliers bacheliers et quarante et trois escuiers de son hostel et compaignie, lesquieulx il nous a envoié par escript sous son séel et nous a certiffié yceulx avoir reveus le XIXe jour de juillet l'an m.ccc quatre vins et promis par son serment yceulx faire servir le Roy nostre seigneur en ces présentes guerres, sous son gouvernement. Sy vous mandons que audit Messire Enguerrain, des gages de luy et des autres contenuz en ladicte Reveue, vous faciez prest, compte et paiement en la manière qu'il appartendra. Donné audit lieu, l'an et le jour dessus diz.

Sceau en cire rouge sur simple queue.

LXXXVI

(1ᵉʳ AOUT 1380). MONTRE D'UNE COMPAGNIE SOUS LE COMMANDEMENT DU SIRE DE COUCY. — PARMI LES ÉCUYERS : BIDAUT ET BIDALLET DE CAIX.

La Reveue de Messire Enguerrant, sire de Coucy, comte de Soyssons, chevalier banneret, deux autres chevaliers bacheliers et quarante et trois escuiers de son hostel et compagnie, les quieulx il a Reveus, et a nous envoiés par escript, souz son scel, le premier jour d'aoust l'an mccc quatre vins.

Ledit messire Enguerrant banneret.
Messire Gille, sire de Bellette
Messire Jehan de Clermont
BIDAUT DE CAIS
Jehan de Humont
BIDALLET DE CAIS
Jehan d'Agnies
Ponsselet le Galois
le Bastart de Coucy
Henry Cretet
Boilleaue de Burelles
Jehan Gourne
Rassequin le Behaignon
Rasse de Luycourt
Henry des Wares
Jehan Stonebone
Jacquemart Willay
Jehan de Bellenave
Jehan le Roy
Symon de Noirmaisier
Brevin de Villebeu
Robinet le Tirant
Jehan d'Aucuenlles (?)
Jehan de Belleforière
Robesson de Bruières
Jehan Pantecoste
Raoulin Poiré
Bonifface de Mares
Hanequin du Four
Jehan le Moine
Guesdon de Foissat (ou Foissac)
Jehan de Bassy (ou Vassy)
Anseau le Boutellier
Jehan Charlet
Henry de Warledon
Guiot de Cambray
Jehan Gerin
Guillaume Buée
Jehan de Buicelles
Jehan Larchier

Philippe Charupin	Jehan d'Ausseville	
Claiquin Bonne	ceux (p' queux)	pour une
Thomé Normant	trompete	paie
Hutin d'Ausseville	et mareschal	

Biblioth. Nat. CLAIRAMBAULT : *Titres scellés,* Tome 35, fol. 2620.

LXXXVII

(1er SEPTEMB. 1380). MONTRE D'UNE COMPAGNIE SOUS LE COMMANDEMENT DU SIRE DE COUCY. — PARMI LES ÉCUYERS : BIDAUT ET BIDALLET DE CAIX.

La Reveue de Messire Enguerrain, sire de Coucy, conte de Soyssons, chevalier banneret, troys autres chevaliers bacheliers et quarente trois escuiers de son hostel et Compagnie, reveuz à Corbeil le premier jour de septembre l'an mil CCCIIII^{xx}.

Le dit Messire Enguerrain, banneret.
M. Gilles, sire de Bellette
M. Jehan de Clermont
M. Jehan La Personne
BIDAU DE CAIZ
Jehan de Humont
BIDOLET DE CAIZ
Jehan d'Agnies
Ponssellet le Galois
Le Bastart de Coucy
Henry Cretet
Boilleaue de Burelles
Jehan Gourne
Rassequin le Behaignon

Rasse de Luicourt
Henry de Wares
Jehan Stonebonne
Jacquemart Willay
Jehan de Bellenave
Jehan le Roy
Simon le Noirmassier
Brenin de Villebeu
Robinet le Tirant
Jehan d'Arcuelles
Jehan de Belleforière
Robesson de Bruières
Jehan Pantecoste
Raoulin Poiré
Boniface de Mares

Hanequin du Four	Jehan de Brucelles
Jehan le Moine	Jehan Larchier
Guesdon de Foissat	Philippe Charropin
Jehan de Vassy	Clarquin Bonin
Ansseau le Boutellier	Thome Normant
Jehan Charlet	Hutin d'Ausseville.
Henry de Valledo	Jehan d'Ausseville
Guiot de Cambray	marichal
Jehan Guerny	queux } pour une
Guillaume Buée	trompette } paie

Bibliothèque Nationale: Pièces originales du Cabinet des Titres, Tome 785 (Clermont) pièce 14.

LXXXVIII

(1ᵉʳ OCTOBRE 1381). MONTRE D'UNE COMPAGNIE SOUS LE COMMANDEMENT DU SIRE DE COUCY. — PARMI LES ÉCUYERS : BIDAUT ET BIDALLET DE CAIX.

La Reveue de Monseigneur Enguerran, sire de Coucy, conte de Soissons, lieutenant du Roy nostre seigneur et Capitaine general pour le fait de la guerre en la province de Reins, de deux autres chevaliers, vint quatre escuiers de son hostel, reveuz à Saint Omer le premier jour d'octobre l'an mil cccIIIj^{xx} et 1.

Le dit Monseigneur de Coucy, banneret
Monseigneur Jehan la Personne
Monseigneur Jehan de Clermont

Escuiers

Enguerran de Coucy	Boniface de Marez
BIDAUT DE CAIZ	Poullet le Behaignon
BIDOLLET DE CAIZ	François de l'Ospital
Boyleaue de Burelles	Guiot de Cambray

Guillaume Buée
Jehan Larchier
Jehan Le Moine
Jehan Le Roy
Jehan du Four
Christophe Morrant
Poncelet le Gallois
Hannequin le Chevaucheur

Thomé le Normand
Jehan Penthecouste
Clay Bonin
Loys de Digoisne
Regnaut de Sarviller
Robinet Augrin
Desire Disque (?)
Rassequin de Mellis

Bibliothèque Nationale. CLAIRAMBAULT : *Titres scellés,* vol. 35, folio 2626.

LXXXIX

(1er JANVIER 1382 (N. ST.). ORDRE DE PAIEMENT DE LA MONTRE D'UNE COMPAGNIE SOUS LES ORDRES DU SIRE DE COUCY. — PARMI LES ÉCUYERS : BIDAUT ET BIDALLET DE CAIX.

Les Mareschaux de France, à nostre amé Mahieu de Linières, Trésorier et Receveur Général ou province de Reims, des aydes ordenéz pour le fait de la guerre ou à son lieutenant, salut. Nous vous envoions soux nostre scel commun de la Mareschaucie, la Reveue de Monseigneur Enguerran, Sire de Coucy, Conte de Soissons, lieutenant du Roy nostre seigneur et Capitaine Général en tout ledite province, chevalier Banneret, un chevalier Bachelier et vint et un escuiers de son hostel que il nous a certifiés, soux son scel, avoir reveuz à S. Omer, le premier jour de Janvier l'an mil cccIIII^{xx} et un et promis yceulz faire servir le Roy nostre dict seigneur en ces présentes guerres ès parties de Pycardye, arméz et montéz bien et convenablement. Est assavoir

le dit Monseigneur de Coucy, banneret
Messire Jehan la Personne

Escuiers.

Enguerrand de Coucy.
BIDAUT DE CAYS.
BIDOLET DE CAYS.
Boiliaue de Burelles.
Boniface de Mares.
Louys de Digonne.
Franchois de l'Opital.
Guiot de Cambray.
Guillaume Bues.
Jean le Moine.
Jean Larcher.
Jehan le Roy.
Jehan du Four.
Poncellet le Galois.
Christophle Morrault.
Hanequin le Chevaucheur.
Thomé le Normant.
Jehan Pantecouste.
Clay Bovin.
Deere Disque.
Poncellet le Bahaignon.
Hanequin de Mellis.

Sy vous mandons que audit Monseigneur de Coucy, des gaiges de luy et des autres chy dessus escriptz, vous faciez compte et paiement en la manière qu'il appartiendra. Donné audit lieu l'an et le jour dessus dictz.

Biblioth. Nat. CLAIRAMBAULT : *Titres scellés,* T. 35, fol. 2624.

XC

(1er FÉVRIER 1382, N. ST.). ORDRE DE PAIEMENT D'UNE COMPAGNIE SOUS LES ORDRES DU SIRE DE COUCY. — PARMI LES ÉCUYERS : BIDAUT ET BIDALLET DE CAIX.

Les Mareschaux de France, à nostre amé Mathieu de Linières, Trésorier et Receveur général ou Province de Reims, des aydes ordenéz pour le fait de la guerre, ou à son lieutenant, salut. Nous vous envoions soux nostre scel commun de la Mareschaussée, la Reveue de Messire Enguerran, Sire de Coucy, Conte de Soissons, lieutenant du Roy nostre seigneur et capitaine général en tout ledite province, chevalier banneret, un chevalier bachelier et vingt et deux escuiers de son hostel, que il nous a certiffiez, sous son seel, avoir reveuz à S. Omer, le premier jour de frevier (sic) l'an MCCCIIII^{xx} et un, et promis iceulz faire servir le Roy nostre dit Seigneur en ces présentes guerres, ès parties de Pycardie, armés et montéz bien et convenablement. Chest assavoir :

Ledit Monseigneur de Coucy, banneret.
Messire Jehan la Personne.

Escuiers.

Enguerran de Coucy.
BIDAUT DE CAIS.
BYDOLET DE CAIS.
Boilieaue de Bureules.
Boniface de Mares.
Louy (sic) de Dygonne.
Franchois de l'Ospital.
Guiot de Cambray.
Guillaume Bucé.
Jehan Le Moine.
Jehan Larcher.

Jehan Le Roy.
Jehan du Four.
Poncellet le Galois.
Christophle Morrand.
Hanequin le Chevaucheur.
Thomé le Normant.
Jehan Pantecouste.
Clay Bonvin.
Deesré Disque.
Paulet le Behaignon.
Hanequin le Chevaucheur.

Sy vous mandons que audit Monseigneur de Coucy, des gaiges de luy et des autres contenuz en ladicte Reveue, vous faciez présent compte et payement en la manière qu'il appartiendra. Donné audit lieu, l'an et le jour dessus diz.

Biblioth. Nat. CLAIRAMBAULT : *Titres scellés,* vol. 35, fol. 2626.

XCI

(DÉCEMBRE 1382). EXTRAIT DES COMPTES DE LA VILLE DE LAON CONCERNANT BIDAUT DE CAIX, CHEVALIER.

Comptes des recettes et dépenses du receveur Adam d'Ardon. Folio 27. « Item, la nuit Sainte Luce, pour « courtoisie faite à un messagier de Mons. BIDAUT « DE KAIS qui apporta lettres que les Flamens estoient « desconfis », payé VIII sous (1380-1382).

Archives de la ville de Laon, CC. 3.

XCII

(CIRCA 1383). RONDEAU D'EUSTACHE DES CHAMPS, DIT MOREL, BAILLI DE SENLIS, DANS LEQUEL IL EST QUESTION DE BIDAUT DE CAIX.

Sur une dette de jeu.

J'ay à Cambray eu troiz frans de pur sort [1]
Pour un demi à rendre à Compiengne,
Maiz que le roy et moy Eustace y viengne [2].

---

[1] « ..... Le pur sort, c'est assavoir le principal debte..... » (12 janv. 1330; Ordonn., II, 60.) Ces deux premiers vers signifient donc : J'ai à Cambray eu trois francs (d'or) de principale dette, pour un demi-franc à rendre à Compiègne.....

[2] Mais le roi peut bien y venir et moi aussi pour payer; c'est-à-dire : je ne paierai pas.

BIDAUT DE QUAIX se met à prester fort
Du gieu des dez; à tous de ce souviengne [1] :
J'ay à Cambray eu troiz frans de pur sort
Pour un demi à rendre à Compiengne.

Or voye ailleurs où il sera ressort [2],
Et hardiement s'au lieu voys si my prengne [3] :
Ce premier prest est mien à bonne estreine [4].
J'ay à Cambray eu troiz frans de pur sort
Pour un demi à rendre à Compiengne,
Mais que le roy et moy Eustace y viengne.

Œuvres complètes d'Eustache Des Champs, publiées par le Marquis DE QUEUX DE SAINT-HILAIRE et M. G. RAYNAUD (Paris, Didot, in-8º, 1884), Tome IV, p. 82 (nº DCXXIII).

XCIII

(12 JANVIER 1383. N. ST.). MONTRE D'UNE COMPAGNIE SOUS LES ORDRES DU SIRE DE COUCY. — PARMI LES CHEVALIERS : BIDAUT DE CAIX.

La Monstre de Messire Enguerran, sire de Coucy, chevalier banneret, trois autres bannerets, dix chevaliers bacheliers et vint six escuiers et onze archiers d'estouffe de

---

[1] Traduction : Bidaut de Caix se met à prêter beaucoup au jeu de dés; que tous s'en souviennent !

[2] Traduction : Qu'il cherche ailleurs où il trouvera un recours contre moi, un remède contre la résolution que j'ai prise de ne pas le payer.

[3] Traduction : Qu'hardiment il me prenne, si je vais au lieu où je dois le payer, c'est-à-dire à Compiègne.

[4] Traduction : Ce premier prêt m'appartient, est à moi par bonne chance, par bonne fortune; c'est un heureux hasard qui m'a procuré ce prêt (et j'entends le garder).

sa Compagnie, Receuz à Paris le xiie jour de janvier l'an mil cccIIII^{xx} et deux (v. st.).

Et premièrement chevaliers :

Ledit Monseigneur de Coucy, banneret.
Messire Jehan de Roye, banneret.
Messire Hue, sire de Clary, banneret.
Messire Barat, sire de la Bove, banneret.
M. Drieu de Roye.
M. Pierre de Lihus.
M. Jehan, sire de Fontaines.
M. Guillaume du Cauroy.
M. BIDAUT DE CAIZ.
M. Robert de Clermont.
M. le batart de Coucy.
M. Guy la Personne.
M. Jehan, sire de Sepoy.
M. Gerrart, sire de Résignies.

Escuiers.

Le bastard du Plois.
Guédon de Foissart.
Henriet de Pootes.
Philippot de Gauchi.
Robinet d'Acommin.
Jaque Cartula.
Hervy Chaucy.
Jehan du Pont Levesque.
Anseau le Bouteillier.
François de l'Ospital.
Roger de Wivecques (?).
Claux Lalemant.
Jehan de Werchin.

Gillet le Poiz.
Jehannot de Bucy.
Guillaume Bute (ou Buxe).
Dofraine (?) de la Salle.
Jehan le Moine.
Guiot de Cambray.
Guillaume Braque.
François Dallemant.
Hutin le Blont.
Guillaume Grumel.
Jehan de Faumechon.
Pierre Rosson (?).
Jehan de Viency (?).

Archiers estouffés [1]

Jacquet de Gouy.
Thomassin Sains (?).
Thomé le Cauchois.

Pierre d'Escremy.
Pierre le Petit.
Jehan Gore.

---

[1] On appelait ainsi ces archers par comparaison avec les archers « non estoffés », c'est-à-dire non fournis de certaines choses par le chef de bannière.

Jacquemin le Mot. Bort Brice.
Jehan Greny (?). Jehan Larcher.
Guillot de Sains.

N.-B. Beaucoup de ces derniers noms douteux et à moitié effacés.

Biblioth. Nat. CLAIRAMBAULT : *Titres scellés*, T. 35, fol. 2628. — Cette pièce a déjà été publiée en partie par le Marquis DE BELLEVAL : *Trésor généal. de Picardie*, etc. *Montres et Quittances*, T. II, n° 238.

XCIV

(AN. 1384). EXTRAITS D'UN COMPTE DE LA MAISON DE COUCY CONCERNANT BIDAUT DE CAIX, CHEVALIER, ET SA FEMME.

. . . .

A Guiart de Champs, baillet par ledit Gilloret, pour porter à Crespi, pour la despense de mon signeur (de Coucy) qui là estoit le VIIe jour d'avril après Pasques, l'an IIII^{xx} et IIII, au disner, VI bresmes, VI becques de compte [1] et une anguille.

A Jehan de Brousselles, chastellain d'Ascy, bailliet par ledit Gilloret pour porter à Ascy pour (voirie) de la despence de Monsieur le visconte de Meaulz et Messire BIDAU DE CAIS, qui furent au dit lieu le sabmedi après Pasques closes l'an IIII^{xx}IIII, comme il appert par cédule

---

[1] La brême est un poisson bien connu. Il n'en est pas de même du « bec (ou becque) de compte. » On trouve le mot béchet, béquet, becquet indiquant soit un brochet, soit une sorte de saumon. (Voir FRÉD. GODEFROY : *Dictionn. de l'anc. lang. franç..... du IXe au XVe siècle*. Paris, 1881, in-4°).

scellée du scel dudit Chastellain, donnée le jour dessus dit : vi becques de compte, ii bresmes, ii anguilles et iiii tanches.

A Messire BIDAU DE CAYS, bailliet par le dit Gilloret, pour la despence dudit Messire BIDAUD qui fut à Saint-Lambert en perelinaige (sic), avec luy Madame sa femme et Maistre Jehan Couperel[1] le jour Saint-George qui fut ou moys d'avril l'an iiii^{xx}iiii, comme il appert par mandement de mon redoubté seigneur adreçant à Esmeret de Vouzies, son receveur général, donné à la Fère soubz son signet, le jour dessus dit : iii anguilles, iii becques de compte, iii bresmes et iiii parques (perches).

. . . .
. . . .

(Au même compte, fol. 487 verso) :

A Messire BIDAU DE CAYS, bailliet par ledit Gilloret à plusieurs fois, durant le dit mois de mars l'an dict (1384) aus gens du dit Messire BIDAUD DE CAYS pour porter à Travecy pour la despense de l'ostel de ma dame sa femme i luz[2], i feudis[3], xi becques de compte, ix bresmes, une carpe, v anguilles, et xvi tant parques (perches) comme tencques (tanches).

Comptes de la Fère et Saint-Gobain (fragment) relatifs aux poissons des étangs de Saint-Lambert. *Biblioth. Nat. Fonds Français*, Tome 26019, fol. 482 et 487 v°.

---

[1] Jean Couperel était Bailli de Coucy (voir même document fol. 482, verso).

[2] On appelait *luz, lux* ou *luis* une sorte de brochet, qui n'était pas le même que le brochet commun. C'est sans doute ce dernier qui était désigné par le mot *bechet* ou *becquet*.

[3] Je ne sais si ce mot était un adjectif ou un substantif. Dans notre texte, il paraît bien être pris substantivement, tandis qu'il semble devoir être pris adjectivement dans la phrase suivante du *Mesnagier de Paris* (II, 107, *Bibliopb. franç.*) : Lux faudis, deux carpes de Marne faudisses, bresme... »

XCV

(15 juillet 1378). Extrait d'un dénombrement de Travecy dans lequel est cité Bidaut de Caix.

« ... Item le quint en un hommage que tient BIDAUT DE KAIS, qui contient chacun an trente sis sextiers de terre et sis faus de pré ou environ, et est li dis fiès tenus en arrière fief de me dicte dame de Fontaines... »

Dénombrement fait par Pierre de Molinsseureux, escuyer, à Madame de Fontaines, dame de Jumegnie et de Travecy en partie, en date du xv juillet 1378. — *Archives Nationales* : P. 248[1], pièce CIX. — *Hommages et Aveux de la Chambre des Comptes*.

XCVI

(23 juillet 1386). Dénombrement fait a Bidaut de Caix, chevalier, d'un fief relevant de sa seigneurie de Travecy.

Chest li dénombrement que je Jehan de Beuf..... fais à mon très chier singneur et redouté Monseigneur BIDAU DE CAIS, chevalier, singneur de Travecy, d'un fief que je tiens et avoue à tenir de luy et..... en sengneuriaige, à cause de P..... ma femme, fille de feu Jehan Roussel, qui contient ce qui s'ensuit : primiers, 1 quamp de terre..... ou terroir de Travecy, com dit le quamp de Biauvaisis, qui contient viii..... setiers de terre ou environ, tenant lesdites terres delanz à la terre de le Ferre et Fosse Quaquelen et à le terre les oirs Adam de Saint-Quentin, et se plus savoie, plus y denommeroie et..... mie perdre le plus pour le mains, ne

le mains pour le plus, plus tost qui seroit à ma connois-
sanche. En tel moing (sic) des quès chosses, j'ay ce pressent
denombrement selée de mon sel de coy j'ay (accoustumé)
à user, qui fu fais l'an de grâse nostre singneur mil trois
cens quatre ving sis, le XXIII jour du mois de juliet.

Archives Nationales : P. 248², n° CLX. — *Hommages et Aveux de la Chambre des Comptes*. — Pièce en mauvais état; le sceau manque.

XCVII

(AN. 1399). DÉNOMBREMENT D'UN FIEF TENU A TRAVECY, DE BIDAUT DE CAIX, CHEVALIER, SEIGNEUR DE NANSSEL ET DE TRAVECY, PAR JACQUES LE DRAPIER ET MARGUERITE D'HAVRAINCOURT, SA FEMME.

Sachent tout que nous, BIDAU DE KAIS, chevalier, segneur de Nansel et de Travecy en partie, cognoissons et confessons avoir eu et receu de Jaques le Drappier, un dénombrement d'un fief qu'il tient et adveue à tenir en foy et en hommaige de nous, tant en son nom que comme baulx et à cause de damoiselle Marguerite de Havraincourt, sa femme, contenu et déclairié en certaines lettres dudit nombrement sur ce faictes et passées, scellées du seel dudit Jaques le Drappier. Desquelles lettres de dénombrement la teneur s'ensient : C'est le dénombrement que je Jaques le Drappier, tant en mon nom comme baulx et à cause de Marguerite de Havraincourt ma femme, fay et baillé à mon très grant et redoubté seigneur, Monseigneur BIDAU DE KAIS, chevalier, seigneur de Nansel et de Travecy en partie, d'un fief que je tieng et advoue à tenir en foy et en hommaige de mondit segneur, ou nom et à cause de madite femme, séans ledit fief ou terroir de ladicte ville de Travecy, en plusieurs lieux, et duquel fief la déclaration s'ensient : Et contient les parties chy après déclairées : C'est assavoir dix sept faus de pré tenant d'un part à le

Houde des Mouciaux et au Pont de pierre d'autre part. Item huit jalois de terre entre deux chemins ainsy que on va à Boudeville, tenant d'une part et d'autre aux terres de la Maladrerie de Le Fère. Item au lieu dit au Jouquel trois jalois et demi de terre et passé le chemin Puy, tenans as terres des Religieux, abbé et couvent de Saint Nicolay ou Bois d'une part et d'autre. Item au chemin de Geroufontaine sept jalois et demy de terre ou environ, tenant d'une part as terres Madame la Chasteignies en Bulles, et à mes terres dessusdites as Tesvieres (?) cuincq jalois de terre ou environ, tenans as terres de..... d'une part et as terres Adam Bourgois d'autre part. Item à l'espine que on dist el Putreu cuincq jalois et demy de terre ou environ, tenans as terres Saint Nicolay ou Bos d'une part, et à l'éritaige Philippe Lefevre d'autre part. Item ou lieu dit en Servieu (?) sept vins bouviers de terre ou environ, tenans as terres de le Chastelerie du Chastelet d'une part et à Philippe Lefevre d'autre part. Item deseure Aubermont quatre jalois de terre ou environ, tenans d'une part as terres dudit lieu d'Aubermont et d'autre part au bos Brigier. Item emprès le Fontaine d'Aubermont, quatre jalois de terre ou environ tenant d'un léz et d'autre audit lieu d'Aubermont. Item les deux pars des grans terraiges de Travecy, partissans contre mondit seigneur. Item le moitié d'une masure qui est à Adam Bourgois à cause de sa femme, tenans à l'iretaige Jehan Roussel d'une part et d'autre part à le Rue Leureture (?) et laquelle moitié de ladite masure doit à moy Jaques le Drappier au nom que dessus, chascun an à tous jours, les parties qui s'ensievent. C'est assavoir au jour Saint Remy chascun an, ung jalois d'avaine ung denier.................... aulx et ung tournois de cens à loy(er) (?) Item un demy corouer (corvée) à la Noël et un cappon et oye. Item ancores au vintiesme jour du Noel ung denier de plais généraulx. Item au mimars ung tournoi et est à loy. Item demy courvée au jour de Pasques closes et ung deniers de plais généraulx. Et à le Saint Jehan, demy corouée, et se en ladicte demy masure avoit brebys plus hault de treize, le possesseur ot detempteur de ladite moitié de masure en deveroit à moy, ou nom que dessus, ou au possesseur du fief dessusdit moutonnaige, lequel que on vorroit prenre hors et exepté le cloquemant. Et lequel fief dessus dit et fu jadis et appartint à feue Madame de Jumegny, jadis femme à Monsegneur Raoul le bastart de Couchy, et par la mort et succession d'icelle dame vint et eschoy ycellui fief à feue damoiselle Jehanne d'Artaing, femme de feu Colart de Bua, jadis mère à ladessus dicte Marguerite de Havraincourt ma femme. Et fay ce dénombrement du fief dessus dit à mon dessus dit segneur, sauf le plus et sauf le mains et protestation que s'il ne me puest tou..... à prendre pour le plus ou pour le mains, car se plus ou mains y savoie, je le denombreroy et le feroy savoir à mon dit segneur ou plus tost que je porroie et quil venroit à ma cognoissance. En tesmoing de ce, je ay seellé c'est présent dénombrement de mon propre seel qui fu fais et escript le (sans date) jour de (mois manque) l'an mil trois cens quatre vins et dix neuf. En tesmoing de ce nous avons seellé les présentes lettres de recepissé de notre propre seel. Et fu fait et donné le (blanc) jour de (blanc) l'an mil trois cens quatre vins et dix neuf.

Archives Nationales : P. 248², pièce CLXVII. — *Hommages et Aveux de la Chambre des Comptes.*

XCVIII

(7 AVRIL 1399). AVEU ET DÉNOMBREMENT FAIT A BIDAUT DE CAIX, CHEVALIER, SEIGNEUR DE NANSSEL ET DE TRAVECY, D'UN FIEF TENU DE LUI PAR JEAN DE BŒUF, DIT HAINSELIN.

C'est le dénombrement que je, Jehan de Buef, dit Hainselin, fais à mon très chier seigneur et redoubté

Monseigneur BIDAULT DE CAYS, chevalier, seigneur de Nansel et de Travecy en partie, d'un certain fief que je tieng et adveue à tenir de lui en foy et hommage, à le cause de Perrée ma femme, jadis fille de deffunct Jehan Roussel, lequel fief contient ce qui s'ensuit : Premiers, un camp de terre seans ou terroir de Travechy, ou lieu dit le Camp de Biauvoisis, contenant vint six setiers de terre ou environ, tenant d'une part aux terres de la Maladrerie de le Fère et au Fosse Quaquelem (sic), et d'autre part aux terres des hoirs feu Adam de Saint Quentin ; Et se plus y scavoys, plus y dénommeroys, et ne voulroys mie perdre le plus pour le mains ne le mains pour le plus dénommer, aussi tost qu'il seroit venu à me cognoissance. En tesmoing de ce, j'ay ce ce présent dénombrement, scellé de mon propre scel, duquel je use ad présent et entens à user ; qui fu fais et donnéz l'an de grâce nostre Seigneur mil ccc quatre vins et dix nuef, le viie jour du mois de avril après Pasques.

Archives Nationales : P. 248² *Hommages et Aveux de la Chambre des Comptes.* — Pièce sur parchemin (sans sceau) n° CLVI.

XCIX

(1er DÉCEMBRE 1389). MONTRE D'UNE COMPAGNIE SOUS LES ORDRES DU SIRE DE COUCY. — PARMI LES CHEVALIERS : BIDAUT DE CAIX.

La Reveue de Messire Enguerran, seigneur de Coucy, Capitaine général du pays de Guienne, chevalier baneret, de quatre autres chevaliers bacheliers et de vint escuiers de sa compaignie, receue à Saint-Jehan-d'Angeli le premier jour de Décembre, l'an mil ccc iiii^{xx} et neuf.

Ledit Messire Enguerran.   Mons. Jehan de Villers.
Mons. BIDAUT DE CRAIZ.   Mons. Jehan de Milly.

Mons. de Rasseville.
Henry de Protes.
Jehan de Mauberon.
Rasse d'Ellincourt.
Hennequin de Brebant.
Jehan le Moyne.
Guillaume Bute.
Jehan Charlot.
Poncelet le Galot.
Jehan de Meux.
Guillaume de Mauregart.

Guiot Cambray.
Thonie le Normant.
Jehan de Buicellot.
Thomas de Laugny.
Jehan de Bucy.
Chaux le Bahaignon.
Gonbaut d'Osteville.
Jehan Villain.
Jehan Gorgart.
Queux, trompette et mareschal.

Biblioth. Nat. Cabinet des Titres, 1443. *Montres*, T. I, pièce 23.

C

(8 MARS 1386 (N. ST.). PIÈCE ADDITIONNELLE AU CONTRAT DE MARIAGE D'ENGUERRAN VII, SIRE DE COUCY, ET D'ISABELLE DE LORRAINE. — PARMI LES TÉMOINS : BIDAUT DE CAIX, CHEVALIER.

Lettres d'Enguerrand, seig^r de Coucy et de Soissons, et d'Isabel de Lorraine, fille de haut et puissant prince Mons. Jehan, duc de Lorraine, et femme dudit haut et puissant prince Enguerrand, seig^r de Coucy, contenant qu'au moyen du don fait à ladite dame en faveur dudit mariage, des deux chasteaux et chastellenies de Florines et de Pesche en l'évesché de Liège, en toute hauteurs et jurisdiction avec la somme de VIII^m frans de France, de bon or, payables à certains termes à mettre en acquest d'héritages, ainsy qu'il est porté en son contract de mariage du 26 février 1385 et scellez. Ledit seig^r de Coucy, pour et au nom de sadite espouse et ladite dame, quittent ledit duc de tout le droit, raison et action qui pouroit compéter et appartenir à ladite Isabelle au duché, princée et baronnie de Lorraine, tant au royaume de France comme autre part, sauf que si ledit duc de Lorraine ou ses enfans masles présens ou avenir, venans à décéder sans hoirs, ou qu'il laissast fille ou plusieurs, elle peut hériter audit duché selon le droit et coustume, excepté toutefois pour ses ainéz frères Charles et Ferry qui, si l'un d'eux ou ses hoirs trespassoit sans hoirs, le survivant d'iceux auroit paisiblement toute la succession de celuy qui seroit trespassé, sans débat ny contredit. Fait en la ville de Nancy, l'an 1385, le 8 mars (8 mars 1386, nouveau style), en présence de nobles seigneurs Robert (de Béthune), vicomte de Meaux, VIDAL DE KAIS, Jehan de Tollon, Jacques d'Amance, chevaliers, et de Pierre Aubert de Nancy, clerc du diocèse de Toul, notaire impérial de la Cour de Toul. Scellé de deux sceaux en cire vermeille, le 1er du sire de Coucy debout, armé, tenant de sa droite une lance et de la gauche un escu de ses armes de Coucy escartelé d'Autriche, penché à terre, cimier : un gros panache ; le deuxième sceau est de ladite Isabelle, un escu party de Coucy et de Lorraine.

DUFOURNY : *Inventaire des titres de Lorraine,* à la *Biblioth. Nat., Fonds Français,* 4883, p. 7236.

Cette pièce était jadis conservée au Trésor des Chartes de Lorraine, sous le n° 13 de la layette *Mariages des ducs et princesses de la maison de Lorraine;* elle ne se trouve plus aujourd'hui dans le vol. 214 de la *Collection de Lorraine,* à la *Bibliothèque Nationale,* lequel représente cette ancienne layette.

L'analyse ci-dessus se trouve également aux *Archives Nationales,* KK, 1123, fol. 8 verso.

CI

(18 AVRIL 1390). DON PAR ENGUERRAN VII, SIRE DE COUCY, A BIDAUT DE CAIX, CHEVALIER, DE LA GRUERIE ET GARENNE DE NANSSEL.

Enguerran, sire de Coucy, conte de Soissons, faisons savoir à tous présens et advenir, que en recompensation des bons et agréables services que nous a fait notre amé chevalier, messire BIDAULT DE CAIS et espérons encore que nous doit faire, luy avons donné, remis et quitté tout le droit de gruerie que nous avons et poons avoir, en tous les bos qu'il a et tient en la ville, territoire et seignourie de Nanssel, et yceulx bos avons afranchis de gruerie à tous jours parpétuelment, et avec celuy avons donné et donnons congié et licensse de chassier, luy et ses successeurs tenans le chastel, terre et seignourie de Nanssel, toutefois qu'il leur plaira, par eulx ou par leurs gens, pour deduit sans ventte, pour les bestes à pied ront, sans donner congiet à autruy ne sans faire chassier par autruy, que par eulz ou leur gens comme dit est dessus; Et volons encore et ordonnons que se par notre prévost de Coucy, ou autres de noz gens, la Garenne de la terre de Nanssel estoit vendue, que en ceste ventte, les bos et vingnes que ledit Messire BIDAUT tient, et sont ou dit terroir, ne soient en riens comprins, ne que aucuns fermiers des garennes puissent chassier en yceulz bos, vingnes et terres de Nanssel, mais retennons la chasse pour nous quant il nous plaira, et pour ledit Messire BIDAUT, pour ses successeurs et aians cause, comme dit est dessus. Et en deffensse envers tous autres, moiennant et parmy ce que lafranchissement de gruerie et la chasse dessus dittes par nous octroiés audit Messire BIDAULT, Il et ses successeurs tenrront de nous en foy et hommaige, à cause de nostre chastel et chastellenie de Coucy. Sy donnons en mandement à noz baillis, prévos, gruiers, sergans et autres nos officiers qui à présent sont, et qu'il pour le temps advenir seront, et à chascun d'euls pour tant que à lui peut touchier, que ledit Messire BIDAULT, ses hoirs, ses successeurs ou aians cause, laissent, sueffrent et faichent user et joir paisiblement de nostre présent don sans empeschement, Pourvu que il et ses successeurs nous faichent hommaige, serment ou fildelitté et service que vasal doit et a acoustumé de faire à son seigneur, déclaration et dénombrement de la gruerie et des bos qui à présent sont par nous afranchis par ces présenttes ; lesquelles en tesmongnage des choses devant dittes, nous avons scelléez de nostre propre scel. Faites et donnéez en nostre chastel de Saint Goubain, présent noz bien amez conseilliers le visconte de Meaulx, Messire (Jeh)an de Roie et Guillaüme de Vaux, nostre bailly de Coucy, le dishuittiesme jour du mois d'avril, l'an de grâce mil trois cens quatre vins et dix.

(Signé) : GILLARD.
(avec paraphe).

(Au dos est écrit :) Lettre du don de la gruerie et garenne de Nanssel. (Le sceau manque).

Original en parchemin appartenant au comte Gabriel de Caix de Saint-Aymour.

CII

(6 FÉVRIER 1390 (V. ST.). QUITTANCE DE BIDAUT DE CAIX, DE SES GAGES DE LA CAPITAINERIE DE LAON.

Acquits de comptes de Bertrand Le Lorrain, receveur, 1390-92. — « Sachent tuit que je BIDAU DE CAIS,

« seigneur de Travescy, congnois et confesse avoir receu
« des habitans de Laon par la main de Bertram le Lorrain,
« receveur et gouverneur, la somme de cent francs deue
« au jour Saint Remy, en octobre derrainement passé, à
« cause de mes gaiges de la cappitainerie de la dite ville.
« En tesmoing de ce, j'ai scellé ces présentes le 6ᵉ jour de
« février mil CCC.IIII^{xx} et dix. » Sceau en cire rouge dudit
Bidaut (Voir, p. 185, la description de ce sceau, dont nous
donnons ici la reproduction).

Archives municipales de Laon, CC. 313.

CIII

(6 SEPTEMBRE 1392). QUITTANCE DE BIDAUT DE CAIX, POUR SES GAGES
DE LA CAPITAINERIE DE LAON.

Acquits de comptes de Nicaise Constant, receveur. 1392.
— « Saichent tuit que pardevant nous Jacques Stançon,
« escuier, signeur de Horis [1], prévost de la cité de Laon,

[1] Aujourd'hui Houry, canton de Vervins.

« vint en sa propre personne noble homme Mons. BIDAUT
« DE KAIS, chevalier, cappitaine de lad. ville de Laon,
« et recongnut qu'il avoit eu et receu des gouverneurs,
« bourgois et habitans de Laon, par la main de Nicaise
« Constant, la somme de quarante florins d'or frans, qui
« deubz lui estoient de rest de ses gaiges de cappitainnerie
« escheux jusques au jour de la Toussains derrainement
« passé. Donné le 6ᵉ jour de septembre, l'an mil trois cens
« IIII^{xx} et douze. »

Archives municipales de Laon, CC. 316.

CIV

(1ᵉʳ NOVEMBRE 1393). QUITTANCE DE BIDAUT DE CAIX, POUR SES GAGES DE LA CAPITAINERIE DE LAON.

Acquits de comptes de Nicaise Constant, receveur. 1392.
— « Sachent tuit que je, BIDAUT DE KAIS, chevalier,
« seigneur de Nanssel, congnois avoir eu et reçeu des
« gouverneurs, bourgois et habitans de Laon, par la main
« de Nicaise Constant, l'un desdis gouverneurs et receveur
« d'icelle ville, la somme de cent livres tournois pour mes
« gaiges d'un an escheux au jour Saint Remy en octobre
« derrain passé, déservis pour le fait de la capitainerie de
« la dite ville. Donné soulz mon scel, le premier jour de
« Novembre, l'an mil trois cent IIII^{xx} treize. » — Le sceau manque.

Archives municipales de Laon, CC. 318.

CV

(AN. 1394). QUITTANCE DE BIDAUT DE CAIX, POUR SES GAGES DE LA CAPITAINERIE DE LAON.

Acquits de comptes de Nicaise Constant, receveur. 1394. — « Sachent tuit que je, BIDAUT DE KAIS, chevalier, « seigneur de Nanssel, congnois avoir receu la somme de « cent livres escheux au jour Saint Remy en Octobre, pour « cause de la capitainerie de ladite ville. » 1394.

Archives municipales de Laon, CC. 323.

CVI

(5 AVRIL 1396). QUITTANCE DE BIDAUT DE CAIX, POUR SES GAGES DE LA CAPITAINERIE DE LAON.

Acquits de comptes de Nicaise Constant, receveur. 1396-97. — « Sachent tuit que je, BIDAUT DE CAYS, « seigneur de Nanssel et capitaine de Laon, confesse avoir « receu la somme de cent livres tournois qui m'estoient « deubz à cause de mes gaiges pour ladite cappitainerie « escheu au jour de la Saint Remy passée, laquelle somme « je me tiengs pour contemps et en quicte lesdits gouver- « neurs, bourgois et habitans. En tesmoin de ce, j'ai « scellé ceste présente quittance de mon scel, qui fut faicte « le merquedi v^e jour d'avril l'an mil CCC.IIII^{xx} et XVI. » — Débris de sceau.

Archives municipales de Laon, CC. 334.

CVII

(29 DÉCEMBRE 1397). QUITTANCE DE BIDAUT DE CAIX, POUR SES GAGES DE LA CAPITAINERIE DE LAON.

Acquits de comptes de Nicaise Constant, receveur. 1397-98. « Sachent tuit que je, BIDAUT DE CAYS, che-
« valier, seigneur de Nanssel, et cappitaine de Laon,
« congnois et confesse avoir receu des gouverneurs,
« bourgois et habitans de la ville de Laon, par la main de
« Nicaise Constant, l'un des gouverneurs et receveur de
« la dite ville, la somme de 50 livres tournois qui m'estoient
« deubz à cause de mes gages pour la cappitainerie, pour
« l'an commençant à la Saint-Remy IIII^{xx} et XVI et finissant
« à Pasques après ensuyvant. En tesmoing de ce, j'ay scellé
« ceste présente quittance de mon seel, le XXIXe jour de
« décembre l'an mil CCC.IIII^{xx} et XVII. » — Sceau en cire rouge dudit Bidaut (Voir p. 185 et p. CLXI).

Archives municipales de Laon, CC. 339.

CVIII

(18 DÉCEMBRE 1393). QUITTANCE DE FRAIS D'ENVOI D'UN MESSAGER A BIDAUT DE CAIX, AU CHATEAU DE COUCY.

Acquits de comptes de Nicaise Constant, receveur. 1393-94. — Quittance de dix livres 8 sous pour frais de voyage par Gille Minet au château de Coucy, « pour savoir
« Mons. BIDAUT DE KAIS où le roy estoit et s'il venroit
« par Coucy ou par Laon. »

Archives municipales de Laon, CC. 322.

CIX

(1er NOVEMBRE 1392). MONTRE D'UNE COMPAGNIE SOUS LES ORDRES DU SIRE DE COUCY. — CHEVALIER CITÉ : BIDAUT DE CAIX.

La Reveue de Messire Enguerran, seigneur de Coucy, capitaine général ou pais de Guyenne, chevalier banneret, d'un autre chevalier bachelier, et de dix huit escuiers de sa compaignie, Receue à Sainte More, le premier jour de Novembre, l'an mil CCC IIII^{xx} et douze.

Ledit Messire Enguerran	Robin de Trion (?)
Mr BIDAUT DE CAIZ	Guillaume de Mauregart
Henry de Pooetes	Jehannin d'Azue
Jehan de Mombeton	Jehan Le Buis
Rasse d'Ellincourt	Jehan Penthecoste
Jehan le Moine	Jehan Thibaut
Jehan de Nœux	Vaitrequin de Congrelo
Guillaume Bué	Jehan Villain
Poncelet le Galois	Jossequin Lallemant
Hugues d'Apremont	Hanequin de Brabant.

Biblioth. Nat. Montres, Charles VI, Tome 2. *Fonds Français,* 25765, pièce n° 26.

CX

(29 NOVEMBRE ENTRE 1396 ET 1399). EXTRAIT D'UN COMPTE RENDU A MADAME DE COUCY, DE L'EXÉCUTION D'ORDRES DONNÉS PAR BIDAUT DE CAIX.

« Item, Monseigneur BIDAUT DE CAIS me manda par ses lettres closes, le XXIXe jour du mois de Novembre, que je allasse devers lui tantost et sans delay à Marle, lau (là où) il estoit devers ma très redoubtée Dame Madame de Coucy; auquel lieu je alay le dit jour au giste, et trouvay le dit Monseigneur BIDAUT et maistre Jehan Potier, et me charga lors de envoyer et faire mener par yaue à Paris LIIII queues de vin qui estoient à Soissons, du crut des vignes mon dit seigneur en sa conté de Soissons, VI tonneles à quacque plains de sel, II tonneles à quacque plains d'uile de nois, XII lars et des venissons, ce que Rasses en envoyeroit à Soissons, comme il appert par une cédule signée du saing manuel de Maistre Jehan Potier; et le Samedi ensuyant, je retournay à Soissons au giste, pour ordener sur les provisions devant dictes, ouquel espace je despendis en somme toute, tant de mes despens de bouche comme de mes chevaux et mon varlet, XXVI sols p. »

Original (fragment) sur parchemin appartenant au Vicomte de Caix de Saint-Aymour.

CXI

(24 AVRIL 1399). MANDEMENT PAR LEQUEL LE ROI CHARLES VI ENJOINT AUX HABITANTS DE LAON DE NE RECONNAITRE D'AUTRE CAPITAINE QUE SON HUISSIER D'ARMES GUILLAUME DE PHILLIECOURT, BIEN QU'IL AIT PU DONNER CET OFFICE A CÉLABAUT DE MONTMORENCY, SUR LES SOLLICITATIONS DU SIRE DE CHATILLON, LEQUEL OFFICE ÉTAIT VACANT PAR SUITE DE LA MORT DE BIDAUT DE CAIX.

De par le roy. Chers et bien amez, comme par nos lettres patentes et pour les causes contenues en icelles, nous eussions jà pieçà donné à notre amé huissier d'armes Guillaume de Philliecourt, l'office de capitainerie de notre ville de Laon, comme vacquant par le trespas de BIDAUT DE CAYS, chevalier, et duquel office, par notre ordonnance, il en ait esté mis en possession et saisine et par vous depuis receu, et il soit ainsi que depuis huit jours ença, notre amé et féal cousin le sire de Chastillon nous ait requis pour un sien parent nommé Celabaut de Montmorancy, chevalier, icellui office de capitainerie..... Si vous mandons, commandons par ces présentes, que ledit Celabaut ne quelconque autre personne que ce soit, vous ne recevez ne instituez audit office, mais en faites, souffrez et laissez joir et user plainement et paisiblement ledit notre huissier et non autre, en lui faisant paier sesdiz gaiges comme il a acoustumé ou temps passé. Donné à Paris le xxiiiie jour d'avril (sans indication d'année).

Signé : CHARLES.

Archives municipales de Laon, EE. 1.

CXII

(17 OCTOBRE 1387). MONTRE D'UNE COMPAGNIE SOUS LES ORDRES DU SIRE DE COUCY. — PARMI LES ÉCUYERS : BIDAUT II DE CAIX.

La monstre de Messire Enguerran de Coucy, chevalier bachelier, et sept escuiers de sa Compaignie, Reçeue par nous, Guiet de Brecons, escuier d'escuierie du Roy Monseigneur, à .... le xviie jour d'Octobre l'an mil ccc iiii^{xx} et sept.

Primo : ledit Messire Enguerran, chevalier bachelier

Escuiers

BIDAUT DES QUES	Le bastart de Genève
Guédon	Le bastard de Ham
Le bastart de Plois	Jehan de Noelle
Hutin de Miantre (?)	

Biblioth. Nat. CLAIRAMBAULT : *Titres scellés*, vol. 35, fol. 2630.

CXIII

NOTE SUR LA MAISON DE SISSY.

Nous n'avons trouvé aucun renseignement sur la famille de Mahaut de Prix. Mais la maison de Sissy, qui tirait son nom d'un village du canton de Ribémont (Aisne), dans l'ancienne Thiérache [1], était connue dès le XIIe siècle. On peut consulter sur cette maison les Manuscrits de D. VILLEVIEILLE (*Trésor généal.* Tome 85, verbo SISSY), MELLEVILLE *(Dictionnaire de l'Aisne)*, etc.

Jean, dit Allemand ou Lallemand, chevalier, beau-frère de BIDAUT II DE CAIX, fils de Jean de Sissy et de Mahaut de Prix, épousa Jeanne de Fayel, et leur fille unique Marie, apporta la seigneurie de Sissy dans la famille des Fossés [2], par son mariage en 1413, avec Philippe des Fossés. Jean de Sissy était alors décédé.

Voici une pièce qui émane de ce Jean l'Allemand de Sissy [3] :

« Sachent tuit que nous Jehan de Chicy, chevalier, Confessons avoir eu et receu de Jehan le Flament, trésorier des guerres du Roy nostre seigneur, la somme de six vins dix francs d'or en prest sur les gaiges de nous et de huit escuiers de notre compaignie, déservis et à déservir ès présentes guerres du Roy nostre dit seigneur, à la poursuite

---

[1] D'après le *Dictionnaire* de JOANNE, il reste encore des douves de l'ancien Château.

[2] Je trouve dans le P. ANSELME (*Histoire Généal.*, VI, 381) l'indication suivante, que je donne ici telle qu'elle : Jeanne de Marle, 5e enfant de Henry le Borgne, dit de Marle, chancelier de France, seigneur de Versigny, épousa vers l'an 1400, N.... seigneur de Sissy.

[3] CLAIRAMBAULT : *Titres scellés*, reg. 31, p. 2341. — Voir aussi la pièce 144, de P. 248² aux *Archives Nationales. Hommages et aveux.*

des Anglois, en la compaignie de Monseigneur de Couci et soubs le gouvernement de Monseigneur le duc de Bourgoingne. De laquelle somme de vi^{xx}x frans d'or dessus dicte, nous nous tenons pour content et paié. Donné à Chartres soubz nostre scel, le viie jour de Septembre mil ccc iiii^{xx}. »

Scellé sur queue de parchemin, d'un sceau de cire rouge de 22 millimètres, que nous reproduisons ci-après, et dont DEMAY (*Inventaire des Sceaux de Clairambault*, n° 8639) donne la description suivante :

« Ecu fretté au franc canton penché, timbré d'un heaume cîmé d'un plumail, sur champ festonné.

† S.ieh. Sire de Sisi

Jean [1] est appelé « de Chicy » dans la pièce, tandis que le sceau porte « Sisi ». Il faut remarquer encore qu'il sert sous Enguerran VII, sire de Coucy.

CXIV

AOUT 1412). LETTRE DE RÉMISSION POUR NICOLAS DE BRUNEVAL, ÉPOUX DE MARIE DE CAIX.

Charles, etc... Savoir faisons à tous presens et avenir, nous avons receue l'umble supplicacion de NICOLAS DE

---

[1] Cette pièce pourrait émaner également de Jean de Sissy, père de l'Allemand, que MELLEVILLE cite en 1360, tandis qu'il ne mentionne son fils que « vers 1390. »

BRUNEVAL, escuier, jadiz escuier trenchant de feu nostre très chier frère le duc d'Orléans, que Dieux absoille, à présent prisonnier en nostre Chastellet de Paris, contenant que lui estant capitaine d'Ouchie pour nostredit frère, il convoita et affecta avoir par mariage une jeune damoiselle d'environ ledit pays, nommée MARIE DE KAIS, lors aagée de vij ans ou environ, par ce qu'elle estoit gentil femme et riche de six à huit cens livres de terre de son heritage de père et de mère, qui estoient aléz de vie à trespas, et à son pourchas et requeste en fist parler aux amis d'elle de par nostre dit frère, lequel aussi les manda et requist de venir parler à lui, et mesmement Lalement de Sissy, oncle de la dicte damoiselle et Boyleaue de Burelles, qui a espousé la bellante et aucuns autres parens de la dicte damoiselle ; et pour ce qu'ilz ne vindrent point par devers nostre dit frère, ledit suppliant pourchassa tant par devers nostre dit frère, qu'il manda au bailli de Coucy, qui lors estoit, qu'il amenast lesdiz amis et la dicte damoiselle par devers lui, et tant que à un certain jour du mois de septembre, l'an mil cccc et six, ledit suppliant, embrunché afin que on ne le congneust, en la compaignie dudit bailli et d'autres grant nombre de gens arméz alèrent à Reivillon, en l'ostel de Hue de Blegni, chevalier, et de Mehault[1] de Pris, sa femme, ayole maternelle de la dicte damoiselle, et qui avoit le bail et gouvernement d'icelle, ouquel hostel icelle damoiselle estoit et demouroit, et en y alant ilz encontrèrent ledit Lalemant, auquel ledit suppliant demanda où ladicte damoiselle estoit, et pour ce qu'il dist qu'il ne savoit, ledit suppliant lui dist qu'il mentoit comme mauvaiz ribaut qu'il estoit, et emmenèrent ledit Lalemant avecques eulx, et firent tant qu'ilz entrèrent oudit hostel jusques au nombre de trente ou environ, non obstant que

---

[1] La copie porte ici *Michault*, mais partout ailleurs *Mehault* ; c'est pourquoi nous avons corrigé.

ledit bailli eust promis audit chevalier qu'il n'y entreroit que lui iij^e, et prindrent en la cave dudit hostel ladicte damoiselle où elle s'estoit retraicte avecques une chamberière, pour doubte des dessus diz, la firent monter à cheval, et aussi la dicte Mehault, son ayole, et avecques aucuns des amiz d'elle la menérent à Chasteauthierry, espérans d'y trouver nostre dit frère qui avoit mandé par l'ennortement dudit suppliant que on les lui menast, et pour ce qu'il s'estoit partis pour venir à Paris, eulx semblablement se partirent pour y venir, et en chemin ledit suppliant, convoitant avoir ladicte fille par mariage, faisant entendant qu'il seroit riches homs de la succession de son père, et qu'il estoit l'ainsné de grande et noble generacion, sollicitoit et faisoit soliciter et induire par doulces paroles et aussi par rigoureuses, par le port qu'il avoit de nostre dit frère, les amis de la dicte damoiselle et de la dicte Mehault de consentir ledit mariage, et tant que eulz estans à Chauconnin[1] lez Meaulx, lesdiz Lalemant et Mehault, qui estoient avecques la dicte fille, le consentirent, et furent ledit suppliant et la dicte damoiselle fiancéz par main de prestre, et y dancèrent à menestréz, et firent grant feste, et de là s'en vindrent à Paris où la dicte damoiselle et ledit suppliant furent espouséz, et fu la dicte damoiselle par aucun temps en la compaignie de nostre treschière et tresamée compaigne la royne, et s'en retourna la dicte Mehault en son pays, laquelle, qui estoit aagée de quatre vins ans, ala de vie à trespas environ trois sepmaines ou autre temps aprez son retour, et dient les parties adverses pour chargier ledit Bruneval qu'elle print la maladie pour le desplaisir qu'elle avoit eu en la dicte besongne et mariage, combien qu'il est à presumer le contraire, veu le grant aage qu'elle avoit, aprez le decez de laquelle, pour ce que ledit Hue de Blegni, son mary, disoit à lui comme noble, appar-

---

[1] La copie porte *Chaucounin* ou *Chaucommin*.

tenir par la coustume du païs tous les meubles demouréz du decez de la dicte Mehault, sa femme, il fist certain traictié et accort avec ledit suppliant, par lequel il transporta audit suppliant touz les meubles qui lui appartenoient, tant de son chief comme par le decez de la dicte Mehault, par vertu et auctorité duquel traictié ledit suppliant print plusieurs biens meubles et lettres en plusieurs lieux, comme à lui appartenans, les uns par inventoire et par justice, et les autres sans inventoire : et pour ce que aucuns eulz disans serviteurs dudit Lalemant, qui disoit lesdiz biens à lui appartenir comme filz et heritier de ladicte Mehault, s'efforcèrent d'empescher audit suppliant de prendre lesdiz biens, il les bouta arrière, et peut estre qu'il leur donna une buffe ou deux, pour occasion duquel fait et choses dessus dictes, lesdiz Boyleaue et sa femme, Lalemant de Sissy, Ramage de Beaurain et Bidolet Herlin, eulx disans amis charnelz de ladicte damoiselle, obtindrent noz autres lettres, adreçans au premier huissier de Parlement, contenant en narracion en effect ce que dit est, par lesquelles estoit mandé audit huissier de amener prisonnier les coulpables ou iceulz adjourner à comparoir en personne, et sur peine de banissement, en nostre court de Parlement, et que ladicte damoiselle, qui lors estoit à Paris, il amenast par devers ladicte court, pour en ordonner et de ses biens comme il appartiendroit, par vertu desquelles lettres Thomas Raat, huissier de Parlement, informacion précédent, adjourna ledit suppliant à comparoir en personne, et sur peine de banissement, en nostre court de Parlement à certain jour du mois de may, l'an mil cccc et sept, mais ledit suppliant, qui senti nouvelles desdictes lettres, fist tant que la dicte damoiselle fut menée pardevers et avecques feue nostre treschière seur la duchesse d'Orléans, afin qu'elle ne feust amenée par devers nostre dicte court, auquel jour ledit suppliant comparu en sa personne et proposa ses deffenses par autres manières que dessus est dit, soulz umbre d'une information qui avoit esté faicte de son innocence, en nyant qu'il eust esté à la prise de la dicte damoiselle audit lieu de Reivillon, et disant que ladicte damoiselle estoit aagée de dix ans ou environ, et que tout avoit esté fait de franche volonté et de plain consentement d'elle et de ses diz amis et qu'ilz en avoient eu tresgrant joye, avecques plusieurs autres choses, sur le propos desquelles parties elles furent appoinctées en arrest le xxvij° jour dudit mois de may, et l'endemain ou autre jour ensuivant, fut appoinctié et ordonné par nostre court de Parlement que ladicte damoiselle venroit pardevers ladicte court pour estre veue et interroguée, et fut ledit suppliant arresté prisonnier entre les quatres portes de Paris, sur peine d'estre actaint et convaincu dudit cas et de confiscacion de corps et de biens, jusques à ce qu'il aroit fait venir la dicte damoiselle par devers la dicte court; non obstant lequel appoinctement et arrest ledit suppliant, doubtant faire venir la dicte damoiselle pour les causes dessus dictes, et pour doubte de rigueur de justice, et aussi que maladie le surprist, et pour plus tost estre gary de la dicte maladie et avoir l'air du lieu de sa nativité, se parti de la dicte ville sanz congié de la court, en enfraignant ledit arrest et appoinctement, et fut malade par l'espace d'un an ou environ, durant lequel temps lesdiz amis charnelz de la dicte damoiselle et nostre procureur obtindrent deffault alencontre dudit suppliant, contendans à certaines grosses fins et conclusions criminèles et civiles, et tant procedèrent que ledit suppliant fut mis en quatre deffaulx, et par vertu d'iceulz a esté dit par arrest que ledit suppliant estoit decheu de ses deffenses et que nostre dicte court le tenoit pour convaincu et actainct desdiz cas, et pour ce l'a condempné à amener la dicte damoiselle par devers la court et à rendre à icelle tous les biens meubles de la dicte damoiselle prins par ledit suppliant et les fruis et revenues qui ont esté levées de ses héritages, et l'instimacion du plus grant pris, pour les garder et gouverner par la main de la dicte court, et aussi à mectre par devers nostre dicte court la somme de deux cens livres pour convertir en messes et prier pour l'ame de la dicte Mehault, et en plusieurs amendes prouffitables et honnorables envers lesdiz amis, et mesmement envers ledit Lalemant en la somme de iij^m l. t., pour la valeur desdix biens meubles, qu'il a juré tant valoir au temps de la prise faicte d'iceulx par ledit suppliant, et envers lesdiz Lalemant, Ramage et Bidolet en iiij^m l. t., tant pour amende comme pour leurs dommages, interestz et despens, et envers nous en ij^m l. t. d'amende, et à tenir prison pour les choses dessus dictes et banny de nostre royaume, et le residu de ses biens confisquez; et depuis, c'est assavoir ou mois de janvier oudit an cccc et viij, ledit suppliant ou ses amis charnelz pour lui, ayent de nous obtenu noz lettres de grâce et de remission au regart des deffaulx, condempnacions et bannissement dessus diz tant seulement, par laquelle grâce nous lui avons quicté, remis et pardonné les appeaulx, deffaulx, condempnacions, bannissement, confiscacion et detencion de prison dessus diz, et tout ce qui par vertu d'iceulx s'est ou peut estre ensuy à nostre prouffit et pour l'interest de nous et de justice, excepté l'adjudication faicte à sa partie adverse, et l'avons restitué à sa bonne fame, renommée, au pays et aux biens de lui et de ladicte damoiselle, en imposant silence à nostre procureur, pourveu qu'il feroit venir la dicte damoiselle sa femme par devers la dicte court quant elle l'ordonneroit, pour veoir et interroguer icelle damoiselle, lesquelles noz lettres n'aient encore esté veriffiées, mais avant qu'il les ait présentées ne requis l'enterinement d'icelles, il nagaires esté pris et amené prisonnier en nostre Chastellet, et la dicte damoiselle amenée à Paris et interroguée par la dicte court, laquelle est à present aagée de xiij ans ou environ, grande et puissant, et avecques laquelle il a ja couchié par l'espace d'un an et demi, et eu sa compaignie charnelle en consommant le mariage qui par avant avoit esté fait, et demouré ensemble en l'ostel du père dudit suppliant paisiblement et amoureusement, comme mary et femme doivent demourer ensemble, neantmoins pour ce que ledit suppliant n'a pas obtenu grâce et remission dudit cas principal, qui est tel comme dessus est dit, non obstant qu'il eust proposé en ses deffences par autre manière, comme dit est, il doubte que non obstant qu'il soit en voye d'accort à ses parties adverses, que nostre dicte court ne vueille proceder alencontre de lui extraordinairement ou à peine corporèle, dont il seroit à tousjours desert et perdu, se par nous ne lui estoit sur ce gracieusement pourveu, si comme il dit, requérant que ce consideré, et en faveur dudit mariage qui est fait, parfait et consommé, et qu'il est homme de grande et noble generacion et extraccion, et lequel et ses amis nous ont grandement et loyaument servi en noz guerres et autrement, et sont tousjours pretz du faire, nous lui vueillons sur ce impartir nostre benigne grâce. Pour ce est il que nous qui voulons grâce et misericorde préferer à rigueur de justice, et en ampliant nostre dicte première grâce, laquelle nous voulons avoir et sortir son plain effect, et pour contemplacion de plusieurs de ses parens noz officiers, qui de ce nous ont humblement requis et supplié, audit suppliant avons quicté, remis et pardonné, et par ces présentes, de grâce espécial, pleine puissance et auctorité royal quictons, remectons et pardonnons les faiz et cas dessus diz avecques ledit ban, avecques toute peine, offense et amende corporèle, criminèle et civile, que pour occasion desdiz faiz et cas il peut avoir encouru envers nous et justice, et le restituons à sa bonne fame et renommée, au pays et à ses biens, satisfacion faicte à partie, se faicte n'est, en imposant sur ce scilence perpetuel à nostre procureur. Si donnons en mandement à nos amez et feaulx conseilliers les gens tenans nostre présent parlement et qui tendront noz parlemens avenir, et à touz noz autres justiciers ou à leurs lieuxtenans et à chacun d'eulx, si comme à lui appartendra, que de nosdictes grâces et rémissions facent et sueffrent ledit suppliant joïr et user, et lui mectent son corps et ses biens pour ce empeschiez à pleine délivrance, car ainsi nous plaist il et voulons estre fait de grâce espécial par ces présentes. Et que ce soit ferme chose et estable à tousjours, nous avons fait mectre notre seel à ces presentes, sauf en autres choses nostre droit et l'autruy en toutes. Donné à Aucerre ou mois d'aoust, l'an de grâce mil cccc et douze, et le xxxij^e de nostre règne.

Par le roy, messire Guillaume Martel et plusieurs autres présens.

FERRON.

Archives Nationales : Trésor des Chartes, JJ. 166, n° 254, fol. 167, 168.

CXV

(10 MARS 1404). EXTRAIT D'UN « DÉNOMBREMENT DE JUMEL » CONCERNANT UNE TERRE APPARTENANT A MARIE, FILLE DE BIDAUT II DE CAIX.

Dénombrement de Jumel.
C'est le dénombrement de la terre de Jumelles [1], que Jehan de Digneure, chevalier, tient et advoue tenir en fief et en parrie à cause de Isabelle de Jumelles, ma femme, héritière dudit fief, de mon très cher et redoubté seigneur Ferry de Lorraine, mon seigneur, à cause de son Chastel et Chastellenie de Boves.

. . . .
. . . .

[1] Canton d'Ailly-sur-Noye (Somme).

Sy sensient les frans hommes quy tiennent de my en fief, et je les tiens de Bove, à le cause dessus déclaréz.

Primes, monsieur de Fouencamps est mes hoirs [1] et tient de my quatre hommaiges en arrière-fief, c'est asçavoir la fille monsieur BIDANS [2] DE CAIX et le terre qu'elle a à Caix, et le tient à deux hommaiges; laquelle terre fut jadis à Aubert de Sains, et sy en tient le Borgne de Mannier à cause de se femme, se terres qu'il a à Guillaucourt, laquelle terre fut jadis à Jehan de Maucourt.

Cauvel de Beauvillé : *Recueil de documents inédits concernant la Picardie,* Paris, Impr. Impér. 1877, in-4. Tome III, p. 216.

CXVI

(an. 1403). trois pièces concernant nicolas de bruneval, veneur de louis, duc d'orléans.

Loys, filz de Roy de France, duc d'Orliens, conte de Valois, de Bloiz et de Beaumont et seigneur de Coucy, A notre amé et féal conseiller Jehan le Flamant, salut et dilection. Nous voulons et vous mandons que des deniers de noz finances vous, par Jehan Poulain nostre Trésorier général, faites paier, bailler et delivrer tantost et sanz delay, A noz bien amez veneurs Pierre Dionart, BRUNEVAL et Loys Cochet, la somme de cent et cinquante frans d'or, c'est assavoir à chacun cinquante frans, laquelle somme nous leur avons donnée et donnons de grâce espécial par ces présentes, pour leur aidier à eulx habillier pour venir avec nous et en nostre compaignie en ce voyage que nous entendons présentement faire ès parties de Lombardie et d'Ytale (sic). Et par rapportant ces présentes et quictance

---

[1] Faute de transcription pour *homs*.

[2] *Bidans*, erreur de M. de Beauvillé pour *Bidaus*.

souffisant sur ce, ladicte somme de cent et cinquante frans d'or sera alloée ès comptes de nostre dit Trésorier et rabatue de sa recepte par nos amés et féaulx gens de noz comptes, sans aucune difficulté ou contredit, non obstans autres donz par nous à eulx autreffoiz faiz, non exprimez en ces présentes et ordenances, mandemens ou deffenses quelxconques à ce contraires. Donné à Paris, le xxiiiie jour de Septembre, l'an de grâce mil quatre cens et trois.

Par Monseigneur le Duc

VILLEBRESME.

(Parchemin. — Sceau de cire rouge brisé).

De par Jehan le Flament, Conseiller du roy nostre seigneur et de Monseigneur le duc d'Orliens, Jehan Poulain, Trésorier général de mondit seigneur le duc, acomplissiez le contenu ès lettres de mondit seigneur ausquelles ces présentes sont attachées soubz mon signet, En paiant à Pierre Donart et BERNEVAL et Loys Cochet, veneurs de mondit seigneur, nommés ès dites lettres, la somme de cent et cinquante frans, c'est assavoir à chacun d'eulx cinquante frans, que mondit seigneur leur a donné pour une foiz, de sa grâce espéciale, pour les causes contenues ès dites lettres; Et tout pour la somme et manière que mon dit seigneur le mande par ycelles. Donné à Paris, soubs mon dit signet et saing manuel, le xxxe jour de septembre l'an mil quatre cens et trois.

(Signé) : JE. FLAMENT (avec parafe).

(Parchemin. — Traces de sceau sur cire rouge).

Saichent tuit que nous Pierre Dionart, NICOLAS DE BRUNEVAL et Loys Cochet, veneurs de monseigneur le duc d'Orliens, Confessons avoir eu et reçeu de Jehan Poulain, Trésorier général de mondit seigneur le duc, la somme de cent cinquante livres tournois, lesquelx mondit seigneur, par ses lettres données le xxiiiie jour de septembre derrenièrement passé, nous a donnéz de grâce espécial.

C'est assavoir à chascun de nous L l. t. pour nous aidier à habiller pour aler avec lui et en sa compaignie en ce voiage qu'il entent présentement faire ès partie de Lombardie et d'Ytale (sic). Si comme il appert plus applain par ses dites lettres. De laquelle somme de CL l. t. dessus dicte, nous nous tenons pour contens et bien paiez, et en quictons mondit seigneur, son dit Trésorier et tous autres. Tesmoing nos seaulx et saings manuelx mis cy dessoubz, le XXe jour d'octobre, l'an mil CCCC et trois.

(Signé) : P. DONART.
L. COCHET.
BRENEVAL.

3 sceaux de cire rouge sur simple queue de parchemin. Celui de Bruneval, bien conservé, est une rose ou quintefeuille, portant autour ce simple mot : *Breneval*.

Bibliothèque Nationale. Cabinet des Titres : Pièces originales, tome 1005, Dossier DIONARD, n° 22791, pièces 2, 3 et 4.

CXVII

(1er SEPTEMBRE 1408). PROCÈS-VERBAL D'INFORMATION ET COMPTE DES DÉPENSES D'UNE RÉCOLTE FAITE PAR ORDRE DE VALENTINE DE MILAN, DUCHESSE D'ORLÉANS, SUR UNE TERRE DE MARIE, FILLE DE BIDAUT II DE CAIX, A TRAISNEL.

Mises de justice par l'ordonnance de nous, Robert d'Aisne, gouverneur de la baronnie de Coucy, faictes par Raoul l'Escuier, recepveur de Marle, pour nostre tresredoubtée dame, ma dame la duchesse d'Orliens, de ce et pour les causes dont cy après sera faicte mention, le lundi vj^e jour d'aoust et les jours ensuivans, l'an mil iiij^c et huit.

Il est vérité que par le vertu de la commission donnée du bailli de la dicte baronnie de par nostre dicte dame, un certain fief, qui jadiz fu messire BIDAU DE CAYS, séant à Trennel ou environ, a esté mis en la main de nostre dicte dame par deffaulte de homme, et pour icellui gouverner, a eust certain commis et le exploit signiffié partout là où il appartenoit, et ce non obstant aucuns tant officiers de madame Yzabel de Lorrainne, dame doagière de Coucy, comme autres, ont prins les despouillez d'icellui fief certainne grant quantité et mises où ilz leur a pleust, en enfraingnant la main de la dicte saisine et ou préjudice de nostre dicte dame, et avec ce les prévost, sergens et officiers de la dicte doagière ont fait pluseurs grans delis, forces publiques, enfforcement et autres grans escandélez, à la personne de Gérart de Tavaux, sergent de nostre dicte dame en la prévosté de Marle, en exploitant et mettant à exécucion de par elle, la commission dudit bailli comme ce et autres choses desclairées en une certainne grosse informacion sur ce faicte par l'ordonnance du conseil de nostre dicte dame, par le procureur genéral de ladicte baronnie, appellé avec lui à nostre commandement maistre Hugue Blassel, tabellion roial, et pour conforter la main dudit commis et pour ce que nous ne eussiens mie à requérir icellez despouillez aux officiers de la dicte doagière, nous, par l'ordonnance du conseil, avons alé sur le lieu et chevauchié à poissance de gens sans armes et avons fait penrre pluseurs faucheurs, soyeurs, conduisseurs, chartons qui ont despouillié le surplus d'icelles despouillez, et comme par la main dudit commis ont tout admené au chastel à Marle et a convenu pour ce faire pluseurs despens, c'est assavoir pour les despens de bouche de nous, dudit procureur, des tesmoings par lui produis, et autres estans en nostre compaignie, tant en la maison Gérart Le Fèvre, hostelain, comme en la maison dudit recepveur, par ij jours entiers. Pour ce : Six livres deux solx dix deniers par.

Item, pour les despens des chevaux : Trente ung solz huit d. par.

Item, pour les despens de xviij soyeurs : Vint quatre solz p.

Item, pour les despens des chartons : Diz nuef solz p.

Item, pour les despens de iij entasseurs : Quatre solz p.

Item, pour le salaire dudit tabellion, qui par iij jours continuelx a esté avec ledit procureur à faire ladicte informacion : Dix huit solz p.

Item, baillié à Gérart de Tavaux, sergent de nostre dicte dame pour aler à Paris, auquel lieu il estoit appellé à la requeste de la dicte doagière : Trente six solz p.

Item, pour autres despens fais par maistre Nicole Achopard, bailli, et autres officiers estans en nostre compaingnie, en faisant les exploix et choses dessusdictes : Soixante deux solz p.

Toutes lesquellez parties, montant en somme quinze libz. treze solz dix deniers p., nous Robert d'Aisne dessus nommé, tesmoingnons la dicte despense avoir esté faicte par la manière dessus dicte et par nostre commandement, pour garder le droit de nostre dicte dame, et paié par ledit recepveur en la manière que plus à plain est cy dessus desclairié, tesmoing mon seel et seing manuel cy mis, le premier jour de septembre, l'an mil iiij^c et huit.

[paraphe.]   Robert.

(Scellé en cire rouge sur simple queue. Ecu penché, semé de losanges, surmonté d'un casque heaumé, dans un quadrilobe. Légende détruite.)

Bibliothèque Nationale; Cabinet des Titres; Pièces Originales, vol. 631; Dossier Cays, n° 3.

CXVIII

(5 août 1409). Procès-verbal et commandement relatifs a l'usurpation commise sur les biens de Marie de Caix, a Traisnel.

Sachent tuit que le cinquiesme jour d'aoust, l'an mil cccc et nuef, en présence de moy, Hugue Blassel, comis au tabellionnage royal à Marle, se transporta Bernard de Pars, sergent du Roy nostre sire, par devers Raoul l'Escuier, demourant audit Marle, auquel Raoul en sa personne ledit sergent dit qu'il avoit certainnes lettres ou mandement du Roy nostre dit seigneur, par lesquelles il lui estoit mandé que à la requeste de Boilleaue de Burnelles, ou nom et comme tuteur de damoiselle MARIE, jadis fille menre d'ans de Messire BIDOULET DE KAIS, chevalier, il sceut et et enquesist qui avoit prins, levé ou transporté les fruits, despouilles et autrez biens qui pooient estre venus ou creus par les deux années derrenier passées en et sur un certain fief appelé le fief de Trennel, et que s'il le pooit savoir, il les feist rendre et restituer audit tuteur d'icelle mineur à qui ilz doivent compéter et appartenir, pour laquelle cause il estoit venus audit Marle et avoit fait information par laquelle il lui estoit apparu que ledit Raoul avoit reçeu plusieurs biens dudit fief, et pour ce icelluy sergent fist commandement audit Raoul que tantost et sans délay il vuydast et mesist hors de sa main tous les biens quelconques qu'il pooit avoir reçeu, qui pooient estre venus et issus dudit fief, pour les deux années dessus dictes. Lequel Raoul respondi qu'il ooit bien que ledit sergent disoit et qu'il feroit volentiers tout ce qui deveroit, lequel sergent lui dit qu'il convenoit qu'il respondisist s'il les renderoit ou non et qu'il lui faisait encores commandement de par le Roy nostre dit seigneur qu'il rendesist et restituast tous les biens qu'il avoit, qui pooient estre venus dudit fief comment et à quelque cause que ce fust; et lors ledit Raoul, pour peur et mespeure et pour faire obéissance audit sergent qui si fort le pressoit, nampti comme contrains en la main dudit sergent de quatre blans draps pour telle somme que ledit sergent lui voloit ou pooit demander touchant le fief dessusdit, lesquelz blans draps icellui sergent print et les mist et rechierga en garde, de par le Roy nostredit seigneur, en la maison Herbert Chauple, masson, demourant audit

Marle. Et ce certiffie je estre vray à tous à qui il appartient, tesmoingz mon seel et sing manuel cy mis l'an et jour desssus dis.

H. BLASSEL.

(Fragment de scel en cire brune sur simple queue).

Bibliothèque Nationale. Cabinet des Titres : Pièces originales, tome 631. Dossier CAYS, pièce n° 4.

CXIX

(29 JANVIER 1416). QUITTANCE DE NICOLAS DE BRUNEVAL, GRAND FAUCONNIER DU ROI, ÉPOUX DE MARIE DE CAIX.

Saichent tuit que je, COLART DE BRUNEVAL, escuier, eschanson du Roy notre seigneur et son grant faulconnier, confesse avoir eu et reçeu de Jehan Gautier, Receveur des aides ordonnéz pour la guerre, la somme de deux cens frans sur la somme de IIII^c fs. qui restoient à paier de la somme de VIII^c fs. que le Roy nostre dit seigneur, par ses lettres données le XIIe jour de novembre derrenier passé, a ordonné à moy estre baillés et délivrés par ledit Jehan Gautier, des deniers desdits aides, pour ceste présente année commençant le premier jour d'octobre précédent et derrein passé, pour icelle somme estre par moy convertie et emploiée ou payement et achact de certains oyseaulx que le Roy nostre dit Seigneur m'a ordonné achetter pour son déduit et esbattement, comme plus à plain est contenu es dites lettres. De laquelle somme de II^c fs. je me tieng pour content et bien paié, et en quicte le Roy nostre dit Seigneur, ledit Jehan Gautier et tous autres. En tesmoing de ce j'ay scellé ces présentes de mon seel et signé de mon seing manuel le XXIXe jour de Janvier, l'an mil cccc et seze.

(Signé :) BRUNEVAL.

(Nous donnons ici le fac-similé de cette signature).

Scellé de cire rouge sur simple queue de parchemin, d'un sceau rond de 25 millimètres, ainsi décrit par M. Demay (Inventaire des sceaux de... Clairambault, n° 1657).

« Ecu gironné de quatorze pièces, à l'écusson en abîme, penché, timbré d'un heaume à lambrequins, cimé d'une tête d'homme barbu ». Légende :

....Colart de Br......al.

Sur un fond de marguerites ou fleurs de passion tigées. (Voir notre gravure page 205).

CLAIRAMBAULT : *Titres scellés,* Tome 23, fol. 1647, pièce 78.

CXX

(11 DÉCEMBRE 1417). AUTRE QUITTANCE DU MÊME.

Saichent tuit que Je, COLART DE BRUNEVAL, escuier, eschanson du Roy nostre seigneur et son grant faulconnier, Confesse avoir eu et receu de Jehan Gautier,

Receveur général des Aides ordonnées pour la guerre, la somme de deux cens frans pour le demourant et paié de la somme de vııı^c fs. que ledit seigneur, par ses lettres données le xıı^e jour de novembre m.ccccxvı, avoit ordonné à moy estre bailliée et délivrée par le dit Jehan Gautier, des deniers des dix aides, pour l'année lors présente, commençant le premier jour d'octobre precédent, pour icelle somme estre convertie et emploiée par moy ou paiement et achact de certains oyseaulx que le Roy nostre dit seigneur m'avoit ordonné acheter pour son déduit et esbatement. Comme plus à plain est contenu et déclairé ès dites lettres. De laquelle somme de ıı^c fs., je me tien pour content et bien paié et en quicte le Roy nostre dit seigneur, ledit Jehan Gautier et tous autres. En tesmoing de ce j'ay signé ces présentes de mon signe manuel et scellées de mon seel le xı^e jour de décembre l'an mil cccc et dix sept.

(Signé :) Bruneval.

Scellé de cire rouge sur simple queue de parchemin d'un sceau rond de 25 millimètres, pareil au précédent. Le fond du sceau est composé de rameaux de verdure.

En bas de la pièce est une ligne écrite d'une autre main et dans laquelle je distingue seulement le mot : *Chapperons*.....

Clairambault : *Titres scellés*, Tome 23, fol. 1647, pièce 79.

CXXI

(an. 1416-1417). extrait du père anselme concernant nicolas de bruneval.

NICOLAS DE BRUNEVAL, écuyer, échanson du Roi, fut institué grand Fauconnier de France à la place de Jean Malet-de-Graville, seigneur de Montagu, par lettres du

13 août 1416, étant alors capitaine d'Ouchies pour le duc d'Orléans, et son écuyer tranchant. Il enleva, en 1406, une jeune demoiselle nommée MARIE DE KAIS, riche héritière, qui n'avoit ni père ni mère; l'épousa à Paris; fut poursuivi criminellement comme pour rapt en 1407, et en obtint rémission au mois d'août 1412. Il est qualifié échanson et grand Fauconnier dans des quittances de 1416 et 1417. Scellées d'un sceau en cire rouge, *gironné de quatorze pièces, avec un écu sur le tout,* cimier, *une tête humaine barbue,* légende : *S. Colart de Bruneval. (Cabinet de M. Clairambault).*

P. ANSELME : *Histoire généalogique et chronologique des Grands Officiers de la Couronne,* 3e Edition. Paris, 1733, in-fol. Tome VIII, p. 750 : Article des *Grands Fauconniers de France.*

CXXII

(9 MAI 1416). DÉNOMBREMENT D'UN FIEF A TRAVECY, DONNÉ A NICOLAS DE BRUNEVAL, ÉPOUX DE MARIE DE CAIX.

C'est li denombremens que Je Jehans le Buef, dit Hainselins, fait à mon très chier seigniuer et redoubté COLART DE BRUNEVAL, escuier, seigniuer de Nansel et de Travecy en partie, d'un certain fief que je tieng et adveue à tenir de luy en foy et en hommage, à le cause de Perrée ma femme, jadis fille de deffunct Jehan Roussel, le quel fief contient ce qui s'ensuit : Premiers, un camp de terre séans ou terroir de Travechy, ou lieu dit le Camp de Biauvoisis, contenant vint six setiers de terre ou environ, tenant d'une part aus terres de le Maladrie de le Fère et au fosse Ansquelen, et d'autre part as terres des hoirs Adam de Saint-Quentin......... En tesmoing de ce, j'ay scellé ce présent dénombrement de mon propre seel, duquel je use ad présent et entens à user, qui fu fais et donnéz l'an de grâce mille IIII et XVI, le IXe jour du mois de may.

Archives Nationales, P. 248². *Hommages et aveux de la Chambre des Comptes*. Pièce sur parchemin (sans sceau) n° 157.

CXXIII

(PREMIÈRE MOITIÉ DU XVe SIÈCLE). QUITTANCE CONCERNANT HUE DE CAIX, ÉCUYER, CANONNIER DU ROI.

Hue DEQUÈS, écuyer, canonnier du Roy et Hannequin, maître charpentier à faire habillements de guerre, envoyés par le roi vers le Comte d'Angoulême pour le fait de la guerre estant au pays d'Angoulesme et de Saintonge, reçoivent de Jehan Boutet, receveur à Romorantin, l'argent nécessaire à leur voyage. — (Orig. sign.)

Catalogue analytique des Archives de M. le baron de JOURSANVAULT. Paris (Techener), 1838. 2 vol. in-8. Tome I, p. 108, n° 671.

CXXIV

NOTE SUR LA MAISON DE BROUILLY

Nous avons parlé (p. 211), de MARIE DE CAIX, qui épousa Antoine de Brouilly.

Cet Antoine était le second fils de Nicolas de Brouilly et de Marie de Fromentin (*aliàs* : Fromentines ou Fromentières)¹, et le petit-fils d'un autre Antoine de Brouilly, qui, d'après Monstrelet, fut tué à la bataille d'Azincourt, le 25 octobre 1415, et qui avait épousé Jeanne de Guistelles, le 3 mai 1383, en présence de Philippe, duc de Bourgogne, dont il était le conseiller et le grand chambellan².

La terre de Brouilly, dont cette famille avait pris le nom, était située sur le territoire de la commune actuelle de Rebreuviette, canton d'Avesne-le-Comte (Pas-de-Calais). Les armes de Brouilly, que nous gravons page 191, étaient : d'argent au lion de sinople, langué et onglé de gueules. Cette maison était fort ancienne et possessionnée à Brouilly, dès le XIIIᵉ siècle³; on trouve aussi un Hue de Brouilly, chevalier, homme lige de l'abbaye de Corbie, en 1325 (*Arch. de Corbie;* cart. STIX, fol. 8, v°, et D. VILLEVIEILLE : *Trés. gén.* t. XX); mais la filiation régulière commence seulement avec ceux dont nous venons de parler, à la fin du XIVᵉ siècle. La terre de Mesvillers, près de Montdidier, fut érigée en marquisat, sous le nom de Piennes, pour la maison de Brouilly⁴.

---

¹ Cette Marie était la fille unique de Jean de Fromentin ou Fourmentin, écuyer, et de Perrine d'Hangest, fille de Colard d'Hangest et de Jeanne de Lignières. Elle était dame de Deffoy, de Beauvoir-les-Rollot, de le Merry, du Caurroy, de Lendi, de la Cave, etc. Ses armes étaient : d'argent à deux fasces de gueules. Ce fut Jean, bâtard de Bourgogne, qui fit ce mariage.

² Antoine I de Brouilly était fils d'un autre Antoine et de Jeanne de Crané. Sa sœur Catherine fut mariée à Philippe de Rasse, écuyer, seigneur de Dichy, le 18 août 1412 (D. VILLEVIEILLE : *Trésor généal.*, Tome XX).

³ Charles, sgr. de Brouilly, vivait vers 1248 (Mss. DUCHESNE, *Bibl. Nat.* Tome XXIV, p. 365).

⁴ Voir sur la maison de Brouilly : *Généalogie,* dans un Mss. de DUCHESNE *(Bibl. Nat.),* T. XXIV, p. 365; Dossiers bleus; Mss. de P. SCELLIER : *Election et Grenier à sel de Montdidier* (1739-1756). Mss. conservé à Montdidier; PIERRE D'HOZIER : *Recueil des Chevaliers de*

CLXXXIX

Antoine II de Brouilly est qualifié dans les actes : chevalier, seigneur de Mesvillers, du Deffoy, de Beauvoir, etc. Il avait acquis la terre de Mesvillers et celle de Villette, de Robert de Longueval, et il tenait les autres du chef de sa mère [1]. Comme ses auteurs, il suivit avec ardeur le parti des ducs de Bourgogne et resta jusqu'en 1475 au service successif de Philippe-le-Bon et de Charles-le-Téméraire. On a de lui, à la date de 1473, un hommage au comté de Beauvais, d'un fief assis à Coivrel.

Il mourut dans un âge très avancé, s'il faut en croire les

Saint-Michel; Cabinet des Titres, 1041; p. 1228, 1241; LAROQUE : *Histoire de la maison d'Harcourt;* GÉNÉALOGIE de la maison de Brouilly, Mss. du XVIe siècle, faisant partie de la Collection CAUVEL DE BEAUVILLÉ, à Montdidier; Mss. du *Cabinet d'*HOZIER, à la *Bibliothèque Nationale,* Tome 68; *Nobiliaire de Picardie,* par d'HAUDIQUER DE BLANCOURT (Paris, 1685, in-4º), p. 75 et suiv.; LA CHESNAYE DES BOIS : Tome IV, p. 334. (Comme toujours, cet auteur fourmille ici d'erreurs; il y en a presque à chaque ligne. Je ne citerai pas tous les noms écorchés, toutes les dates fausses; je me contenterai de noter qu'il fait de Robinet de Brouilly le frère aîné de son père Antoine II, dont il était le huitième enfant !); *Cabinet des Titres,* vol. 574 à 580 : *Recueil des noms et armes des...... chevaliers français de l'Ordre de Malte;* vol. I (574), p. 86 et 219, etc., etc.

M. l'abbé MOREL, curé de Chevrières, prépare une monographie de sa paroisse et du canton d'Estrées-Saint-Denis, dans laquelle il ne manquera pas, sans doute, avec sa sagacité habituelle, de porter la lumière dans toutes les obscurités de la généalogie des diverses branches de Brouilly.

[1] On indique comme son frère un Robert de Brouilly, écuyer, qui, le 6 décembre 1474, tant en son nom que comme procureur de damoiselle Jacqueline d'Athies, sa femme, se dessaisit, en faveur de Maître Baulde de Halloy, du fief de la Boissière, près Tricot, tenu de l'évêché de Beauvais, et qu'ils lui avaient vendu. (D. VILLEVIEILLE, Tome XX, vº BROUILLY.) — Dans cet acte, ce Robert est appelé *Robinet;* il ne faut pas le confondre avec son neveu qui s'illustra sous ce même surnom.

généalogistes qui le font comparaître encore au mariage de son fils en 1501[1].

Antoine II de Brouilly avait épousé, vers 1460, Marie de Caix, laquelle était née vers 1440 et mourut au plus tard en 1484. S'il faut en croire les divers historiens de la maison de Brouilly, Marie de Caix donna à Antoine six enfants :

1º Jean, marié le 13 janvier 1501 à Antoine de Pas, fille d'Antoine de Pas, seigneur de Feuquières et de Jeanne de Chastillon, dame de Rougeon; c'est de lui que viennent les Brouilly de Mesvillers, de Piennes, d'Hangest et d'Erquinvillers;

2º François, chanoine de Noyon et doyen de l'église de Saint-Quentin en 1523;

3º Nicolas, abbé de Sainte-Croix à Saint-Quentin;

4º Charles, seigneur d'Etelfai, nommé dans le procès-verbal de la coutume de Péronne en 1567, et qui rendit hommage à l'abbaye d'Ourscamp, en 1582, si l'on en croit l'*Histoire d'Ourscamp*, de PEIGNÉ-DELACOURT (in-4º, 1876, p. 277). Il devait être alors presque centenaire, puisque sa mère était morte au plus tard en 1484. Mais est-ce bien lui dont il est question dans cet hommage, si la date est exacte ?

5º Marguerite-Marie, mariée le 16 juin 1497 à Bon de Hangest, seigneur du Mesnil-Saint-Georges, Domfront et Mardilly-en-Brie, décédé le 8 janvier 1546, fils de Charles de Hangest;

Et 6º Anne, abbesse de Fervacques, près de Saint-Quentin.

Antoine II de Brouilly épousa en secondes noces, le

---

[1] Certains d'entre ces généalogistes, et non des moins qualifiés, vont encore plus loin. Ils font mourir Antoine II de Brouilly à la bataille de Pavie, en 1525. Or, c'est son petit-fils, fils de Jean et d'Antoinette de Pas, et appelé aussi Antoine, qui, à peine âgé de 23 ans, fut tué dans cette journée mémorable. Ce qui a induit ces écrivains en erreur, c'est que ce dernier Antoine avait épousé une Charlotte d'Aumale, de la même maison que la seconde femme de son grand-père.

26 mars 1485, Isabeau d'Aumale[1], fille de Jean d'Aumale, seigneur d'Espagni, et de Jeanne de Soissons-Moreuil, vicomtesse du Mont-Notre-Dame. Il en eut également, toujours d'après les généalogistes, plusieurs enfants :

1° Jeanne, mariée à Jean de Bétancourt, seigneur de Broyes ;

2° Robert, chevalier, seigneur de Chevrières, par acquisition de Christophe de Francières, le 1er octobre 1529. Il épousa Jeanne Lefebvre, de Péronne. Robert est fort connu dans les guerres de ce temps sous le sobriquet diminutif du « Chevalier Robinet ». Il mourut en 1553, et sur sa tombe, élevée dans l'église de Chevrières, on lit encore son épitaphe, ainsi conçue : « Cy gist Messe Robert de Brouilly, en son vivant chevalier, seigneur de Chevrières, gouverneur et cappitaine de la ville et chasteau d'Estaples, quy trespassa le vingt neufième jour de décembre, l'an mil cinq cens cinquante-trois. Priez Dieu pour son âme. » C'est de lui que sont issus les Brouilly de Chevrières, les barons de Silly, etc. ;

3° Hélène, femme de Adrien de Caen, seigneur de Saint-Ouen, et en secondes noces, le 1er février 1524, de Charles de Béthisy, seigneur de Frestoy ;

5° Raymonet de Brouilly, seigneur de la Chapelle en 1565. (*Bibl. Nat. Cabin. des Titres ; Pièces Orig.*, Tome 530, dossier BROUILLY, pièce 101.)

Par une erreur que nous ne nous chargeons pas d'expliquer, presque tous les auteurs qui se sont occupés de la maison de Brouilly, ont confondu Marie de Caix avec Isabeau de Caix, veuve de Philippe de Soyecourt, seigneur de Mouy, et fille de Pierre de Caix et d'Eustache

---

[1] Les armes d'Aumale sont : d'argent à la bande d'azur chargée de 3 besans d'or. Sur le tombeau de Chevrières, ce blason est surmonté d'un chef de 4 fleurs de lys, et un lion (?) brochant sur le tout.

d'Ongnolles. Or, comme nous l'avons vu plus haut (p. 125), Jean de la Porte. fils d'Isabeau de Caix, vivait en 1381 ; il est donc absolument impossible de confondre cette Isabeau avec notre Marie de Caix, née vers 1430. Tout au plus Marie pourrait-elle être la petite-fille de Pierre de Caix et d'Eustache d'Ongnolles, et la nièce d'Isabeau de Caix, femme de Gosson de la Porte. Peut-être des recherches ultérieures nous permettront-elles d'élucider ce point intéressant et d'établir que Marie de Caix, femme d'Antoine II de Brouilly, était bien la sœur d'Henry I de Caix et que tous deux étaient issus de Pierre de Caix, chevalier, et d'Eustache d'Ongnolles [1]. Mais, dans l'état actuel de nos études, tout ce que nous pouvons affirmer, c'est que cette Marie de Caix ne pouvait être la *fille* de parents morts un demi-siècle avant sa naissance !

Divers documents concernant la maison de Brouilly nous indiquent quelles étaient les armoiries de Marie de Caix, femme d'Antoine II, lesquelles se blasonnaient : d'azur au chevron d'or, accompagné de trois croix de même.

Ces armoiries se trouvent également dans la « *Vraie et parfaite science des armoiries* » de Pierre PALLIOT (Paris, 1660 (et 1664) in-folio), mais elles ne figurent pas dans l'*Indice armorial* de LOUVAN GELIOT (Paris, 1635, in-folio), dont l'ouvrage de PALLIOT n'est qu'une seconde édition, ce qui

---

[1] DUCHESNE (Mss. cité) et après lui GOUSSENCOURT, commettent tous deux cette erreur. Ce sont des auteurs sérieux et habitués à travailler sur titres. Le placard dont nous allons parler, émanant de la maison de Brouilly, la consacre ; or, Antoine de Brouilly, en 1662, devait savoir d'où venait son arrière-grand'mère, Marie de Caix. Il est probable qu'il se trompe seulement sur le degré de filiation qui unissait cette Marie à Pierre de Caix, et il eût été dans le vrai en disant : *issue de...* au lieu de : *fille de..*. Remarquez encore que Jean de Brouilly, fils aîné de Marie de Caix, épousa la fille d'une Chastillon, et qu'une Chastillon était belle-mère en premières noces d'Eustache d'Ognolles, mère supposée de Marie de Caix.

semblerait indiquer qu'elles ont été prises par ce dernier dans un ouvrage publié dans l'intervalle des années 1635 à 1638.

Cette hypothèse est justifiée par la rencontre de l'écu de Marie de Caix, blasonné comme ci-dessus, dans le livre de MATHIEU DE GOUSSANCOURT intitulé : *Le Martyrologe des Chevaliers de Saint-Jean de Jérusalem, dits de Malte, contenant leurs éloges, armes, blasons*, etc., publié en 1643 (2 vol. in-fol.), c'est-à-dire dans la période précitée, à propos de l'entrée dans l'Ordre d'un de ses descendants.

On les trouve à la page 52, verso [1].

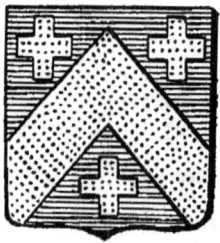 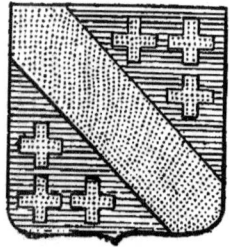

Elles sont également reproduites dans un placard conservé aux manuscrits du Cabinet d'HOZIER, à la *Bibliothèque Nationale* (tome 68), et aux *Pièces Originales*, tome 530 (Dossier BROUILLY, n° 11959, pièce n° 109), intitulé :

---

[1] Plusieurs autres mentions de Marie de Caix et de sa fille Marguerite, femme de Bon de Hangest, se lisent dans le même ouvrage, I, 196 (203); 338 (244); II, 149 (424). A ce dernier renvoi, on a imprimé « Jeanne de Lais » pour « Marie de Cais ». L'ouvrage de GOUSSANCOURT est, du reste, plein de fautes de ce genre (il s'en excuse dans la préface); la pagination en est absolument défectueuse, et la bonne doit être rétablie à la main; c'est celle que nous avons mise entre parenthèses dans nos renvois. — Le nom de Marie de Caix a, du reste, été mal donné également par d'autres auteurs; le manuscrit du *Cabinet des Titres* (n° 574) l'appelle (p. 86) « Antoinette », mais ailleurs (p. 219), il met bien Marie.

« *Extraict de la Preuve vérifiée et scellée par le duc d'Arpajon et le mareschal d'Aumont, commissaires.* »

Ce placard, de quatre pages in-folio, non paginées, dont la dernière est blanche, a été imprimé vers 1663 [1], lors de la candidature à l'ordre de Malte de son arrière-petit-fils Antoine IV de Brouilly, troisième marquis de Piennes, de son vivant gouverneur de Pignerol, etc., marié en 1661 à Françoise de Godet des Marais, dont il n'eut que deux filles, et en qui s'éteignit la branche aînée des Brouilly.

En tête de ce placard sont gravées ses armes, supportées par deux lions, couronnées et cimées, etc. Le heaume est entouré de huit bannières, reproduisant l'écu d'autant de maisons « d'où le chevalier a vérifié dans sa Preuve qu'il est issu en ligne droite de mère en mère », savoir : Crane, Ghistelles, Fourmentin, Caix, Pas, Aumale, Halluin et Rochefort.

Nous n'avons pas besoin de faire remarquer que les trois croissettes que nous voyons ici se retrouvent, en nombre différent et avec d'autres émaux, sur le sceau de Jean de Caix le Danois, et dans les armes de Henri de Caix et de ses descendants (p. 154-156). Le chevron que portait Marie de Caix constituait peut-être une simple brisure.

Mais ce qu'il importe de relever, c'est que, presqu'à la même époque à laquelle se publiaient les ouvrages dont nous venons de parler, existait à Paris une honorable famille de bourgeoisie, du nom de « Cay », qui fournit plusieurs libraires jurés à la corporation et des magistrats municipaux à la ville.

L'un des membres de cette famille est indiqué dans un ouvrage de Jean Chevillard [2] comme portant les mêmes

---

[1] Très certainement entre la naissance d'Olympe de Brouilly, qui y est nommée, et celle de sa sœur Marie-Rosalie, qui n'avait pas encore eu lieu.

[2] Il s'agit de Denis de Cay, quartinier de Paris en 1613, ainsi qu'on

armoiries que nous venons de voir attribuées à Marie de Caix. Comme nous n'avons trouvé aucun point de contact entre ces « Cay » parisiens et les vieux « Caix » picards dont tous les rameaux nous sont alors parfaitement connus, nous sommes réduits à faire les conjectures suivantes : ou bien les « Cay » parisiens ayant à prendre, suivant l'usage du temps, des armes distinctes, et trouvant dans Palliot, le recueil d'armoiries le plus recommandable et le plus qualifié de ce siècle, un écu « de Cais » que personne ne réclamait, se l'attribuèrent purement et simplement, sans s'occuper de l'origine de ce blason, sans s'informer du document où Palliot l'avait puisé (pour nous, c'est très certainement Goussancourt) et sans s'inquiéter de savoir si une autre famille pouvait le revendiquer; ou bien, Chevillard et son graveur Beaumont, lorsqu'ils eurent à donner un écu à Denis de Cay, quartinier de Paris en 1613, se permirent-ils tout simplement, n'en trouvant pas d'autres, de lui attribuer les armes blasonnées par Palliot, de façon à combler leur tableau et à éviter d'y laisser un blanc. Nous inclinerions volontiers, étant données les dates (l'ouvrage de Chevillard n'ayant paru que vers 1730), à adopter cette seconde hypothèse.

Quoi qu'il en soit, cet écu, d'azur au chevron d'or accompagné de trois croix de même, est incontestablement le blason de Marie de Caix, épouse d'Antoine II de Brouilly, et les puînés de la branche des Caix Saint-Aymour l'ont, depuis longtemps, repris, et en écartèlent leurs armoiries. (Voir notre Table des Gravures de cet ouvrage.)

---

le voit dans Jean Chevillard : *Gouverneurs, lieutenants du roi, prévôts des marchands, etc., de Paris, depuis 1268 jusqu'en 1726*, avec les armes gravées par Beaumont (Paris, in-fol. sans date, vers 1730). A côté de ce Denis de Cay, nous trouvons un Antoine de Cay, reçu libraire à Paris en 1625 et mort en 1659. Il fut le beau-père de Sébastien II Martin. — Cfr. LOTTIN : *Catalogue chronol. des libraires et libraires-imprimeurs de Paris depuis l'an 1470 jusqu'à présent*. Paris, 1789, in-8.

Nous avons dit tout à l'heure que l'impression du *Martyrologe* de Goussancourt a été très négligée et que l'ouvrage est plein de fautes. C'est à cette cause, sans doute, qu'il faut attribuer la description faite, à la Table, des armoiries de Marie de Caix, ainsi blasonnées : « Cais, d'azur à une bande et six croix d'or [1] ». Ce n'est, en tous cas, qu'une variante, dans laquelle on pourrait voir une réminiscence de l'écu déjà cité de Jean de Caix (p. 154). Mais l'unanimité des autres documents relatifs à cette question, et surtout la présence de l'écu gravé de Marie de Caix dans les Preuves citées plus haut, produites par son arrière-petit-fils en 1663, nous donnent la conviction entière que les armoiries de son aïeule étaient bien celles que nous reproduisons plus haut, c'est-à-dire : d'azur, au chevron d'or, accompagné de trois croix de même.

CXXV

(30 MAI 1482). MONTRE PASSÉE A MONTREUIL, DE GENS D'ARMES, PARMI LESQUELS JEAN DE CAIX.

C'est la Monstre et Reveue faite à Monstereul, Le pénultiesme jour de May, l'an mil quatre cens quatre vingtz et deux, de certain nombre de gens de guerre gascons estans soubz les charges de Jehan du Maine et Jehannot de Salles, du nombre des quatre mille ordonnez et retenuz pour la garde, seureté, déffense et renfort du champ de guerre du Roy nostre seigneur, Par nous Pierre de Mouchy, chevalier, seigneur de Moncavrel, à ce commis par Messire Philippe de Crèvecœur, seigneur

---

[1] Nous donnons ci-dessus cet écu à côté des véritables armoiries de Marie de Caix. (Voir p. cxciii).

d'Esquerdes et de Lannoy, chevalier de l'ordre du Roy nostre dit seigneur, et son lieutenant général ès païs de Picardie et d'Artoys, cappitaine général dudit champ, servant à l'acquict de maistre Nicole Charetier, notaire et secrétaire du Roy nostre dit seigneur et trésorier dudit champ de guerre, pour leurs gaiges et souldes des moys de janvier, février et mars derrains passés, au feur de cent solz tournois pour chascun homme de guerre par moys. Desquelz gens de guerre, estans en nombre deux cens quarante, dont les noms et surnoms s'ensuivent.

Et premièrement :

(Nous ne publions pas ces 240 noms; nous en donnerons seulement quelques-uns :)

Ledit Jehan du Maine.
Jacques de la Ferrière
Jehan de Verrière
Gossier Jobert
Helye Pauly
Guillaume des Roches
Jehan Massin
Pierre Seignouret
Guillon de Beauregard
Bertrand de la Barrière
Jehan de Vaux
Jehan de Bailleul
Guillaume Durant
Guillaume Prevost
Fréminot de Bretancourt
Pierre de la Brugière
Pierre Albaret

Bernard du Pont
Jacques de Saint-Hilaire
Baudoin Quiéret
Jehan de Beaulieu
Le Bastard de Tilly
Jehan de Bazin
Bernard de Mainies
Perroton de Marquadet
Perrot de la Garde
Guillaume de Pellegrin
Henry des Hayes
Petit Jean Paillette
JEHANNOT DE CAYS
Bertrand de la Fosse
Lucquet de Vigneau
Jehannot de Bazin
Hector de la Porte, etc., etc

Biblioth. Nat. CLAIRAMBAULT : *Titres scellés,* vol. 68, p. 5319, pièce 167.

CXXVI

(juin 1493). Lettres de rémission pour Jean de Caix, archer des ordonnances du roi, sous le comte de Foix.

Charles... etc. Savoir faisons... etc. Nous avoir receu humble supplicacion de JEHANNYNOT DE QUAIS, archier de nostre ordonnance, soubz la charde (sic) de nostre très chier et amé cousin le comte de Foix, contenant que le XIIIe jour de ce présent moys de Juing, ledit suppliant estant en la ville de Doullens, au logis de son cappitaine où pend pour enseigne le Constantin, avec François Gaillofre, aussi archier de ladite compagnie, se meult question et débat entre eulx pour raison de certain butin qu'ilz avoient eu durant qu'ilz estoient en garnison à Béthune, pour ce que ledit Galiofre disoit que ledit suppliant avoit eu cinq frans dudit butin où il devoit participer, et ledit suppliant respondit qu'il n'en avoit eu que quatre ; et ledit François dist que si....... avoit et qu'il en avoit menty, comme meschant homme qu'il estoit, en l'appellant hongnart, disant qu'il ne faisoit tousiours que hongner et que s'il n'estoit au loigis de son cappitaine, qu'il luy donneroit du poing sur le visaige. Lors ledit suppliant dist que ne feroit et qu'il n'estoit pas homme pour ce faire. A quoy par icelluy François fut respondu que si feroit, mais qu'il widast en la rue avec luy. Sur ce point, se partit ledit suppliant, se tirant ung peu arrière pour vouloir issir hors dudit logis, mais il en fut empesché par aucuns. Lors se prindrent à injurier et desmentir de rechief, l'un l'autre, par quoy ledit suppliant, esmeu et courroussé de se veoir ainsi desmentir et injurier, tira une épée qu'il avoit et d'icelle, de chaulde collè(re), frapa ung cop de taille sur la teste dudit François, au moyen duquel cop, par faulte de gouvernement ou autrement, trois jours après par faulte de gouvernement, ala de vie à trespas. Pour lequel cas ledit suppliant a esté prins et est détenu prisonnier audit Dollens. Et dobte (redoute)..... Nous requérant, etc..... Pourquoy, etc..... Au Bailli d'Amiens, etc..... Donné à Paris, au moys de Juing l'an de grâce mil CCCC IIII^{xx} et XIII, et de nostre règne le dix^{eme}. Ainsi signé : Par le Roy : Le Conte de Ligney. Les Sires de Myolans, de Piennes, d'Aubigny et autres présens. Du Boys. Visa contentor. Texier.

Archiv. Nat. Trésor des Chartes, JJ. 226^B, fol. 293 (nouveau 58 verso).

CXXVII

NOTE SUR LA MAISON DE RUBEMPRÉ

La maison de Rubempré, vieille famille chevaleresque, portait dans ses armoiries : D'argent à 3 jumelles de gueules (Mss. de D. Grenier, 33, fol. 123). Nous les gravons ci-dessus, page 231. Quelquefois le nombre des jumelles variait; c'est ainsi que dans le même volume du fonds de Picardie, on trouve un autre Rubempré dont les armes sont blasonnées : d'argent à 5 jumelles de gueules; dans le même volume également des Manuscrits de D. Grenier, dans les Montres faites en 1374 à l'occasion du sacre de Charles V, on trouve encore un membre de la même famille qui porte seulement 2 jumelles.

Il existe au *Trésor généalogique* de D. Villevieille, T. 79 (Manuscrit de la *Bibliothèque Nationale, Cabinet des Titres*, vol. 148 bis), plusieurs mentions de Raoul de Rubempré, beau-père d'Henri I de Caix. Nous reproduisons les suivantes :

Année 1478. « Raoul de Rubempré, curateur donné par justice à damoiselle Yolant de Roye, fille mineure de feu Jacques de Roye, damoiselle Claire de Rubempré, veuve dudit feu Jacques et demeurée enceinte, relevèrent de la succession dudit feu Jacques toutes les terres et fiefs par luy délaissés et notamment un fief de l'abbaye de Corbie assis à Hamel, à Bousincourt et à la Motte-en-Santerre, le 14ᵉ octobre 1478.
Arch. de l'abb. de Corbie, reg. PETRUS, n° 6 fol. 25 v°. »

Année 1483. « Nobles personnes Raoul de Rubempré, seigneur d'Aubercourt et damᵉˡˡᵉ Antoine d'Hénencourt, sa femme, donnent procuration pour traiter avec Adrien d'Hénencourt, leur frère, sur la succession de feu Jean d'Hénencourt, aussi leur frère, le 10ᵉ 8ᵇʳᵉ l'an 1483.
Archives du Château d'Hénencourt, sac T. »

Année 1486. « Raoul de Rubempré, écuyer, seigʳ de Waubercourt, donna procuration à Adrien de Rubempré, son fils, pour desservir ses fiefs vers les seigneurs de qui ils relevoient, le 29 août 1486.
Hôtel de ville d'Amiens. Sais. cotte 15. v. 8. »

Au vol. 2588 des *Pièces originales* du *Cabinet des Titres* (Dossier 57560) on trouve plusieurs pièces concernant Charles de Rubempré, seigneur d'Aubercourt, qui avait épousé Hélène de Bergnieulles et qui mourut en 1540, guidon en la compagnie de 40 lances fournies des ordonnances du roi sous M. de Créquy.

Ce Charles devait être le fils d'Adrien de Rubempré et le petit-fils de Raoul.

CXXVIII

NOTE SUR LA MAISON DE SOREL

Il semble y avoir eu au Moyen-Age plusieurs familles du nom de Sorel. Celle dont il est ici question était Picarde et paraît être issue de Robert de Sorel, seigneur de Quesnoy-sur-Airaisnes [1], au commencement du XIVe siècle. D. VILLEVIEILLE, dans son *Trésor Généalogique* (*Cabinet des Titres*, tome 151 bis), cite plusieurs actes relatifs à ce Robert, à partir de l'an 1349 [2]. Il vendit, cette année et l'année suivante, des portions de sa seigneurie. Après sa mort, arrivée à ce moment, son fils, Robert, IIe du nom, vendit, en 1352, le château et la terre de Quesnoy à Guy Quieret, fils mineur de noble homme Messire Robert Quieret, chevalier. Dans la dernière pièce, datée du 28 avril 1352, il se qualifie Robert de Sorel, écuyer, sire de Sorel, tandis que précédemment, lui et son père prenaient le titre de : Robert de Sorel, écuyer, seigneur de Quesnoy-sur-Airaisnes. A la suite de cette vente, la maison de Sorel alla s'installer en Beauvaisis.

En 1399, Regnault de Sorel, écuyer, « tenoit à Moy [3] un fief de la seigneurie du même lieu, que noble homme Messire Charles de Soycourt, chevalier, chambellan du Roy, avoua tenir en fief de noble et puissant seigneur

---

[1] Quesnoy-sur-Airaisnes, arrondissement d'Amiens (Somme), à la limite de celui d'Abbeville. Le fief de Sorel, dont la maison portait le nom, est aussi dans le voisinage d'Airaisnes.

[2] Robert avait sans doute pour père Jean de Sorel, qui rendit hommage, en 1302, à l'évêque d'Amiens, de tout ce qu'il possédait à Ermencourt, avec la dîme de Griviller (*Cartul. de l'Evêché d'Amiens*, coté A, fol. 49, dans *Trésor Généal.* de D. VILLEVIEILLE.)

[3] Mouy (Oise).

Messire Regnault de Trye dit Patrouillat, chevalier, seigneur de Mouchy-le-Châtel, à cause de la châtellenie dudit Mouchy, le 8e 9bre 1399. »

(*Arch. du Château de Mouchy*, boîte 63, dans *Trésor Généal.* de D. VILLEVIEILLE).

Ce même Regnauld de Sorel figure dans plusieurs Montres ; il était notamment, en 1387, à Thérouanne, où il servait sous Mathieu de Rousseville (CLAIRAMBAULT : *Titres scellés*, T. 99, pièce 83, fol. 7700.)

Nous possédons le testament de ce Regnauld de Sorel, seigneur de Saint-Félix et de Blicourt. Ce testament, daté de 1407, est fort curieux, mais il est trop long pour que nous puissions le publier ici. Regnauld mourut l'année suivante 1408. Il ne laissa qu'un fils illégitime ; mais il avait, en outre, une sœur, Agnès de Sorel, veuve de Pierre du Mas, et un frère, Firmin de Sorel, dont le fils, Regnaudin, seigneur de Saint-Félix, continua la descendance, par son fils, Jean de Sorel, que nous allons retrouver plus loin.

Du Beauvaisis, les Sorel allèrent bientôt s'établir dans le Noyonnais[1]. Nous voyons, en effet, qu'en 1468, « Jean de Sorel, écuyer, seigneur du Quesnel, releva de la succession de feu Regnaut de Soirel, son père, de qui il étoit héritier, un fief assis à Boulogne-la-Crasse [2], tenu du fief dudit lieu, appartenant à présent à l'abbaye de Corbie, lequel consiste en certains champars, cens, justice et seigneurie, le 1 Juin 1468. »

(*Arch. de l'Abb. de Corbie*, reg. RANSONIUS n° 5, fol. 79 v°, dans *Trés. Généal.* de D. VILLEVIEILLE).

Jean de Sorel mourut peu après, car le 25 octobre 1470,

---

[1] Peut-être furent-ils attirés de ce côté par Pierre du Mas, seigneur du Mas, oncle par alliance de Regnauldin, devenu, après la mort de son père, Regnauld de Sorel ?

[2] Ce fief s'appelait le Petit-Boulogne. — Cfr. MARTIN-VAL : *Hist. de Boulogne-la-Grasse*, Compiègne, 1891, in-8, p. 92.

Maître Jean de Brunefay ou de Brunfay, son beau-frère, comme exécuteur testamentaire et tuteur des enfants mineurs dudit Jean de Sorel, releva le même fief de la terre de Boulogne-la-Grasse, appartenant à l'abbaye de Corbie. (*Arch. de l'Abb. de Corbie*, reg. RANSONIUS, n° 5, fol. 91, dans *Trésor Généal. de D.* VILLEVIEILLE, 85; *Cabin. des Titres*, vol. 151 bis.)

Voici, du reste, un fragment d'arbre généalogique provenant du Cabinet d'Hozier, et que nous avons trouvé au volume 2716 des *Pièces Originales* du *Cabinet des Titres* (Manuscrits de la Biblioth. Nat.). Nous le donnons ci-contre en le complétant.

C'est sans doute à Baude ou Baudot de Sorel, seigneur d'Orvillers, que l'on doit la construction du château de Sorel et l'établissement d'une seigneurie de son nom dans la paroisse d'Orvillers, qui s'appela désormais Orvillers-Sorel (aujourd'hui canton de Ressons-sur-Matz, arrondissement de Compiègne).

Nous ferons remarquer, en terminant, que, malgré l'opinion des auteurs qui ont traité cette question, il est fort possible que les Sorel dont nous venons de parler appartiennent au même estoc que ceux d'où sortit Agnès Sorel, la fameuse maîtresse de Charles VI. Nous avons le projet de reprendre cette question dans un travail spécial.

Les Sorel de Picardie et de Beauvaisis avaient pour armes : de gueules à 2 léopards d'argent posés l'un sur l'autre, couronnés d'or (Voir leur reproduction gravée, p. 231). Ils donnèrent plus tard naissance à divers branches portant les noms d'Escuvilly [1], d'Ugny, etc. (*Cabin. des Titres, Pièces Originales*, T. 2716, n° 60481.). Le même document (n° 60485) indique diverses brisures portées par des cadets de cette maison.

---

[1] Cfr. LEROY-MOREL : *Recherch. généal. sur les familles nobles de plusieurs villages des environs de Nesle* (Amiens, 1867, in-8.).

Regnault de Sorel
(fils de Firmin cité plus haut).

Jean de Sorel, sgr. du Quesnel, près Mesviller, et Bayencourt,
épousa
1º Lione de Boquethun, laquelle testa le 24 mars 1454;
2º le 19 mars 1457 : Blanche de la Viefville, vᵉ en 1474,
et elle testa le pénultième juillet 1512.

N..... de Sorel,
épousa N..... (Jean) de Brunfay.

1ᵉʳ lit. Antoine de Sorel, écuyer.

Antoinette, femme de Tristan de la Viefville.

2ᵉ lit. Antoine de Sorel.

Pierre de Sorel (chanoine de Noyon).

Baudot de Sorel, écuyer, sgr. d'Orviler, testa le 17 juin 1530. Guillaume de Warmaises, sgr. de Moustiers, son neveu.

Isabeau de Sorel.

Marie de Sorel.

Adrienne de Sorel (femme de Henri de Caix).

CXXIX

(23 MAI 1488). ACTE DE FOY ET HOMMAGE DU FIEF DE LA MAIRIE DE CAIX, RENDU PAR HENRY DE CAIX A GUILLAUME DE MARAFFIN, ÉVÊQUE DE NOYON, PRIEUR DE LIHONS EN SANTERRE.

A tous ceulx qui ces présentes lettres verront ou orront, Guillaume, par la permission divine, évesque et conte de Noyon, per de France, Doyen et prieur commandatoire perpétuel du prioré saint Pierre de Lihons-en-Santers, salut. Savoir faisons que le XXIIIe jour de may l'an Mil IIII^c et IIII^{xx} et huit, par devant nous, Ès présences de vénérables personnes maistre Anthoine des Mares, prestre, chanoine de Noyon, Maistre Noël Bruhier, prestre, demeurant à Lyhons, Mathieu de Maraffin, escuier, François Panetier, aussy escuier, et Pierre le Conte, tabellyon Royal à Noyon, Est venu et comparu en sa personne audit Noyon, en lostel épiscopal dudit lieu, HENRY DE KAIS, escuier, demeurant à Kais-en-Santers, lequel recongnut, confessa et advoua à tenir en foy et hommage de nous, à cause du doyenné et prioré de Lihons, Tout ung fief et noble tenement, contenant la Mairie dudit Kais, à cause de laquelle Marie, Icelluy HENRY DE KAIS a droyt de prendre et recevoir, chascun an, sur la maison et cense dudit Kais à nous appartenant à cause dudit prioré, la quantité de deux muys et demy de blé, mesure dudit lyeu de Kais, Avec les droys apartenans et que l'on a acoustumé prendre à cause de ladite Marie, chascun an, au jour et terme Saint Remy, ou duman.... une foys en l'an. Et de laquelle Marie et fief dessus dits, Icelluy HENRY, présens les dessus nommés, nous a fayt les foy et hommage avec le serment de fidelyté et en tel cas requis et acoustumé. A quoy l'avons reçeu. Sy donnons en mandement par ces présentes au bailly dudit Lyhons ou à son lieutenant et à tous nos justiciers et officiers, que audit HENRY DE KAIS ne soyt donné en la dite Marye et fief dessusdicts, aucun destourbier ou empeschement; Et la main qui mise et assise a esté par nostre ordonnance sur le dict fief, avons levée et ostée, levons et ostons par ces présentes, et luy avons mis et mectons du tout à plene délivrance; Et sy luy avons injoinct que en dedens quarante jours duy, Il nous ayt baillé la déclaracion et dénombrement du dit fief; En tesmoing de ce, nous avons sellées ces présentez lectres de nostre scel, qui furent faictes et données par nous, au dict Noyon, lesquelles ont esté faictes doubles et pareilles, pour en avoir unes pour le prieur dudict Lyhons et les autres pour le dict HENRY DE KAYS. Ce fut fait l'an et jour dessus dicts.   PERNILLET.

Feuille en parchemin ajoutée en tête (après la table) du *Cartulaire du Prieuré de Lihons-en-Santerre*. Mss. de la *Bibliothèque Nationale*, in-quarto, *Fonds Latin*, n° 5460.

CXXX

(1er MARS 1493). INSCRIPTION DANS L'ÉGLISE DE CAIX CONSTATANT UNE DONATION FAITE A CETTE ÉGLISE, ET DANS LAQUELLE EST NOMMÉ HENRY DE CAIX.

L'an de grace mil quatre cens quatre vingtz et treize le premier jour de mars, Jehan de Han et Mariette de Han sa feme paroissiens de l'église de Cays et demeurans en ceste ville de Cays au diocese d'Amyens, pour la grande et fervente dévotion qu'ilz avoient et ont toujours eue au service des trespassés qui se faict chascun jour en ceste esglise et fera chi appres et adjui que ilz leurs predecesseurs peres meres et successeurs parens et amis soient et puissent essre audit service divin participans, ilz ont doné et ausmoné par don de catrans audit trespasses un camp de terre a luy appartenant scitues et assis en trois pieches au terroir dudit lieu de Cays. La premiere pieche contenant chinc quartiers treize vergues ou environ tenant d'ung costé à la solle du Thurel as alloues, d'aultre costé à Henry de Cays, dung boult a le terre qui fust Pierre de Gouy. La seconde pieche contenant noeuf quartiers tenant dung costé à la solle du bos de Foret, d'aultre costé a le terre Henry de Cays et de bout aux hoirs Jehan Viller et d'aultre boult aux terres Adenot Boistel. Le tierche et dernière pieche contenant sept quartiers tenant dung costé à le solle des gaquieres au dessus de la vigne Thonin, de coste et de boult aux terres de Sainct-Pierre de Lihons et au long de Henry de Cays chergie de quatre deniers de cens à l'abbaye de Lihons. Et ichelles trois pieches de terres tenues en terrages de Monseigneur de Lorraine ad cause de la seigneurie de Cays auquel ledit seigneur ledit Jehan de Han a faict les droits de admortissemens pour d'icelles terres joyr et possesser par lesdis trespasses annuellement perpetuellement et a jamais, tantost et incontinent appres la mort et trespas desdis Jehan de Han et de sa feme : pries Dieu pour eulx.

Et sont demeures lesdittes saisines au baton des trespasses.

Eglises, châteaux et beffrois de Picardie : Seigneurie et Eglise de Caix. Amiens (Alfred Caron), 1862, g^d in-8°, page 34.

CXXXI

(9 MARS 1503). SENTENCE ARBITRALE RENDUE POUR LE RÈGLEMENT DE LA SUCCESSION DE HENRY I DE CAIX.

Veu par nous, arbitres dessoubz nomméz et soubscriptz, prins, esleuz et acceptéz par honorable homme Maistre

Pierre de Sorel, prestre, chanoenne de Noyon, tuteur et curateur des enffans mineurs d'ans de deffunctz HENRRY DE CAIX et de damoiselle ADRIENNE DE SOREL sa femme, d'une part; et Adrien de Reubempré, escuier, seigneur de Dobercourt[1] ou nom et comme procureur de damoiselle HÉLAINE DE CAIX, fille dudit feu HENRY DE CAIX et de déffuncte damoiselle MARGUERITE DE REUBEMPRÉ, sa première femme, d'autre part;

Le différent et question meu ou espéré à mouvoir entre lesdites parties esd. noms, pour raison de la succession dudit deffunct HENRRY DE CAIX; Les lettres du traictié du mariage jà pieça fait et contracté d'entre lesdis deffunctz HENRRY DE CAIX et MARGUERITE DE REUBEMPRÉ père et mère de ladite HÉLAINE produit par led. de Sorel oud. nom; Certaine clause contenue oudit traictié de mariage où il est dit que led. HENRRY DE CAIX en faisant led. traictié, a consenty et accordé que, se dudit mariage demourât une ou plusieurs filles, et que d'un autre mariage de lui feust delaissié aucun filz qui succédait à ses fiefz, que en ce cas icelle fille ou filles a(u)roient, après le trespas dudit HENRRY, quinze muys de grain de rente héritable, ypothéquée sur les Religieux, abbé et couvent de Corbeye avec ung autre fief et terres coctières (?) qu'il avoit en la ville et terroir d'Omiencourt[2] qui peult valloir dix muys de grain et soixante quatre solz en argent; Laquelle clause et cas posé en icelle est de présent advenu; Et veu en oultre tout ce que en ceste partie faisoit et fait à veoir et considérer et en suire conseil et advis à saiges et anciens coustumiers de lad. ville et prévosté de Mondidier;

Nous, par nostre sentence et appointement arbitral, et par vertu du povoir à nous donné par le compromis fait

---

[1] Pour Aubercourt (Somme).

[2] Omiécourt (Somme).

et passé par lesdites parties, Avons dit et disons que se ladite HÉLAINE veult venir à partaige et succession avec ses autres frères et sœurs, yssus dudit second mariage, faire le porra, et en ce faisant, sera tenue rapporter lesd. deux fiefs ainsi à elle donnéz par lesdites lettres et traictié de mariage, parcequ'elle ne peult estre héritière et donnataire par la coustume du bailliage dn Vermendois et aussi que par lesdites lettres n'est point dit hors part ; Et se ladite HÉLAINE se veult tenir audit don et premier traictié de mariage, faire le peult, mais elle ne porra demander aucune choze ès autres fiefz, terres, héritaiges et biens demouréz du décez dudit feu HENRRY DE CAIX.

Et avons dit et disons que là où ladite HELAINE se vouldra tenir oudit don et premier traictié de mariage, que en ce cas la donnation et légacion faicte à icelle HELAINE par ledit feu HENRRY DE CAIX et par son testament, devis et ordonnance de dernière voulenté, sortira du tout son effect et lui sera iceluy légat, baillié et délivré par les exécuteurs dudit testament ou autres ayans puissance de ce faire, tous despens compensséz par nostre sentence arbitralle et pour droit. En tesmoing de ce, nous avons signé cette présente sentence de nos seingz manuelz, qui furent faictes et prononcées ausdites parties, esdits noms, le quinziesme jour de mars lan mil cinq cens et trois.

(Signé) A. DE BROLLY (avec paraphe).

DE WIGNACOURT (avec paraphe).

A. FRANÇOIS (?) (avec paraphe).

(Cette dernière signature est plus que douteuse).

Cabinet des Titres : Pièces originales, Tome 571.

CXXXII

(XVIᵉ SIÈCLE). EXTRAIT DE PIÈCES PRODUITES AUX PREUVES DE LA MAISON DE RIENCOURT.

I. Relief en parchemin du 19 juillet 1527, par honorable homme Hugues de Riencourt, escuyer, seigneur de Tilloloy, mary et bail d'HÉLÈNE DE CAIX, sa femme, à cause d'un fief situé à Domyécourt [1], mouvant de noble seigneur de Barbenchon, escuyer, seigneur de Cany et de Varenne, provenant d'HENRY DE CAIX, père de sa dite femme.

Reçu et signé par Jean le Manier, procureur à Noyon, bailly des dites terres.

II. Relief en parchemin du 25 juin 1532 fait par devant Jean Desessars, procureur à Amiens, bailliage de Contay, par Hugues de Riencourt, escuyer, sieur de Tilloloy, père et tuteur de demoiselle Marie de Riencourt, fille et héritière de défunte damoiselle HÉLEINE DE CAIS. Signé sur le reply : Desessars.

III. Relief en parchemin du 6 janvier 1538 fait par devant Jean Desessars, procureur au bailliage d'Amiens et bailly de Contay, par noble homme Jean de Forcheville, sieur dudit Forcheville, mary et bail de damoiselle Marie de Riencourt, fille et héritière de defunte damoiselle HÉLEINE DE CAIX, qui fut femme de Hugues de Riencourt, escuyer, sieur de Tilloloy, père de ladite damoiselle Marie. Signé sur le reply : Desessars, et scellé de son sceau, chargé d'une fasce accompagnée de trois roses, avec casque et supports.

[1] Omiécourt (Somme).

IV. Donation en parchemin du 2 juillet 1550 faite par noble seigneur Hugues de Riencourt, escuyer, seigneur de Tilloloy et de Vaux, à Jean de Riencourt, aussy escuyer, sieur de Caix, son fils et de défunte damoiselle HÉLEINE DE CAIX, sa première femme, de la terre de Tilloloy, mouvante de Bailleul, à la charge du quint à Christophe de Riencourt, aussi son fils et de Damoiselle de Janage (sic), sa seconde femme. Passé par devant maître Nicolas Vaucquet et Martin Postel, notaires en Vimeu; signé sur le reply : CAYEU. »

Extrait du *Grand Nobiliaire de Picardie*, par VILLERS DE ROUSSEVILLE (Article DE RIENCOURT).

CXXXIII

EXTRAIT DE LA GÉNÉALOGIE DE LA MAISON DE RIENCOURT, PAR D'HOZIER.

XIe degré :

Hugues de Riencourt écuyer, seigneur de Tilloloy et de Vaux, qualifié *Noble Seigneur* [1] dans le contrat de mariage de Christophe de Riencourt son 2^d fils, et dans une donation qu'il avoit faite de sa terre de Tilloloy à Jean de Riencourt son fils aîné, le 2 juillet 1550, fut déclaré noble d'ancienne extraction, dans une enquête faite le 25 août 1563 à l'occasion de la réception de Jean de Forceville, son petit-fils, dans l'ordre de Malte; les témoins qui y sont nommés, et qui furent tous choisis dans l'ordre de la noblesse, déposèrent mot pour mot qu' « il étoit *gentilhomme de nom et d'armes, et extrait de noble et*

---

[1] Tous les mots imprimés ici en *italiques* le sont également dans d'Hozier.

ancienne lignée » ; qu' *« il étoit mort fort ancien, et avoit toujours vécu noblement, portant les armes en l'état d'homme d'armes »* ; et que « sa femme s'appeloit Demoiselle HÉLÈNE DE CAIX, sœur d'ANTOINE, Sgr. DE CAIX au Pays de Santerre, *homme noble et d'ancienne lignée,* et fille d'ANTOINE DE CAIX, écuyer, Seigneur de Caix, » etc. ; il étoit déjà marié avec elle le 19 juillet 1527, date d'un hommage qu'il fit à Noble Seigneur Michel de Barbanson, Ecuyer, Seigneur de Cany et de Varennes, à cause d'un fief assis au lieu d'Omiécourrt, mouvant de la seigneurie de Cany, et provenant dudit seigneur de Caix, son beau-père ; cette première femme étant morte avant le 25 juin 1532, il épousa en 2des nôces Demoiselle Catherine de Cochet de Jalage, fille d'Henry de Cochet de Jalage ; donna le 6 juillet 1551 à Messire Philippes de Roncherolles, Chevalier, Baron d'Heuqueville, de Marigny, de Longchamp et de la Ferté-lès-Saint-Riquier, son dénombrement de sa terre et Seigneurie de Vaux-lez-Oisemont, tenue noblement et en pairie de la Chatellenie dudit lieu de la Ferté-lès-Saint-Riquier en Ponthieu, et le 30 novembre 1552 il eut commission du duc de Vendôme, Gouverneur de Picardie, pour faire les montres et revues des nobles de l'arrière-ban du Bailliage d'Amiens, parce que selon l'Edit du Roy sur le fait des arrières-bans du Royaume, il « étoit requis de choisir *quelque sage et avisé gentilhomme de vertu, noblesse et bonne expérience »* ; il mourut avant le 11 juin 1557, et Catherine de Cochet, sa seconde femme, étoit encore vivante le 27 octobre 1599. De son premier mariage on lui connait 2 enfants :

12. Jean de Riencourt, Ecuyer, Sgr. de Tilloloy, de Caix, de St Severin et de Vaux, fit hommage de sa terre de Tilloloy, mouvante de la Chatellenie de Bailleul, à Louis Roussel, Ecuyer, Seigneur de Miannay et de Monceaux, Bailly de cette Chatellenie le 11 juin 1557 ; étoit Gentilhomme ordinaire de la Chambre du Roy le 22 octobre

1563, date d'un aveu d'héritages mouvant de sa seigneurie de Vaux qu'on lui rendit, et dans lequel il est de plus qualifié *Noble et Très-Honoré Seigneur*; paroit encore avec la qualité de *Noble Seigneur* dans le contrat de mariage de Christophe de Riencourt, son frère, et mourut peu de temps avant le 13 janvier 1565 : l'Inventaire de ses biens fut fait le 14 septembre suivant. Il avoit épousé le 17 février 1527 N..... d'Oignies, Dame d'Aumont, vivante encore le 6 mars 1590, et dont il n'eut point de postérité.

12. Marie de Riencourt étoit sous la tutelle de son père le 25 juin 1532; elle fut mariée avant le 6 janvier 1538 avec Noble Homme Jean de Forceville, Ecuyer, Seigneur de Forceville, de Fontaine, et de Werel.

Second lit :

12. Christophe de Riencourt, continue la filiation.

12. Claude de Riencourt, Ecuyer, se maria dans les environs de Compiègne suivant un acte du 6 mars 1590, et mourut sans enfans.

D'Hozier : *Armorial Général,* Reg. V, 2e partie (Paris, 1764, in-fol.). Article de Riencourt.

CXXXIV

(AVANT 1500). TESTAMENT DE PIERRE DE SOREL, CHANOINE DE NOYON.

Testament sans datte (il paroît être écrit entre l'an 1400 et 1500) de Pierre de Sorel, Prêtre, Chanoine de l'Eglise de Noyon, par lequel il ordonne sa sépulture au Cimetière de l'Eglise de Noyon, au lieu plus à l'endroit du grand portail de l'Eglise St Pierre que faire se pourra, entre les deux arbres, auquel lieu veut être érigée une croix de pierre, fonde un obit annuel en ladite église, donne tout ce qui luy sera dû au jour de son trépas, de sa cure de Coulombiers, pour faire des ornemens pour l'église dudit Coulombiers et pour les pauvres de ladite cure, lègue des ornements qu'il avoit à l'église d'Orvilliers, donne à Mre Médard Quentin sa meilleure robe avec 20 écus soleil, et au neveu dudit Quentin, Etudiant à Paris, 10 l. tournois, lègue 12 l. tournois à Mre Jean de Vaulx pour sa peine de dire les heures pour luy; il charge la terre qu'il a achetée de Mr de Berthancourt, de 1000 l. tournois dont sera pris 100 l. tournois pour clore le cimetière devant St Barthelemy et le surplus donné pour Dieu, donne ses livres de droit civil et canon à Mre Jaques Regnard, et veut que son frère ny sa sœur ou autres de ses héritiers ne se meslent ny ayent l'entremise de l'exécution de son testament en quelque manière que ce soit; nomme exécuteurs de son Testament Maître Godefroy de Partenay, Me Jean Caron et Mre Médard Quentin, lègue à Charles, son filleul, fils de son compère Cauvin, 10 angelotz et lègue 10 l. tournois à Mre Thibault Quentin nottaire. Ce Testament signé G. Cauvyn, M. Quentin, J. Pouguet; Délivré par copie collationnée à l'original, signée : M. QUENTIN, avec paraphe.

Cabinet des Titres : Pièces Originales, Tome 2716, Dossier 60485, pièce 13.

La pièce suivante est un autre extrait du même testament que nous croyons devoir reproduire, à cause des détails complémentaires qu'elle contient :

Testament de Pierre de Sorel, chanoine de Noyon, par lequel il eslist sa sépulture au cimetière devant le grand portail de l'Esglise de St Pierre entre les deux arbres, où il veut qu'il soit érigé une croix de pierre. Donne à la fabrique de ladite Esglise six aulnes de drap noir qu'il a achepté

IIII l. x s. l'aulne et tout ce qui luy sera deub par lad. Esglise, à la charge de faire faire une chappe, veut que touttes ses debtes soint paiées. Veut que toutte sa vaisselle soit vendue pour faire des chappes et ornemens à ladite esglise de Noyon, à laquelle esglise il donne encores IIIe escus soleil à condition d'un obit tous les ans. Donne tous les ornemens d'une chappelle complette qui sont en sa maison, et qu'il a achepté, à l'esglise d'Orvilliers. Veut que tous ses meubles soint vendus, et l'argent en provenant donné aux pauvres. Charge la terre qu'il a acheptée de Mons. de Béthencourt, de M l. dont seront pris cent livres pour clore le cimetière devant St Barthelmy, et le résidu donné pour Dieu. Ne veut point que son frère ny sa sœur ou autres de ses héritiers s'entremeslent de l'exécution de son testament. Et pour le résidu de ses biens meubles et deptes, soit son testament accomply. Il veut que moityé soit donné à l'esglise de Noyon pour achepter rentes pour prier Dieu pour luy, et donne l'autre moytié aux pauvres, à la direction de ses exécuteurs qu'il nomme ses bons et loyaux amis, Mons. Godefroy de Parthenay, M. Jean Caron, M. Médart Quentin : led. testament sans date.

(Note du XVIIe siècle).

Cabinet des Titres; Pièces Originales, T. 2716, Dossier 60485, pièce 14.

CXXXV

(24 NOVEMBRE 1521). MONTRE D'UNE COMPAGNIE D'HOMMES D'ARMES PASSÉE A CORBIE, PARMI LESQUELS ADRIEN I DE CAIX.

Roolle de la Monstre et veue faicte à Corbie le XXIIIe jour de Novembre, l'an mil cinq cens vingt et ung, de cinquante hommes d'armes et quatre vingt dix huit archers, du nombre de cinquante lances fournyes des Ordonnances du Roy nostre sire, estans soubz la charge et conduicte de Monseigneur le Conte de Sainct Pol, sa personne en ce non comprise, A luy ordonné de....... par le Roy nostre dit seigneur, Par nous, Antoine Dussel, sieur de la Fertée, Commissaire ordinaire des Guerres, commis et ordonné par ledit Seigneur à faire ladite Monstre et veue, icelle servant à l'acquit de maistre Morelet de Mustau (?), Conseiller d'icelluy Seigneur et Trésorier de ses guerres, pour le quartier de juillet, aoust et septembre derrain passé ; Desquels hommes d'armes et archers les noms et surnoms cy-après s'ensuyvent :

Hommes d'armes :

Lancelot d'Anxes (?) dict la Mothe
Loys de Pavyot
Louis Cottet
Pierre de Pitton
Françoys de Corfay
Mathieu Fuellet
Anthoine d'Angiers
Rocque de Venesse
Hugues Maçon
Fontaines
Jaques de Cornillion
Jehan de la Rochefort
Jehan de Vachereu
Pévrigny
Maxim de Pécheret
Françoys de Formont
Nicolas de Buat
Le Bremyan
Gilles de Brect
Françoys Dauphiny
Anthoine de Rouvray
Françoys de Berville
Guillaume Dampierre
La Berquerye
Hugues de Rencort [1]
Pierre de Coullières
Adrian de QUERS [2]
Jehan Dauphinye
Le Thuil
Jehan Laubigeois
Anthoine de Dizimeu

---

[1] Pour *Hugues de Riencourt*.

[2] Erreur de scribe pour *Adrien de Caix*; cela ne peut faire aucun doute. Le nom est encore altéré d'une autre façon dans la pièce suivante.

Jaques de Marsac
Claude de Marsac
Jehan de Malletête
Jaques de Pechère
Anthoine de Maugiron
Anthoine de Fontenay
La Héronnyère
Lompont
Saincte Geneviefve
Jehan d'Anglure

Christophle de Lauras (ou de Laurac)
René de Picquet
Loys de Jonc
Charles Centron
Nicolas d'Angiers
Beaufort
Montfort
Ozias du Sault
Ranforsac (?) de Palany

Suivent les archers, parmi lesquels nous remarquons Arthur de Rubempré, Fleurac Sasquespée, Jacques de Villeneuve, Jean de Contay, le bastard de Thuil, Adrien de la Forest, François de Villiers, Jean de Fontaines, Richard de Lespinay, etc., etc.

Bibl. Nat. Montres de CLAIRAMBAULT, Tome 245, p. 869.

CXXXVI

(30 AVRIL 1522). MONTRE D'UNE COMPAGNIE D'HOMMES D'ARMES, PASSÉE A PÉRONNE, PARMI LESQUELS ADRIEN I DE CAIX.

Roolle de la Monstre et Reveue faite à Péronne le derrenier jour d'avril l'an mil cinq cens vingt et deux, de vingt cinq hommes d'armes et cinquante archers, faisans le nombre de vingt cinq lances fournyes des Ordonnances du Roy nostre seigneur, estans soubz la charge et conduite de Monseigneur de Humyères, leur cappitaine, sa personne en ce comprinse, par nous Bastien de la Viéville, seigneur de Reaucourt, commis et ordonné à faire ladite monstre et reveue, icelle servant à l'acquict de M. Jehan de Poncher, conseiller dudit Seigneur et Trésorier de ses guerres pour le quartier de janvier, février et mars derrenier passé, desquelz hommes d'armes et archers les noms et surnoms s'ensuyvent :

Et premièrement

Hommes d'armes

Monseigneur de Humyières
Anthoine de Baiencourt
Philippes de Caillonne
Jaques de Passy
Claude d'Angneville
Artus d'Amerval
Pierre de Miraumont
ADRIEN DE QUARTZ [1]
Pierre de Thunelle
Raoul de Bernay
Hugues de Riencourt
Jehan le Vasseur
Jehan de Bocqueaulx
Jehan de Rubempré

Nicolas d'Aragon
Francoys Gossart.
Francoys de la Haye
Francoys Moreau
Jehan des Roziers
Jacques de Fiennes de St Martin
Anthoine Bloquier
Pierre du Sart, pour 1 mois VIII jours.
Adrien de Humières pour le reste
Anthoine de Quevauviller
Bernard de Lestrage

(Suivent les noms des archers, parmi lesquels :)

Pierre de Monchy
Guillaume du Hamel

Adrien Sacespée
Jehan de Bois-Robin, etc.

CLAIRAMBAULT : *Montres*, T. 246, pièce 877.

CXXXVII

(16 JUIN 1525). MONTRE D'HOMMES D'ARMES PASSÉE A PÉRONNE, PARMI LESQUELS ADRIEN I DE CAIX.

Roolle de la Monstre et Reveue faicte à Péronne le seizième jour de juing l'an mil cinq cens vingt cinq, de

[1] Mauvaise lecture pour *Adrien de Quaix*.

vingt cinq hommes d'armes et cinquante archiers, faisans le nombre de vingt cinq lances fournyes des ordonnances du Roy notre Sire, Estans soubz la charge et conduicte de Monss^{gr} de Humières, leur cappitayne, sa personne y comprinse. Par nous Jehan du Moustier, escuyer, seigneur de Sarragosse et commissaire ordinaire de la guerre. Icelle monstre et reveue servant à l'acquit de Maistre Jehan Grolier, conseiller du Roy nostre dit seigneur et trésorier de ses guerres, pour le quartier d'avril, may et juing mil cinq cens vingt quatre dernier passé. Desquelz hommes d'armes et archiers les noms et surnoms s'ensuivent :

Hommes d'armes :

Monsgr. de Humyères, cappitaine	Jehan le Vasseur
Anthoine de Bayencourt	Robert de Broully
Philippes de Callonne	Nycolas de Sainct Ragon
Jacques de Patz	Françoys Cossart
Jehan de Meaulx	Jehan de Warvillier
Claude d'Aigneville	Druquin Roussel
Artus d'Amerval	Françoys Moreau
Pierre de Myraumont	Jacques du Plessis
ADRIAN DE QUAITZ	Symon de Laires
Anthoine d'Othon	Anthoine Bloquier
Raoul de Bernay	Adrian de Humyères
Hugues de Riencourt	Pierre de Sainct Hyon
	Bernard de Letraige

Archiers :

Philippes de la Haye	Pierre Taste
Pierre Wyart	Angelin Du Port
Gauvain Tassart	Guillaume du Hamel
Nycolas Cresson	Adrian Sacquespée
Jehan Baudart	Pierre de Sainct Michel
Jehan Pocques	Philippes de Billy
Pierre De Monchy	Jehan Tierchoumes (?)
Rolyns (?) Féron	Adrian Tourjon

Charles Guilbert	Pierre Monnel (?)
Fremin Rigault	Jehan Guyselin
Jehan de Boy Robin	Adrian de Fresnes
Jehan de Warnier	Jacques Roussel
Guillaume de Vermoise	Artus de Courselles
Anthoine du Fresne	Bon Marchant
Mathieu des Loges	La Trompette
Jehan de Warvillier	Jehan Varlet
Jehan de Recourt	Jacques des Jardins
Philippes de la Chèze	Pierre Bourdon
Alexandre Dugamel	Bertrand Dohé
Philippes Clutin	Pierre Quesnel
Jehan Marchant	Jehan Tarart (?)
Jehan de Watrepont	Jehan Cuel
Anthoine de Harpré	Robert de Lully
Anthoine Blocallot (?)	Jehan de Vaulx
Fremin Rain (ou mieux Cain)	

. . . .

CLAIRAMBAULT : *Titres scellés,* Tome 60, pièce 213.

CXXXVIII

MONTRE D'UNE COMPAGNIE D'HOMMES D'ARMES, PASSÉE A PÉRONNE, PARMI LESQUELS ADRIEN I DE CAIX.

Roolle de la Monstre et Reveue faicte à Péronne le quinzième jour de septembre..... vingt sept, de trente hommes d'armes et soixante archiers, faisans le nombre de trente lances fournies des Ordonnances du Roy nostre seigneur, estans soubz la (charge) de Monseigneur de Humyères, leur cappitaine, sa personne y comprinse, Par nous Loys de Lavardin, chevalier, seigneur de Rennay, commissaire ordinaire de la guerre, commis et ordonné à faire ladite monstre et reveue, icelle servant à l'acquict de maistre Jehan Grolier, conseiller du Roy nostre dit seigneur trésorier de ses guerres pour le quartier de Janvier, Février et Mars derrenier passé, des quelz hommes d'armes et archiers les noms et surnoms s'en suivent.

Et premièrement :

Hommes d'armes :

Messire Jehan de Humyères, cappitaine
Anthoine de Bayencourt, lieutenant
Jacques de Patz
Philippes de Colonne
Guillaume de Vermoise [1]
Pierre de Myraumont
ADRIAN DE CAIX.....

(Suivent les noms des autres hommes d'armes et des archers dont la plupart se retrouvent dans les pièces précédentes.)

Original en parchemin appartenant à M. le Comte Gabriel DE CAIX DE SAINT-AYMOUR.

CXXXIX

(15 MAI 1538). MONTRE D'UNE COMPAGNIE D'HOMMES D'ARMES, PASSÉE A PÉRONNE, PARMI LESQUELS ADRIEN I DE CAIX.

Roolle de la monstre et reveue faictes en armes, en la ville de Péronne, le quinziesme jour de may, l'an mil cinq cens trente huit, de cent hommes d'armes et sept vingtz

---

[1] C'est le Guillaume de Varmaises, sieur de Montiers, neveu de Baudet de Sorel, et par conséquent cousin-germain d'Adrien de Caix (Voir notre Preuve CXXVIII.)

huit archiers du nombre de cent lances fournies des ordonnances du roy nostre sire, estans soubz la charge et conduicte de Monseigneur le Daulphin, leur cappitaine, sa personne y comprinse, par nous, Jehan de Longueval, viconte de Beauru, commissaire ordinaire des guerres, commis et ordonné à faire ladicte monstre et reveue; icelle servant à l'acquict de André Blondet, paieur desd. cent lances, pour le quartier d'octobre, novembre et décembre M. V^c trente sept dernier passé. Desquelz hommes d'armes et archiers les noms et surnoms s'ensuivent.

Et premièrement :

Hommes d'armes paiéz à raison de quinze livres chascun par mois :

Monseigneur le Daulphin, cappitaine.
Monseigneur de Humyères, lieutenant.
Jacques de Pas, enseigne.
Claude de Clermont, guydon.
Robert de Broully, mareschal des logys.
Jehan de Humyères.

Autres hommes d'armes paiez au feur [1] de vingt livres tournois par mois :

Pierre de Miraulcourt [2].
ADRIAN DE QUAIX.
Hugues de Riencourt [3]
Nicolas de Sainct-Ragon.
Adrian de Warvillier, etc., etc. »

Extrait du *Recueil de Documents inédits concernant la Picardie*, par Victor CAUVEL DE BEAUVILLÉ. Paris, Impr. Imp., 1860 1er), p. 233.

---

[1] Pour : *à raison de.....*.

[2] M. de Beauvillé a sans doute mal lu ici; ce doit être *Miraumont* au lieu de *Miraucourt*.

[3] Beau-frère d'Adrien de Caix.

CXL

(9 JUIN 1525). MONTRE PASSÉE A BOULOGNE SUR MER, D'UNE COMPAGNIE D'HOMMES D'ARMES, PARMI LESQUELS JEAN DE CAIX.

Roolle de la Monstre et Reveue faicte à Boulogne sur la Mer le neufiesme jour de juing l'an mil cinq cens vingt et cinq, de quarante neuf hommes d'armes et quatre vingt onze archers, du nombre de cinquante lances fournies des ordonnances du Roy, nostre Sire, estans soubz la charge et conduicte de Messire Philippes de Boulainvillier, chevalier, comte de Dammartin, leur cappitaine, sa personne y comprise, par nous, Loys de Lavardin, chevalier, sgr. de Rannay, commissaire ordinaire de la guerre, commis et ordonné à faire ladite monstre et reveue, Icelle servant à l'acquict de Maistre Jehan Grolier, conseiller dudit Seigneur et trésorier de ses guerres, Pour le quartier de juillet, aoust et septembre mil cinq cens vingt quatre. Desquelz hommes d'armes et archers les noms et surnoms s'ensuivent :

Hommes d'armes (nous citerons seulement :) le Comte de Dampmartin, Philippe de Boulainvillier, Jean de Sages, Jacques de Ménilles, Anthoine de Ravenel, Rolland de la Fontaine, François Courval, Jacques d'Alincourt, Jean du Fresnoy, Nicolas de Beaumont, Jean de Troussy, Robert de Hallancourt, Jean de Gauville, Jacques de Courtenay, Nicolas de Rouvray, etc., etc.

Archers (nous citerons seulement :) Louis du Crocq, Philippe de Sertieux, Jean de Vassaulx, Jean de Godinières, JEAN DE CAIX (de Caye), Guillaume de Dreux, Denis de Beauregard, François de la Roche, Antoine de Tossart, Pierre de la Boulaye, Louis de Villiers, Mathurin de Villaines, Thomas de Gaulcourt, Pierre de Raucourt,

Pierre Chardon, Pierre de Guyenval, Robert de Rouvray, Jean de Jozy, Thomas de Haucourt, etc., etc.

Archives Nat. Monuments historiques, *Cartons des Rois,* K, 83, n° 5.

CXLI

(14 SEPTEMBRE 1544). ROLE DE LA MONTRE D'UNE COMPAGNIE DANS LAQUELLE FIGURENT FRANÇOIS DE CAIX, COMME ENSEIGNE, ET JEAN DE CAIX, COMME HOMME D'ARMES.

Roolle de la Monstre et Reveue faicte à Ivry lez Paris, le quatorziesme jour de Septembre l'an mil cinq cens quarente quatre, de quatre vingtz dix sept hommes d'armes et sept vingt sept archers, du nombre de cent lances fournies des Ordonnances du Roy nostre Seigneur, Estans soubz la charge et conduicte de Monseigneur le duc de Guise leur cappitaine, sa personne y comprinse, par nous Jehan Damoncourt, chevalier, seigneur de Pieppape et de Montigny-sur-Aulbe, commissaire ordinaire des guerres, commis et ordonné à faire ladicte Monstre et Reveue, suyvant laquelle le paiement a esté faict ausdicts hommes d'armes et archers de leurs gaiges et soulde du quartier de janvier, février et mars M. V^c quarente troys dernier passé, Par Nicolas Ladvocat, paieur desdites cent lances. Pour servir à l'acquict de Me Guy de la Maladière, conseiller dudit Seigneur et trésorier de ses guerres. Desquelz hommes d'armes et archers les noms et surnoms s'ensuyvent.

Et premièrement

Monseigneur le duc de Guyse, cappitaine
Messire Pierre de Haraucourt, lieutenant
FRANÇOYS DE CAIX, enseigne
Jehan Baptiste d'Ancose, guydon
Nicolas de Verrières, maréchal des logis

CCXXV

Hommes d'armes grand paye
Geoffroy de Saint Gellin

. . . .

(Suivent les noms des hommes d'armes à grande paye, au nombre de 23, parmi lesquels les noms de du Hamel, de Flavy, de Dampierre, de Beaufort, de Roussi, de Guédon, de Damas, etc.)

Hommes d'armes petite paye
Thibault de Montarby

. . . .

(Suivent les noms des hommes d'armes de la petite paye, parmi lesquels, avec des d'Athie, d'Angluze, de Remigny, de Roussy, de Mailly, de Failly, de Choiseul, du Chastelet, etc., on trouve JEHAN DE CAIX.)

Bibl. Nat. : Montres, Tome 29, François Ier, 1543-1544. *Fonds Français*, 25792, pièce numérotée 491.

CXLII

(3 MAI 1514). MONTRE PASSÉE A CONDOM D'UNE COMPAGNIE D'HOMMES D'ARMES PARMI LESQUELS LOUIS ET GUILLAUME DE CAIX.

Roolle de la Monstre et Reveue faicte en la ville de Condom en Condommoys, le troysiesme jour de may l'an mil cinq cent et quatorze, de quarante huit hommes d'armes et quatre vingt dix neuf archiers, du nombre de cinquante lances fournies des ordonnances du Roy notre seigneur, estans soubz la charge et commandement de Georges Larcher (?), seigneur de Mentonne, leur cappitaine, sa personne y comprinse; Par nous, Bertrand d'Estissac, chevalier, seigneur du dit lieu et de Monclard, conseillier et chambellan du Roy notre dit Seigneur, commissaire ordonné à faire la dite Monstre et Reveue, icelle servant à l'acquict de Jehan de Ponthieu, aussi conseillier du dit seigneur et trésorier de ses guerres, pour le quartier d'octobre, novembre et décembre derrenier passé ; des quelz hommes et archiers les noms et surnoms s'en suivent :

Et premièrement :

Hommes d'armes :

. . . .

(Parmi ces hommes d'armes) :

LOYS DE CAIX

Archiers :

. . . .

(Parmi ces archers) :

GUILLAUME DE CAIX.

Original en parchemin appartenant au Comte Gabriel DE CAIX DE SAINT-AYMOUR.

CXLIII

(20 AOUT 1517). EXTRAIT D'UNE MONTRE PASSÉE « A TRAVERSIÈRE OU FERRAROYS » D'UNE COMPAGNIE DE 50 LANCES, PARMI LESQUELS PIERRE DE CAIX.

Hommes d'armes :

Georges de Taix, Antoine de Nouvailles, Alexandre de Gaulcourt, PIERRE DE CAYS, Jean de Brissac, etc.

CLAIRAMBAULT, *Montres,* Tome 244, fol. 789.

CXLIV

(1ᵉʳ JANVIER 1580). MONTRE PASSÉE A MIRANDE D'UNE COMPAGNIE D'HOMMES D'ARMES PARMI LESQUELS PIERRE DE CAIX.

Roolle de la Monstre et Reveue faicte en la ville de Lamirande [1], le premier jour de janvier mil cinq cens quatre vingtz, du nombre de deux cens hommes de guerre à pied françois, y estant pour le service du Roy en garnison, soubz la charge du capp^ne Lartuzie [2], par Nous Romualde (?) Cavalerin, commissaire, et Adan Chesneau, contrôleur ordinaire des guerres, commis et députéz à faire ladite Monstre comme servant à l'acquit de Mre Anthoine de Chaulnes, Conseiller du Roy et Trésorier de l'extraordinaire de ses guerres, pour le paiement faict ausdits II^c hommes de leurs gaiges, solde, estats et appointemens de trois mois entiers commençans le premier jour de janvier MV^c soixante dix neuf et finissans le dernier jour de mars ensuivant........ desquels les noms et surnoms ensuivent :

Premièrement :

(Parmi les noms des hommes d'armes se trouve celui de PIERRE DE CAIS.)

Bibliothèque Nationale; Fonds Français, 25811. *Montres*, Tome 48; Henri III; pièce n° 409.

---

[1] *Lamirande* est ici pour *Mirande*.

[2] Le nom du capitaine était : Antoine de Guilhermy, seigneur de Lartuzie et de Bagnères, gentilhomme ordinaire de la Chambre du Roi.

CXLV

(3 MAI 1581). MONTRE PASSÉE EN PIÉMONT D'UNE COMPAGNIE D'HOMMES D'ARMES, PARMI LESQUELS PIERRE DE CAIX.

Roolle de la Monstre et Reveue faicte en la ville de Dronier[1] le Troysiesme jour de may mil cinq cens quatre vingtz et ung, du nombre de cinquante hommes de guerre à pied francoys du Régiment de Monsieur le Conte de Brissac, y estans en garnison pour le service du Roy, soubz la charge et conduicte du Capp^{ne} Vast, sa personne comprise, par nous Ardouin Guillain commissaire et Michel Bertrand contrerolleur ordinaire des guerres, Icelluy roolle servant à l'acquit de M^r (le nom en blanc) Conseiller de Sa Majesté et Trésorier de l'Extraordinaire de ses guerres du costé de Piémont, pour le payement faict ausdicts cinquante hommes de leurs gaiges, solde, estatz, appointemens et entretenemens durant quatre moys commençans le huictiesme d'Aoust et finissans le huictiesme Décembre suivant M V^c quatre vingtz. Desquelz cinquante hommes les noms ensuyvent.

Premièrement :

(Parmi les noms de ces hommes d'armes se trouve celui de PIERRE DE CAY, entre ceux de Louys de Creil et de Jehan de l'Isle.)

Bibliothèque Nationale : Fonds Français, 25812. *Montres,* Tome 49. Henri III ; pièce numéro 489.

---

[1] *Dronier* est la traduction française de *Dronero,* ville du diocèse de Saluces, près de Cunéo, en Piémont.

CXLVI

(28 juin 1589). Extrait des registres aux délibérations de l'échevinage de l'hôtel de ville d'Amiens, concernant Jean de Caix, capitaine du château de Boves.

Le vingt huictiesme jour de juing, an Mil cinq cent quatre vingtz nœuf,

En la chambre du Conseil de l'Hostel commun de la ville d'Amyens, où estoient assembléz Sire Jehan de Collemont, Maieur, Sire François Gauguier, ancien Maieur, Guillaume Delattre, Me Jehan de Berny, Jehan Boitel, Robert de Sachy, François Le Bon, Jehan Sagnier, Guillaume Le Scellier, Me Nicolas Carette, Gérard Colbert, Mes Phles (Philippes) Pattes et Nicolas Pastureau, Eschevins de la ditte Ville, Me Nicolas Scellier, Procureur fiscal, Vincent Boullenger, Advocat, et Charles Delessau, greffier ;

A esté proposé par Jehan Boitel, Eschevin, que plusieurs habitans de ceste Ville se plaignent de ce que Monsr le Duc d'Aumalle, Pair de France, Gouverneur de l'Isle de France, païs et province de Picardy, a destitué le S^r DE CAIZ de la charge de Cappitaine de Boves et y a commis le Sr de Lauzerel qui a tousiours esté congnu fort peu affectionné à la cause de l'Union.

Sur quoy prins les advis de Messieurs (Conseillers) présents, a esté ordonné qu'il sera escript à Mondit Seigneur le Duc d'Aumalle, par homme de pied exprès, et sera supplié très humblement voulloir bailler la charge de son chasteau de Boves, pour les raisons cy-dessus, à autre qu'aud. de Lauzerel.

Comme aussi a esté ordonné de supplier Messieurs du

Conseil de n'eslire ny commettre aucun cappitaine sans premièrement en avoir communiqué ausd. Conseillers.

Ainsi signé : DELESSAU (greffier).

Extrait des *Registres aux Délibérations de l'Echevinage de l'Hôtel de Ville d'Amiens,* Tome 50, fol. 60, recto.

CXLVII

(3 AOUT 1591). MONTRE D'UNE COMPAGNIE D'HOMMES D'ARMES, PARMI LESQUELS NICOLAS DE CAIX.

Roolle de la Monstre et Reveue faicte en la ville de Chaulny, le troisième jour d'Aoust l'an mil V^c quatre vingtz unze, d'une Compagnie de soixante quinze hommes de guerre à pied françois, tenans garnison pour le service du Roy en lad. ville de Chaulny, soubz la charge du Capitaine de Laulne, sa personne, celle de son lieutenant, anseigne et autres officiers comprinses, par nous Loran Grevin, commissaire, et Adrian Le Dossu, controlleur ordinaire des guerres à ce commis et deputés; Icelluy Roole servant à l'acquict de Mr Estienne Regnault, Conseiller du Roy et Trésorier général de l'Extraordinaire de ses guerres, pour le payement faict ausdits gens de guerre de leurs solde, estats et appointemens du présent moys d'Aoust, selon et ainsi qu'il s'ensuict.

Premièrement

René de Laulne, capitaine
Robert Tule, lieutenant
Jehan Paielle, enseigne, etc., etc.

CCXXXI

(Parmi les hommes d'armes de cette montre, on trouve : NICOLAS DE-QUAY).

Bibl. Nat. Fonds Français, 25820. *Montres :* Henri IV, T. 57, pièce 317.

CXLVIII

(1ᵉʳ DÉCEMBRE 1590). ROLE DE LA MONTRE PASSÉE A LA FÈRE D'UNE COMPAGNIE DE GENS D'ARMES PARMI LESQUELS ROBERT ET ANTOINE DE CAIX.

Roolle de la Monstre et Reveue faicte au Chasteau de la Fère, le premier jour de Décembre mil cinq cens quatre vingts dix sept, d'une compagnie de cent hommes de guerre à pied françois estans en garnison pour le service du Roy au chasteau dudit La Fère, soubs le sieur de Manican, leur capitaine et commandant en l'absence de César, Monsieur, ès ville et susdit chasteau de la Fère, par nous Léonard de Torneon, commissaire ordinaire des guerres, commis pour faire ladite Monstre, Icelluy roole servant à l'acquict de Mʳ Estienne Regnault, Conseiller du Roy et Trésorier général de l'extraordinaire de ses guerres, pour le payement à eux faict de leurs solde, durant le sixiesme mois de la présente année, desquels gens de guerre les noms et surnoms s'ensuyvent :

Premièrement

Philippes de Longueval, sʳ de Manican, capitaine
Daniel de Hurtebise, lieutenant
Jean du Passage, sʳ de sainct Leuy (?) enseigne
Jean Maniain, sergent
Jean de Bie, sergent

Gille Fontaine, fourrier
Helye Camus, tambourg
François Couppeau, phifre
Michel Quin
Jean de Marle
Jean Voulvar
Jean Dupuis
ROBERT DE CAY
Pierre Lonbrian
Jean Thollur (?)
Claude Lamorin
Pierre Gallanpoix
Simon Lagot

Anthoine Petit
Daniel de Latre
Jean Vatelet
Nicolas du Collet
ANTHOINE DE CAY
Denis le Blon
Jacques Conet
Charles de Latre
Pierre Batry
Charles Amart
Pierre Vivatrun
Abrahan Losan, etc., etc.

Bibl. Nat. : Montres, Henri IV, 1597-1598. *Fonds Français,* 25832, n° 1406.

CXLIX

(1573 ET 1610). RELIEFS ET DÉCLARATIONS DE FIEFS APPARTENANT A ADRIEN II DE CAIX ET VENANT DE SON PÈRE HENRY II DE CAIX.

« ADRIAN DE CAIZ, tient un fief en plein homage scitué à Caiz qui fut à Charles d'Aubigny, et se consiste en xv journaux de terres labourables : comme estant à rayer. Il se trouve par le papier qui est ès mains de Nicolas Doret que les droictz du rellief dudit ADRIAN DE CAIZ ont esté paiez le xvie Octobre V^c LXXIII. »

Extrait des *Déclarations des pairries, fiefz, terres et seigneuries tenues et mouvans de la Baronnye de Boves en 1610,* publiées par CAUVEL DE BEAUVILLÉ : *Recueil de Documents inédits concernant la Picardie,* in-4, Tome IV (1881), p. 461.

En note de la même page, l'éditeur indique les documents suivants :

« 15 février 1603. Relief par ADRIEN DE CAIX, fils de HENRI DE CAIX, au duc de Lorraine, de quatre fiefs, savoir : deux fiefs nobles ayant toute justice et un fief abrégé mouvant de Boves à cause de la terre de Caix ; le quatrième fief est un fief abrégé tenu de Boves ; ces quatre fiefs consistent en terres labourables, prés, bois, cens, terrages, champarts et service de plaids de quinzaine en quinzaine à Boves et à Caix.

« 9 et 23 mai 1615. Vente par Hugues de Forceville, à Adrien de Fontaines, de trois fiefs sis à Caix, mouvant de Boves. Le 30 août 1618, Bénigne Bernard, seigneur de Boves, réduisit à 651 livres les droits seigneuriaux qui lui étaient dûs pour cette vente, mais à la condition que les sieurs de Fontaines et de Forceville ne prendraient point la qualité de seigneur de Caix ; condition qui ne fut pas observée. Ce fief portait le nom de fief de Maucourt et de fief d'Aubigny. »

Ces deux documents ont dû être tirés par M. Cauvel de Beauvillé des anciens cartulaires de la baronnie de Boves. Il dit, en effet, dans l'introduction de son tome IV, p. XXI, XXII, qu'il a complété sa « Déclaration des pairries... de Boves » par « des notes extraites de l'Inventaire de Boves, fait en 1684. Cet inventaire laisse fort à désirer, et, pour connaître la vérité, nous avons eu recours aux titres originaux et aux anciens cartulaires de la baronnie, magnifiques registres en parchemin, de 45 centimètres de hauteur sur 34 centimètres de largeur, supérieurement écrits, avec lettres initiales ornées et grandes marges. L'un date du commencement du XVe et l'autre du XVIe siècle, véritables cartulaires princiers, dignes de la maison de Lorraine. »

CL

(1610). DÉCLARATION D'UN FIEF APPARTENANT A ADRIEN II DE CAIX.

« ADRIEN DE CAIX, escuier, tient un fief audit Caix pour vingt sols parisis de rellief.

« Rellief : xx sols parisis.

« Ledit fief se consiste en censives et sept journeux de terre labourable en deux pièces, savoir : cincq journeux au lieudit Baiart et deux journeux par delà le turel de Beaufort.

« Charles Gorin, seigneur de Bourdon, a prins ipothecque tant sur ledit fief que sur les deux autres tenuz de Caiz comme apartenant à Jehan de Riencourt, seigneur de Tilloloy, pour seureté de xiiii muidz et demy de bled, cincq muids d'avoyne, et lxi livres xiii solz iiii deniers de rente, le premier décembre LXII (1562).

« Charles de Forcheville, héritier immobiliaire dudit de Riencourt, s'est présenté pour rellever lesdits trois fiefz ; il luy a esté ordonné les spéciffier particulièrement par sentence de vi^e novembre LXV (1565). Le xe juillet LXXII (1572), ledit de Forcheville a esté reçeu au rellief desditz trois fiefz, l'un tenu de Boves quy est celuy cy dessus, et les deux autres à Caiz.

« Damoiselle Catherine de Forcheville, fille et héritière, sous bénéfice d'inventaire, de feu Charles de Forcheville, a rellevé lesdits trois fiefz le iiie jour d'aoust mil VI^c VII ».

Extrait des *Déclarations des pairries, fiefz, terres et seigneuries tenues et mouvans de la Baronnye de Boves en 1610*, publ. par CAUVEL DE BEAUVILLÉ. *Recueil de Doc. inéd. concern. la Picardie*, in-4°, Tome IV (1881), p. 490.

En note à la même page, l'éditeur met ce qui suit :

« Ce fief était connu sous le nom de fief de Maucourt, du nom des anciens propriétaires. En 1371, il appartenait à Jean de Maucourt, demeurant à Caix; en 1387, à Pierre de Maucourt, de Caix également; ADRIEN DE CAIX, fils de HENRI DE CAIX, le possédait en 1503; Hugues de Forceville le vendit à Adrien de Fontaines, en 1618 ».

CLI

(1659). ROLE D'OFFICIERS DU ROI, SUR LEQUEL FIGURE ADRIEN III DE CAIX.

Estat et Roolle de la despence que nous Pierre Seguier, Comte de Gien, Chancellier de France, ordonnons estre faicte par Pierre Vincent, Conseiller secrétaire du Roy et Trésorier des Esmolumens du Sceau pour le paiement des officiers cy après déclaréz, pour les bourses qu'ilz ont à prendre sur les deniers de l'augmentacion du sceau establie en 1631 suivant les édits de leurs créations. Pour le quartier d'avril mil six cens cinquante neuf.

(Parmi ces officiers, on lit ce qui suit :)

« A Nicolas Leclerc et ADRIAN DE CAIX, archers des Gardes du Roy servant près de nous, la somme de trois cens cinquante livres à raison de huict vingtz quinze livres chacun, cy   III^c L l. »

Original en parchemin, signé : SEGUIER, appartenant au Comte Gabriel DE CAIX DE SAINT-AYMOUR.

CLII

(1674). QUITTANCE DU MÊME DE SES GAGES DE GARDE DU ROI.

En la présence des conseillers et notaires soussignez, ADRIEN DE CAIX, escuyer, l'un des gardes du Roy en la prévosté en son hostel et grande prévosté de France, servant près la personne de Monseigneur le Chancelier, a confessé avoir receu comptant de Jacques de Vandes, escuyer, conseiller du Roy et trésorier-payant des officiers de ladite prévosté *la somme de deux cens soixante douze livres dix sols* à luy ordonnée pour ses gages, â cause de lad. charge durant l'année dernière mil six cens soixante quatorze, dont quittance faicte et passée en l'an mil six cens soixante quinze, ce seize janvier.

(Signé) : DE CAIX (avec parafe).

Bibl. Nationale, Cabinet des Titres, Pièces originales : Tome 571 ; n° 13,145.

CLIII

(6 FÉVRIER 1621). ROLE D'UNE MONTRE DU RÉGIMENT DES GARDES DU ROY, DANS LAQUELLE FIGURE ÉMERY DE CAIX.

Roolle de la Monstre et Reveue faicte en ung champ hors le faubourg S*t* Jacques de la ville de Paris, le sixiesme jour de febvrier mil six cens vingt ung, par Pierre Andras et M*re* Jehan Budé, commissaires et contrôleurs ordinaires des Guerres, et paiement faict le dix sept dudict mois de febvrier aud. an, A une Compagnie de deux cens hommes de guerre à pied, françois, du régiment des Gardes du Roy, estans soubz la charge du sieur de Thilladet, leur cappitaine, sa personne absente et néantmoings comprise, passée comme présente en vertu d'une ordonnance de Sa Majesté cy après mentionnée, celles de ses lieutenant, enseigne et autres officiers présentes et comprises, icelluy roolle servant à l'acquit de Mre Anthoine Charon, conseiller dudit Seigneur et trésorier général de l'extraordinaire de ses guerres, pour le paiement à eux faict ledit dix septième jour de febvrier, par les mains de Mr François Leconte, trésorier des Gardes du Roy, françoises et estrangères, à la suitte de la Cour, de leur solde et appointemens du deuxième mois de lad. année M. VIe. XXI, composé de XXXVI jours commencé led. jour six^{me} dud. mois de febvrier aud. an, Desquelz gens de guerre les noms et surnoms ensuivent.

Premièrement

(Suivent les noms desdits gens de guerre, parmi lesquels le trente-troisième est celui de ÉMERY DE CAIX.)

Original en parchemin appartenant au Comte Gabriel DE CAIX DE SAINT-AYMOUR.

CLIV

(15 SEPTEMBRE 1639). ROLE D'UN RÉGIMENT DE CAVALERIE DANS LEQUEL FIGURE UN SIEUR DE CAIX.

Rolle de la Monstre et Reveue faite en un champ proche le camp d'Aunain, le quinzième jour de septembre 1639 par les sieurs Bontseret et Boyer, commissaire et contrôleur des guerres, à soixante hommes de guerre à cheval, dits chevaux légers du régiment de cavalerie étrangère de Zillars, soubz la charge dudit sieur de Zillars, capitaine et commandant dud. régiment, sa personne absente et néantmoins comprise, en conséquence de l'ordonnance de M. le Maréchal de la Meillerais du douze desdits mois et an, etc., etc.

(Parmi les cavaliers de cette Montre, figure un sieur DE CAIX, sans prénom).

Original en parchemin appartenant au Comte Gabriel DE CAIX DE SAINT-AYMOUR.

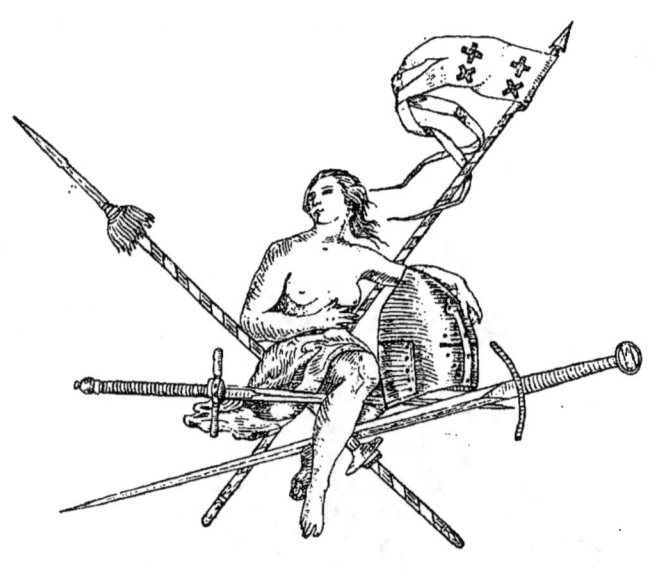

TABLE
DES NOMS DE PERSONNES

—

A

Abbaye (Eudes de l'), xv, xxiv, xxvii, xxxviii, xxxix; — (Jaubert de l'), xxxix.
Abbay (Huard d'), cxxviii.
Acard, prêtre, xi.
Achery (Dom Luc d'), ses *Notae et animadversiones*... citées, ix, xii, xxxii.
Achiches (Morelet d'), cxxviii; — (Jacquemin d'), cxxviii.
Achicourt (Colin de), lxxxvi.
Achopard (Nicole), bailli de Marle, clxxxi.
Aconnin (Robert d'), cxlix.
Acy (Gilles d'), lxxiii.
Ade de Marle, femme d'Enguerran I de Coucy, 35.
Ade de Beaugency, femme d'Enguerran II de Coucy, 35, xxi.
Adèle, fille de Dreux, comte d'Amiens, 2.
Adèle, fille de Robert I de Péronne, 15.
Adèle, femme de Gautier, comte d'Amiens, 4, ii.

a

Adelelme, dapifer d'Amiens, II.

Adeliz, femme de Robert de Péronne, VIII.

Adelme de Boves, frère d'Enguerran II, XXXIV, XXXV; — sous-diacre, XII.

Adenos ou Adenet de Caix, au Hamel et à Aubigny, 117, 118, LXXXII.

Adrien I de Caix, 222 et suiv., 231, 233, CCXV, CCXXII, CCXXXV.

Adrien II de Caix, 231, 232, 234, 239, CCXXXII-CCXXXVI.

Adrien III de Caix, 234, 238, CCXXXV.

Adrienne de Caix, femme de Wallet Estribot, écuyer, 160, CXXVIII-CXXXI.

Agnès de Fouilloy, épouse de Jean I de Caix, 91.

Agnies ou Agnie (Jean d'), CXXXIX, CXLII.

Aigneville (Claude d'), CCXVIII, CCXIX.

Aippe (Guillaume d'), XXI, XXIV, XXVII, XXXVII.

Aireul (Gautier), XXIX.

Aisne (Robert d'), gouverneur de Coucy, CLXXIX, CLXXXI.

Albalate (François de), comte de San Carlos, 246 (arm.), 252 (tabl. généal.).

Albaret (Pierre), CXCVII.

Albéric, seigneur de Coucy, 2, 5, 6, 12, XXXIII, XXXV; — Guy, son fils, XXXV.

Albret (le sire d'), 177, 200.

Alemiez (Blanchard d'), CVIII.

Alfred-Martin de Caix de Blainville, 242.

Alincourt (Jacques d'), CCXXIII.

Alix de Caix, fille de Gilles de Caix de Launoy, 248, LXVI.

Allard (Guy), cité, 60.

Allemand (l'), v. Sissy.

Amance (Jean d'), CLVIII.

Amart (Charles), CCXXXII.

Amédée-Georges-Henri de Caix de Blainville, baron de Chaulieu, 242.

Amerval (maison d'), 157, 223; — (Artus d'), CCXVIII, CCXIX; — (Jean d'), 159; — (Jeanne d'), 159.

Amiens (comte d'), 2, 5, 7, 10, 11, II; — (consul d'), v. Enguerran I; — (châtelains d'), II; — (vidame d'), VI; — (bailli d'), C; — (Renaud d'), LXXII; — (évêque d'), 10, 11,

33, 52, 96, 100, VI, XLVIII, LXII, CI, v. Guérin; — (chapitre d'), LXXVII; — (bailli du chapitre d'), CXXXVIII; — (doyens d'), VI, LXXXVI; — (archidiacres d'), 21, III, XI; — (officiaux d'), LIII, LX, LXIX; — (chapelain de N.-D. d'), LIV; — (chancelier de l'Eglise d'), v. Raoul; — (échevinage d'), CCXXIX.

Amoncourt (Jean d'), sgr. de Piépappe et de Montigny-sur-Aube, CCXXIV.

Ancosse (J. B. d'), CCXXIV.

Ancre (Wautier, sgr. d'), 9; — (Hugues et Winemare d'), XI.

Andras (Pierre), CCXXXVI.

André, abbé, IX; — sous-diacre, XII.

Angers (Antoine d'), CCXVI; — (Nicolas d'), CCXVII.

Anglure (maison d'), 223, 225, CCXXV; — (Jean d'), CCXVII.

Angoulême (le comte d'), 208, CLXXXVII.

Anne de Russie, 8.

Anseau de Boves ou de Caix, 1, 8, 11, 16, 18, 19 et suiv., 49, 234, 245, 248, V, VI, VIII, IX, XI, XII; —

Anseau de Caix en Palestine au XIIIe siècle, 247-249; — Anseau II, 122, XII, XIII.

Anselme de Boves et de Caix, v. Anseau.

Anselme, abbé de Saint-Vincent de Laon, XIV, XVII.

Anselme (le P.), son *Histoire généalogique*... citée, 68, 204, 228, CLXVIII, CLXXXVI, etc.

Anseauvillers (Regnaud d'), CXXIV.

Anssauvillier (Aubert d'), 130.

Antheaume, v. Surval.

Antoine de Caix (XVIe), fils de Henri I, 218, 225, 226, 227, 229, CCXII; — autre (fin du XVIe siècle), 230, CCXXXI, CCXXXII.

Anxes (Lancelot d'), dit la Mothe, CCXVI.

Aoust (fam. d'), 159; — (Hue d'), 154, 158, CXXV, CXXVI; — (Pierre d'), CXXVI, CXXVII.

Apremont (Hugues d'), CLXV.

Aragon (Nicolas d'), ou de St-Ragon, CCXVII, CCXIX, CCXXII.

Ardon (Adam d'), CXLVII.

Ardres (Robert d'), 115, LXXX.
Argenville (Raynaud d'), templier, 99, LXIV.
Armand de Caix (Quercy), 62, 63.
Armand de Caix de Rembures, dit de Brunel, 243.
Arnauld de Saint-Amour (Marie-Barbe-Jeanne), femme de Claude-Alexis de Caix, 240, 243, 252 (tabl. généal.).
Arnauld (Antoine), chevalier, puis comte de Saint-Amour, 240.
Arnoul de Caix, fils de Robert I, 46 et suiv., 49, 57, 70, 98, XLIV.
Arnoul, clerc de Laon, IX, XV.
Arnoul, diacre, XII.
Arnoul, archevêque de Reims, 4, II.
Arpajon (le duc d'), CXCIV.
Arras (Gautier d'), 85, LII.
Artaing (Jeanne d'), CLV.
Artaud, prieur de Nanteuil, III.
Artois (Mahaut, comtesse d') et de Bourgogne, LXXIX, LXXX.
Artus (le roi), 58.
Assigny (fam. d'), 159.
Athie (fam. d'), 225, CCXXV; —(Jacqueline d'), CLXXXIX.
Aubercourt (Enguerran d'), 89, LVI, LVII; — (Heudiarde, mère d'Enguerran d'), LVII; — Milesende, femme du même, LVII; — (Jean d'), 89; — (Regnauld de Hangard), sgr. d'), 89.
Aubert I de Caix, 125 et suiv., 135, 140, XCVI, XCVII, CVIII; — Aubert II de Caix, 127, 131, 207, CI.
Aubert (Pierre), de Nancy, CLVIII.
Aubigny (Regnaud, sire d'), 150, 151, LXXXVIII, CXXIII, CXXIV, CXCIX; — (Colard d'), CIX; — (Charles d'), 232, CCXXXII.
Augrin (Robert), CXLIV.
Aumale (fam. d'), CXCIV; — (Charles de Lorraine, duc d'), 229, CCXXIX; —(Charlotte d'), CXC.
Aumont (le Hutin d'), 159; — (Jean d'), 174; — (le maréchal d'), CXCIV.
Aunoy (maison d'), — (Gilles d'), 210; — (le Galois d'); 160, CXXVII.
Auriés (Gérard), XXXIX.
Ausseville (d'), 173; — (le Hutin d'), et (Jean d'), CXL, CXLII, CXLIII.
Aust, v. Aoust.

Autriche (Catherine d'), dame de Coucy, 136.
Auxuelles (Jean d'), ou d'Arcueilles, CXXXIX, CXLI, CXLII.
Auxy (maison d'), 210; — (Dreux d'), 120.
Aveline de Caix (dame) (XIVᵉ s.), 86, 87, 88, LIV-LVI.
Aveluis (Jehan d'), CVII.
Avesnes (maison d'), 210.
Avine (Jean, sgr. d'), 130; — (Gadiffer d'), 130.
Ay (Brunet d'), CXXXIII.
Azue (Jean d'), CLXV.

B

Bagnères, v. Guilhermy.
Bailleul (maison de), 212; — (Jean de), CXCVII; — (Musart de), CXXIV.
Baissay (Antoine de), sgr. de Longecourt, bailli de Dijon, 211.
Ballevie (Jean de), clerc de Beauvais, CXI.
Bapaume (Hugues de), 85, LII.
Baracé (Ernestine d'Estriché de), femme de Victor, comte de Caix de Saint-Aymour, 246 (arm.), 252 (tabl. généal.).
Barbenson (Michel de), CCX, CCXII.
Barbier (Pierre le), LXXXV.
Bare (Jean de la), 127.
Barmont (Aymard de), 172.
Barnoux de Milleville (Henriette), femme de Cl. Fr. Ferdinand de Caix de Rembures, 246 (arm.), 252 (tabl. gén.).
Barrière (Bertrand de la), CXCVII.
Barthélemy de Caix, templier, 99, 100, LXIV.
Barthelemi de Vir, évêque de Laon, 14, 29, 30, 32, 34, VIII, XII, XIII, XV, XVII-XIX, XXV, XXVII, XXX, XXXIII, XXXV, XXXVI, XL.
Basancourt (Floridas de), CVII.
Basentin (Regnaut de), CVII.
Bastard (Guillaume le), CXXVIII.
Batry (Pierre), CCXXXII.
Baudart (Jean), CCXIX.
Baudin de Caix, 124, XCVI.
Baudoin, abbé d'Arrouaise, 109.
Baudoin, abbé de Saint-Vincent de Senlis, III.
Bavière (Isabeau de), femme de Charles VI, 198.

Bajazet (le sultan), 188.
Bayencourt (maison de), 223; — (Antoine de), ccxviii-ccxxi.
Bazin (Jean de), cxcvii.
Beaudoin, comte de Flandre, 12.
Beaufort (fam. de), 225, ccxvii, ccxxv.
Beaujon (de), ses *Maisons des Rois*, citées, lxxxix.
Beaulieu (maison de), 212; — (Jean de), cxcvii.
Beaumesnil, v. Mallet.
Beaumont (Nicolas de), ccxxiii.
Beaupuis (Simon de), 147 et suiv.; 151, cxix et suiv.
Beaurain (Ramage de), 200, 202, clxxii, clxxiv.
Beauregard (maison de), 212; — (Denis de), ccxxiii; — (Guillon de), cxcvii.
Beauvillé, v. Cauvel.
Bautevies (Robert de), cxxxvii.
Bayne (Mathieu de), clerc de Beauvais, cxi.
Béarn (baron de), 227.
Beauté (Gilette de), 139, civ.
Beauvais (évêque de), 251, lxxiii, cx; — (official de), cx.

Becq (fam. de), 159.
Behaignon (Chaux le), clvii; — (Poncelet le), cxliii, cxlv, cxlvi; — (Rassequin le), cxxxix, cxli, cxlii.
Belleforière (maison de), 173; — (Jean de), cxxxix, cxli, cxlii.
Bellehere (Raynaud), ix, xv, xxxi, xxxiii.
Bellette, v. Isabeau.
Bellette (le sire de), cvii; — (Gilles de), cxxxix, cxli, cxlii.
Belleval (marquis de), son *Trésor généalogique de Picardie*, cité, 173, cxviii, cxxxvi, lxl, cl, etc.
Bellevane ou Bellenave (Jean de), cxxxix, cxli, cxlii.
Bellière (Jean de la), écuyer, 76.
Belloy (maison de), 210; — (M. de) de Grivesnes, 242.
Bergues (Flament de), cvii.
Berlaymont (famille de), 17.
Bernard, comte de Senlis, 6.
Bernard de Caix (XIIe siècle), 85, lii.
Bernard (Bénigne), baron de de Boves, ccxxxiii.
Bernard (Raoul), 127.
Bernay (Raoul de), ccxix.

Berneval (Jean de), (Michel de), 194.
Berneval, pour Bruneval (maison de).
Bernière (Alix), LXXIV.
Bernieulles (Hélène de), CC.
Berny (Jean de), CCXXIX.
Berquery (La), hom. d'a., CCXVI.
Bertancourt (Freminot de), CXCVII; — (Thomas de), CXXIII.
Bertangle (Charlot de), CIX; — (Jacques de), CIX; — (Gautier de), CVIII.
Berteaucourt (maison de), 212.
Bertecourt (Albéric de), XXXVIII.
Berthemont (maison de), 210.
Bertrand (Michel), CCXXVIII.
Berville (François de), CCXVI.
Béthencourt (sgr. de), CCXIV, CCXV; — (Jean de), sgr. de Broyes, CXCI.
Béthisy (Charles de), sgr. de Frestoy, CXCI; — (Hugues, prieur de), II; — (Jean de), CXXXIII; — (Richard, châtelain de), III.
Béthune (Robert de), vicomte de Meaux, 163, CXXXIV, CXXXV, CL, CLVIII, CLX.

Beucelles (Jean de) ou Brucelles, CXL, CXLI, CXLIII.
Biauval (le sire de), CVII.
Bidallet, diminutif de Bidaut.
Bidaut de Caix, v. Jean de Caix, dit Bidaut.
Bidollet, v. Bidallet.
Bie (Jean de), CCXXXI.
Biermont (cure de), 220.
Billy (Nicole de), 209; — (Philippe de), CCXIX.
Blainville, v. Caix de Blainville (de).
Blégny (Hue de), 191 et suiv., 196, 199, CLXX, CLXXI.
Blocallot (Antoine), CCXX.
Blois (Marie de), duchesse de Lorraine, dame de Boves, 168.
Blond (Denis le), CCXXXII; — (Hutin le), CXLIX.
Blondet (André), CCXXII.
Bloquier (Antoine), CCXVIII, CCXIX.
Bocqueaulx (Jean de), CCXVIII.
Bœuf (Jean de), dit Hainselin, CLII, CLV.
Boffles (fam. de), 159.
Boileau de Burelles, v. Boyleaue.
Boillant (Jean), CXXXV.
Boisbrunet (Jeanne Soret de), fem. d'Armand de

Caix de Rembures, 246 (arm.), 252 (tabl. généal.).

Bois-Robin (Jean de), CCXVIII, CCXX.

Boistel (Adenot), CCVII.

Boitel (Jean), CCXXIX.

Boniface VIII, pape, XLVI; — prévôt de Laon, IX.

Bonneval (maison de), 210.

Bontseret (le S^r), CCXXXVII.

Bonni (Clay ou Clarquin), CXL, CXLII à CXLVI.

Bonnefond, son *Histoire de Corbie*, citée, 160.

Bonnes (Jean de), CVII.

Bonnières (fam. de), 159.

Bonuel (Jean), CXXXIV.

Boquethun (Lione de), femme de Jean de Sorel, CCIV.

Borgne (le) de Caix, écuyer, XCVIII.

Bormans (Stanislas), ses *Fiefs du Comté de Namur*, cités, 228.

Bos (Béquet du), CXVIII.

Boscq de Beaumont (Louis du), 244.

Bosqueillart (Jean), LXXXIII.

Boubers (fam. de), 159.

Bouchavène (Gilles de), LXXVI.

Bouconvillers (maison de), 210.

Boulainvillier (Philippe de), comte de Dammartin, 224, CCXXIII.

Boulan (Guillaume), LXXXVI.

Boulaye (Pierre de la), CCXXIII.

Boullenger (Vincent), CCXXIX.

Bouquet (D.), son *Recueil des histor. des Gaules*, cité, LXXIII, etc.

Bourbon (Antoine de), roi de Navarre, 217.

Bourdon (Pierre), CCXX.

Bourgeois (Adam), CLIV.

Bouillon (Lirion de), 249.

Bourgogne (Philippe, duc de), CXXXVI, CLXXXVIII, CLXXXIX; — (Charles le Téméraire, duc de), CLXXXIX; — (Jean, bâtard de), CLXXXVIII; — (maréchal de), v. Vergy (Jean de).

Bournonville (Hue de), CVII.

Boutaric, ses *Actes du Parlement de Paris*, cités, 59, 62, 87, 115, LV, LVI, LXXIX, LXXX, etc.

Boutefeu (Jean), 95.

Bouteillier (maison de), 173; — (Anseau le), CXXXIX, CXLI, CXLIII, CXLIX; — (Guy le), LXXIII; — (Isabeau le), v. Hamel (Simon du).

Boutet (Jean), receveur de Romorantin, CLXXXVII.
Bouviau (Jean), LXXXII.
Boves (maison de), v. Hugues, Dreux, Enguerran, Anseau, Robert, etc. ; — (baron de), v. Lorraine (ducs de) ; — (armoiries de), 1, 108, 110, 168 ; — (témoins de), VI ; — (Cartulaires et Inventaire de), CCXXXIII.
Bove (Barat de la), CXLIX.
Boyer (le S^r), CCXXXVII.
Boyleaue (Jean de), sgr. de Burelles, 173, 192, 195, 200, CXXXIX, CXLI-CXLIII, CXLV, CXLVI, CLXX, CLXXII, CLXXXII.
Boys (Jean du), chevalier, 74.
Brabant (Hennequin de), CLVII, CXLV.
Brach (Etienne, avoué de), 91, LIX, LXI.
Braque (Guillaume), CXLIX.
Brecons (Guiet de), CLXVII.
Brect (Gilles de), CCXVI.
Breteuil (N. de), ép. de Raoul de Crépy, 8.
Breuil (Jean de), CXVIII.
Brezé (de), grand sénéchal de Normandie, 75.
Bricadel (Etienne), LXXIX.
Brice (Bort), CL.

Brimeu (le sire de), CVII ; — (Florimond de), CVII.
Brissac (le comte de), 227, CCXXVIII ; — (Jean de), CCXXVI.
Brouchy (Jean de), CXVIII.
Brouilly (maison de), CLXXXVII à CXCVI ; — (Antoine II de), sgr. de Mesvillers, 164, 211, 216 ; CLXXXVII et suiv., CCIX ; — (Robert de), CCXIX, CCXXII.
Brousselles (Jean de), châtelain d'Acy, CL.
Bruères (Gilles de), CXXXVII.
Bruières (Robert de), CXXIX, CXLI, CXLII.
Brugière (Pierre de la), CXCVII.
Bruhier (Noël), prêtre de Lihons, CCV.
Brullez (Foulques), XXVIII.
Bruneval (Bertin de), 194 ; — (Guillaume de), 194 ; — (Marie de), 204 ; — (Nicolas de), époux de Marie de Caix, 193 et suiv., CLXIX à CLXXIX ; CLXXXIII à CLXXXVI ; — (Robinet de), 194. — Voir Berneval.
Brunfay (Jean de), CCIII.
Brustesalz (Roger), LII.
Bruyelles (fam. de), 159.
Buat (Nicolas ou Colart de), CLV, CCXVI.

Bucella (Jean), XXXVIII.
Bucy (Jean de), CXLIX, CLVII.
Budé (Jean), CCXXXVI.
Buée (Guillaume), CXL à CXLVI, CXLIX, CLVII, CLXV.
Buicellot (Jean de), CLVII.
Buis (Jean de Buis), CLXV.
Buissi (Jean de), 167.
Bulciis (Gilard de), dit Bouvier, XXII.
Bureau (Gaspard), et Bureau (Jean), maître de l'artillerie, 208.
Burelles (v. Boyleaue de).
Burnel, v. Burniau.
Burgare de Crépy (le), 4.
Burge (ou Budge), femme de Huard de Caix, 86, LIII, LIV.
Burniau (Andrieu), LXXXIV, LXXXV.
Bus (Pierre de), 50, XLVII.
Bus (du), v. Lefébure.
Bussy (Jean de), CXXXVII.
Bute, v. Buée.

C

Caen (Adrien de), sgr. de Saint-Ouen, CXCI.
Caffiaux (Dom), cité, 27, 100, 105, 157, 236, CVI, CXXXII.
Cagny (Robert de), LXXXIII.
Caicus, compagnon d'Enée, 67.
Cain (Firmin), CCXX.
Cais, v. Cays, Caix, Kaix, Quaix, etc.
Cais (des), des Kais, des Quay, v. Esquay.
Cais (famille) à Saint-Donat (Drôme), 59.
Cais (famille), au Versoud, canton de Domêne (Isère), 60.
Cais, famille sarrazine d'Espagne, 61, 66.
Caisi (Hugues de), en Bresse, 71.
Caisnel (Robert de), 98.
Caisne (maison de), 96.
Caix. — Nous classons à leur prénom les membres de la maison de Caix de Picardie, antérieurs au XVIIe siècle. — Nous classons seulement ici les Caix appartenant à une autre origine ou d'une attribution tout à fait douteuse, et les membres des trois branches actuelles de la maison de Caix — Caix-Saint-Aymour, Caix-Rembures et Caix-Chaulieu — depuis leur auteur commun (v. le Tableau généalogique, p. 252).

Caix (Nicolas de), 252 (tabl. général.); — (Claude-Alexis de), sgr. de Rembures, 252; — (Félix de), 252; — (Lange de), de la Mairie, 252; — (Claude-Alexis de), de Bonval, 255; — Nicolas-Philippe de), 252; — (Fél.-Ferdinand de), prieur d'Avernes, 252.

Caix de Saint-Aymour (branche de), cxcv; —(Edouard-Victor-Alexis, comte de), sgr. de Rembures, 252 (tabl. général.); — (Marie-Etienne-Victor, comte de), 252; —(Victoire de), 253; —(Marie-Joseph-Victor, comte de), 252; — (Renée de), ép. Albert de Reilhac, 252; — (Louis-Marie-Léonce, comte de), 252; —(Amédée, vicomte de), 252; cité, 26, 68, 167, CLXVI; — (Berthe de), ép. d'Amédée, baron de Caters, 252; — (Robert, vicomte de), 252; — (Marguerite de), ép. de Raoul de Thomasson, 252; — (Hélène de), 252; —(Oswald, baron de), comte romain, 252; — (Gabriel, comte de), 63, 252, CIX, CLX, CCXXI, CCXXVI, CCXXXV, CCXXXVII, CCXXXVIII; — (Hélène de), ép. de François, comte de San-Carlos, 252; —(Enguerrand de), 252.

Caix de Rembures (branche de), 242; —(Jacques-Ferdinand - Raymond de), 252; — (Claude-Ferdinand de), 252; — (Cl.-Franç. - Ferdinand de), 252; —(Henry de), 252; —(Henriette de), 252; — (Gaston de), 252; —(Colette de), 252; — (Clotilde de), 252; — (Maurice de), 252; — (Marthe de), 252; —(Fernand de), 252; — (Charlotte de), 252; — (Paul de), 252; — (René de), 252; — (Raymond de), 252; — (Jeanne de), 252; — (Marguerite de), ép. de Paul de Hennezel d'Ormois, 252; — (Armand de), 252; —(Charles de), 252; — (Stéphanie de), ép. de Arthur des Roberts, 252.

Caix de Blainville (branche de), 240, 241, 242; — (François de), 252; — Georges - Gustave - Hilaire

de), 252; — (Gustave-Antoine de), 252; — (Alfred de), 252; — (Claire de), ép. de Charles de Nollent, 252.
Caix de Chaulieu (rameau de), 241, 242; — (Amédée, baron de), 252; — (Joseph de), 252; — (Gérard, baron de), 252; — (Camille, baron de), 252; — (Hubert, baron de), 252.
Caix en Quercy (seigneurs de), 62 et suiv., 227, 228.
Caix (Pierre, Louis, Mahieu et Jacques de), bourgeois d'Arras aux XVᵉ et XVIᵉ siècles, 116; — (Nicolas), 210; — (Sohier de), dit Micaine (XIVᵉ s.), 116; son sceau, 117; — (Baudot, hab. de), LXXXVII; — (le Sʳ de), CCXXXVIII.
Caize (M. Albert), cité, 59.
Caize (fam. de), 228.
Calonne (maison de), 223; — (Philippe de), CCXVIII, CCXIX, CCXXI.
Calvin (Charles), frère de Jean Calvin, 221.
Calvin (famille), 221.
Cambray (fam. de), 237; — (Marguerite de), veuve de Charles de Fontaine, 224; — (Guy de), CXXXIX, CXLI, CXLIII, CXLV, CXLVI, CXLIX, CLVII.
Camp d'Avène (Raoul), XLIX.
Campion (Pierre), LVIII, LXI.
Campmenil (Lionel de), CVIII.
Campremy (Colard de), 148, CXIX; — (Morel de), 130.
Camps (de), son *Nobiliaire historique,* cité, 69; XXXIII, XLV, etc.
Camus (Hélie), CCXXXII.
Can (Robert de), XXIX.
Canarde (Agnès), LXXXII.
Cange (Chrétien du), 150, CXXI, CXXII.
Cange (du Fresne du), v. Ducange.
Canis (le Chien) (Robertus) 81.
Cans (Jean de), 81.
Cao, famille sarde, 67.
Caours (Robert de), XXIII, XXV.
Capriny (Guibald de), XXVI.
Capy (Robert de), v. Péronne (Robert de).
Care (Simon), LXXIV.
Carnota (Th. de), LIII.
Caron (Jean), LXXXVI, CVIII, CCXIV, CCXV.

Carpentier (Jean le), LXXXII.
Carrette (Nicolas), CCXXIX.
Cars (famille des), 82, 147, 150, XCI, CXVII, CXXIII.
Cartula (Jacques), CXLIX.
Cas pour Caix, 62, 63.
Castel (Payen de), III.
Castellane (comtes de), 67.
Castelet (Raoul de), XXVIII.
Caters (Amédée, baron de), 246 (arm.), 252 (tabl. généal.) — (Enguerrand, baron de), 252 (tabl. généal.) — (Pierre de), 252 (tabl. généal.).
Cauchois (Thomas le), CXLIX.
Caudron (Benoît), 237 ; — (Baudouin), 237.
Caulaincourt (Antoine de), 225.
Caumesnil (Jean de), 127.
Cauroy (Guillaume du), CXLIX.
Cauroy (Guillaume de), 130; — (Regnaut de), 130.
Cauvel de Beauvillé (Victor), son *Recueil de documents*, cité : 9, 108, 125, 126, 237, LXXV, XCVII, CI, CLXXVII, CLXXXIV, CCXXII, CCXXXII à CCXXXIV.
Cauvin (Charles et Gérard), CCXIV, v. Calvin.
Cavalerin (Romuald), CCXXVII.

Caverel (Jean), mari de Jeanne de Caix, 125, XCVI.
Cay (fam. de), à Paris, 238, CXCIV ; — (Denys de), quartinier, CXCIV, CXCV; (Antoine de), CXCV; — (O. de), sénéchal de Machecoul, 62 ; — (Jean du), 119 ; LXXIX, LXXX ; (v. Quay) ; — (François du), sgr. de la Mérière, 228, 229.
Caye, 58, 59 ; — (la), 59.
Caye (Louis de), abbé de Bonneffe, 228.
Cayeu (maison de), 96, 249, 250 ; — (Anseau de), 249.
Cays, v. Cais.
Cays (maison de), de Provence et de Sardaigne, 65 et suiv., 228, 248 ; — (Jacques), amiral, 67 ; — (Raymond), 67 ; — (Pierre), 67 ; — (Isoard), 68 ; — (Bernard), 67 ; — (Geoffroy), 67 ; — (Bérenger), 67 ; — (Bertrand), 67 ; — (Pons de), 67, 68 ; — (Jean de), 228 ; — (Honoré de), 68, 228 ; — Cays, comtes de Gillette, 56, 57, 61 ; — Cais, comtes de Pierlas, 56, 57, 61, 66, 71.

Cayx, v. Caix.
Cazet, 59.
Ceis, v. Scey.
Centron (Charles), CCXVII.
Cepoy (Jean de), LXXVI.
Cessoy (Vermund de), 85, LII.
Cey, v. Scey.
Chais, v. Caix, Cais, etc.
Chaix, v. Caix.
Chaix (Etienne), 69; — Guillaume, 69;—(Nicolas de), 70.
Chaix-d'Est-Ange (famille), 57.
Chaix de la Varène (famille), 57.
Chaize, 58.
Chaize (le Père la), 58.
Chalnay (Funier de), XXVIII.
Chamerolles (Emma Lambert de), 242.
Chamont (Marie-Antoinette de), femme d'Oswald, baron de Caix de Saint-Aymour, 246 (arm.), 252 (tabl. généal.).
Champagne (Thibaud, comte de), 9.
Champs (famille), 57; — (Guyard de), CL.
Champs (des), v. Deschamps (Eustache).
Chanuel (Jean), CXVI.
Chappes (famille), 57.

Chardon (Pierre), CCXXIV.
Chardon du Havet (Marie-Marguerite), femme d'Édouard-Victor-Alexis de Caix, 242, 246 (arm.), 252 (tabl. généal.).
Charles V, roi de France, 129, XCIII, CXCIX; son sacre, 150, 159, CXXI, CXXII.
Charles VI, roi de France, 186, 194, 205, XCIII, CLXVII, CCIII.
Charlet (Jean), CXXXIX, CXLI, CXLIII.
Charlot (Jean), CLVII.
Charon (Antoine), CCXXXVII.
Chartier (Nicolas), CXCVII.
Chartres (Eudes de), 6; — (Thibaut, comte de), 6.
Charupin (Philippe), CXI, CXLII, CXLIII.
Chastel de la Hovarderie (famille du), 159.
Chastelet (fam. du), 225, CCXXV.
Chastellux (famille), 67.
Chastillon (maison de), 17; CXCII; — (Isabeau de), 123, XCII à XCIV; — (Jeanne de), dame de Rougeon, CXC.
Chaucy (Hervé), CXLIX.
Chaule (Nevelon de), 90, LVIII, LIX.

Chaulieu, v. Rotours (des), Caix de Blainville et Caix de Chaulieu.

Chaulnes (Antoine de), CCXXVII.

Chauple (Hubert), maçon à Marle, CLXXXII.

Chaussée (Mahaut de la), fille de Adrienne de Caix, 161, CXXVIII.

Chauvel (Jean), trésorier des guerres, 146.

Chauvelays (la) et Coligny, leurs *Armées des ducs de Bourgogne*, cités, 194.

Chay (fam. de), 238 ; — (Regnaud de), écuyer de Bourgogne, 70.

Chazal, Chazalet, noms propres, 59.

Cheiz (Antoine de), prieur de Peyciat, 71 ; — (Hugues de), 71.

Chérisy (maison de), 135 ; — (Jean, sire de), 111, 135, LXXVII ; — (Isabelle de), femme d'Herbert de Caix, 111, 112, 121, 136, LXXVII ; — (Agnès de), 133 ; — (Jeanne de), dame de Roye et de Muret, 135, 141, 160, CIX ; — (Marguerite de), femme de Nicolas de Caix, 112, 135, 137, CII, CVI, CIX.

Chesne (André du), son *Hist. de la Maison de Chastillon*, citée, XCII, XCIII, XCIV.

Chesneau (Adam), CCXXVII.

Chevalier (Ulysse), cité, 60.

Chevaucheur (Hennequin le), CXLIV à CXLVI.

Chevillard (Jean), ses *Gouverneurs, etc., de Paris*, cités, CXCV.

Chey (le Galois de), 209.

Chéyan (Claude de), 80.

Chèze (Philippe de la), CCXX.

Chin (famille de), 17.

Chois, v. Barthélemy de Caix.

Choiseul (fam. de), 225, CCXXV.

Choisy (Guy de), LXXII ; — (Albéric, sgr. de Choisy-au-Bac), 13.

Cholières (contes de), cités, 171.

Chollet (Jean), maître de l'artillerie, 208.

Chorier (fonds), cité, 60.

Clairambault (de), ses *Titres scellés, Montres* et autres recueils cités : 63, 70 à 76, 88, 153 à 156, 173, 194, 204, 209, 211, XC à XCV, CVIII, CXVI à CXVIII, CXXII, CXXVIII, etc., etc.

Clary (maison de), 180 ; —

(Hue de), CXLIX; — (le sire de), CVII.
Clérembauld, évêque de Senlis, 3, 4, 7, I.
Clermont (maison de), 180; — (Louis de Bourbon, comte de), 162; — (Robert de), maréchal de France, 147, CXVIII, CXLIX; — (Claude), CCXXII; — (Jean de), CXXXIX, CXLI et suiv.
Clovis, 6.
Clutin (Philippe), CCXX.
Cocheris (Ch.), son *Invent. des Mss. sur la Picardie*, cité, 225, 227.
Cochet (Louis), CLXXVII et suiv.
Cochet de Jalage (Catherine de), 218, CCXI, CCXII.
Coderc (maison de), 64.
Codu (Raynaud de), templier, 99, LXIV.
Coincy (Hilon, prieur de), III.
Colart de Caix, au Hamel, 117; — Colart de Caix, chevalier, sgr. de Faverolles, etc., 135, 136 et suiv., LXXXII, CII, CVI à CIX; — V. Nicolas de Caix.
Colbert (Gérard), CCXXIX.
Coligny (Cte de), v. Chauvelays (la).
Collemont (Jean de), maire d'Amiens, CCXXIX.
Collet (Robert), XXVIII; — (Nicolas du), CCXXXII.
Colliette, historien du Vermandois, cité, 2, 5, 8.
Collori (S. de), secrétaire du Roi Jean II, CIII.
Compiègne (Henri de), Templier, 99, LXIV.
Conchy (Hugues de), XXV.
Conet (Jacques), CCXXXII.
Congrelo (Vaitrequin de), CLXV.
Constant (Nicaise), receveur de Laon, CLXI à CLXIV.
Contay (maison de), 223; — (bailliage de), CCX; — (Jean de), CCXVII.
Conte (Pierre le), tabellion à Noyon, CCV.
Conty (seigneurs de), 10.
Corbez (Jean), XXIX.
Corbie (abbé de), 167, LXXXVII; (Garnier, abbé de), 107, LXXIII; — (Hugues, abbé de), 94; — (Jean, abbé de), 50, XLVI, XLIX; — (Fulbert, prévôt de), 50, XLVII, XLIX; — (Hugues, prieur de), 50, XLVII; — (Richer, sousprieur de), 50, XLVII; — (bailli de), 168; — (official de), 225, CXIII.

Corfay (François de), CCXVI.
Cornillion (Jacques de), CCXVI.
Cottet (Louis), CCXVI.
Coucy. — Pour les sires de Coucy, nous renvoyons à leurs noms : Enguerran, Thomas de Marle, etc. — Coucy (Guy, fils d'Albéric de), 14; — (Guy, châtelain de), 14, XXXIII, XXXV, XXXVI, XLI; — (Nicolas, châtelain de), XXXVII; — (Raoul, maire de), XXXVII; — (pairs de), 36; — (avoués ou vicomtes de), 6; — (bailli de), 196, CLI, CLX, CLXX; — (Raoul, bâtard de), CXXXIX, CXLI, CXLII, CXLIX, CLV; — (famille de) -Poillecourt, 2.
Coullières (Pierre de), CCXVI.
Coulombiers, CCXIV.
Couperel (Jean), bailli de Coucy, 181, CLI.
Couppeau (François), CCXXXII.
Cour (Pierre de la), 161, CXXX.
Courcelles (Artus de), CCXX.
Courtefoy (Jean), de Caix, LXXXVI, LXXXVII.
Courtenay (Jean de), CCXXIII.
Courtois (maison de), 64.
Courval (Robert de), XXXIII; — (François), CCXXIII.
Cousin (Ridel), CVIII.
Coutte de Nesle (Louise), femme de Marie-Etienne-Victor de Caix, 246 (arm.), 252 (tabl. généal.).
Cramaires (Floridas de), CVII.
Crane ou Crané (famille), CXCIV; — (Jeanne de), CLXXXVIII.
Craon (le sire de), 70.
Crappier (Charles), 223.
Creci (Simon de), prévôt de Marle XLIV.
Creil (Louis de), CCXXVIII.
Crépy (comte de), 7; — (Raoul de), comte d'Amiens, 10; — (Gautier, comte de), 11; — (Adam de), III.
Créquy (maison de), 159; — (le sire de), 150, CXXII; — (M. de), CC; — (la maréchale de), 224.
Crésecques (dame de), 115, LXXX.
Cresson (Nicolas), CCXIX.
Cretet (Henry), CXXXIX, CXLI, CXLII.
Crèvecœur (Philippe de), sgr. d'Esquerdes et de Lannoy, CXCVI.
Crocq (Louis du), CCXXIII.
Croisilles (Robert de), 118.

b

Croseth de Neelle (Jean), xxxv.
Croy (fam. de), 159.
Crussol (Louis de), maître de l'artillerie, 208.
Cuel (Jean), ccxx.
Cugnières (Pierre de), 25.
Cuiaperit (Pons de), xxxvii.
Cuise (maison de), 210.
Cuise (le Galois de), 210.

D

Dais (Jean), 249.
Damas (fam. de), 225, ccxxv.
Dammartin (chevaliers de), lxxiii.
Dampierre (maison de), 225, ccxxv; — (Guillaume), ccxvi; — (Jean, maire de), 44.
Dampvally (Geoffroy le), dit Coffin, 138, ciii.
Danois (le), de Cais, v. Jean de Caix, dit le Danois.
Dare (Pierre), 50, 51.
Darras (Guillaume), cvii.
Daumont (maison de), 218.
Dauphiny (François), ccxvi; — (Jehan), ccxvi.
Delattre (Guillaume), ccxxix.
Delessau (Charles), ccxxix.

Delettre, son *Histoire du diocèse de Beauvais*, citée, 26.
Delisle (M. Léopold), son *Histoire de Saint-Sauveur-le-Vicomte*, citée, 209.
Delorme (M.), cité, 192.
Demay (G.), ses divers *Inventaires de sceaux*, cités : 71, 82, 102, 116, 120, 155, 156, 168, 194, lxxx, lxxxi, xcv, cxvii, cxxvi, clxix, clxxxiv, etc.
Demuin ou Demuyn (Enguerran de), l; — (Evrard de), xi, xxviii; — v. Hanons.
Dénicourt (Jean de), cxviii.
Dent (Wermond), xviii.
Dentart (Wermond), ix, xv.
Dequet, nom propre, 60.
Descandelion (Raymond), 247.
Deschamps (Eustache), dit Morel, poète du XIVe siècle, 178, cxlvii, cxlviii.
Desclaibes (famille), 159.
Desquay, v. Esquay (d').
Desquéz, v. Esquay (d').
Desessars (Jean), procureur d'Amiens, ccx.
Digneure (Jean de), sgr. de Jumel, 193, clxxvi.
Digonne (Louis de), cxliv à cxlvi.
Dijon (bailli de), v. Baissay.

Dion (fam. de), 159.
Dionart (Pierre), CLXXVII, CLXXVIII, CLXXIX.
Disque (Désiré), CXLIV, CXLVI.
Dizimeu (Antoine de), CCXVI.
Dohé (Bertrand), CCXX.
Domart (Regnaud, sgr. de), 163, CXXXV, CXXXVI; — (Alix de), LXXXIV.
Dormans (Milon de), év. de Beauvais, 143, CX.
Dorz (Dreux de), XLVIII.
Dossu (Adrien le), CCXXX.
Douarsis (Adam), CXVIII.
Dours (Robert de), XLIX.
Drappier (Jean le), CLIII; — (Jacques le), CLV.
Dreux, comte d'Amiens, 2, 10; — Dreux, comte du Vexin, 8; — Dreux de Boves ou de Parpes, sgr. de Boves, 2, 7 et suiv., 16, 19, 49, 229, 234, II à VI; — Dreux ou Dryves de Caix, 96, 120 et suiv., 154, 207, LXXXVII, LXXXVIII, CXXVI, CCXXIII.
Drienne de Caix, v. Adrienne.
Dromon (sgr. de), 67.
Dronero (Dronier), vill. du Piémont, 227, CCXXVIII.
Dryves de Caix, v. Dreux.
Du Cange, cité, 2, 3, 7, 8, 10-13, 19, 21-25, 35, 44, 89, VI, CXXIV.
Du Chesne (André), historien et érudit, cité, 2, 6, 7, 8, 10, 12, 13, 15, 43, 47, VI, XII, CLXXXVIII, CXCII.
Dufourny, ses Manuscrits cités, 70, XCI, CLVIII.
Dugamel (Alexandre), CCXX.
Du Port (Angelin), CCXIX.
Dupuis (Jean), CCXXXII.
Dupuy, ses Manuscrits, cités, 107.
Duquet, nom propre, 60.
Durand (Guillaume), CXCVII.
Dussel (Antoine), sgr. de la Ferté, CCXVI.

E

Eglise (Henry de l'), CXXVIII.
Elincourt (Rasse d'), CLVII, CLXV.
Elisabeth de Coucy, première abbesse du Paraclet, 101.
Elisabeth, femme de Robert d'Erblaincourt, 48.
Emblecourt, v. Erblaincourt.
Emblecourt (Robert d'), 49, v. Mathilde.
Emery de Caix, 82, 238, CCXXXVII.

Encre, v. Ancre; — (sgr. d'), 41.
Engelais (Robert), 43, XI, XXXV.
Enguerran I de Boves ou de la Fère, sire de Coucy, 3, 415, 7, 8, 10, 11, 12 et suiv., 19 et suiv., 31, 49, 135, 250, 252, I, III-VIII, XI, XIV, XXVII, LXXII, LXVIII; — Enguerran II, 30, 32, 35, 49, XI, XVII, XVIII, XXI, XXVII, XXX, XXXIV à XXXVII, XLI, CXXXVIII; — Enguerran III, 61, 92, 93, 100, 163, 169, 250, 252; — Enguerran VII, 136, 153, 173, 175, 177 à 188, CXXXIV et suiv., CXL à CL, CLVI, CLVII, CLIX, CLXV, CLXVII, CLXIX; — Enguerran de Coucy, écuyer, 176; — Enguerran, évêque de Laon, v; — Enguerran, abbé de Saint-Riquier, 12.
Enguillecourt (Jean de), LXXXV.
Epinoy (Girard de l'), XLIX.
Erblaincourt (Robert de), XLIII; — (Elisabeth, femme de Robert d'), XLIV; — (Guy d'), XXVIII.

Erchu (Jean d'), CXXIV.
Ercri (Bliard d'), XXI.
Erlay (Gérard de), XVIII.
Erselet (Jacques d'), CXVIII.
Eschelders (Gautier), XI.
Escremy (Pierre d'), CXLIX.
Escri (Girard d'), LXXII.
Escribos, v. Estribot.
Escuier (Raoul l'), 200.
Esquay, famille de Normandie, 73; — (Guillaume d'), 73, 210; — (Hébert d'), 74; — (Bastien d'), 75; — (Jean d'), 74, 75; — (Henry d'), 75; — (Gérard d'), 74, 75; — (Louis d'), 76; — (François d'), 210; — (Guillaumette d'), 76.
Este (Gautier d'), LXIV.
Estienne de Chayx, v. Scey.
Estissac (Bernard d'), CCXXV.
Estrain (Gilles d'), ou d'Estraines, 249.
Estrées (Raoul d'), LXXII.
Estribat, v. Estribot.
Estribot (Wallet), écuyer, mari d'Adrienne de Caix, 160, CXXVIII à CXXXI; — (Enguerran), 160.
Estriché (d'), v. Baracé.
Eu (Raoul, comte d'), connétable de France, 122, XCI.
Eudes, abbé de Saint-Crépin de Soissons, III.

Eudes de Chartres, 6.
Eustache, vidame d'Amiens, VI.

F

Failly (fam. de), 225, CCXXV.
Fauconcourt (Raoul de), XVIII, XIX.
Faverolles (maire de), LI.
Fay (Guérard du), 108, LXXIV.
Fayel (Jean de), 143, CXI; — (Thomas de), 167, CXXXVII; — (Jeanne de), femme de Jean de Sissy, 192, CLXVIII.
Fère (Sarrazin, châtelain de la), XXVI, XXVIII, XXXV; — (Bouchart, frère du précédent), XXXV; — (Bernard, prévôt de la); — (Odouin de la), XXXVIII.
Féron (Rolin), CCXIX.
Ferrière (Jacques de la), CXCVII.
Ferté (Bliard de la), XXXVII, XXXIX, XLI; — (Théon de la), XXXVII, XXXIX.
Fervacques (abbesse de), v. Brouilly (Anne de).
Fesmy (Gérard, abbé de), XXXVIII.

Feuquières, v. Pas.
Fiennes (Robert de), connétable de France, 140, CVII; — (Jacques, bâtard de), CVII; — (Homiel, bâtard de), CVII; — (Jacques de) de Saint-Martin, CCXVIII.
Fignon (Thomas de), 248.
Flamand (Jean le), trésorier des guerres, CXXXVI, CXL, CLXVIII, CLXXVII, CLXXVIII.
Flamicourt (Baudouin de), abbé d'Arrouaise, LXXV.
Flandre (Philippe, comte de), de Vermandois et de Montdidier, 85, L; — (Baudoin, comte de), II; (Isabelle, comtesse de), L.
Flavy (famille de), 225, CCXXV.
Fléchin (S. de), CXXVI.
Florival (M. de), son *Hist. de Barthélemy de Vir*, citée, 14, 15, 29, 120, IX, XV, XIX, XXIV, XXXII, etc.
Foigny (Goswin, abbé de), XXXIX.
Foissat (Guesdon de), CXXXIX, CXLI, CXLIII, CXLIX.
Foix (comte de), CXCVIII.
Folies (Jacques de), LXXXVI.
Fontanieu, cité, 107.
Fontaine (maison de), 210, 224, 249; — (Jean de), CXLIX, CCXVII; — (Hugues

de), LXXII, CCXXXV; — (Charles de), 224; — (Isambart de), LXXII; — (Colin de), CXXXIII; — (Adrien de), 233, CCXXXIII; — (Gilles), CCXXXII; — (Madame de), dame de Jumègnies et Travecy, 182, CLII; — (Roland de la), CCXXIII.

Fontenay (Antoine de), CCXVII.

Forceville (maison de), 224, 232; — (Jean de), gendre d'Hélène de Caix, sgr. de Forceville, de Fontaine, etc., 218, CCX, CCXI, CCXIII; — (Hugues de), 233, CCXXXIII, CCXXXV; — (Charles de), CCXXXIV; — (Catherine de), 233, CCXXXIV.

Formont (François de), CCXVI.

Foro (Clairambault de), XV, XXIV, XXVI.

Fosse (Bertrand de la), CXCVII.

Fosse (Garnier), LXXXVI.

Fossés (famille des), CLXVIII; — (Philippe des), CLXVIII.

Fouencamp (Jean, sgr. de), 167; — (Florent de) 169, CXXXVIII; — (Pierre de), LXXIV; — (le sgr. de), CLXXVII.

Fouilloy (maison de), 91; — (Simon de), 50, XLVII, XLIX.

Foulques, évêq. d'Amiens, 10.

Foulques, prévôt, III.

Fouquerée (Martine), LXXXIII.

Four (Jean du), CXLIV-CXLVI; — (Hannequin du), CXXXIX, CXLI, CXLII.

Fourmentin ou Fromentin (fam.), CXCIV.

Fournier (Colas le), CXXXVII.

Framicourt (Béatrice de), femme de Robert II de Caix, 94; — (Guillaume de), 94, 108.

Franceys (Jean le), LXIV.

Francières (Christophe de), CXCI.

François de Caix, fils d'Henri I, 224, 229, 239, CCXXIV.

Fransu (Hue de), CVII.

Fransures (le sire de), CVII; — (Jean, sire de), 147, CXVII; — (Flamand de), CXVII; — (Mathieu de), CVII, CXVIII, CXXXIII, CXXXIV.

Fréchencourt (Jacques de), 114, 119; — (Jean de), LXXVIII; — (Mathieu de), CIX; — (Pierre de), XXXI, XXXIII.

Fremuller (?) le sire de), CVII.
Frésencourt, v. Fréchencourt.
Fresnes (Adrien de), CCXX.
Fresnoy (Jean du), 143, CX, CCXXIII.
Fricamps (maison de), 193; — (Jean de), 194.
Fricans, v. Fricamps.
Frigicourt (Pierre de), 109, LXXVI.
Froissicourt (maison de), 210.
Fromentin (Marie de), CLXXXVII; — (Jean de), CLXXXVIII.
Fuellet (Mathieu), CCXVI.
Fulcor (Guillaume et Lambert de), XI.
Fumechon (Jean de), CXLIX.

G

Gaignières, ses Recueils, cités, 76, IX.
Gallanpoix (Pierre), CCXXXII.
Gaillofre (François), CXCVIII.
Galles (Yves de), CXXVII.
Galois (Poncelet le), CXXXIX, CXLI-CXLVI, CLXV.
Garde (Perrot de la), CXCVII.
Garin (Jean), Gérin ou Guerny, CXL, CXLI, CXLIII.
Garnier, abbé de Corbie, 107.
Gauchi (Philippe de), CXLIX.
Gaucourt (Thomas de), CCXXIII.
Gaucourt (Alexandre de), CCXXVI; — (Raoul de), 209; — (Thomas de), CCXXIII.
Gaudechard (maison de), 210.
Gaudonvilliers (Robert de), CXXXVII.
Gaudry, archidiacre de Noyon, VII.
Gauguier (François), maire d'Amiens, CCXXIX.
Gautier, v. Wautier.
Gautier, comte d'Amiens, 8, 11, II; — Gautier « de Faredo », III; — Gautier « de Kays », traducteur du Saint-Graal, 97; — (Jean), receveur des aides, CLXXXIII, CLXXXV.
Gauville (Jean de), CCXXIII.
Geliot (Louvan), son *Indice Armorial*, cité, CXCII.
Genève (le bâtard de), CLXVII.
Gentelles (Landry de), XXIX; — (doyen de), LXIII.
Gervin, évêque d'Amiens, 11.
Ghistelles ou Guistelles (fam.), CXCIV.

Gien (comte de), CCXXXV.
Gilebout (Florent), CXXXIII.
Gilles de Caix de Launoy, 57, 100 et suiv., 248, 250, 252, LXV-LXXIV; — Marie, sa femme, LXVI, LXIX, LXX; — Robert (Robin) et Alix, leurs enfants, LXVI.
Gillette (fam.), v. Cais de Gillette.
Gillon de Caix, v. Gilles de Caix de Launoy.
Gilobout (Florent), CXXXIV.
Girard, vidame de Laon, XV; — (Léonard), 172.
Glines (fam. de), 159.
Godefroy, abbé du Mont-Saint-Quentin, VII; — (Frédéric), son *Dictionn. de l'anc. lang. franç.*, cité, 171, CL.
Godeillon (Laurent), LXXXV.
Godet des Marais (Françoise), femme d'Anthoine IV de Brouilly, CXCIV.
Godinières (Jean de), CCXXIII.
Gonesse (Baudouin de), XV.
Goni, v. Guni.
Gore (Jean), CXLIX.
Gorgart (Jean), CLVII.
Gorgeron (Jean), 120, LXXXVII.

Gorin (Charles), sgr. de Bourdon, 232, CCXXXIV.
Gosse, prieur d'Arrouaise, son *Histoire de l'abbaye d'Arrouaise*, citée, 109, LXXV, LXXVI, LXXVII.
Gossart ou Cossart (François), CCXVIII, CCXIX.
Gouffier (fam. de), 159; — (Jean de), 163, CXXXVI, CXXXVII.
Gourlay (fam. de), 159.
Gourne (Jean), CXXXIX, CXLI, CXLII.
Goussancourt (Mathieu de), son *Martyrologe de Saint-Jean-de-Jérusalem*, cité, CXCII, CXCVIII, CXCVI.
Gouy (Jacques de), CXLIX; — (Pierre de), CCVII.
Gozuin (abbé), (Aquitinensis); XI.
Grainette (P.), secrétaire du roi, CVI.
Grancey (fam. de), 129; — (Eudes de), chevalier, 128, 129, XCVIII.
Grandpré (Jean, comte de), XCIII; — (Catherine de Saint-Pol, comtesse de), 123.
Gras (Simon le), XV, XXXI, XXXIII.
Grenier (Dom), sa *Collection de Picardie*, citée, 3, 5, 9,

10, 11, 47, 56, 77, 81, 93, 95, 111, 120, 121, 139, 141, 155, 217, 226, 229, 240, III, VI, IX, XVI, XIX, XXV, XXIX, XLI, XLV, LXXXVII, LXXXIX, XCI, CXXII, CXXIV, CXXXII, CXCIX.
Greny (Jean), CL.
Grévin (Laurent), CCXXX.
Gribeauval (maison de), 210; — (Adam de), 149.
Grimaldi (Honoré), 244; — (Georgette de), femme de Jean de Cais, 228.
Grolier (Jean), CCXIX, CCXXI, CCXXIII.
Grosménil (maison de), 210.
Gross (M.), son *Hist. de Crépy*, citée, 4.
Gruel (Lambert), XV, XXXII, XXXII, XXXIII.
Grumel (Guillaume), CXLIX.
Gualric, évêque de Laon, v.
Guénemont (Honneret de), 167, CXXXVII.
Guérin, évêque d'Amiens, 33, X.
Guermond, frère d'Eustache, vidame d'Amiens, VI.
Gueydon (fam. de), 227, CCXXV.
Guibert, abbé de Nogent, 15, II.
Guiche (maison de), 217, 223.

Guilbert (Charles), CCXX.
Guilhermy (Antoine de), sgr. de Lartuzie et de et de Bagnères), 227, CCXXVII.
Guillain (Hardouin), CCXXVIII
Guillaume de Caix, à la croisade contre les Albigeois, 250, 251, 252; — Guillaume de Caix, écuyer, 125, 127 et suiv., 135, 140, 152, XCVIII, CI, CVIII; — Guillaume de Caix (Quercy), 62, 227, CCXXVI.
Guillaume de Chayx, v. Scey.
Guillaume d'Orvilliers, femme de Robert III de Caix, 164.
Guise (Bouchard de), XXVI; — (duc de), 225, CCXXIV.
Guisnes (fam. de), 159.
Guistelles (Jeanne de), CLXXXVIII.
Gunesse (Baudouin de), XXXIX.
Guni (Adon ou Eudes de), IX, XV, XVIII, XXVIII, XXXI, XXXIII, XXXV, XXXVII; — (Foulques de), XXXVII; — (Itier de), XV, XVIII, XXVIII, XXXI, XXXIII, XXXVII; — (Wylard de), XXVIII, XXXVII, XLI; — (Ade,

femme de Wylard de), XXXVII.

Guy, comte d'Amiens, II; — Guy, fils d'Albéric de Coucy, 14; — Guy, fils de Tiezzon, châtelain de Coucy, 14; — Guy, neveu de Robert d'Erblaincourt, 48; — Guy, évêque d'Amiens, 10, VI; — Guy, doyen d'Amiens, VI; — Guy, chancelier de Noyon, VII.

Guyenval (Pierre de), CCXXIV.

Guyselin (Jean), CCXX.

H

Habarcq (fam.), 159.

Hainaut (Richilde, comtesse de), 12.

Hallancourt (Robert de), CCXXIII.

Halloy (Baulde de), CLXXXIX.

Halluin (fam. d'), CXCIV; — (le sire [d'), CVII; — (Jean de), CXXXVIII; — (Morel de), CXXVII; — (Tristan de), CVII.

Ham (le bâtard de), CLXVII.

Hamaïde (fam. de la), 159.

Hamel (famille du), 106, 158, 225, CCXXV; — (Fronsart du), CXXIV; — (Foulques du), XXVIII; — (Guillaume du), CCVIII; — (Jean du), 158, LXXXII; — (Louis du), 159; — (Rabache du), CXXIII; — (Robert du), 158; — (Simon du), 158; — (Comte du), son *Mém. sur la terre du Hamel-lez-Corbie*, cité, 158; — (le bâtard du), CXXXIII; — (Gilles du), seigneur de Bellenglise, etc., époux de Marie de Caix, 154, 157, CXXV, CXXVI; — (Antoine, marquis du)-Bellenglise, 159.

Hamelet (Honoré de), CXXXV.

Han (Jean de), 215, CCVI; — (Marie de), 215, LXXXIX, CCVI; — Gérart de), 122; — (Mahaut de), femme de Dreux de Caix, 121, 207; — (Marie de), femme de Jean de Mollemont, 121.

Hanequine (Marie), 169.

Hangart (Carneus de), LXXXIII; — (Roussel de), LXXXIV; — (Robert de), CVIII, CXXXV; v. Aubercourt.

Hangest (fam. de), 118; — (Aubert de), CXXXIII; —

(Bon de), sgr. du Mesnil-Saint-Georges, Domfront, etc., cxc, cxciii; — (Charles de), cxxxiii, cxxxiv, cxc; — (Charles de), évêque de Noyon, prieur de Lihons, 220; — (Colart de), clxxxviii; — (Jean, sgr. de), 146, 163, cxvi, cxxxiii; — (Perrine de), clxxxviii.

Hannequin, maître charpentier, clxxxvii.

Hanous de Demuyn (Thibaut), 167.

Haraucourt (Pierre de), 225, ccxxiv.

Hardeville (maison de), 210; — (le Galois de), 210.

Hardouin (M.), cité, 3, 10, 11; — (Philippe), 252 (tabl. généal.); — (Marie-Agnès), 252 (tabl. généal.).

Hargenlieu (maison de), 210.

Hargicourt (maison de), 210.

Harpré (Antoine de), ccxx.

Harvelle (Jeanne d'), dame du Sart, femme de Guérard du Fay, lxxiv.

Hasnon (Foulques, abbé de), xxxviii.

Haton (Colart), gouverneur de Laon, 186.

Hauchart (Brisse), lxxxii.

Haucourt (Thomas de), ccxxiv.

Haudiquer de Blancourt, son *Nobiliaire de Picardie*, cité, clxxxix.

Haveskerque (Antoine de), cxxvi.

Havraincourt (Marguerite de), cliii.

Haye (François de la), ccxviii; — (Philippe de la), ccxix.

Hayes (Henry des), cxcvii; — Nicolas des), 80.

Heilly (Gautier d'), 50, xlvii, l.

Heis (Anseau de), v. Anseau II de Caix.

Hélène de Caix, femme d'Hugues de Riencourt, 150, 213, 215 et suiv., 232, 233, ccviii-ccxii.

Hem, v. Ham (fam.).

Hembize (fam. d'), 159.

Hémévillers (Jean de), frère utérin de Jean de Caix le Danois, 147 et suiv., cxix, cxx, cxxiv.

Hénencourt (Antoine d'), 213; — (Antoinette d'), cc; — (Adrien, d') cc; — — (Jean d'), cc.

Hennezel d'Ormois (Paul de), 246 (arm.), 252 (tabl. généal.)

Henry I, roi de France, 9; — Henry de Caix, I du nom, sgr. de la Mairie de Caix, 206 et suiv., 213 et suiv., 225, 227, 234, 244, 245, CXCII, CXCIV, CCV-CCX; CCXXXV; — Henry II de Caix, 224, 231, 246, CCXXXII, CCXXXIII.

Herbert, comte de Vermandois, 6; — Herbert, prêtre de Laon, XV; — Herbert I de Caix, 101, 121, 136, LXV, LXVII, LXX, LXXV, LXXVII; — Isabelle de Chérisy, femme du précédent, LXXVII; — Robert, fils de la précédente, LXXVII; — Herbert II de Caix, 109-112.

Herblaincourt, v. Erblaincourt.

Herlin (Bidolet), 200, 202, CLXXII, CLXXIV.

Héronnière (La), CCXVII.

Hertain (fam.), 159.

Hervilly (Jeanne d'), 108.

Héry (Thomas), CXVIII.

Heuqueville (baronnie), v. Roncherolles.

Hilon, prieur de Coincy, III.

Hippeau (C.), son *Dictionn. du Calvados*, cité, 73, 76.

Hircon (Guyer et Royer de), XXXVI, XLI.

Homblières (Tassart de), CVIII.

Homme (D^{elle} Noelle du), 76.

Hopital (François de l'), XCII, CXLIII, CXLV, CXLVI, CXLIX.

Hornes (fam. de), 159.

Hostigers (Jacques), LXXXIV.

Hourges (Jean de), CXVIII.

Hozier (d'), Manusc. et ouvrages cités, 66, 207, 217, 218, 235, CLXXXIX, CXCIII, CCIII, CCXI-CCXIII.

Huard de Caix (XIIIe s.), 86, LIII, LIV; — Yvon Huart, 209.

Hucher (M.), cité, 58, 97.

Hue de Caix, 82, 120, 121 et suiv., LXXXVIII, XC; — Hue de Caix, écuyer, canonnier du roi, 208, CLXXXVII.

Hugues Capet, roi de France, 7; — H. Comte de Vermandois, XIV; — Hugues de Boves, 3, 4, 5, 7, 49, II; — H., prieur de Béthisy, II; — H., prieur de Saint-Arnoul de Crépy, I.

Humières (Adrien de), CCXVIII, CCXIX; — (Jean de), CCXXI, CCXXII; — (M. de), 222, CCXVII-CCXXII.
Humont (Jean de), CXXXIX, CXLI, CXLII.
Hurtebise (Daniel de), CCXXXI.
Hussel (Jean de), XLIV.

I

Innocent II, pape, 31, XIV, XVII, XIX.
Isabeau (Bellette) de Caix, 127.
Isabeau de Caix, fille de Pierre et d'Eustache d'Ongnolles, femme de Gosson de la Porte, 123, XCII-XCIV, CXCI, CXCII.
Isabeau, dame de Coucy, CLXV.
Isabelle, v. Elisabeth.
Ivry (Robert d'), LXXII.

J

Jacher, neveu de Robert d'Erblaincourt, 48.
Jacques de Caix, au Hamel, 117, LXXXII.

Jain (Firmin le), LXXXIV.
Jalage, v. Cochet.
Janvier (A.), cité, 2, 9, 19, 25, 92, 93, 168.
Jardin (Marie du), 87, LIV-LVI.
Jardins (Jacques des), CCXX.
Jean, pape, 4, II.
Jean de Caix (XIIIe s.), 82, 89, 93, 97, 207, LVI, LVIII-LXI; — (Agnès, femme de), LIX-LXI; — Jean, frère du Traversier de Boves (des Caisnes?), 96; — Jean de C., de Hangart et de Guillaucourt, 119, LXXXIII à LXXXVI; — Jean de C., de Péronne, 114, LXXVIII, LXXIX; — Jean de C., dit le Danois, 124, 129, 145 et suiv., 185, LXXXVIII, LXXXIX, CXVI-CXXVII, CXCIX; — Jean de C., fils du Danois, sgr. de Dancourt et de Wadyvoie, 159 et suiv., 164, 207, 210, CXXVIII, CXXXIII, CXXXIV, CXCVI; — Jean de C., fils du précédent, sgr. de Dancourt, 163, CXXXVI, CXXXVII; — Jean de C., dit Bidaut, Ier du nom, 136, 149, 159, 170 et suiv., CXXXIX et suiv., CXLV à CLXVI; — Jean de C., dit

Bidaut, IIe du nom, 171, 172, 174 et suiv., 189, 205, CXXXIX et suiv., CXLV, CXLVI, CLXVII, CLXVIII, CLXXVII, CLXXX, CLXXXII ; — Jean de C., frère de Henry I, 224, 225, 239, CCXXIII, CCXXV ; — Jean de C., capitaine de Boves (XVIe s.), 229, CCXXIX ; — Jean Caix (Quercy), 228.

Jeanne de Caix, sœur d'Aubert I, 126, XCVI.

Joanne, son *Dictionnaire*, cité, CLXVIII.

Jobert (maison de), 212 ; — (Gossier), CXCVII.

Jonc (Louis de), CCXVII.

Joursanvault (Catalogue du baron de), cité, 204, 208, CLXXXVII.

Jovet, historien de la maison de Coucy, cité, 12, 17, 22.

Jozel de Dinant (Colart), 209.

Jozy (Jean de), CCXXIV.

Jumel ou Jumelles (Ibert de), 41, 43, XI ; — (Isabelle de), 193, CLXXVI ; — (Jean, sgr. de), 167 ; — (Mathieu), clerc de Corbie, 144, CXIII.

K

Kais, Kaix, v. Caix ; — Kais (Witasse et Jean des), 124.

Kaisnel (Mathieu, sgr. de), LXIV ; — (Robert de), CXIII.

Karesme (Perrette), 135, CII.

Karesmel (femme), LXXXIII.

Kays ou Kay (famille), en Angleterre, au Moyen-Age, 78.

Kierisy, v. Chérisy.

L

La Beaume de Tarteron (Berthe), femme d'Amédée, vicomte de Caix de St-Aymour, 246 (arm.), 252 (tabl. généal.).

La Cave (Jean), clerc de Corbie, 144.

La Chesnaye des Bois, cité, 68, 69, 218, CLXXXIX.

Lacurne de Sainte-Palaye, son *Dict. hist. de l'anc. lang. franç.*, cité, 44, 171, 212.

Ladvocat (Nicolas), CCXXIV.

La Fère, v. Coucy.

La Ferrière (maison de), 212.

Lafon (fam.), 65.

La Forest (Adrien de), CCXVII.
Lagny (Thomas de), CLVII.
Lagot (Simon), CCXXXII.
La Grange (Pierre de), CXI.
Laîné, ses *Archives histor. de la Noblesse,* citées, 62, 106, 158.
Laires (Simon de), CCXIX.
Lalain (fam. de), 159.
Lalanne, son *Dictionn. histor.,* cité, 249.
Lallemand, v. Sissy.
Lallemant (maison de), 210; — (Claux), CXLIX; — — (François), CXLIX; — (Josselin), CLXV.
Lallouette, historien de la maison de Coucy, cité, 17, 22.
La Marche (Jean de), clerc de Beauvais, 142, CIX.
Lameth (Marie de), 217.
Lamorin (Claude), CCXXXII.
La Morlière, cité, 2, 9.
Lanault (Jean de), 209.
Lande (maison de la), 210.
Lange de Caix de la Mairie, 243, 244, 245.
Laon (Barthelemy de Vir, évêque de), 14, 29 (v. Barthelemy); — (évêque de), 251, XVII, XIX, XX, XXV, XXVII, XXX; — (évêque élu de), LXXIII; — (Enguerran, évêque de), V; — (Gualric, év. de), V; — (Roger, év. de), XLIV; — (chancelier de l'Eglise de), IX; — (Raoul, chancelier de N.-D. de), XIX, XXIV, XXVII, XXIX; — (Arnaud, archidiacre de), XXXII, XXXIV; — (Barthelemy, arch. de), XXVI, XXXII; — (Guy, arch. de), XXIV, XXVI; — (Létalde, arch. de), XXIV, XXIX; — (Raoul, arch. de), XVIII; — (Guy, doyen de), XVIII, XXXII, XXXVII, XL; — (Barthelemy, trésorier de), XXXVII; — (Guy, trésorier de), XXIX; — Bliard ou Blihard, chantre de N.-D. de), XXII, XXIV, XXVI, XXIX; — (Milon, chantre de), XXXII; — (Albéric, prêtre de), XXIV; — (Herbert, prêtre de), XXVI; — (Pierre, diacre de), XXIV, XXVI; — (Arnoul, s.-diacre de), XXVI; — (Barthelemy, acolyte de), XXIV; — (Mathieu, acolyte de), XXVI (v. Arnoul, Payen, Nicolas); — (Arnoul, clerc de), XVIII, XL; — (Geoffroy, chapelain de), XVIII; — (Robert,

chapelain de), xviii, xxxvii; — (le vidame de), lxxii; — (Gérard, vidame de), xviii, xxiv, xxvi (v. Gérard); — (Boniface, prévôt de), xviii (v. Boniface); — (Guillaume, prévôt de), xxvii; — (Thierry, prévôt de), xviii; — (prévôt de), cv; — (Nicolas, châtelain de), xviii, xxiv, xxv, xxvi, xl (v. Nicolas); — (capitaine de), clxii-clxiv; — (receveur et gouverneur de), clxi.

La Personne (Jean), 175.

Larcher (Jean), cxl-cxlvi, cl.

Larchey (M. Lorédan), ses *Origines de l'Artillerie française*, citées, 209.

Laroque, son *Hist. de la Maison d'Harcourt*, citée, clxxxix.

Lartuzie, sgrie., v. Guilhermy.

Lascaris (Eudoxie, fille de Théodore), prince de Nicée, 249.

Lasnier (Gautier), lxxxiv.

Latre (Charles de), ccxxxii; — (Daniel de), ccxxxii.

Laubigeois (Jean), ccxvi.

Laulne (René de), 230, cxxx.

Launoy (Gilles de Caix, dit de), v. Gilles de Caix.

Lauras (Christophe de), ccxvii.

Lauzerel (le sieur de), 229, ccxxix.

Lavardin (Louis de), sgr. de Rennay, ccxx, ccxxiii.

Laversines (Philippe de), templier, 99, lxiv.

Lavocat, son *Procès... de l'Ordre du Temple*, cité, 100.

Leblond (M. O.), cité, 91.

Le Bœuf (Jean), dit Hainselin, clxxxvi.

Le Bon (François), ccxxix.

Le Borgne de Caix, 125, 127, 128, 149.

Le Bremyan, hom. d'a., ccxvi.

Le Cane (Jean), clerc à Corbie, cxiii et suiv.

Le Chesne (Gérard), clerc de Beauvais, cxi.

Le Clerc (Tristan), 127; — (Nicolas), ccxxxv.

Lecomte (Franç.), ccxxxvii.

Ledieu (Al.), ses *Deux Villages du Santerre*, cités, 89, 92.

Lefébure du Bus (Louise-Zoé), femme d'Henry de Caix de Rembures, 246 (arm.), 252 (tabl. généal.); — (Marie-Emilienne), femme de Gaston de Caix de Rembures, 246 (arm.), 252 (tabl. généal.).

Lefèvre (Gérard), hôtelier à Marle, CLXXX; — (Philippe), CLIV; — (Jeanne), CXCI.

Le Franc (famille), 64; — de Pompignan, 65; — Le Franc de Caix; 64.

Lefranc (M. Abel), sa *Jeunesse de Calvin*, citée, 221.

Le Leu (Marie-Madeleine), femme de Jacques-Ferdinand-Raymond de Caix de Rembures, 242, 252.

Le Manier (Jean), procureur à Noyon, CCX.

Le Mercier (Jean), 148.

Lemoine, son *Inventaire des Titres de Corbie*, cité, 92, 110, 138, 152, 158, 164, 170, CXXVII, CXXXVII, CXXXVIII, etc.

Lens (fam. de), 159.

Le Paige, sa *Bibliotheca Praemonstratensis*, citée, XXXV.

Le Page de Sourdon (Marie-Anne), femme de Félix de Caix, 240, 252 (tabl. généal.).

Le Quesne (Michel), bailli du chapitre d'Amiens, 169.

Le Roux (Hervé), XVIII; — (Jean), XVIII.

Le Roy (Jean), CXXXIX, CXLI, CXLII.

Leroy-Morel, sa *Notice sur Ognolles*, citée, 123; — ses *Recherches sur les environs de Nesle*, citées, CCIII.

Le Scellier (Guill.), CCXXIX.

Leschesnes (Guillaume de), CXVIII.

Lescuyer (Raoul), receveur de Marle, CLXXIX, CLXXXII.

Le Seigneur (Nicolas), sgr. des Ostieux, Bernay, Fierville, etc., 241; — (Adélaïde), femme de Geo.-Gust.-Hilaire de Caix de Blainville, 241, 246, (arm.),252 (tabl.généal.).

Lespinay (Richard de), CCXVII.

Lessu (Jean de), CXXXIII, CXXXIV.

Lestrage (Bernard de), CCXVIII, CCXIV.

Le Thuil, hom. d'a., CCXVI.

Lhermitte (Tristan), maître de l'artillerie, 208.

Le Vairier (Jehan), 119.

Le Vasseur (Geoffroi), alias d'Omécourt, 143, CX.

Levis (famille de), 67.

Lignières (Jeanne de), CLXXXVIII.

c

Ligny (le comte de), CXCIX.
Lihons-en-Santerre (Adzon, prieur de), 50, XLV, XLIX; — (Milon, prieur de), 30 (v. Milon); — (prieur de), 219 (v. Hangest); — (Robert de), L; — (trésorier de), 220.
Lihus (Pierre de), CXLIX.
Lille (Jean, châtelain de), LXXVI, CCXXVIII; — (Elisabeth, aïeule de Jean, châtelain de), LXXVI.
Linières (maison de), 223; — (Jean de), CXXVIII; — (Mathieu de), CXLIV, CXLVI.
Liques (Mathieu de), 139, CIV.
Loges (Mathieu des), CCXX.
Loisi (Gui de), XXIV, XXVII, XXXIX; — (Walbert de), XXXIX.
Lonbrian (Pierre), CCXXXII.
Longecourt, v. Baissay.
Longpont, homme d'armes, CCXVII.
Longueval (famille de), 17; — (Aubert de), 118; — (Guillaume de), 109, LXXV; — (Jean de), vicomte de Beauru, CCXXII; — (Philippe de), sgr. de Manicamp, 230, CCXXXI; — (Robert de), CLXXXIX.

Loques (Jean de), CXXXIV.
Lorrain (Bertrand le), gouverneur de Laon, CLX, CLXI.
Lorraine (maison et ducs de), sgr. de Boves, 93, 110, 125, 126, 151, 225, 232, LXXIV, XCVI, CCVII; — (Antoine de), 126, XCVI; — (Charles de), CLVIII; — (Ferry de), 111, 193, 237, XCVI, CLVIII, CLXXVI; — (Jean, duc de), 168, 182, CLVII, CLVIII; — (Isabelle), fille du précédent, femme d'Enguerran VII de Coucy, 183, 188, CLVII, CLVIII, CLXXX.
Losan (Abraham), CCXXXII.
Lothéric ou Lothier, archev. de Sens, 4, II.
Lottin, son *Catal... des libraires de Paris*, cité, CXCV.
Loufart (Adam et Hugues), 86, LIII, LIV.
Louis VI, le Gros, roi de France, assiège et prend Coucy, 31, III; — Louis IX, LXXVI; — Louis XI, 208; — Louis XIV, 235, 237; — Louis XV, 237, 244; — Louis de Caix (Quercy), 63, 227, CCXXVI.
Louvet (Pierre), ses *Anc. remarques de la noblesse*

beauvoisine, citées, 162, 165, cxxxiii.

Louvilliers (Guillaume, Jean et Lancelot de), cvii.

Lubesque (Hennequin de), cxviii.

Luçay (comte de), son livre sur *le Comté de Clermont-en-Beauvaisis*, cité, 44, cxxxiii.

Luce (Siméon), sa *Jeanne d'Arc à Domrémy*, citée, 71.

Luce (la), rivière (Somme), 90.

Lully (Robert de), ccxx.

Luni, v. Guni.

Luscart (Etbert), xxxviii.

Luycourt (Rasse de), cxxxix, cxli, cxlii.

Lyon (Jean de), maître de l'artillerie, 208.

M

Mabillon (Dom), ses *Annales ordinis Sancti Benedicti*, citées, xix, xxx.

Macherel (Jean), xlvii.

Maçon (Hugues), ccxvi.

Magny (Renaud de), lxxii.

Mahieu (Baudouin), 144.

Maibecourt (Scot de), et Hesche, sa femme, xxxvii.

Maieur (Robert le), lxxv.

Maigremont (M. de), lxxxvi.

Maihinache (Raoul), lxxxii.

Mailly (famille de), 118, 225, ccxxv; — (Anselme de), 12; — (Hustin de), cvii; — (N... de), cxxiv.

Maine (Jean du), cxcvi.

Mainian (Jean), ccxxxi.

Mainies (Bernard de), cxcvii.

Maire (Jean le), cxviii.

Maizières (Jacob de), 50; — (Jean de), 17, liv, lv.

Maladière (Guy de la), ccxxiv.

Malbrancq, auteur cité, 13.

Mâle (Louis de), comte de Flandre, 177.

Malet de Graville (Jean), sgr. de Montagu, clxxxv; — (Lionel), cxxxv.

Mallet de Beaumesnil (Marie-Françoise-Clotilde), femme de Claude-Ferdinand de Caix de Rembures, 243, 252 (tabl. généal.).

Malletête (Jean de), ccxvii.

Manicamp, v. Longueval.

Mannier (le Borgne de), clxxvii.

Maquerel (Jean), dit Chevalier, 50, 192.

Maraffin (Guillaume II de), évêque de Noyon, prieur de Lihons, 213, 220, ccv, ccvi; — (Mathieu de), ccv.

Marais (Jean du), 143, CXI.

Marchand (Bon), CCXX; — (Jean), CCXX.

Marcilly (Louise-Raffard de), 246 (arm.), 252 (tabl. généal.).

Marconville (Robert de), CXXXVII.

Mares (Antoine des), chanoine de Noyon, CCV; — (Boniface de), CXXXIX, CXLI-CXLIII, CXLV, CXLVI.

Marescot (Herbert), XXXVII.

Marguerite de Coucy, première abbesse du Paraclet, 100.

Maricourt (Richard de), clerc et écuyer, X.

Marie, femme de Renier de Caix, 97; — Marie, femme de Gilles de Caix de Launoy, 101, 248, LXVI, LXIX, LXX; — Marie de Caix, femme de Nicolas de Bruneval, 175, 190 et suiv.; CLXX-CLXXVII, CLXXXII, CLXXXVI; — Marie de Caix, femme de Gilles du Hamel, 154, 157, CXXV, CXXVI; — Marie de Caix, femme d'Antoine de Brouilly, 164, 211, CLXXXVII et suiv., CXCIII-CXCVI.

Marienbourg (Hennequin de), CXXVIII.

Marle (Jean de), CCXXXII; — (Jeanne de), CLXVIII; (Henry le Borgne, dit de), chancelier de France), CLVIII; — (bailli de), v. Achopard; — (receveur de), v. Lescuyer.

Marly (Bouchard de Montmorency, sgr. de), 250.

Marolles (Jean de), CXXXVII.

Marsac (Jacques de), CCXVII; — (Claude de), CCXVII.

Martel (Guillaume), CLXXVI.

Martin, prieur de Saint-Martin-des-Champs, III.

Martin-Val, son *Hist. de Boulogne-la-Grasse*, citée, 153, CCII.

Mas ou Matz (Pierre du), CCII.

Massin (Jean), CXCVII.

Mathieu de Caix, 95; — (Beaudoin), clerc à Corbie, CXIII et suiv.

Mathilde de Caix, fille de Robert I, 46 et suiv.; — mère de Robert d'Erblaincourt, 48, 49, XLIII, XLIV; — Mathilde de Coucy, VIII.

Mauberon (Jean de), CLVII.

Mauconvilliers (Mouton, sire de), CXXXIII.

Maucourt (Jean de), 124, xcvi, lxxxvi, clxxvii, ccxxxv; — (Pierre de), ccxxxv; — (Tassart de), cxviii.
Maugastel (Gilles de), 249.
Maugiron (maison de), 223; — (Antoine de), ccxvii.
Maugrain (Thierry), xxix.
Maumez (le sire de), cvii.
Mauregard (Guillaume de), clxv, clvii.
Mauvoisin (Hugues), xxxix; — (Pierre), lxxii; — — (Robert), 250.
Mazères (Jacques de), xxviii, xlvii; — (Jean de), xxxix.
Meaux (Etienne, comte de), 9; — (Jean de), ccxix; — (Robert le Béthune, vicomte de), 163, 181; v. Béthune (Robert de).
Meillerais (le maréchal de la), ccxxxviii.
Melisende, v. Milesende.
Melleville, son *Dictionn. de l'Aisne*, sa *Notice sur Quierzy*, et son *Hist. de Laon*, cités, 59, 135, 158, 181, 186, 192, clxix, clxviii.
Mellis (Hennequin de), cxliv, cxlv, cxlvi.
Mello (Manessier de), lxxii.
Melun (fam. de), 159.

Ménilles (Jacques de), ccxxiii.
Mentonne (Georges Larcher, sgr. de), ccxxv.
Mercier (Jean le), dit Lesage cxix.
Méridon (Guy de), cxxxvii.
Mesnil (Gillot de), cxviii.
Mesvillers (Eudes, maire de), l.
Meux (Jean de), clvii.
Mez (Baudenet du), cxviii.
Miantre (?) (Hutin de), clxvii.
Michelet, son *Procès des Templiers*, cité, 99.
Milan (Valentine de), duchesse d'Orléans, dame de Coucy, 200.
Milesende, épouse de Thomas de Marle, xvii, xviii, xxvii, xxxiv, xxxv, xxxi; — Milesende, fille de Thomas de Marle, xxxi, xxxiv, xxxv; — Milesende, dame de Coucy, 32, 33, viii, xi, xiv..
Milleville (Henriette Barnoux de), femme de Ferdinand de Caix de Rembures, 243 (v. Barnoux).
Millevoie (Jean de), lxxxvi.
Milly (maison de), 210; — (Guillaume de), cviii; — (Jean de), clvi.

Milon, prieur de Lihons, 30, IX.
Minet (Gilles), CLXIV.
Miolans (le sire de), CXCIX.
Miraumont (maison de), 223; — (Pierre de), CCXVIII-CCXXII.
Mobriniac (Gautier de), XXV.
Moine (Jean le), CXXXIX, CXLI-CXLVI, CXLIX, CLVII, CLXV.
Molcourt (Gualdin de), 50.
Molé (famille), 159.
Moliens (Guillaume de), CXXVI; — (Jeanne de), CXXVI.
Molinssereux (Pierre de), CLII.
Mollemont (Jean de), 121, LXXXIX.
Mombeton (Jean de), CLXV.
Monceaux (Thomas de), XV, XVIII.
Monchi (Guernes de), CVIII; — (Pierre de), CCXVIII, CCXIX.
Mondonville (le Prieur de), ses *Mémoires*, mss. cités, XCIV.
Monge (Geoffroy), 249.
Monnel (Pierre), CCXX.
Monny (Jacques de), CXXXIII; — (Jean de), CXXXIV.
Mons (Ernoul de), CVIII.
Monstrelet (Enguerran de), cité CLXXXVIII.
Montaigu (Guiard de), XXIII; — (Lucie de), XXII; — (Gautier de), XXII; — (Robert de), XXII-XXVI.
Montarby (Thibaud de), CCXXV.
Montchaillon (Barthelemi de), XL; — (Clairambauld de), XXV.
Montdidier (prévôt de), CXV.
Montfort (Jean de); — (Simon de), comte de Toulouse, 247, 248, 249; — (homme d'armes), CCXVII.
Montigny (Pierre de), chirurgien, 148, CXX.
Montmorency (Célabaud ou Clabaud de), 189, CLXVII; — (Mathieu de), 250.
Montnantel (Hugues de), XXIV.
Montoviller (M. de), 242.
Montreuil (Daimbert de), III; — (Richer, abbé de), XI.
Mont-Saint-Quentin (Geoffroy, abbé du), VII.
Morcourt ou Morecourt (Guy de), 153.
Moreau, historien de Coucy, cité, 8; — (Collection), citée, 21, 51, 70, 81, XV, XIX, XXX, XLI, XLIV, XLV; — (François), CCXVIII, CCXIX.

Morel (abbé E.), curé de Chevrières, cité, LII, CLXXXIX.
Morgent (Jean), 172.
Morlaine (Gamenon de), XI.
Morrant (Christophe), CXLIV-CXLVI.
Mot (Jacquemin le), CL.
Mouchy (Pierre de), sgr. de Moncavrel, CXCVI.
Moustier (Jean de), sgr. de Sarragosse, CCXIX.
Mouton (Mathieu), LXXXVI.
Moy (Guy de), XXXIX.
Moydier (Lucie Sismond de), femme de Raymond de Caix de Rembures, 246 (arm.), 252 (tabl. généal.).
Moyenneville (Gautier de), XLVIII.

N

Namur (fam. de), 159; — (comte de), V.
Nanteuil (Artaud, prieur de), III; — (Jean de), CXXXIII, CXXXIV; — (Thibault, comte de), 8.
Navarre (roi de), v. Bourbon.
Neeffay (Châtelain), LXXII.
Neelle, v. Nesle.
Neret (Pierre), 50, XLVII.

Nesle (sgr. de), 41; — (Dreux de), XI, XXV; — (Ermenric de), XI; — (Gautier de), 50, 51, XLVII; — (Guillaume de), XXIII, XXIX; — (Guy de), maréchal de France, XCIV; — (Jean Croseth de), XXXV; — (Pétronille de), femme de Jean I de Chérisy, 135; — (Yves de), XI; — (Raoul, châtelain de), XI.
Neuville (maison de la), 210; — (Raoul de la), 88, LVI.
Nevers (comte de), 188.
Nicolas ou Colart de Caix, 72, 112, 124, 160, LXXXIX (v. Colart); — Nicolas de Caix (1591), 230, CCXXX, CCXXXI; — Nicolas de Caix (XVIIᵉ s.), 239, 246; — Nicolas-Philippe de Caix (XVIIIᵉ s.), 241; — Nicolas, châtelain de Laon, IX, XV; — Nicolas, sous-diacre de Laon, XV.
Nicolay (fam. de), 159.
Noël (Pierre), CXXXIII.
Nœux (Jean de), CLXV.
Nogent-sous-Coucy (Bruno, abbé de), XXXI, XXXVII; — (Gibuin de), XXXVII; — (Guibert, abbé de), II.

Nointel (Pierre de), dit le Hideux, 149, 162, CXXXII.
Nollent (Charles de), 242, 246 (arm.), 252 (tabl. généal.).
Normand (Thomas le), CXL-CXLVI, CLVII.
Norrenc (Marie de), 144, CXIV.
Noumaisier ou Noirmaisier (Simon de), CXXXIX, CXLI, CXLII.
Nourry (Jean de), CXXXIII, CXXXIV.
Nouvailles (Antoine de), CCXXVI.
Noyelette (Girard de), chapelain de N.-D. d'Amiens, 87, LIV.
Noyelle (Jean de), CLXVII.
Noyon (évêque de), 220, 251 (v. Maraffin et Hangest); — (Ratbod, évêque de), VII; — (Guy, chancelier de), VII; — (Gaudry, archidiacre de), VII; — (Roscelin, doyen de), VII; — (chanoine de), CCV, CCXIII (v. Sorel et Brouilly); — (Pierre, chantre de), VII; — (Pierre, écolâtre de), VII; — (notaire de), CCV; — (Thierry, abbé de Saint-Eloi de), XI, XXVIII.

O

Odalric, archevêque de Reims, 6.
Odard de Caix (XIIIᵉ s.), 17, 86, 87, LIII, LIV.
Ode, femme de Pierre de Caix, chevalier, dit Hellecoc, 102, LXXI, LXXII; — Ode, femme de Renaud de Caix, 98.
Odeline, fille de Renier de Caix, femme de Wibert, 97, LXII, LXIII.
Ognolles (Eustache d'), femme de Pierre de Caix, 123, XCII, XCIV, CXCI, CXCII; — (Simon, sgr. d'), XCV.
Oignies (N...d'), dame d'Aumont, CCXIII.
Oilard, frère de Nicolas, châtelain de Laon, IX.
Oisemont (Anseau d'), 167, CXXXVII.
Ombre (Michel, dit); — Soëte, sa femme, LVII.
Omécourt, v. Le Vasseur.
Orléans (Louis, duc d'), 194, 195, 196, 197, 199, 204, CLXX, CLXXII, CLXXVII, CLXXVIII; — (Valentine de Milan, duchesse d'), CLXXII, CLXXIX.
Ormois, v. Hennezel.

Osteville (Gombaud d'), CLVII.
Oton ou Octon (Antoine d'), CCXIX.

P

Paielle (Jean), CXXX.
Paillette (Jean), CXCVII.
Pairs du château de Coucy, 30, 36.
Palany (Ranforzac de), CCXVII.
Palliot (Pierre), sa *Vraie... science des armoiries*, citée, CXCII, CXCV.
Panetier (François), CCV.
Pantecôte, (Jean), CXXXIX, CXLI, CXLII (v. Pentecôte).
Papes (Jean et Pascal II), 4.
Parpes (Dreux de), v. Dreux de Boves.
Parpres (Aszon de), XXXIX.
Pars (Bernard de), sergent du roi à Marle, CLXXXII.
Parthenay (Godefroy de), CCXIV, CCXV.
Pas (Antoinette de), CXC; — (Antoine de), sgr. de Feuquières, CXC; — (famille de)- de Feuquières, CXCIV.
Pascal II, pape, 4, 11.
Passage (Jean du), CCXXXI.
Passy ou Paty (Jacques de), CCXVIII, CCXIX, CCXXI, CCXXII.
Pastureau (Nicolas), CCXXIX.
Pattes (Philippe), CCXXIX.
Pauli (le P. Sébastien), son *Codice diplomatico del.... Ordine Gerosolimitano*, cité, 247, 248, 249; — (Hélie), CXCVII.
Paumart (Pierre), 100.
Pavery (Dreux de), ou de Boves, 9.
Pavyot (Louis de), CCXVI.
Payen, sous-diacre de Laon, XV.
Pechère (Jaques de), CCXVII.
Pécheret (Maxim de), CCXVI.
Peigné-Delacourt, son *Hist. d'Ourscamps*, citée, CXC.
Pellegrin (Guillaume de), CXCVII.
Pembel (Anne), femme de Nicolas de Caix, 252 (tabl. généal.).
Penez (le sire de), CVII.
Pentecote (Jean), CXLIV-CXLVI (v. Pantecôte).
Perceval, bâtard de Coucy, 175.
Perche (Hugues de), XVIII.
Péronne (Robert de), 8, 15, 16, 49 (v. Robert); — (le prévôt de), LXXVIII.
Perrenelle de Caix, 127.

Personne (Guy la), CXLIX; — (Jean la), CXLII-CXLVI.

Petit (Antoine), CCXXXII; — (Jean), maître de l'artillerie, 208; — (Jean) de Tavaux, gouverneur de Laon, 186; — (Pierre le), CXLIX.

Pévrigny, hommes d'armes, CCXVI.

Peyrecave (M. A.), sa *Notice... sur Elincourt-Sainte-Marguerite*, citée, 157, 158.

Philippe I, roi de France, VII; — Philippe-Auguste, roi, 249, LXXII; — Philippe le Bel, roi, LXXVIII; — Philippe de Valois, roi, 146.

Phillicourt (Guillaume de), huissier d'armes du roi, 189, CLXVI.

Picquet (René de), CCXVII.

Picquigny (Guillaume de), 249; — (Jean de), XCIII; — (Jeanne de), sa fille, XCIII, XCIV.

Piennes (le sire de), CXCIX; — (marquis de), voir Brouilly.

Pierlas, v. Cais de Pierlas; — (Cais, comte de), 65, 67.

Pierre I de Caix, 50, 52, 97, XLVI, XLVII et XLIX; —
Pierre de C., le Traversier de Boves, 96, 146; — Pierre de C., dit Hellecoq, 102, LXXI, LXXII; — Ode, sa femme, LXXI, LXXII; — Pierre, chantre de Noyon, VII; — Pierre, écolâtre de Noyon, VII; — Pierre II de Caix, 122 et suiv., XCII, XCIII, XCIV; — Pierre de Caix, mari d'Eustache d'Ognolles, 227, CXCI, CCXXVI-CCXXVIII, LXXII, XCII; — Pierre de Caix, clerc de Corbie en 1394, 144, CXIII et suiv.

Pierrefonds (Gérard le Borgne, fils de Nevelon I de), 135; — (Philippe de), XVIII; — (chevaliers de), LXXII.

Pierrepont (Gosselin, châtelain de), XXII; — (Jean de), LXXII; — (Renaud, Bidane de), XXIII; — (Robert de), XXXIX, XLI.

Pissy (Robert de), LXXIII; — (Amaury de), LXXIII.

Pitton (Pierre de), CCXVI.

Plessis (Jacques du), CCXIX.

Plessis (D. Toussaint du), v. Toussaint.

Ploix (le bâtard de), CXLIX, CLXVII.

Pocques (Jean), CCXIX.

Poiré (Raoul), cxxxix, cxli, cxlii.
Poiz (Gilles le), cxlix.
Polart (Hue), lxxxvi.
Poli, v. Pauly; — (vicomte Oscar de), ses divers ouvrages cités, 44, 62, 104, 193, 209, 237, 244, 247, 250; — (Isabeau de), femme de Gabriel, comte de Caix de Saint-Aymour, 246 (arm.), 252 (tabl. généal.).
Poncher (Jean de), ccxvii.
Pont (maison du), 210, 212; — (Bernard du), cxcvii; — (Jean du) -L'évêque, cxlix; — (Pierre du), cix.
Ponthieu (Guillaume, comte de), 250; — (Jean de), ccxxvi.
Pootes (Henry de), cxlix, clvii, clxv.
Porc (Eudes le), xviii.
Porte (A. de la), son *Hist. généal. des familles du nom de la Porte,* citée, xcv; — (Gosson de la), mari d'Isabeau de Caix, 123, xcii-xciv, cxcii; — (Hector de la), cxcvii; — (Jean de la), fils de Gosson et d'Isabeau de Caix, 123, xciii, cxcii.
Portroyal (Guillaume de), xxvi.

Potier (Jean), clxvi.
Pouillet ou Poulet (Cordelier), cxxviii, cxxxiii.
Poulain (Jean), clxxvii, clxxviii.
Prémontré (abbaye de), xxxiv, xxxv; — (Hugues, abbé de), xxxiv.
Près (Guy des), cxxxv; — (Robert des), cxxxvii.
Pressoir (Jacques du), gouv. de Laon, 186; — (Wibert du), lxi.
Prévost (Guillaume), cxcvii.
Prix (Mahaut de), dame de Sissy, puis de Blégny, 189, 191 et suiv., 196, 198, 199, 202, clxviii, clxx-clxxiv.
Protes; v. Portes.
Prouverville (Hugues de), gouverneur de Laon, 186.
Pruvost de Glimont (M. le), 242.
Puy (Nicaise du), clerc de Corbie, 144, cxiii et suiv.

Q

Quaix, v. Caix, Cais, etc.
Quay (fam. de), ou de Cay, 72, 238; — (Antoine de), veneur de Louis XI, 210; — (Jean du), bourgeois

d'Amiens, 115; — (M.), sénateur américain, 79.
Qué (fam. de), 228.
Quentin (Médard), CCXIV, CCXV; — (Thibaut), notaire, CCXIV.
Quès, v. Caix.
Quesne (Michelle), CXXXVIII.
Quesnel (Pierre), CCXX.
Quesnes, v. Caisnes.
Quesnes (Karados des), sgr. de Boulogne-la-Grasse, 210; — (Mathieu des), CXVIII.
Quetz (des), v. Esquay (d').
Queux, nom propre, 58.
Queux de Saint-Hilaire (marquis de), son édition des *Poésies d'Eustache Deschamps*, citée, 178, CXLVIII.
Quevauviller (Antoine de), CCXVIII.
Quiéret (maison de), 212; — (Baudoin), CXCVII; — (Guy), CCI; — (Robert), CCI.
Quin (Michel), CCXXXII.
Quitry (maison de), 210.

R

Raat (Thomas), huissier au Parlement, CLXXII.
Rabelais, cité, 171.
Radouin (Jean), LXXXII.
Raffard, v. Marcilly.
Raines (Guiard de), XXXIX.
Raineval, v. Rayneval.
Rainier de Caix, 33, 39 et suiv., 45, 49, 52, 97, XI; — Rainier II de Caix, 96, 97; — Rainier de Boves, peut-être le même que Rainier I de Caix, 43.
Ramon del Caix (Quercy?), 228.
Raoul de Caix, maire d'Aubigny, 122, 151, 166 et suiv., CXXXVII, CXXXVIII; — Raoul de Caix, fils du précédent, 169; — Raoul, comte de Crépy, 8; — Raoul I, sire de Coucy, 48, 49, XLIII, XLV; — Raoul III de Coucy, sgr. de Vervins, 2; — Raoul, bâtard de Coucy, 182, v. Coucy; — Raoul de « Martrafo », III; — Raoul, archidiacre d'Amiens, XI; — Raoul, chancelier de l'Eglise d'Amiens, XII; — Raoul, chancelier de l'Eglise de Laon, IX, XV; — Raoul, diacre, XII.
Rasse (Philippe de), CLXXXVIII.
Rasseville (N... de), CLVII.
Ratbod, évêque de Noyon, VII.

Ratel (Thomas de), 247.
Raucourt (Pierre de), CCXVIII.
Ravenel (Antoine de), CCVXIII.
Raynaud (M. Gaston), son édition des Œuvres d'Eustache Deschamps, citée, 178, CXLVIII.
Rayneval (le sire de), 125, 129, 140; — (Raoul, sire de), 128, 130, 148, 152, XCVIII, CVIII, CXX; — (Raoul de), fils du précédent, 128; — (Waleran de), 130; — (N... de), mère de Jeanne de Vé, 153.
Raynouard, cité, 66.
Récourt (Henri de), CXXXVII; — (Jean de), CCXX.
Régicourt (Adam de), 169. 172.
Regnier de Caix, chevalier, 98, LXII, LXIII; — Marie, sa femme, LXII; — (v. aussi Renier et Rainier).
Reilhac (Albert, comte de), 246 (arm.), 252 (tabl. généal.); — (Françoise de), 246 (arm.), 252 (tabl. généal.).
Reims (Arnoul, archevêque de), II; — (Rainaud, arch. de), XV, XXVIII.
Rembures (rameau de Caix de Rembures), 242, 243, 252.
Remies (Guiard de), XXV.
Remigny (fam. de), 225, CCXXV.
Remy (Saint-), 6; — (Baudouin de), LXXII; — (Jean de), dit Maillart, second mari de Jeanne de Caix, 126, XCVI.
Renart (Jacques), CXXXIII, CXXXV.
Renaud, fils de Tierzon, châtelain de Coucy, 14; — Renaud de Caix, 98.
Renier de Caix, v. Rainier.
Résignies (Gérard de), CXLIX.
Reward (Henri de), 167.
Ribémont (Mainard, abbé de), XXXIX; — (Simon de), XXXIX, XLI.
Richard, châtelain de Béthisy, III.
Richebourg (Pierre de), LXXII.
Richer, abbé de Montreuil, XI.
Richief (Antoine), 209.
Richilde, comtesse de Hainaut, 12.
Riencourt (maison de), 218; — (Adrien de), 149; — (Christophe de), CCXI, CCXII; — (Claude de), CCXIII; — (le Flamand de), 149, 150; — (Garain de), 217; — (Hugues

de), sgr. de Tilloloy, etc., mari d'Hélène de Caix, 150, 217, 218, 223, CCX, CCXI, CCXVI, CCXVIII, CCXIX, CCXXII; — (autre Hugues de), 217; — (Jean de), 130, 217, 223, 233, CCXI, CCXII, CCXXXIV; — (Raoul et Thomas de), 150; — (Marie de), fille d'Hélènc de Caix, 218, CCX, CCXII.

Riestap, son *Armorial*, cité, 17.

Rigault (Firmin), CCXX.

Rivery (Jean de), CVIII; — (N... de), banneret, CVIII.

Robelaine (Colin), CXXVIII.

Robert I, roi de France, 4, II; — Robert, archidiacre d'Amiens, VI; — Robert I de Boves, 101, 169, XXVII, XXXI, XXXIV, XXXV, LXV-LXVIII, CXXXVIII; — Robert III de Boves, 92, 93; — Robert I de Caix, 21, 23 et suiv., 34, 36, 39 et suiv., 56, 57, 70, 207, 234, 244, VIII, X, XII, XIII, XV, XVIII, XXI, XXIV, XXVII-XXIX, XXXI, XXXIII, XXXV, XXXIX; — Robert II de Caix, 50, 52, 94, 96, 97, XLVI, XLVII; — Robert III de Caix, 163, 164; — Robert (Robin) de Caix, fils de Gilles de Caix de Launoy, 248, LXVI; — Robert de Caix (XVIe s.), 230, CCXXXI, CCXXXII; — Robert, fille du 1er lit d'Isabelle de Chérisy, femme d'Herbert II de Caix, 111; — Robert le Veau, XV; — Robert de Péronne, fils de Dreux de Boves, 10, 11, 15, 16, 19 et suiv., VI, VII, XI; — Robert, archevêque de Rouen, 4, II; — Robert « de Rozis », templier, 99; — Robert, prieur de Sainte-Marguerite, III.

Roberts (Arthur des), 246 (arm.), 252 (tabl. généal.).

Roche (François de la), CCXXIII.

Rochefort (fam. de), CXCIV; — (Jean de), CCXVI.

Roches (Guillaume des), CXCVII.

Roger (O.), sa *Noblesse de France aux Croisades*, citée, 250.

Roger, prêtre, XI.

Rogi (sire de), 95.

Roisin (fam. de), 159.

Roncherolles (Philippe de), baron d'Heuqueville, Marigny, Longchamp et la

Ferté-lès-Saint-Riquier, ccxii.
Roque de Serquigny (Flore de la), fem. de François Caix, sgr. de Blainville, 241, 252 (tabl. généal.).
Roscelin, doyen de Noyon, vii.
Rosiers (Jean des), ccxviii.
Rosières (Jean de), 138; — (Ursus de), xlviii.
Rosoy (Roger de), lxxii.
Rosson (Pierre), cxlix.
Rotours de Chaulieu (Berthe des), femme d'Amédée de Caix (de Blainville), 242, 246 (arm.), 252 (tabl. généal.); — (Hubert des), baron de Chaulieu, 242.
Roucy (fam. de), ccxxv; — (Alain de), 250.
Rouen (Robert, archev. de), 4, ii.
Rougemont (Jacques de), templier, 99, lxiv.
Roussel (Druquin), ccxix; — (Jacques), ccxx; — (Jean), clii, cliv, clvi, clxxxvi; — (Louis), sgr. de Miannay et de Monceaux, ccxii; — (M.), peintre, 185.
Rousseville (Mathieu de), ccii; — (Villers de), son

Grand Nobiliaire de Picardie, cité, ccxi.
Roussi, v. Roucy.
Roussy (fam. de), 225.
Rouverel (Jean de), cviii.
Rouvray (maison de), 223; — (Antoine de), ccxvi; — (Nicolas de), ccxxiii; — (Robert de), ccxxiv.
Roux (Arnoul le), xxxviii; — (Hervé le), xv; — (Létald le), xxxviii; — (Rainaud le). xxxi, xxxiii.
Roy (Jean le), cxliv-cxlvi.
Roye (Maison de), 180; — (Dreux de), 130, cxlix; (Guy de), archev. de Reims, 141, cix; — (Jacques de), cc; — (Jean de), sgr. d'Aunoy et de Muret, 139, 141, cix, cxlix, clx; — (Mathieu de), sgr. d'Aunoy et de Muret, 134, 136, 160, ciii; — (Regnaut de), sgr. de Quincy et Brunetel, 141, cix; — (Tristan de), 160, cxxviii; — (Yolande de), cc; — (doyen de), lv, lvi.
Rozis (Robert de), lxiv.
Rubarbe (Baudoin de la), 144, cxiv.
Rubempré (maison de), 223, cxcix, cc; — (Adrien de),

sgr. d'Aubercourt, 216, cc, ccviii; — (Arthur de), ccxvii; — (Baudouin de), sgr. d'Autie, cxxiii; — (Charles de), cc; — (Claire de), cc; — (Jean de), ccxviii; — (Marguerite de), première femme de Henry I de Caix, 213, 215, ccviii; — (Raoul de), sgr. d'Aubercourt, 213, cxcix, cc.

Ruelle (Jean de la), cxxviii.

Rumigny (maison de), 110; — (Hugues de), 93.

Rymer, cité, 78.

S

Sachoy (Regnaud du), cvii.

Sachy (Robert de), ccxxix.

Sacquespée (maison de), 223; — (Adrien), ccxviii, ccxix; — (Fleurac), ccxvii.

Sages (Jean de), ccxxii.

Sagnier (Jean), ccxxix.

Sains (maison de), 167, 210; — (Aubert de), gouverneur de Boves et bailli de Corbie, 168, 193, clxxvii; — (Guyot de), cl; — (Isabeau de), femme de Raoul de Caix, maire d'Aubigny, 170, cxxxvii, cxxxviii; — (Raoul de), sgr. de Cagny, 167; — (Thomas de), cxlix.

Saint-Amour (comte de), 240; — voir Saint-Aymour.

Saint-Arnoul (vie de), citée, 13.

Saint-Aymour (branche de Caix de), 242, 243, 244.

Saint-Bertin (Amaury de), 247, 249.

Saint-Blimont (fam. de), 159.

Saint-Césaire (Etienne de), lxxiii.

Saint-Gelin (Geoffroi de), ccxxv.

Saint-Hilaire (Jacques de), cxcvii.

Saint-Jean de Laon (Beaudouin, abbé de), xxxi.

Saint-Ligier (Jean de), cviii.

Saint-Martin de Laon (Gautier, abbé de), xxi, xxxii.

Saint-Martin des Champs (Martin, prieur de), iii.

Saint-Michel (Pierre de), ccxix.

Saint-Michel en Thiérache (Jean, abbé de), xxxviii.

Saint-Nicolas-au-Bois (Gilbert, abbé de), xxxii, xxxvii.

Saint-Nicolas-des-Prés (Guillaume, abbé de), xxxviii.
Saint-Pol (le comte de), 222, lxxii, ccxvi; — (Catherine de), 123, xciii.
Saint-Quentin (comtesse de), xviii; — (Adam de), clii, clvi, clxxxvi; — (doyen de), v. Brouilly (François de); — (abbé de), v. Brouilly (Nicolas de).
Saint-Riquier (Enguerran, abbé de), 12.
Saint-Taurin (Eudes, prieur de), 50.
Saint-Valery (Thomas de), lxxii.
Saint-Vincent de Laon (Adalbéron, abbé de), xviii; — (Anselme, abbé de), xiv, xxxii, xxxvii-xxxix; — (Baudouin, abbé de), de Senlis, iii.
Saint-Yon (Pierre de), ccxix.
Sainte-Geneviève, homme d'arme, ccxvii.
Saisseval (Agnès de), femme de Jean de Caix, sgr. de Dancourt, 163; — (Jacques, sgr. de), et de Vaux-sous-Corbie, 163.
Salle (Dofraine de la), cxlix.
Salles (Jean de), cxcvi.
Salverte (Henriette de), femme de Gérard, baron de Caix de Chaulieu, 246 (arm.), 252 (tabl. généal.).
San Carlos, v. Albalate.
Sancerre (Louis de), maréchal de France, 163, cxxxiii, cxxxiv.
Santarem (vicomte de), son *Quadro elementar...*, cité, 68.
Sapignies (maison de), 210.
Sari (Gérard de), xxxix.
Sarnois (N... de), cxxiii.
Sarre (dame), lxxxiii, lxxxiv.
Sart (Pierre du), ccxviii.
Sarviller (Regnaut de), cxlv.
Sault (Ozias du), ccxvii.
Sauvillier (Pierre de), cviii.
Scellier (Nicolas), ccxxix; — (P.), cité, clxxxviii.
Scey (maison de), 69 et suiv.; — (Etienne de), 47; — (Godard, prieur de), 70; — (Guillaume de), 47; — (Hugues ou Huguenin de), dit le Fort, 71, 72; — (Pierre, sgr. de), 70; — (Renaud de), 123.
Schoutheete de Tervarent (chevalier de), 228.
Segonzac (baron de), 215.
Séguier (Pierre), chancelier de France, 238, ccxxxv.

d

Seignouret (Pierre), CXCVII.
Seit, pour Scey, 71.
Sène (Charlot le), CVIII.
Sénéchal (Evrard le), 43.
Senlis (évêque de), 3, 251; — (Clérembauld, évêque de), 7; — (Bernard, comte de), 6.
Sens (Lothéric, archev. de), 4, II.
Sepiau (Jean), CXXXVII.
Sepoy (maison de), 180; — (Jean de), CXLIX.
Serens (maison de), 210.
Serquigny, v. Roque (la).
Sertieux (Philippe de), CCXXIII.
Sesmaisons (N... de), 94.
Seymel (Jean), LXXV.
Seyssel (Claude de), sa *Grand' Monarchie de France*, citée, 225.
Silly (baron de), CXCI.
Simon de Caix, écuyer, 127, 128, XCVIII.
Simon (archidiacre d'Amiens), XI.
Sissy (maison de), CLXVIII; — (Jean, sgr. de), CLXVIII, CLXIX; — (Jean l'Allemand de), 149, 191 et suiv., 195, 198-202, CLXVIII, CLXX, CLXXII, CLXXIV; — (Marie de), CLXVIII.

Sohier de Caix, dit Micaine, LXXXI.
Soissons (Gozlin, évêque de), XXX; — (Geoffroi, abbé de Saint-Médard de), XXVIII; — (Helvide de), XXIII; — (Jeanne de), -Moreuil), vicomtesse du Mont-Notre-Dame, CXCI.
Soisy (Isabelle de), CXXXI.
Son (Pierre de), CXXXIV.
Sorel (maison de), CCI et suiv.; — (Adrienne de), seconde femme de Henry I de Caix, 213, 220, 222, 231, CCIV, CCVIII; — (Agnès), maîtresse de Charles VI, CCIII; — (Agnès de), femme de Pierre du Mas, CCII; — (Antoine de), CCIV; — (Antoinette de), CCIV; — (Baude ou Baudot de), sgr. d'Orvilliers, CCIII, CCIV, CCXXI; — (Firmin de), CCII, CCIV; — (Isabeau de), CCIV; — (Jean de), sgr. du Quesnel et du Petit-Boulogne, CCI-CCIV; — (Marie de), CCIV; — (Pierre de), chanoine de Noyon, 214, 216, 221, CCIV, CCVIII, CCIX, CCXII à CCV; — (Regnauld de), sgr. de Blicourt et de

Saint-Félix, CCI, CCII, CCIV; — (Robert de), sgr. de Quesnoy-sur-Airaine, CCI.
Soret, v. Boisbrunet.
Sorney (Raoul de), templier, 99, LXIV.
Soupir (Beaudouin de), XXIII, XXVI.
Soyecourt (sgr. de), 41; — (Charles de), sgr. de Mouy, 123, XCIII, CCI; — (Fresnel de), 122, XCI; — (Gilles de), 123, XCIII; — (Hubert de), XI; — (N... de), CXXIV; — Marguerite de), XCIII; — (Philippe de), sgr. de Mouy, 123, XCIII, CXCI; — (Roger de), XI.
Spordon (Rainaud de), XXVIII.
Stançon (Jacques), sgr. de Horis (Houry), CLXI.
Stonebonne (Jean), CXXXIX, CXLI, CXLII.
Surval (Clotilde Antheaume de), femme d'Alfred de Caix de Blainville, 242, 246 (arm.), 252 (tabl. généal.).
Sybille, femme du comte de Namur, maîtresse d'Enguerran I de Coucy, V.

T

Tabari (J.), secrétaire du Parlement, C.
Taix (Georges de), CCXXVI; — (Guillaume de), doyen de Troyes, 81; — (Jean, sgr. de), 80; — (Pierre de), 80.
Tallemant des Réaux, ses Historiettes, citées, 235.
Tarart (Jean), CCXX.
Tarteron, v. La Beaume.
Tassart (Gauvain), CCXIX.
Tassoul (Guillaume), 144, CXIV.
Taste (Pierre), CCXIX.
Tavaux (Gérard de), sergent de Marle, CLXXX, CLXXXI.
Testart (Guillaume), LXI.
Teste (Hugues à la), XV.
Thenailles (Grégoire, abbé de), XLIV.
Thérouanne (Beaudouin de), XVIII.
Thibaud, comte de Tours et de Chartres, 6.
Thibaut (Jean), CLXV.
Thierry de Castel, 242.
Thierry, prévôt de Laon, XV.
Thomas de Marle, sire de Coucy, 15-18, 30, 31, 49, V, XIII, XXVII, XXX, XXXIV, XXXV; — (Milesende,

femme de), XVII, XIX; — Thomas de Coucy, sire de Vervins, 61.

Thomassin de Caix, clerc de Beauvais, 142, CIX.

Thomasson (Raoul de), 246 (arm.), 252 (tabl. généal.); — (Adrien-Paul de), 246 (arm.), 252 (tabl. généal.).

Thorote (Guy de), LXXII.

Thuil (le bâtard de), CCXVII.

Thunelle (Pierre du), CCXVIII.

Tiegot (Blaise), XXIX.

Tierchoumes (Jean), CCXIX.

Tiezzon, châtelain de Coucy, 14.

Tilladet (le sr de), CCXXXVII.

Tilloy (Jean de), seigneur de Fescamps, 153, CXXV.

Tilly (le bâtard de), CXCVII.

Tirant (Robert le), CXXXIX, CXLI, CXLII.

Tollon (Jean de), CLVIII.

Torcy (famille de), 17.

Torio (Robert de), XXII.

Tornéon (Léonard de), CCXXXI.

Tossart (Antoine de), CCXXIII.

Tourjon (Adrien), CCXIX.

Touraie (Jean de la) CXXXVII.

Tournelle (Pierre de la), 85, LII; — (Philippe de la), CXXXIV; — Rogon de la), 85.

Tours (Thibaud, comte de), 6.

Toussaint du Plessis (Dom), son *Histoire... de Coucy*, citée, 2, 6, 8, 12 à 16, 22, 25, 35, VII, XII, XXXII.

Trachy (Jean, sire de), 101, LXV-LXIX; — (Yves de), 97, LXIII.

Travecy (maison de), 173, 181; — (Albéric de), XXVIII, XXIX, XXXVIII; — (Robert de), fils du précédent, XXVIII; — (Jean de), 181.

Trion (Robert de), CLXV.

Troussy (Jean de), CCXXIII.

Trouville (Graart de), LXXXVI.

Truffaut (Cécile), femme de Charles de Caix de Rembures, 252 (tabl. généal.).

Trye (Regnauld de), sgr. de Mouchy-le-Châtel, CCII.

Tule (Robert), CCXXX.

V

Vache (Jean la), XC.

Vachereu (Jean de), CCXVI.

Vadencourt (l'Aigle de), CXXVII.

Valledo (Henry de), CXXXIX, CXLI, CXLIII.
Valois (les Comtes du), 5; — (Raoul, comte de), 10.
Vandes (Jacques de), CCXXXVI.
Varlet (Jean), CCXX.
Varoquiaux (D.), cité, 47, XLV.
Vassaulx (Jean de), CCXXIII.
Vasseur (Jean le), CCXVIII, CCXIX.
Vassy (Jean de), CXXXIX, CXLI, CXLIII.
Vast (le capitaine), CCXXVIII.
Vatelet (Jean), CCXXXII.
Vaucelles (Thérèse de), femme de Camille, baron de Caix de Chaulieu, 246 (arm.), 252 (tabl. généal.).
Vaudémont (Ferry de Lorraine, comte de), 126.
Vaudessart (Jean de), CXXVIII.
Vaulx (Jean de), CCXIV, CCXX.
Vaux (Guillaume de), bailli de Coucy, CLX; — (Jacob de), CXXXV; — (Jean de), CXCVII.
Vé (maison de), 129, 148, 153; — (Jean, sire de), 128, 130, 152 et suiv.; — (Jeanne de), femme de Jean de Caix dit le Danois, 129, 152 et suiv., 158, CXXV; — (Raoul de), 129, 130, 152, XCVIII.
Veau (Eudes le), XL; — (Robert le), XXVIII, XXXI, XXXIII, XXXV; — (Raymond le), fils du précéd., XXXV.
Vendeuil (Clairembauld de), XXXVII; — (Gautier de), XXXVII; — (Resme de), XVIII; — (Scot de), XVIII.
Vendôme (duc de), gouverneur de Picardie, CCXII.
Venesse (Roque de), CCXVI.
Ver (Hue de), abbé de Corbie, 120; — (Jacques de), 120, 121, LXXXVII; — (Jean de), XLIX; — (Mannessier de), 111, 120, 121, LXXXVII.
Vergy (Jean de), 194.
Vermandois (bailli de), LXXVIII, CV, CXV, CXX, CXXX, CXXXI; — (comte de), 6; — (Philippe, comte de Flandre et de), L; — (Raoul, comte de), 32, XXXIX, XLI.
Vermoises (maison de), 223; — (Guillaume de), CCIV, CCXX, CCXXI.
Verrière (Jean de), CXCVII; — (Nicolas de), CCXXIV.

Vervins (Robert de), XLIV.
Vicomtes de Coucy, 6, 7; — (v. Châtelains).
Vidal, v. Bidaut.
Viefville (Bastien de la), sgr. de Reaucourt, CCXVII; — (Blanche de la), CCIV; — (Tristan de la), CCIV.
Vieillard (Eustache), femme d'Aubert I de Caix, 126; — (Regnault), 127.
Vignacourt (le s^r de), 216.
Vigneau (Lucquet de), CXCVII.
Vigneul (Jean du), LXXV.
Vilain (Jean), CLVII, CLXV.
Villaines (Mathurin de), CCXXIII.
Ville (Florent de), 250, LXXII; — (Gilles de), 95.
Villebon (Bienin de), CXXXIX, CXLI, CXCII.
Villehardouin, cité, 210.
Villemer (Jean de), CXXVIII.
Villeneuve (Jacques de), CCXVII.
Villepertuis (Huet de), CXXXVII.
Villers (Hugues de), XLIX; (Jean de), CLVI, CCVII; — (famille de) -aux-Tertres, 159.
Villevieille (D), son *Trésor généalogique*, cité, 75, 98, 124, 126, 127, 130, 149, 152, 158, 160, 167-169, IX, LIII, LIX, LXIV, LXVII, LXXII, XCVI, XCVIII, CI, CIX, CXXIV, CXXV, CXXXVIII, CLXVIII, CLXXXVIII, CXCIX, CCI à CCIII.
Villiers (François de), CCXVII; — (Isabeau de), 75; — (Louis de), CXXIII; — (Raoul de), 249.
Vinay (Louis de), moine de Prémontré, cité, 60, 98.
Vincent de Caix, 124; — (Pierre), CCXXXV.
Vincy (Jean de), CXLIX.
Vir (Barthélemy de), évêque Laon, v. Barthélemy.
Vivatrun (Pierre), CCXXXII.
Voirel (Pierre) de Quessy, 60.
Volant (Eudes) et Ida, sa femme, XXXVII.
Voulvar (Jean), CCXXXII.
Vouzies (Esmeret de), CLI.

W

Wadiaus (Robin le), LXXXIII.
Wambert (Jean), de Lille, 121.
Wandonne (Rigaut de), CVII.
Wares (Henry de), CXXXIX, CXLI, CXLII.

Warnier (Jean de),
Warvillier (Adrien de), CCXXII; — (Jean de), CCXIX, CCXX.
Watrepont (Jean de), CCXX.
Wauket (Jean), 95.
Wauquet (Bertrand), LXXXV.
Wautier, comte d'Amiens et de Crépy, 4.
Werchin (Jean), CXLIX.
Wibert, époux de Odeline de Caix, 97, LXII, LXIII.
Wignacourt (de), CCIX.
Willoys ou Willay (Jacquemard), CXXXIX, CXLI, CXLII.
Wivecques (Roger de), CXLIX.
Wuibert, v. Wibert.
Wurtemberg (Sophie de), de), femme de Jean I, duc de Lorraine, 183.
Wyart (Pierre), CCXIX.

Y

Yves, comte d'Amiens, 11.

Z

Zillars (le S^r de), CCXXXVIII.

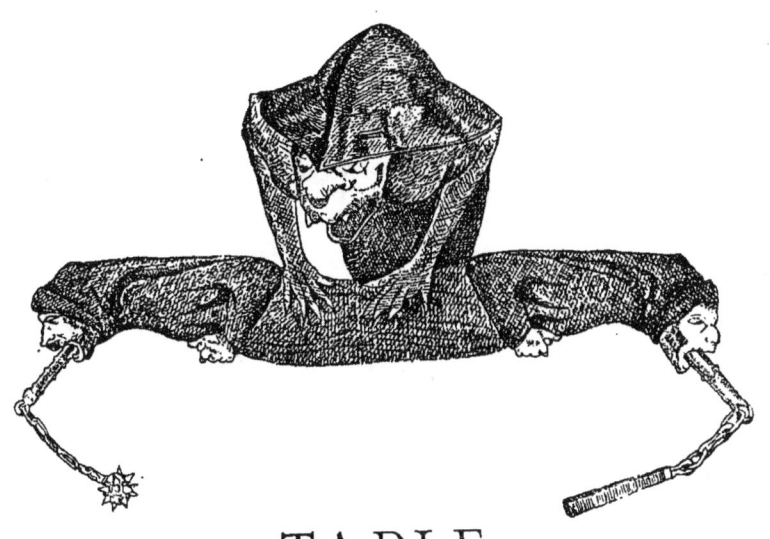

TABLE

DES NOMS DE LIEUX

A

Acy (Aisne), 181, CL.
Aenhi (fief de), XXXV.
Aix-la-Chapelle (paix d'), 244.
Albi, 251.
Allemagne, CXXXIV, CXXXV.
Ambleny, château du Soissonnais, 71, 72.
Amiens, 87, XCVI, CXXII-CXXV; — (les Augustins d'), 124; — (Cartulaire d'), VI; — (commune d'), 229; — (comté d'), 22; — (N.-D. d'), VI; — (milice d'), 243, 244; — (Saint-Firmin d'), VI; — (Saint-Martin-aux-Jumeaux, abbaye d'), v. Saint-Martin.
Angoulême, CLXXXVII.
Angoumois, 208.
Anguilcourt (Aisne), XIV, XVI.
Anizy-le-Château (Aisne), XIX.
Arles, 68.
Arleux, fief, v. Riencourt.
Arrouaise-en-Artois (abbaye d'), 109, LXXV, LXXVI.

Assy, v. Acy.
Aubecourt, lieu dit entre Lihons et Rosières (Somme), 90, 91, LVIII, LIX, LXI.
Aubercourt (Somme), 89, 91, LVII, LXI, CC; — v. Rubempré (Adrien de).
Aubermont, CLIV.
Aubigny (fief d'), à Caix, LXXXII, CCXXXIII; — (fief de la Mairie d'), 166-170, CXXXVII, CXXXVIII.
Aunain, 238, CCXXXVII.
Aunoy (Aisne), CIII.
Authie, CXXIII.
Auxerre, 203, CLXXVI.
Avernes (prieuré-cure d'), (Seine-et-Oise), 241.
Avesnes-le-Comte, CLXXXVIII.
Avignon (comté d'), 57.
Azincourt (bataille d'), 158, CLXXXVIII.

B

Bagnères, sgrie., 227.
Barisis, sgrie., 158.
Baugé-en-Bresse, 71.
Bayenviller, LXXXIX.
Bayeux, 73.
Beaupuis, comm^{ne} de Grandviller-aux-Bois (Oise), 147.
Beauvais (diocèse de), 99, 186, CLXXXIX.
Beauvoir - lès - Rollot, CLXXXVIII.
Beauvoisis (régiment de), 241.
Bellenglise, sgrie., 154, 158, 159, CXXV.
Bellincourt (maison du Temple en Beauvaisis), 99, LXIV.
Bernay, sgrie., v. Le Seigneur.
Béthune, 212, CXCVIII.
Blérencourt, XXXI.
Blicourt, v. Sorel (Regnauld de).
Boissière (la), près Tricot (Oise), CLXXXIX.
Bolmont (Aisne), 60.
Bonneffe (abbaye de), en Flandre, 228.
Boudeville, CLIV.
Boulogne-la-Grasse, canton de Ressons (Oise), v. Quesnes (des), CCII, CCIII.
Boulogne-sur-Mer, CCXXIII.
Bousincourt, fief, CC.
Bouvines, 120, LXXXVIII.
Boves (sgrie. et chât. de), 9, 125, 154, 195, 229, XI, CLXXVI, CCXXIV, CCXXXII, CCXXXIII; — (Cartulaires de la baronnie de), XCVII; — (la Tuilerie de), 152, CXXIV; — (v. Anseau).

Brabant (pays de), 138.
Braine (Aisne), XXIII.
Brouilly, sgrie. (commune de Rebreuviette (Pas-de-Calais), CLXXXVIII.
Brousse, ville de Bithynie, 188.
Broyes, sgrie., v. Bétencourt (Jean de).
Bruneval, hameau de Warluis (Oise), 194.
Burelles-en-Thiérache, cant. de Vervins (Aisne), 192.
Buzancy (Aisne), 134.

C

Caen (régiment des recrues de), 241.
Caigny, sgrie., 167.
Cais, manse du Comté d'Avignon, 57.
Caissargue (Gard), 58.
Caix-en-Santerre (la sgrie. de), donnée en partage à Anseau de Boves ou de Caix, 21, 22 et suiv., 92, 125, 151, 193, 232, 244, IX, XI, XII, LXII, LXV-LXXVII-XCVI, CLXXVII, CCV, CCVII, CCXII; — (église de), 215, CCVI; —(manoir de), 207; — la Mairie de), fief, 90, 92, 94, 126, 152, 164, 206, 207, 232, 234, LXXVI; — (fiefs à), 231, CCXXXII-CCXXXIV; — (Notice sur), 23, 93, 94, 152, 219; — (sgrie. de) -en-Quercy (Lot), 59-62, 250.
Caïx, v. Caix (Lot).
Caizac, 58.
Caize, 58, 59.
Caizergues, 58.
Caizet, 59.
Cambray, 179, XC, CXLVII, CXLVIII.
Cambray (fief de), à Caix, 237.
Cany, sgrie., CCX, CCXII.
Carlepont (Oise), 220.
Casnelz, XXXI.
Cassacio (Frioul), 58.
Cassel (bataille de), 12, 19.
Castillon (fort de), à Amiens, 11.
Cayacum, ancien lieu du Rouergue, 59.
Cayeux-en-Santerre (Somme), 77, 164, LXXXV, LXXXVII.
Chaise-Dieu (la) (Haute-Vienne), 58.
Châlons (régiment des recrues de), 241.
Champagne, CXXXIV.
Chans, fief, XLIV.
Chantilly (régiment de), 241.

Chartres-infanterie (régiment de), 241.
Chartres, 208, CLXIX.
Chastillon-sur-Marne, 123, XCII.
Château-Thierry, 196, 197, CLXXI.
Châtellenie (la) de Caix, 110.
Chauconin-lès-Meaux (Seine-et-Marne), 198, CLXXI.
Chaule, LX.
Chauny, 230, CCXXX.
Cheiz, village, 71.
Cherisy, ancien Quierzy (Aisne), 135, LXXXIX; — (v. Quiersy).
Cherrières, sgrie. (Oise), CLXXXIX; — v. Brouilly (Robert de).
Chiry (Aisne), XXIIII.
Ciry, 153.
Clastres (Aisne), XVIII.
Clermont-en-Beauvoisis, comté, 162, CXXXII.
Coivrel, CLXXXIX.
Compiègne, 179, 186, CXXXI, CXLVII, CXLVIII, CCXIII; —(Saint-Corneille de), v. Saint-Corneille.
Condom, CCXXV.
Conques, 228.
Corbeil, 163, CXXXV, CXLII.
Corbie, ville, 125, 131, 217, 222, CCXV; — (comté de), CXXXVII; — (vicomté de), II; — (la Ligue à), 229; — (maison à), CI; — (abbaye de), 9, 215, 225, 226, LXXXI, LXXXII, CXIII, CLXXXVIII, CC; — (église Saint-Pierre de), XLIX.
Cosne, 211.
Cotenchy, 12, 21, 169, VI, CXXXVIII.
Coucy (sgrie. et château de), 13, 179, 187, XXX, XXXI, XXXIV, XXXV, XLIV, CLX, CLXIV, CLXXVII, CLXXIX.
Crécy (bataille de), 146.
Crépy-en-Valois, 3-5, I; — — (Saint-Arnoul de), 3, 4; — Crépy-en-Laonnais, XIX, CL.
Croissy-en-Amiénois, 10.

D

Dammartin-en-Goële, CCXXIII; — (v. Boulainvilliers).
Dammery-les-Roye (Somme), 161, CXXIX, CXXX.
Dancourt, sgrie., près de Roye (Somme), 159, 207, CXXXII.
Deffoy, CLXXXVIII.
Demonte (Piémont), 68.

Demuin, sgrie. (Somme), CXXIV.
Derci (Aisne), XXXVI, XLI.
Derli, XLI.
Dichy, sgrie., CLXXXVIII.
Dionne, fief, XXI.
Domfront, sgrie., v. Hangest (Bon de).
Doullens, 212, CXCVIII.
Dreux (Eure-et-Loir), 147, CXVII, CXVIII.

E

Eaucourt (abbaye d'), LXXVI.
Ecuvilly (Oise), sgrie., CCIII.
Elincourt-Ste-Marguerite, v. Marfontaine.
Encre (v. Ancre).
Epagny, sgrie., v. Aumale (Jean d').
Erblaincourt, auj. Bac-Arblaincourt, canton de Coucy, 47.
Ercri (Aisne), XXIII.
Erlons, sgrie. (Aisne), 31, XIII, XVII, XIX.
Ermencourt (Somme), CCI.
Erquinvillers (Oise), CXC.
Esquay, canton d'Evrecy, 73.
Esquay-sur-Seulles, canton de Rye (Calvados), 73, 76.
Esquerdes, sgrie., v. Crevecœur.
Esques, rivière de Normandie, 76.
Estissac, CCXXVI.
Etinehem (Artois), 119.
Estrées-St-Denis, CLXXXIX.
Estaples, CXCI.
Etelfai, sgrie. (Somme), CXC.

F

Fargnier, sgrie. (Aisne), 36, XXVII.
Fauconcourt (Aisne), XIX.
Faverolles (fief de), à Nampteuil-sous-Muret (Aisne), 140, CVI.
Fère (château et sgrie. de la) (Aisne), 15, 230, XXIX, XLI, CLI, CCXXXI ; — (maladrerie de la), CLIV, CLVI, CLXXXVI.
Ferté-lès-Saint-Riquier (la), sgrie., v. Roncherolles.
Fescamps, sgrie., canton de Montdidier, 153, CXXV.
Fierville, sgrie., v. Le Seigneur.
Flavacourt-dragons (régiment de), 24.
Floissies (fief de), à Etinehem, 118.
Florines, sgrie., près Liège, CLVII.

Folies-en-Santerre (Somme), 98.
Fontaines, fief à Wiencourt (Somme), 145, 218, CXXVI, CXXVII.
Fontenoy (bataille de), 244.
Forceville, sgrie., 218, CCX.
Fosserons, XXIII.
Fouencamps, sgrie. appartenant à la maison de Boves, 9, 193, CXXXVIII.
Fouilloy (Saint-Mathieu de), abbaye (Somme), 90, 130, 169; v. Saint-Mathieu.
Fresnes, sgrie., 158.
Fresnoy, 120, LXXXVIII.
Frestoy, sgrie., v. Béthisy (Charles de).

G

Galardon, 153, CXXXVI.
Gentelles, sgrie., 9, LXXXII.
Géroufontaine, CLIV.
Gillette (Alpes-Maritimes), 65.
Gisors, 75.
Grandviller-au-Bois, v. Beaupuis.
Gray (Haute-Saône), 70.
Grenoble (Isère), 60.
Griviller (Somme), CCI.
Guillaucourt, 119, LXXXV, LXXXVI, CLXXVII.
Guyenne, CLVI, CLXV; — (campagne de), 183.

H

Ham, LXXVI.
Hamel (le)-lèz-Corbie, fief, 117, LXXXI, LXXXII, CC.
Hamelet, LXXXI, LXXXII.
Hangart, LXXXIII, LXXXIV.
Hangest (Somme), 111, LXXVII, CXC.
Harbonnières (Somme), LXXV.
Hémévillers, canton d'Estrées-Saint-Denis (Oise), 147, CXIX.
Hercri, v. Ercri (Aisne), XXIII.
Hesdin, 173, CXXXVI, CXXXIX.
Hondreville, XLIII, XLV.
Houelle (moulin de), XXI.
Houry, canton de Vervins (Aisne), CLXI.

I

Ignaucourt (Somme), 89.
Ile-de-France, 250.
Italie, 194, CLXXVII, CLXXIX.
Ivry (Seine), 224, CCXXIV.

J

Jérusalem (royaume de), 247.
Joigny (régiment des grenadiers de), 241.
Jumégnie, CLII; v. Fontaines.
Jumel, sgrie., canton d'Ailly-sur-Noye (Somme), 9, 193, CLXXVI.
Jumencourt, sgrie., 158.

K

Kaici, v. Quessy.
Kaisnel, LXIII, v. Caisnel.
Kay-sous-le-Mont-Notre-Dame (Aisne), 59.

L

Lagny-sur-Marne, II.
Languedoc, 252.
Lannoy, sgrie., v. Crèvecœur.
Laon, 34, 36, 184-189, XIX, XXXIII, XXXV, XL, CXLVII; — (capitainerie de), CLX, CLXI; — (abbaye de Saint-Martin de), XXI; — (abbaye de Saint-Vincent de), 31, XVII, XIX; v. Saint-Vincent; — (N.-D. de), XXI.
Lartuzie, sgrie., 227.
L'Ecluse (château de), 153.
Le Crotoy, 124.
Lens (château de), LXXXI.
Liège, CLVI.
Lihons-en-Santerre (prieuré de), 20, 23, et suiv., 50, 52, 89, 90, 94, 213, 215, 220, 244, 245, VIII, X, XII, XLVIII, XLIX, LVII-LXI, LXXV; v. Maraffin, et CCVII.
Lombardie, CLXXVII, CLXXIX.
Longueval, sgrie., LXXVI.
Longchamp, sgrie., v. Roncherolles.
Lorraine, 183, CLVIII.
Lourmais (Ille-et-Vilaine), 209.
Louvre (château du) CVI.
Luzech (Lot), 60.

M

Mairie héréditaire de Caix, donnée à Rainier de Caix, 43, 49, 109, 110, 214, 217, 219, 223, XCVII, CCV, CCVI; — v. Lange de Caix de la Mairie.
Maisières-en-Santerre (Somme), 86, 117, LIII.

Manicamp, fief, 230.
Mans (Le), CXXXVII; — (la chevauchée du), 194.
Mardilly-en-Brie, sgrie.; v. Hangest (Bon de).
Mareuil (Somme), 120, LXXXVIII.
Marfontaine (château de), près Elincourt-Sainte-Marguerite (Oise), 157.
Marigny, sgrie., v. Roncherolles.
Marle, sgrie. (Aisne), 15, 200, XLIV; — (château de), CLXXX; — prévôté de), CLXXX; — (tabellionnage de), CLXXXII.
Massicourt, fief, XXII.
Maubuisson, sgrie., 237.
Maucourt (fief de), à Caix, 124, 223, 233, CCXXXIII, CCXXXV.
Meaux (S.-et-M.), 197, 198.
Mello, sgrie., XCIV.
Merlemont, sgrie., (Oise), 194.
Mesnil-Saint-Georges, v. Hangest (Bon de).
Mesvillers, auj. Piennes (Somme), 85, 164, CLXXXVIII, CLXXXIX, CXC.
Miannay, sgrie., v. Roussel (Louis).
Mirande (Gers), 227, CCXXVII.

Missy (Aisne), XXIII.
Monaco, v. Grimaldi.
Monceaux, sgrie., v. Roussel (Louis).
Monclard, sgrie., CCXXVI.
Monjan (fief), à Caix, 126, XCVII.
Mons (siège de), 244.
Mont-Cavillon (Aisne), XXIII.
Montdidier (Somme), 127, XLI, CLXXXVIII; — (château de), 148, CXX; — (coutume de), CCVII.
Montereau-faut-Yonne, 140, CVIII.
Montescourt (Aisne), XXXVI.
Montmajour, abbaye, 57.
Montmirail, sgrie., 136.
Montreuil-sur-Mer, CXCVI.
Mont-Saint-Michel (le), 76.
Mont-Saint-Quentin (abbaye du), VII.
Mote-Saint-Andrieu (la), 80.
Motte-en-Santerre (la), fief CC.
Mouchy-le-Chatel, sgrie. (Oise), v. Trye.
Mouy-en-Beauvaisis (Oise), 123, XCII, XCIII, CCI; — (sgr. de), v. Soyecourt (Philippe de).
Muret-en-Soissonnais, auj. Muret-et-Crouttes (Aisne), 134, CII, CIII, CVI.

N

Namp-au-Val, sgrie., 153, CXXV.
Nampcel, cant. d'Attichy (Oise), 159, 184, 193, 205, CXLII-CXLIV, CLIII, CLVI, CLIX, CLXXXVI; — (gruerie de), CLIX; — (château de), CLIX.
Nampteuil-sous-Muret (Aisne), 135, CII, CVI.
Nancy, CLVIII.
Nanssel, v. Nampcel.
Nicopolis (croisade et bataille de), 141, 188.
Nogent-sous-Coucy (abbaye de) (Aisne), 6, 36, XXXI, XXXIV, XXXVII; — (Bruno, abbé de), XXXIV.
Nointel (château de) (Oise), 162.
Noiry, sgrie., CXXIV.
Novion-le-Comte (Aisne), XLI.

O

Offennies, sgrie., XXXIX, XLI.
Ognolles, cant. de Guiscard (Oise), 123.
Oisy, sgrie., 136.
Omiécourt, sgrie. (Somme), 215, CCVII, CCX, CCXII.
Orival, sgrie., 149.
Orvillers-Sorel, sgrie. (Oise), CCXIV, CCXV; — (cure d'), 220; — v. Sorel (Baudot de).
Orz (Aisne), XXV, XXVI.
Ostieux (les), seigneurie (Orne), v. Le Seigneur.
Ostremoncourt (Aisne), XXIII.
Ouchy-le-Chateau (Aisne), 134, CLXX, CLXXXVI.
Ourscamps (abbaye de), (Oise), CXC.

P

Papiriacum, v. Pavery.
Paraclet (abbaye de), 100 et suiv., 152, 160. 169, LXI, LXV-LXXIII, CXXIV, CXXXVIII.
Pavie (bataille de), CXC.
Peillon, fief, 67, 68.
Perche (le), province, 147, CXVIII.
Péronne, 87, 222, CCXVII, CCXVIII, CCXVI; — (bailliage de), 114; — (châtellenie de), LXXVI; — (coutume de), CXC; — v. Robert, Adeliz, etc.

Pesche, sgrie., près Liège, CLVII.
Peyciat-la-Nommée, sgrie., 71.
Picardie, province, 251, CXLIV, CXLVI.
Piémont, 68, CCXXVIII.
Piennes (Somme), 85, CXC; — (marquisat de), CLXXXVIII.
Pierlas (Alpes-Maritimes), 65.
Pierrefonds (Saint-Sulpice de), 100.
Pierrepont (Aisne), XXII, XXXIX, XLI.
Pignerol, ville d'Italie, CXCIV.
Poitiers (bataille de), 122, 146, 147, XCII, CXVI.
Ponthieu, province, LXIV.
Pontoise (grenier à sel de), 204.
Portugal, 68.
Prémontré (abbaye de), 36, 98.

Q

Quaix (Isère), 60.
Quercy (Caix du), v. Caix.
Quesnel, fief, v. Sorel (Jean de).
Quesnoy — sur — Airaisnes (Somme), v. Sorel (Robert de).
Quessy (Caici), (Aisne), 59, 60, IX.
Quet, cant. de Corps (Isère), 60.
Quierzy-sur-Oise (Aisne), 121, 135, v. Cherisy.

R

Rabuzeel (moulin de), XXXV.
Rayneval, sgrie., 128.
Rebreuviette, fief, CLXXXVIII.
Reims, 150, 163, 251, CIII, CXXXIII, CXXXIV, CXLVI; — (église de), 6; — (Arnoul, archev. de), 4; — (Odalric, archev. de), 6.
Rembures, fief (Somme), 240.
Ressons-le-Long (Aisne), 72.
Revillon-en-Laonnois, cant. de Braine (Aisne), 191 et suiv., 197, 199, 201, CLXX, CLXXIII.
Rogi, cant. d'Ailly-sur-Noye (Somme), 95.
Romorantin, 208, CLXXXII, v. Boutet.
Roquencourt (Somme), 94.
Roquignicourt, sgrie., XXII.
Rosebecque (bataille de), 177, 185.

Rosières-en-Santerre (Somme), 52, 90, XLVIII, XLIX, LVIII-LXI.
Rosoy (Aisne), XXII.
Rouvroy (fief à) (Oise), 131, CI.
Roye (Somme), 85, 129, XLVI, LII, XCIX, CXXX.

S

Saconin (Aisne), 72.
Sacy, 150, CXXII.
Sacy-le-Grand, 143, CXII.
Sailly-les-Avères, fief, canton de Bray (Somme), 127.
Saincaise (Nièvre), 58.
Sains, sgrie. (Somme), 123, XCII.
Saint-Acheul (Somme), LXXXV.
Saint-Alloan, église du comté d'Avignon, 57.
Saint-Arnoul de Crépy, 3, 4, L.
Saint-Baudry (Aisne), 72.
Saint-Corneille de Compiègne (abbaye de), 85, L, LII; — (Ansold, abbé de), L.
Saint-Crépin de Soissons, abbaye, CIX.
Saint-Delmas de Valdeblouze (Alpes-Maritimes), 67.
Saint-Donat (Drôme), 59.
Saint-Félix, sgrie. (Oise), v. Sorel (Regnauld de).
Saint-Firmin d'Amiens, VI.
Saint-Germain-en-Laye, 129, C.
Saint-Gobain (Aisne), 31, 181, 184, XVII, XIX, CLI, CLX.
Saint-Gobert (Aisne), 192.
Saint-Jacques, faubourg de Paris, CCXXXVI.
Saint-Jean-d'Angely, 183, CLVI.
Saint-Lambert, sgrie. (étangs et pèlerinage de) (Aisne), 31, 181, XIII, XVII, XIX, CLI.
Saint-Marcel (Aisne), XXIII.
Saint-Martin-aux-Jumeaux ou aux-Gémeaux, abbaye d'Amiens, 86, 87, LIII, LIV.
Saint-Martin de Laon, abbaye, 34, XXI, XXIV, XXVII.
Saint-Mathieu de Fouilloy (Somme), abbaye, 90, 96, LVIII-LXIII.
Saint-Médard-en-Chaussée, comm. de Roye (Somme), 86, 161, LIII, LIV.
Saint-Médard de Soissons, abbaye, 153.

Saint-Nicolas-au-Bois, abbaye (Aisne), 36, xv, XXVII, CLIV.
Saint-Omer, 175, XCIV, CXLIII, CXLIV, CXLVI.
Saintonge, province, 208, CLXXXVII.
Saint-Ouen, sgrie., v. Caen (Adrien de).
Saint-Quay (Côtes-du-Nord), 58.
Saint-Quentin (Aisne), 122, XCI, XCII; — (prévôté de), 154.
Saint-Romain, 160, CXXVII.
Saint-Vallier (Drôme), 59.
Saint-Vincent de Laon (abbaye de), 31, XIII, XVII, XIX, XXXVI.
Saint-Waast d'Arras, abbaye, 116.
Sainte-Croix (Aisne), XXII.
Sainte-Maure-de-Peyriac (Lot-et-Garonne), 188, CLXV.
Scey-en-Varais (Doubs), 69.
Scey-sur-Saône (Haute-Saône), 70.
Selles-en-Berry, 130.
Senlis, 128, 179, XCVIII, CXLVII; — (bailliage de), 88, XCII, C; — (régiment provincial de), 241.
Septmonts (Aisne), 134.
Sermoise, sgrie., 153.

Sissy-en-Thiérache, cant. de Ribémont (Aisne), 189, 192, CLXVIII.
Sisteron, 68.
Soissons, 140, CVII, CLXVI; — (comté de), CXLVI; — (régiment de), 241.
Sommereux, maison du Temple, au diocèse d'Amiens, 99, LXIV.
Sorel, fief (Somme), CCI; — (château de) (Oise), 215, 220.
Sur, sgrie. en Palestine, 247, 249.

T

Tère, sgrie., XXI.
Thénailles-en-Thiérache (abbaye de), 47, 49, XLIII, XLV, XLVI.
Thésy, 9.
Thiérache, 8.
Thoron, sgrie. en Palestine, 247.
Thourotte, sgrie. (Oise), XCIV.
Thun-Levêque ou Thun-le-Châtel (Nord), 120, 122, LXXXVIII, XC.
Tilloloy, sgrie. (Somme), 149, 232, CCX-CCXII; v. Riencourt.

Traïnaut (le), com. d'Housset (Aisne), 193, 200, CLXXX, CLXXXII.
Trainel, v. le Traïnaut.
Travecy, sgrie. (Aisne), 159, 181-184, 193, 205, CLI-CLXXXVI.
Traversière - en - Ferrarais, CCXXVI.
Trennel, v. Trainel.
Tricot, v. Boissière (la).
Trosly-Loire (Aisne), 98.

U

Ugny, sgrie. (Aisne), CCIII.

V

Varel, fief (Aisne), 218.
Varennes, sgrie., CCX, CCXII.
Vasivoie, v. Wadivoye.
Vaucelles (Aisne), XXII.
Vaudencourt (Aisne), XXII.
Vaux, fief, v. Riencourt.
Vaux-sous-Corbie, 163.
Vaux-les-Oisemont, sgrie., CCXI, CCXII, CCXIII.

Venizel (Aisne), 141, CIX.
Verquin, village d'Artois, 116, LXXXI.
Versigny (Oise), CLXVIII.
Vervins, XXXIV.
Vienne-en-Dauphiné, 163, CXXXIV. CXXXV.
Ville-sous-Corbie, 95.
Villers-Carbonnel, sgrie., 159.
Villers-aux-Erables, sgrie., 237.
Villette, sgrie., CLXXXIX.
Voël (Aisne), 60.
Vorges (forêt de) (Aisne), XIX.

W

Wadencourt, fief, LXXXVIII.
Wadivoye, fief à Nointel (Oise), 162, 207, CXXXII.
Waes (pays de), 228.
Waubercourt, fief, 160, v. Aubercourt.
Wiencourt - en - Santerre, sgrie., 120, 145, 154, 158, LXXXVI, LXXXVII, CXXV-CXXVII.

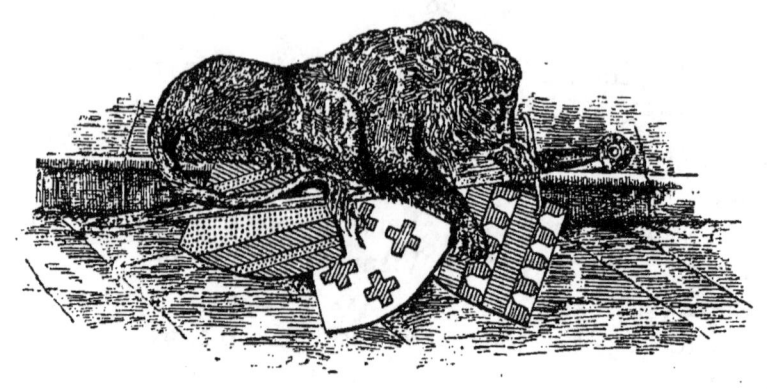

TABLE

DES CHAPITRES

Préface . . . . *i*

I. Origines de la maison de Boves et de Coucy, tige de la maison de Caix. — Hugues de Boves. — Dreux de Boves et ses fils : Enguerran, Anseau ou Anselme et Robert. — Les armoiries de Boves et de Coucy. — XIe et XIIe siècles I

II. Anseau de Boves, frère d'Enguerran, premier sire de Coucy. — Il se marie et a un fils, appelé Robert de Caix. — Donation de la terre de Caix au monastère de Lihons-en-Santerre. — Anseau de Boves, devenu veuf, entre dans les ordres et devient archidiacre d'Amiens. — Protestations de son fils Robert, contre la donation de la terre de Caix. — Sa lutte contre les Religieux de Lihons-en-Santerre. — Sa renonciation définitive en

	1131. — Robert de Caix, premier pair du château de Coucy. — Il se fixe dans le Laonnois. — XIIe siècle	19
III.	Rainier ou Renier de Caix. — La Mairie de Caix. — Arnoul de Caix et Mathilde d'Emblecourt. — Pierre et Robert de Caix à Lihons (1164). — Fin du XIIe siècle . . .	39
IV.	Origine du nom de Caix. — Manières diverses d'écrire ce nom dans les actes anciens. — Différentes localités qui le portent. — Caix en Santerre. — Caix en Quercy. — Quaix en Dauphiné. — Les Cais de Provence et des Alpes-Maritimes. — Les Esquay de Normandie. — Les Ceis ou Scey de Franche-Comté. — Les Kay anglais. — Confusion de tous ces noms par les scribes du Moyen-Age. — Règles de critique pour distinguer les personnages appartenant à ces diverses familles	55
V.	Jean I de Caix, seigneur d'Aubercourt et de la Mairie. — Sa descendance : Jean II et Robert II. — Branches de Caix à Roye et en Laonnois. — Barthélemy de Caix, templier. — Gilles de Caix de Launoy. — Étude de son sceau. — Herbert de Caix et Isabelle de Chérisy. — Première aliénation de la Mairie de Caix. — XIIIe siècle	84
VI.	Jean de Caix. — Les Caix d'Artois. — Les Caix d'Aubigny, etc. — Dreux de Caix, seigneur de Wiencourt, et Marie de Han. — Hue, Anseau et Raoul, ses frères. — Pierre de Caix, époux d'Eustache d'Ongniolles, et leur fille Isabeau. — Baudin de Caix. —	

Enfants de Dreux de Caix. — Aubert de Caix, époux d'Eustache Viellard, et ses enfants. — Guillaume de Caix. — XIVe siècle.   113

VII. Solidarité qui unissait les membres de la noblesse au Moyen-Age. — Colart de Caix, chevalier, seigneur de Faverolles, maître d'hôtel de Mathieu de Roye. — Son mariage avec Marguerite de Chérisy. — Aventure de Colart de Caix au château de Muret. — Thomassin, dit de Caix, clerc à Beauvais. — Pierre de Caix, clerc de Corbie. — XIVe siècle.   132

VIII. Jean de Caix, dit le Danois, chevalier, seigneur de Wiencourt-en-Santerre, et sa femme, Jeanne de Vé. — Ses armoiries. — Origine des croissettes de l'écu de Caix. — Marie de Caix, mariée à Gilles du Hamel-Bellenglise. — Jean de Caix, chevalier, seigneur de Dancourt et de Wadivoye. — Ses fils Jean et Robert. — Adrienne de Caix, épouse de Wallet Estribot, et leur fille Mahaut de la Chaussée. — XIVe siècle   145

IX. Raoul de Caix, maire d'Aubigny, et Isabeau de Sains. — Leur descendance. — Jean de Caix, dit Bidaut, chevalier, seigneur de Nanssel (Nampcel) et de Travecy, capitaine de la ville de Laon. — Installé dans le Laonnois, il devient l'ami et l'intendant général d'Enguerran VII, sire de Coucy. — Services qu'il lui rend en Flandre, en Guyenne, en Lorraine, etc. — Le poète Eustache Deschamps le nomme dans un de ses rondeaux. — Son fils Bidaut II ou Bidallet de Caix, chevalier. — XIVe siècle   166

X. Marie de Caix, fille de Bidaut de Caix, IIe du nom, et de N... de Sissy. — Elle est enlevée par Nicolas de Bruneval, veneur et écuyer de Louis, duc d'Orléans. — Son mariage. — Elle devient demoiselle d'honneur de la Reine, puis est placée sous la protection de Valentine de Milan. — Nicolas de Bruneval, grand fauconnier de France. — Fin de cette branche de la maison de Caix. — XVe siècle.   191

XI. Henry de Caix, Ier du nom, seigneur de la Mairie de Caix. — Marie de Caix, épouse d'Antoine de Brouilly. — Jean de Caix. — Procès d'Henry de Caix avec le Prieur de Lihons-en-Santerre. — Liquidation de sa succession entre les enfants de ses deux femmes : Marguerite de Rubempré et Adrienne de Sorel. — Hélène de Caix, sa fille aînée, apporte la Mairie de Caix à son époux, Hugues de Riencourt. — Adrien de Caix, Ier du nom, et ses frères. — Henri II et Adrien II de Caix (XVe et XVIe siècles) .   206

XII. Adrien II et Adrien III de Caix. — Nicolas de Caix et ses fils : Claude-Alexis, tige de la branche de Saint-Amour (aujourd'hui Saint-Aymour) et Félix, tige de la branche de Blainville et de Chaulieu. — Édouard-Victor-Alexis et son frère Jacques-Ferdinand, tige de la branche de Rembures. — Lange de Caix de la Mairie. — Tableau généalogique de la famille de Caix depuis 1652 (XVIIe et XVIIIe siècles)   231

NOTE ADDITIONNELLE.   247

TABLEAU GÉNÉALOGIQUE.   252

EXPLICATION
DES GRAVURES [1]

Frontispice. — Le Génie de l'Histoire et un Amour portant un sceau aux armes de la Maison de Caix. (C. A.)

Verso du Frontispice. — Homme d'armes portant l'écu de Caix, avec banderolle destinée à recevoir le nom du propriétaire du livre. Dans le lointain, les ruines du château de Coucy. (C. A.)

Titre. — Lion héraldique tenant entre ses griffes un écu parti de Boves, de Caix et de Coucy. (C. A.)

Préface, p. i. — Tête de page donnant les armoiries des quatre rameaux actuellement existants de la maison

---

[1] Toutes les illustrations annotées : (G. R.) sont dues à M. Georges Roussel; celles qui sont accompagnées des lettres (C. A.) sont de la main du Comte Gabriel de Caix de Saint-Aymour.

de Caix, savoir : 1° Caix-Saint-Aymour (aîné) : écartelé aux 1 et 4 d'argent aux deux sautoirs de gueules accompagnés en chef de deux croix de même (Caix ancien); aux 2 et 3 d'azur au lion d'or, couronné d'argent, armé et lampassé de gueules (Saint-Amour); sur le tout, fascé de vair et de gueules de six pièces (Coucy); 2° Caix-Saint-Aymour (cadet) : écartelé, au 1 d'argent aux deux sautoirs de gueules, accompagnés en chef de deux croix de même (Caix); au 2 d'azur au chevron d'or, accompagné de trois croix de même, 2 et 1 (Caix); au 3 d'or au chevron d'azur accompagné en pointe d'un lion de gueules couronné d'argent, au chef de gueules chargé d'un croissant d'argent entre deux étoiles de même (Caix), sur le tout fascé, etc...; 3° Caix-Rembures : écartelé aux 1 et 4 d'argent aux deux sautoirs de gueules, etc...; aux 2 et 3 d'or au chevron d'azur, etc...; sur le tout fascé, etc...; 4° Caix-Chaulieu : écartelé aux 1 et 4 d'argent aux deux sautoirs de gueules, etc...; au 2 d'azur à trois besans d'argent posés 2 et 1 (des Rotours de Chaulieu); au 3 d'or au chevron d'azur, etc... (G. R.)

Id. ibid. — Lettre ornée L, XVe siècle. (C. A.)

Préface, *viij*. — Fonts baptismaux de l'église de Caix-en-Santerre. (C. A.)

Page 1. — Tête de Chapitre : Arbre figurant Dreux de Boves et ses trois fils Enguerran I de Coucy, Anseau de Cais et Robert de Péronne. En bas : Ecu de Boves : de gueules à la bande d'or accompagnée de deux cotices de même. En haut : Ecu parti de Boves et de Coucy : Fascé de vair et de gueules de six pièces. Ecu parti de Boves et de Cais : d'argent aux deux sautoirs de gueules et deux croix de même en chef. Ecu parti de Boves et de Péronne. (G. R.)

Page 18. — Cul-de-lampe : Les ruines du Château de Boves, canton de Sains (Somme). « Les ruines de Boves, dit M. Dusevel (*Descript*..... *du D^t de la Somme;* 1836, 2 vol. in-8), consistent en deux pans de hautes murailles placées sur un mamelon élevé au pied duquel coule la rivière de Noye..... Leur aspect est imposant. » (G. R.)

Page 19. — Tête de Chapitre : Ruines du Château de Coucy ; état actuel. Vue prise de la route de Chauny. A gauche, écu parti de Boves et de Coucy. (G. R.)

Page 38. — Cul-de-lampe : Sceau d'Enguerran III, sire de Coucy (an. 1220). Equestre ; casque carré, cotte d'armes flottante ; bouclier aux armes. Légende : SIGILL. IN(GEL-RANNI, DOMINI) COUCIACI. — Fragment de sceau rond de 80 mill... (Archiv. Nat., J. 153, n° 2). Douet d'Arcq, n° 1904. (V. le contre-sceau gravé p. XLII.) — Ce sceau est le plus ancien qui nous ait été conservé des Sires de Coucy. (G. R.)

Page 39. — Tête de page : Restauration du Château de Coucy, au XVe siècle, d'après Viollet-le-Duc. Vue prise du côté de la ville. (G. R.)

Page 54. — Cul-de-lampe : Sceau de l'abbaye de Thenailles-en-Thiérache : La Vierge assise avec l'Enfant Jésus sur les genoux, et tenant à la main droite des tenailles (pincettes). Légende : SIGILL. CONVENTI. DE TE... (G. R.)

Page 55. — Tête de page, contenant l'écu des familles suivantes :

1° CAYS DE GILETTE (Provence) : D'or au lion d'azur couronné, armé, lampassé et vilené de gueules;

2° CAIS DE PIERLAS (Provence) : D'azur au croissant d'or surmonté d'un cœur au naturel et accompagné en chef d'une étoile d'or à six raies;

3° ESQUAY (Normandie) : D'argent au chevron de sable;

4° CEIS ou plutôt SCEY (Franche-Comté) : De sable, semé

de neuf croix recroisetées d'or, au lion couronné d'or, armé et lampassé de gueules. (G. R.)

Page 83. — Cul-de-lampe : Château de CAIX EN QUERCY (canton de Luzech, Lot). Etat actuel. Dans le coin gauche est figuré l'écu d'Armand de Caix (v. p. 63). (G. R.)

Page 84. — Tête de page : Au milieu : Sceau de GILLES DE CAIX (an. 1248). V. p. 102. A gauche : Ecu de CHÉRISY : d'or à la fasce d'azur. A droite : Ecu de SESMAISONS : de gueules aux trois tours maçonnées d'or, 2 et 1. (G. R.)

Page 103. — Sceau de GILLES ou GILLON DE CAIX, grandeur de l'original (an. 1248). Arch. de la Somme et Demay : *Invent. des Sceaux de Picardie,* n° 201. (G. R.)

Page 112. — Cul-de-lampe reproduisant un CARREAU ÉMAILLÉ du XIVe siècle, aux armes de Coucy. (C. A.)

Page 113. — Tête de page reproduisant les armes de HAN : d'argent fretté de sable, à la fasce d'azur, chargée de trois losanges du champ, au chef de même, chargé de trois merlettes du second ; de SAINS : de gueules au chef échiqueté d'argent et d'azur de deux tires ; d'ONGNOLLES : fretté de..... au franc quartier chargé de cinq poissons de..... en pal posés en sautoir ; de VIEILLARD : de..... à la tête de lion arrachée de..... sur une pièce de parchemin à laquelle est appendu le sceau de SOHIER DE CAIX, dit MICAINE (v. p. 117). (G. R.)

Page 131. — Cul-de-lampe illustrant la lettre de Rémission relatant l'enlèvement dans la forêt de Senlis de Eudes de Grancey par Jean de Ver et Guillaume de Caix (an. 1378). (G. R.)

Page 132. — Tête de page reproduisant la vue du CHATEAU ET DE LA VILLE DE COUCY au XVIe siècle, d'après une peinture de la Galerie des Cerfs, au château de Fontainebleau. (Tirés de l'*Histoire... de Coucy,* de D. Toussaint du Plessis). (G. R.)

Page 145. — Tête de page, aux armes de Jean de Caix, dit le Danois (XIVe siècle). (G. R.)

Pages 154 et 155. — Diverses armoiries attribuées par les auteurs à Jean de Caix, dit le Danois (XIVe siècle). (C. A.)

Page 146. — Ecu de Caix (ancien) sommé d'une couronne comtale et supporté par un lion armé. (C. A.)

Page 164. — Armoiries de Jean de Caix, seigneur de Dancourt et de Wadivoye (XIVe siècle). (C. A.)

Page 165. — Cul-de-lampe reproduisant l'écu de la maison de Vé et le sceau de Jean de Caix, dit le Danois. (G. R.)

Page 166. — Tête de page représentant l'écu de JEAN DE CAIX, dit BIDAUT, entre deux chevaliers passants, le premier au bouclier armorié de Coucy (XIVe siècle). (G. R.)

Page 190. — Cul-de-lampe représentant ENGUERRAN VII, sire de Coucy, remettant à BIDAUT DE CAIX les lettres de donation de la Gruerie de Nanssel (XIVe siècle). (G. R.)

Page 191. — Tête de page sur laquelle sont figurées les armoiries de : SAISSEVAL : d'azur à deux bars adossés d'argent ; HAMEL : de gueules au chef d'or, chargé de trois molettes de sable ; BROUILLY : d'argent au lion couronné de sinople. XVe siècle. (G. R.)

Page 205. — Cul-de-lampe représentant l'enlèvement de MARIE DE CAIX par NICOLAS DE BRUNEVAL. A droite, le sceau de Bruneval. XVe siècle. (G. R.)

Page 206. — Tête de page représentant le règlement par arbitrage de la succession de Henri I de Caix. — A droite : Hélène, sa fille aînée, et l'oncle de celle-ci, Adrien de Rubempré (armes : d'argent à trois jumelles de gueules) ; à gauche : Pierre de Sorel, chanoine de Noyon (armes de Sorel : de gueules à deux léopards l'un sur l'autre, d'argent), et ses neveux, enfants dudit Henri de Caix et de sa seconde femme, Adrienne de Sorel. XVIe siècle. (G. R.)

Page 226. — Ecu moderne de Caix : d'or au chevron d'azur, accompagné en pointe d'un lion de gueules couronné d'argent, au chef de gueules, chargé d'un croissant d'argent entre deux étoiles du même. (C. A.)

Page 230. — Cul-de-lampe : Eglise et entrée de l'ancien manoir de Caix-en-Santerre. (C. A.)

Page 231. — Tête de page reproduisant les armoiries de : Rubempré, d'argent à trois jumelles de gueules; Sorel, de gueules à deux léopards l'un sur l'autre, d'argent; et Riencourt, d'argent à trois fasces de gueules frettées d'or. (G. R.)

Page 240. — Figure réunissant les armoiries suivantes : Arnauld de Saint-Amour, parti au 1 d'azur au chevron d'or accompagné en chef de deux palmes d'or adossées et en pointe d'un rocher de six coupeaux aussi d'or; au 2 de Saint-Amour (*ut supra*, p. *j*); Chardon du Havet, d'or aux trois chardons de gueules tigés de sinople; Le Leu, de gueules au chevron d'or, accompagné de trois têtes de léopard de même; La Roque de Serquigny : d'azur à trois fasces d'argent. (G. R.)

Page 246. — Cul-de-lampe donnant les armoiries des *Alliances directes de la Maison de Caix au XIXe siècle*, savoir :

Montagu : écartelé aux 1 et 4 d'argent à cinq losanges de gueules accolés de fasce, aux 2 et 3 d'or à l'aigle de sable, becquée et membrée de gueules;

Coutte de Nesle : aux 1 et 4 d'or à une fasce d'azur chargée d'une étoile d'argent, aux 2 et 3 d'azur à deux cors de chasse adossés d'or enguichés de même, accompagnés en pointe d'une étoile d'argent;

Estriché de Baracé : de gueules à trois losanges d'argent appointés en bande, chargés d'une épée de gueules garnie d'azur, et surmontés d'un lion d'or, armé, lampassé et couronné d'argent, la queue fourchue et passée en sautoir; au franc quartier d'or, à une aigle de sinople, becquée, membrée et couronnée de sable;

Raffard de Marcilly : d'or à trois griffons de gueules;

Chamont : de gueules au dextrochère armé d'argent, mouvant du flanc senestre, portant une bannière semée de France, la trabe du second;

Barnoux de Milleville : de gueules au sautoir d'argent, cantonné de quatre glands d'or;

Le Seigneur : d'azur au besan d'or accompagné de trois molettes d'éperon d'argent, deux en chef, une en pointe;

Antheaume de Surval : d'azur au heaume de front d'or;

Nollent : d'azur à la croix d'or cantonnée de seize étoiles du même;

Des Rotours : d'azur à trois besans d'argent, deux et un;

Lefébure du Bus : d'argent au chevron d'azur accosté de trois gousses de fèves de sinople, deux en chef et une en pointe;

Sismond de Moydier : parti au 1 de gueules à trois fasces d'argent; au 2 de gueules à six mondes d'argent, 1, 2, 2 et 1;

Soret de Boisbrunet : de gueules à un léopard d'or, couronné du même, accompagné en chef de trois molettes d'argent;

Des Robert : d'azur à la fasce d'argent, écimant un chevron d'or, accompagné en chef de deux étoiles d'argent et en pointe de trois soucis posés deux et un;

La Beaume de Tarteron : d'or au tartre de sable, au chef d'azur chargé de trois étoiles d'argent;

Caters : d'azur à trois chats d'or, deux et un, les deux du chef affrontés;

Le Noir de Becquincourt : d'or à la fasce écartelée de sinople et d'argent;

Poli : d'argent à trois violettes d'azur, tigées de sable sans feuilles, au chef d'azur chargé d'une molette d'éperon d'or à huit pointes;

Reilhac : écartelé aux 1 et 4, de sable au lion d'argent, aux 2 et 3 de gueules à une aigle éployée d'or;

Le Chat de Tessecourt : d'azur à trois rencontres de chat d'or;

Albalate de San Carlos : parti au 1 d'azur à l'aile d'or; au 2 d'argent à cinq fasces ondées d'azur chargées d'une tour d'azur aux porte et ouvertures de gueules au levrier d'or touchant la porte et passant, et d'un arbre de sinople fruité d'or;

Salverte : d'azur au chevron d'argent accompagné de trois couronnes d'or à l'antique, deux et un, au chef échiqueté d'or et de gueules;

Vaucelle : d'argent au chef de gueules, billeté d'or;

Hennezel d'Ormois : de gueules à trois glands montants d'argent et un croissant de même en abîme;

Thomasson : de gueules au chevron brisé d'argent accompagné en chef d'un lion d'or et en pointe d'une étoile à cinq rayons aussi d'or. (G. R.)

Frontispice des Preuves. — Tête de moine. (C. A.)

Préface des Preuves, page *j*. — Tête de page : Reproduction d'une miniature sur parchemin représentant Charles V octroyant à Jean de Caix une lettre de rémission. (C. A.)

Id., ibid. — Lettre ornée I. (C. A.)

Préface des Preuves, page *vj*. — Cul-de-lampe : Oiseau fantastique. (C. A.)

Page I. — Reproduction de la page n° 1. (G. R.)

Page x. — Sceau de Barthélemy de Vir, évêque de Laon (XIIe siècle). — Sceau ogival en cuvette profonde de 70 millim. (Arch. Nat., L, 1400) : évêque debout, vu de face, tête nue, bénissant par devant de la main droite et tenant de la main gauche sa crosse, dont la volute est tournée en dehors.

† SIGILLUM BARTHOLOMEI LAUDUNENSIS EPISCOPI.

Douet d'Arcq, n° 6631. L'artiste a représenté ce sceau sur un écu brisé aux armes de Boves et de Caix pour rappeler le rôle joué par le prélat contre la maison de Caix. (G. R.)

Page XLII. — Cul-de-lampe : Contre-scel d'Enguerran III, sire de Coucy. Ecu fascé de vair et de gueules de six pièces posé sur un château à trois tours et suspendu par une courroie à celle du milieu.

† SIGILLUM : SECRETI :
(an. 1220)
(Voir la figure de la page 38). (G. R.)

Page XLIII. — Tête de page représentant l'écu de Robert d'Erblaincourt (Emblaincourt) (XIIe siècle). (G. R.)

Page LXVIII. — Sceau d'Ives de Trachy, appendu à une confirmation de vente faite par Gilles de Caix au Paraclet (an. 1248). (C. A.)

Page LXXI. — Sceau de Gilles ou Gillon de Caix appendu à un acte de 1249. (C. A.)

Page LXXX. — Sceau de Jean du Cay (juin 1329). (C. A.)

Page LXXXI. — Sceau de Sohier de Caix, dit Micaine, homme du Château de Lens, en 1321.

f

Page xcv. — Carreau émaillé du XIVe siècle provenant de Coucy et représentant une fleur de lis. (C. A.)

Page cxxi. — Carreau émaillé du XIVe siècle provenant de Coucy et représentant un lion. (C. A.)

Page cxxix. — Copie d'une miniature sur vélin représentant Jean de Caix, seigneur de Dancourt, frappant Wallet Estribot, écuyer (XIVe siècle). (C. A.)

Page cxxxii. — Armoiries de Jean de Caix, seigneur de Dancourt et de Wadivoye (XIVe s.). (C. A.)

Page cxlv. — Ecu de Sains : de gueules semé de croissants d'argent au lion de sable. (C. A.)

Page clxi. — Sceau de Bidaut de Caix, seigneur de Travecy, XIVe siècle (C. A.).

Page clxix. — Sceau de Jean, sire de Sissy (XIVe siècle). (C. A.)

Page cxciii. — Armoiries de Marie de Caix, femme d'Antoine II de Brouilly (XVe siècle). (C. A.)

Page ccxxxviii. — Cul-de-lampe représentant le portail latéral de l'Eglise de Caix-en-Santerre. (C. A.)

Tables, page 1. — Tête de page : Le diable entre le froc et la salade à visière levée ; goupillon et fléau (XIVe et XVe siècles). (C. A.)

Tables, page 55. — Cul-de-lampe : Chevaliers combattants. (C. A.)

Tables, page 56. — Tête de page : Sujet grotesque (XVe siècle). (C. A.)

Tables, p. 68. — Cul-de-lampe : Chevaliers combattants; l'un porte l'écu de Caix ; l'autre celui de Grancey. (C.A.)

Tables, p. 69. — Tête de page : Lion couché tenant entre ses griffes une épée du XVe siècle et gardant les trois écus de Boves, de Coucy et de Caix. (C. A.)

Tables, p. 73. — Tête de page : Sujet de fantaisie. Deux squelettes combattant armés de faucharts (XIVᵉ, XVᵉ siècles); dans le lointain les ruines du château de Boves. (C. A.)

Tables, p. 83. — Cul-de-lampe : Sujet de fantaisie. Lion naturel et lion héraldique. (C. A.)

Tables, p. 85. — Cul-de-lampe : L'auteur et l'un des illustrateurs « pourtraicturéz au vray » en costume plus ou moins « moyen-âgeux », tirent leur révérence au lecteur….. s'il s'en trouve ! (G. R.)

INDEX GÉNÉRAL

Préface . . . .   j
Texte historique . . . .   1 à 246
Note additionnelle   247
Tableau généalogique   252
Avant-propos des Preuves . . . .   j
Texte des Preuves . . . .   1 à CCXXXVIII
Table des Noms de Personnes   1
Table des Noms de Lieux   56
Table des Chapitres   69
Explication des Gravures   73

Ouvrages du même Auteur :

Mémoire sur l'Origine de la Ville et du Nom de Senlis. — Senlis, 1863. — In-8º

La Question de l'Enseignement des Langues classiques et des Langues vivantes. — Paris, 1866. — In-8º.

La Langue latine étudiée dans l'Unité Indo-Européenne. — *Histoire, Grammaire, Lexique.* — Paris, 1868. — 1 vol. in-8º.

La Grande Voie romaine de Senlis à Beauvais et l'Emplacement de Litanobriga. — Senlis, 1873. — In-8º, 2 cartes.

Note sur un Temple romain découvert dans la forêt d'Halatte. — Paris, 1874. — In-12.

Indicateur de l'Archéologue et du Collectionneur (publié avec M. G. de Mortillet). — Paris, 1872-74. — 2 vol. in-8º, 280 fig.

Etude sur quelques Monuments mégalithiques de la Vallée de l'Oise. — Paris, 1875. — In-8º, 50 fig.

Le Musée archéologique, *Recueil illustré de monuments, etc.,* publié avec la collaboration d'archéologues français et étrangers. — Paris, 1876-77. — 2 vol. grand in-8º avec fig.

Annuaire des Sciences historiques. — Paris, 1877. — 1 vol. in-12.

Les Pays Sud-Slaves de l'Austro-Hongrie (*Croatie, Slavonie, Bosnie, Herzégovine, Dalmatie*). — Paris 1883. — In-18 jésus, 58 gravures.

Notice sur Hugues de Groot (*Hugo Grotius*), suivie de lettres inédites. — Paris, 1884. — In-8º.

Les Intérêts français dans le Soudan Ethiopien. — Paris, 1884. — In-18 jésus, 3 cartes.

La France en Ethiopie : Histoire des Relations de la France avec l'Abyssinie chrétienne, sous les règnes de Louis XIII et de Louis XIV (1634-1706). — Paris, 1886, 1re édition. — In-18 jésus, avec carte. — Paris, 1892, 2e édition.

Recueil des Instructions données aux Ambassadeurs de France... en Portugal, publié sous les auspices de la Commission des Archives Diplomatiques au Ministère des Affaires Etrangères. — Paris, 1886. — 1 vol. grand in-8º.

Arabes et Kabyles (Questions algériennes). — Paris, 1891. — In-18 jésus.

Etudes Coloniales : L'Insulinde (Indes Néerlandaises) et les nouveaux Protectorats français. — Paris, 1892. — In-8º.

Causeries du Besacier. — Mélanges pour servir à l'histoire des pays qui forment aujourd'hui le département de l'Oise (Picardie méridionale. — Nord de l'Ile-de-France). Ire série, Paris, 1892, in-18; — IIe série, Paris, 1895. — In-18, fig.

Note sur quelques Lécythes blancs d'Erétrie (Extrait des *Mémoires des Antiquaires de France,* Paris, 1893, in-8º).

Mémoires et Documents pour servir à l'histoire du département de l'Oise, Paris, 1895, in-8º, fig.

Achevé d'Imprimer

LE PREMIER AVRIL MIL HUIT CENT QUATRE-VINGT-QUINZE

PAR TH. NOUVIAN,

A SENLIS

www.ingramcontent.com/pod-product-compliance
Lightning Source LLC
Chambersburg PA
CBHW060413230426
43663CB00008B/1469